Forum Unternehmens-, Steuer- und Bilanzrecht

Deutsche, europäische und internationale Rechtsfragen

Herausgegeben von Oliver Fehrenbacher / Michael Stöber

Band 3

PL ACADEMIC RESEARCH

Sonstige Sonderbetriebseinnahmen im Abkommensrecht

Franziska Stahmann

Sonstige Sonderbetriebseinnahmen im Abkommensrecht

Kapitalgesellschaftsbeteiligungen im notwendigen Sonderbetriebsvermögen II

PL ACADEMIC RESEARCH

Bibliografische Information der Deutschen Nationalbibliothek
Die Deutsche Nationalbibliothek verzeichnet diese Publikation in der Deutschen Nationalbibliografie; detaillierte bibliografische Daten sind im Internet über http://dnb.d-nb.de abrufbar.

Zugl.: Konstanz, Univ., Diss., 2016

Dissertation der Universität Konstanz
Tag der mündlichen Prüfung: 14.12.2016
Referent: Prof. Dr. Oliver Fehrenbacher
Referentin: Prof. Dr. Birgit Elsa Bippus

D 352
ISSN 2366-293X
ISBN 978-3-631-72394-4 (Print)
E-ISBN 978-3-631-72404-0 (E-PDF)
E-ISBN 978-3-631-72405-7 (EPUB)
E-ISBN 978-3-631-72406-4 (MOBI)
DOI 10.3726/b11184

PL Academic Research ist ein Imprint der Peter Lang GmbH.

Peter Lang – Frankfurt am Main · Bern · Bruxelles · New York · Oxford · Warszawa · Wien

Diese Publikation wurde begutachtet.

www.peterlang.com

Vorwort

Die vorliegende Arbeit wurde im Wintersemester 2016/2017 an der Universität Konstanz als Dissertation angenommen. Sie berücksichtigt den Stand von Literatur und Rechtsprechung bis einschließlich 31.12.2016.

Mein herzlicher Dank gilt meinem Doktorvater Herrn Prof. Dr. Fehrenbacher für die frühzeitige und langjährige Förderung und Unterstützung meiner juristischen Ausbildung. Durch vielfältige Anregungen und stetige Diskussionsbereitschaft gewährte er mir eine exzellente Betreuung meines Promotionsvorhabens. Ich danke auch für die Aufnahme am Lehrstuhl und die Möglichkeit, den steuerrechtlichen Schwerpunkt der Universität Konstanz mitgestalten zu dürfen.

Für die Übernahme und zügige Erstellung des Zweitgutachtens danke ich Frau Prof. Dr. Bippus.

Für den umfassenden fachlichen Dialog und die abwechslungsreichen sportlichen Aktivitäten danke ich der Mitarbeitergemeinschaft am Lehrstuhl und meinen Freunden an der Universität Konstanz. Sie haben meine Zeit in Konstanz so abwechslungsreich und unvergesslich gemacht.

Mein großer Dank gilt meiner Familie. Ich danke meinen Eltern, Dr. Hein Stahmann und Christine Hasse-Stahmann, die meine Zielsetzungen stets mit allen Mitteln und Möglichkeiten unterstützten. Ich danke meinem Bruder, Alexander Stahmann. Ohne ihn wären meine Fußnoten und mein Literaturverzeichnis in einem Formatierungschaos geendet. Ich danke meinem langjährigen Partner Nicolas Hardt für das unermüdliche Korrekturlesen, die Geduld und den Rückhalt, den ich von ihm bekomme.

Inhaltsverzeichnis

Dritter Teil: Ableitung eines idealtypischen Abkommensartikels zur Behandlung von Sonderbetriebsvermögen ... 201

Abkürzungsverzeichnis

a.A.	anderer Ansicht
Abs.	Absatz
a.F.	alte Fassung
AEUV	Vertrag über die Arbeitsweise der Europäischen Union
AG	Aktiengesellschaft
AktG	Aktiengesetz
aktual.	aktualisiert
AO	Abgabenordnung
AOA	Authorized OECD Approach
Apr.	April
Art.	Artikel
AStG	Außensteuergesetz
Aufl.	Auflage
Aug.	August
BB	Betriebsberater (Zeitschrift)
Bd.	Band
bearb.	bearbeitet(e)
BEPS	Base Erosion and Profit Shifting
BFH	Bundesfinanzhof
BGB	Bürgerliches Gesetzbuch
BGBl.	Bundesgesetzblatt
BGH	Bundesgerichtshof
BMF	Bundesministerium der Finanzen
BNE	Bruttonationaleinkommen
BR-Drs.	Bundesratsdrucksachen
BRD	Bundesrepublik Deutschland
BsGaV	Betriebsstättenaufteilungsverordnung
BStBl.	Bundessteuerblatt
bspw.	beispielsweise
BT-Drs.	Bundestagsdrucksachen
BVerfG	Bundesverfassungsgericht
BVerfGE	Bundesverfassungsgerichtsentscheidung
CCCTB	Common Consolidated Corporate Tax Base
DB	Der Betrieb (Zeitschrift)
DBA	Doppelbesteuerungsabkommen
ders.	derselbe
d.h.	das heißt
dies.	dieselbe(n)
DStJG	Deutsche Steuerjuristische Gesellschaft
DStR	Deutsches Steuerrecht (Zeitschrift)

DStZ	Deutsche Steuerzeitung
dt.	deutsche(s/n)
DZWiR	Deutsche Zeitschrift für Wirtschafts- und Insolvenzrecht
EG	Europäische Gemeinschaft
EGV	Vertrag zur Gründung der Europäischen Gemeinschaft
EWG	Europäische Wirtschaftsgemeinschaft
EMRK	Europäischen Menschenrechts-Konvention
endg.	endgültig
ErbSt(G)	Erbschaftsteuer- und Schenkungsteuer(gesetz)
erw.	erweitert/e
ESt(G)	Einkommensteuer(gesetz)
etc.	et cetera
EU	Europäische Union
EuGH	Europäischer Gerichtshof
EuZW	Europäische Zeitschrift für Wirtschaftsrecht
EWIV	Europäische wirtschaftliche Interessenvereinigung
f.	folgende
ff.	fort folgende
FG	Finanzgericht
Fn.	Fußnote
FR	Finanz-Rundschau (Zeitschrift)
FS	Festschrift
GbR	Gesellschaft bürgerlichen Rechts
GewStG	Gewerbesteuergesetz
GG	Grundgesetz
GmbH	Gesellschaft mit beschränkter Haftung
GmbHG	Gesetz betreffend die Gesellschaft mit beschränkter Haftung
GmbH & Co.KG	GmbH und Compagnie Kommanditgesellschaft
GmbHR	GmbH-Rundschau (Zeitschrift)
GrS	Großer Senat
h.A.	herrschende Ansicht
HFR	Höchstrichterliche Finanzrechtsprechung (Zeitschrift)
HGB	Handelsgesetzbuch
Hrsg.	Herausgeber
h.M.	herrschende Meinung
i.A.	ihrer Ansicht
i.E.	ihres Erachtens
i.d.F.	in der Fassung
IFSt-Schrift	Institut für Finanzen und Steuern – Schrift (Zeitschrift)
INF	Die Information für Steuerberater und Wirtschaftsprüfer- die Information über Steuer und Wirtschaft (Zeitschrift)
IRS	Internal Revenue Service

ISR	Internationale Steuer-Rundschau (Zeitschrift)
IStR	Internationales Steuerrecht (Zeitschrift)
i.V.m.	in Verbindung mit
IWB	Internationale Wirtschaftsbriefe (Zeitschrift)
Jan.	Januar
JbFfSt	Jahrbuch der Fachanwälte für Steuerrecht
JStG	Jahressteuergesetz
jurisPR-StR	PraxisReport Steuerrecht
JZ	Juristen Zeitung
KG	Kommanditgesellschaft
KGaA	Kommanditgesellschaft auf Aktien
KOM	Europäische Kommission
Komm.	Kommentar
KStG	Körperschaftsteuergesetz
Lfg.	Lieferung
lit.	Buchstabe
Ltd.	Limited Company
LP	Limited Partnership
m.A.	meiner Ansicht
MA	Musterabkommen
m.E.	meines Erachtens
MitbestG	Mitbestimmungsgesetz
MK	Musterkommentar
m.w.N.	mit weiteren Nachweisen
n.A.	nach Ansicht
n.F.	neue Fassung
NJW	Neue Juristische Wochenschrift (Zeitschrift)
Nr.	Nummer
Nov.	November
NZG	Neue Zeitschrift für Gesellschaftsrecht (Zeitschrift)
OECD	Organisation für Wirtschaft und Entwicklung
OECD MA	OECD Musterabkommen
OECD MK	OECD Musterkommentar
OFD	Oberfinanzdirektion
OHG	Offene Handelsgesellschaft
Okt.	Oktober
PIStB	Praxis Internationale Steuerberatung (Zeitschrift)
Ubg	Die Unternehmensbesteuerung (Zeitschrift)
UG (haftungsbeschränkt)	Unternehmergesellschaft mit beschränkter Haftung

überarb.	überarbeitet
USA	United States of America
rechtl.	rechtlich(e/en/es)
RIW	Recht der internationalen Wirtschaft (Zeitschrift)
RL	Richtlinie
Rn.	Randnummer
RFH	Reichsfinanzhof
RStBl.	Reichssteuerblatt
Rspr.	Rechtsprechung
S.	Seite
s.A.	seiner Ansicht
s.a.	siehe auch
s.E.	seines Erachtens
Sep.	September
(s.) S.	(siehe) Seite
sog.	sogenannt/e/en/er
SolZ	Solidaritätszuschlag
st. (Rspr.)	ständige (Rechtsprechung)
StB	Der Steuerberater (Zeitschrift)
SteuK	Steuerrecht kurzgefasst (Zeitschrift)
StuB	Steuern und Bilanzen (Zeitschrift)
StuW	Steuern und Wirtschaft (Zeitschrift)
StVergAbG	Steuervergünstigungsabbaugesetz
StW	Steuer-Warte (Zeitschrift)
SWI	Steuer und Wirtschaft International (Zeitschrift)
Tz.	Teilziffer
u.a.	unter anderem
u.Ä.	und Ähnliches
u.U.	unter Umständen
v.	von/vom
VAE	Vereinigte Arabische Emirate
Vfg.	Verfügung
Vgl.	vergleiche
vollst.	vollständig
WÜRV	Wiener Übereinkommen über das Recht der Verträge
z.B.	zum Beispiel
ZGR	Zeitschrift für Unternehmens- und Gesellschaftsrecht
ZIP	Zeitschrift für Wirtschaftsrecht
zzgl.	zuzüglich

Erster Teil: Einleitung

Die Besteuerung grenzüberschreitender Mitunternehmerschaften gehört zu den umstrittensten Themenfeldern im internationalen Steuerrecht.[1] Während die internationalsteuerrechtliche Behandlung der Sonderbetriebsvergütungen in den letzten Jahren eine erhöhte Aufmerksamkeit erfahren hat, wurde die Behandlung sonstiger Sonderbetriebseinnahmen, insbesondere im Abkommensrecht, vernachlässigt. Mit dieser Arbeit wird diese Lücke für besonders praxisrelevante sonstige Sonderbetriebseinnahmen geschlossen. Behandelt wird die abkommensrechtliche Qualifikation des laufenden Beteiligungsertrags einer Kapitalgesellschaftsbeteiligung im Sonderbetriebsvermögen.[2]

§ 1: Einführung und Problemstellung

Die Umqualifizierung von Einkünften im sonderbetrieblichen Bereich in gewerbliche Einkünfte ist international *„eine Orchidee, die in nur wenigen Staaten blüht“*[3] – sie ist bis auf vereinzelte Ausnahmen im Ausland unbekannt. Ist national ertragsteuerlich eine Beteiligung an einer gesellschaftsrechtlich oder wirtschaftlich mit der Mitunternehmerschaft verflochtenen Kapitalgesellschaft dem Sonderbetriebsvermögen zugeordnet, begründet der Beteiligungsertrag aus deutscher ertragsteuerlicher Sicht eine gewerbliche Dividende. Werden die Merkmale des sonderbetrieblichen Bereichs in das Abkommensrecht zu Auslegungszwecken hinein getragen, sind Divergenzen der Abkommensauslegung und -anwendung unausweichlich. Zu Divergenzen in der abkommensrechtlichen Qualifikation von laufenden Beteiligungserträgen und der Zuweisung des Besteuerungsrechts kommt es vor allem durch unterschiedliche Auslegung der abkommensrechtlich nicht definierten Begriffe wie den Unternehmensgewinnen und der Anforderungen an den Betriebsstättenvorbehalt. Die Folgen sind Doppel- bzw. Minderbesteuerungen der Einkünfte. Das verfassungsrechtlich verankerte Rechtsprinzip der Besteuerung nach der Leistungsfähigkeit gebietet die Vermeidung solcher doppelter Besteuerungen,[4] weil nicht ausgeglichene Doppelbesteuerungen zu einer Beeinträchtigung der Wettbewerbsposition aufgrund finanzieller Mehrbelastung des Steuerpflichtigen

1 Hrsg. in: *Schnittker/Wassermeyer/Richter*, Personengesellschaften, Vorwort zur 1. Auflage, S. VII; *Kudert/Kahlenberg*, IStR 2015, 918 (918).

2 Herausarbeitung von Zuordnungskriterien einer Beteiligung an einer Kapitalgesellschaft zum Sonderbetriebsvermögen, s.Seite 13 ff.

3 Bezogen ist das Zitat Schmidts insbesondere auf Sonderbetriebsvergütungen. Schmidt, Steuerliche Probleme bei grenzüberschreitenden Investitionen in: *Fischer/Borstell*, Steuerplanung, S. 44.

4 *Schaumburg*, Internationales Steuerrecht, Rn. 14.8.

führen.[5] Die Minderbesteuerung von Beteiligungserträgen liegt zwar im Interesse des Steuerpflichtigen, nicht jedoch im Interesse der beteiligten Vertragsstaaten, die eine vollständige Besteuerung des Steuersubstrats anstreben.[6] Vermehrte Änderungen im Ertragsteuerrecht wie § 50d Abs. 10 EStG und § 1 Abs. 5 AStG, aber auch Überarbeitungen des Abkommensrechts wie das Einfügen des sog. „Authorized OECD Approach“ in Art. 7 Abs. 2 OECD MA zeigen neben der Brisanz und Aktualität des Themas die Erkenntnis des Gesetzgebers bzw. der Mitgliedstaaten der OECD, dass Handlungsbedarf in diesem Bereich besteht. Kürzlich beschäftigte die Thematik auch die deutsche Rechtsprechung, wie die gegen das *Urteil des FG Münster vom 02.07.2014*[7] entschiedene Revision des BFH mit *Urteil vom 21.01.2016*[8] über den Anwendungsbereich einer abkommensrechtlichen unternehmerischen Sondernorm im DBA-Spanien 1966 für die sonstigen Sonderbetriebseinnahmen zeigt.

Die abkommensrechtliche Qualifikation sonstiger Sonderbetriebseinnahmen und insbesondere der Maßstab für die Zuordnung einer Beteiligung im Sonderbetriebsvermögen zu einer Betriebsstätte im Spannungsfeld zwischen Rechtsprechung und geänderter Rechtslage, gehört zu den umstrittensten und schwierigsten Themengebieten des internationalen Steuerrechts[9] und blieb bisher in der Literatur weitestgehend unangetastet. Sie sind Gegenstand der folgenden Untersuchung.

§ 2: Ziel der Arbeit

Ziel der Arbeit ist die Entwicklung einer abkommensrechtlichen Regelung zur Sicherstellung einer einheitlichen Abkommensanwendung für sonstige Sonderbetriebseinnahmen. Vor diesem Hintergrund wird gezeigt, dass ohne abkommensrechtliche Regelung eine einheitliche Abkommensanwendung von sonstigen Sonderbetriebseinnahmen durch beide Vertragsstaaten nicht möglich ist.

Den Untersuchungsgegenstand bilden Einkünfte aus Gewinnausschüttungen für Kapitalgesellschaftsbeteiligungen im Sonderbetriebsvermögen.[10] Dieser ergibt sich aus der hohen Praxisrelevanz von Beteiligungserträgen aus einer Kapitalgesellschaftsbeteiligung im Sonderbetriebsvermögen. Eine Übertragung der gefundenen Ergebnisse auf andere sonstige Sonderbetriebseinnahmen bietet sich jedoch nicht an, weil zwingend eine einzelfallabhängige Prüfung der abkommensrechtlichen Qualifikation der Einkünfte und des abkommensrechtlichen Zuordnungsmaßstabes zu erfolgen hat.

---

5 *Schaumburg*, Internationales Steuerrecht, Rn. 14.13.

6 Vgl. Schönfeld, Abkommenszweck und Verhinderung einer Minder- und Nichtbesteuerung, in: *Kaeser*, Festschrift Wassermeyer zum 75. Geburtstag, S. 101.

7 FG Münster, Urteil vom 02.07.2014 – 12 K 2707/10 F.

8 BFH, Urteil vom 21.01.2016 – I R 49/14.

9 Vgl. in Bezug auf die internationale Gewinnabgrenzung: *Ditz/Luckhaupt*, ISR 2015, 1 (1).

10 Behandelt werden nur die laufenden Gewinne aus einer Beteiligung. Außer Betracht bleiben Veräußerungsgewinne aus der Veräußerung von Beteiligungen im Sonderbetriebsvermögen.

Steuerliche Folgen sind in der Regel nicht auf ein konkretes Land bezogen, sondern werden abstrakt dargelegt. Grundlage für diese Arbeit ist das OECD MA.

§ 3: Gang der Untersuchung

Die aufgestellte These wird durch eine dreiteilige Untersuchung belegt. Grundlage und ersten Teil bildet eine Fallgruppenbildung für die Zuordnung von Kapitalgesellschaftsbeteiligungen zum Sonderbetriebsvermögen im nationalen Ertragsteuerrecht.[11] Der Fallgruppenbildung liegt eine Beteiligung eines Mitunternehmers an einer gesellschaftsrechtlich oder wirtschaftlich mit der Personengesellschaft verflochtenen Kapitalgesellschaft zugrunde.

Die ertragsteuerlich herausgearbeiteten Fallgruppen werden im zweiten Teil der Arbeit[12] abkommensrechtlich untersucht. Scheitert eine Zuordnung zum Sonderbetriebsvermögen[13] auf nationaler Ebene oder ergeben sich abkommensrechtlich im Vergleich zu bereits behandelten Fallgruppen keine neuen Erkenntnisse,[14] werden diese Fallgruppen abkommensrechtlich außer Betracht gelassen. Im Abkommensrecht wird die abkommensrechtliche Qualifikation der sonstigen Sonderbetriebseinnahmen als Unternehmensgewinn im Sinne des Art. 7 OECD MA oder als Dividende im Sinne des Dividendenartikels nach Art. 10 OECD MA erörtert. Neben einer Konkretisierung der Definition der Unternehmensgewinne im Sinne des Art. 7 Abs. 1 OECD MA, werden die Voraussetzungen der Zuordnung der Beteiligung zu einer Betriebsstätte im Sinne des Betriebsstättenvorbehalts aufgrund der tatsächlichen Zugehörigkeit unter Berücksichtigung aktueller Änderungen im Art. 7 Abs. 2 OECD MA, § 1 Abs. 5 AStG i.V.m. § 7 BsGaV sowie § 50d Abs. 10 Satz 3 EStG herausgearbeitet. Insbesondere wird der Frage nachgegangen, ob die durch die Rechtsprechung entwickelte funktionale Zugehörigkeit zu den neuen Ansätzen Schnittmengen und Vergleichbarkeiten aufweist oder an Relevanz eingebüßt hat. Ferner wird die Anwendbarkeit abkommensrechtlicher unternehmerischer

11 Konkrete Ausführung hierzu sind zu finden in: Zuordnung von Kapitalgesellschaftsbeteiligungen zum Sonderbetriebsvermögen.

12 Konkrete Ausführung zur Fallgruppenbildung: § 3: Abkommensrechtliche Einordnung – Fallgruppen im Abkommensrecht.

13 Wie bspw. bei einer Beteiligung eines persönlich haftenden Gesellschafters einer KGaA, der über seine Stellung hinaus noch eine Beteiligung am Grundkapital der Gesellschaft hält (s.Seite 49 ff.) oder bei einer Beteiligung eines Mitunternehmers des Organträgers an der Organgesellschaft (s.Seite 72 ff.).

14 Wie bspw. die Beteiligung eines Kommanditisten an einer UG (haftungsbeschränkt) als Komplementärin im Vergleich zu einer Beteiligung eines Kommanditisten an einer GmbH als Komplementärin (s.Seite 39 ff.) oder der Beteiligung eines Kommanditisten an einer Kommanditisten-GmbH im Vergleich sowohl zu einer Beteiligung eines Kommanditisten an einer Komplementär-GmbH als auch zu einer wirtschaflich verflochtenen Kapitalgesellschaft, je nach Ausgestaltung der rechtlichen und wirtschaftlichen Stellung der Kommanditisten-GmbH (s.Seite 26 ff.).

Sondernormen, wie der Art. 7 Abs. 7 DBA-Schweiz, als Lösungsansatz objektiver Qualifikationskonflikte erörtert.

Um eine einheitliche abkommensrechtliche Qualifikation der sonstigen Sonderbetriebseinnahmen durch beide Vertragsstaaten zu gewährleisten und damit aus einer unterschiedlichen abkommensrechtlichen Qualifikation resultierende objektive Qualifikationskonflikte zu vermeiden, werden im dritten Teil der Arbeit[15] nationale, europarechtliche und abkommensrechtliche Reformvorschläge und Lösungsmodelle diskutiert. Als Lösungsansatz wird ein konkreter Normenvorschlag für die deutsche Verhandlungsgrundlage für künftige Abkommen vorgestellt, der eine einheitliche abkommensrechtliche Auslegung sicherstellt.

15 Konkrete Ausführung hierzu sind zu finden in: Dritter Teil: Ableitung eines idealtypischen Abkommensartikels zur Behandlung von Sonderbetriebsvermögen.

Zweiter Teil: Kapitalgesellschaftsbeteiligung im Sonderbetriebsvermögen

Grundlage der Untersuchung ist die Fallgruppenbildung von Kapitalgesellschaftsbeteiligungen, die nach Rechtsprechung des BFH dem notwendigen Sonderbetriebsvermögen II zugeordnet werden. Wie eine Personengesellschaft im deutschen Recht steuerlich behandelt wird und wie eine laufende Besteuerung einer Dividende aus einer Beteiligung eines Personengesellschafters an einer Kapitalgesellschaft im Sonderbetriebsvermögen erfolgt, ist als Ausgangspunkt der Fallgruppenbildung dargestellt. In den Fallgruppen selbst werden die Zuordnungskriterien des Sonderbetriebsvermögens herausgearbeitet und ihre Anwendbarkeit in der konkreten Fallkonstellation geprüft.

§ 1: Personengesellschaftsbesteuerung im deutschen Ertragsteuerrecht

Die Personengesellschaft[16] ist im deutschen Ertragsteuerrecht weder Subjekt der Einkommen- noch der Körperschaftsteuer. Seit der Abkehr von der Bilanzbündeltheorie und der Anerkennung der Einheitstheorie[17], ist unter Berücksichtigung des starken Gesellschafterbezugs und der zivilrechtlich anerkannten eigenen Rechtssubjektivität die Personengesellschaft in den Vordergrund der steuerlichen Betrachtung gerückt.[18] Die Personengesellschaft wird als partielles Steuersubjekt der

16 Personengesellschaften sind Zusammenschlüsse auf Grundlage eines privatrechtlichen Vertrages. Die Mitglieder streben einen gemeinsamen Zweck an und das gemeinschaftliche Miteinander bildet einen zentralen Aspekt. Die Gesellschafter haften persönlich für Gesellschaftsschulden und tragen gemeinschaftliche Rechte und Pflichten. Eine umfassende Rechtsfähigkeit der Personengesellschaften ist zu verneinen. Vielmehr besitzen sie in Teilbereichen Rechtsfähigkeit. *Schmidt*, Gesellschaftsrecht, §§ 43–48.

17 Vgl. ausgewählte Urteile in ihrer Gesamtheit zur Entscheidung des Wechsels von der Bilanzbündeltheorie hin zu der Einheitstheorie: BFH, Urteil vom 28.01.1976 – I R 84/74; BFH, Beschluss vom 10.11.1980 – GrS 1/79; BFH, Urteil vom 24.03.1983 – IV R 123/80.

18 In der Bilanzbündeltheorie wurde die Personengesellschaft steuerlich außer Acht gelassen und den einzelnen Gesellschaftern ein eigenes Unternehmen durch ihre Beteiligung zugewiesen. Die Personengesellschaft stellte danach ein Bündel vieler Einzelbilanzen dar und rückte die Vielheit der Gesellschafter in den Vordergrund. Die Missachtung der Personengesellschaft steht jedoch im Widerspruch zur zivilrechtlichen Anerkennung der Teilrechtsfähigkeit der Personengesellschaft, so dass mit der Einheitstheorie der Fokus auf die Einheit aus Personengesellschaft und Gesellschaftern gelegt wurde. Der Einheit der Personengesellschaft steht damit nun die

Einkommensteuer im Rahmen der Einkünftequalifikation und Gewinnermittlung herangezogen. Steuersubjekt sind die hinter der Personengesellschaft stehenden Gesellschafter,[19] denen die Einkünfte aus der Personengesellschaft unmittelbar zugerechnet werden, § 3 Abs. 1 KStG.[20] Deutschland folgt damit dem Prinzip der transparenten Besteuerung von Personengesellschaften. Die unmittelbar aus der wirtschaftlichen Tätigkeit der Personengesellschaft bezogenen Einkünfte eines Gesellschafters sind, mangels steuerrechtlicher Anerkennung der Personengesellschaft, als durch die Tätigkeit der Gesellschafter in ihrer gesamthänderischen Verbundenheit erzielt anzusehen (sog. Einheitstheorie).[21] Eine endgültige Zuordnung, welcher Einkunftsart die Einkünfte zuzurechnen sind, verbleibt den streng personenbezogenen Verhältnissen der Gesellschafter vorbehalten.[22] Handelt es sich bei den Gesellschaftern um unbeschränkt steuerpflichtige natürliche Personen,[23] sind die aus der Personengesellschaft erzielten Einkünfte im Sinne einer der sieben Einkunftsarten zu qualifizieren, § 2 Abs. 1 i.V.m. §§ 13 ff. EStG.[24] Handelt es sich bei einem Gesellschafter um eine unbeschränkt körperschaftsteuerpflichtige juristische Person,[25] erzielt diese gewerbliche Einkünfte kraft Rechtsform, § 8 Abs. 2 KStG.[26]

Maßgeblich für die Ertragsbesteuerung der Einkünfte der Personengesellschaft ist die Unterscheidung zwischen einer unternehmerischen und einer vermögensverwaltenden Personengesellschaft.[27] Eine unternehmerische Personengesellschaft

Vielheit der Gesellschafter gegenüber. *Bippus*, Personengesellschaften und Strukturänderungen, S. 143 ff.; *Frotscher*, Internationales Steuerrecht, Rn. 330; *Fehrenbacher*, Steuerrecht, § 3, Rn. 2.

19 *Fehrenbacher*, Steuerrecht, § 3, Rn. 2; Hennrichs in: *Tipke/Lang*, Steuerrecht, § 10, Rn. 10; *Jakob*, Einkommensteuer, Rn. 1089.

20 *Fehrenbacher*, Steuerrecht, § 3, Rn. 1; Hennrichs in: *Tipke/Lang*, Steuerrecht, § 10, Rn. 10; Wassermeyer in: *Kessler/Kröner/Köhler*, Konzernsteuerrecht, § 7, Rn. 359.

21 *Fehrenbacher*, Steuerrecht, § 3, Rn. 2; *Jacobs*, Unternehmensbesteuerung und Rechtsform, S. 229; Hennrichs in: *Tipke/Lang*, Steuerrecht, § 10, Rn. 13.

22 *Bippus*, Personengesellschaften und Strukturänderungen, S. 163.

23 Vgl. für die Besteuerung von beschränkt steuerpflichtigen natürlichen und juristischen Personen: Seite 81 ff.

24 *Bippus*, Personengesellschaften und Strukturänderungen, S. 163; *Fehrenbacher*, Steuerrecht, § 3, Rn. 1; *Söffing*, Besteuerung der Mitunternehmer, Rn. 4; Wassermeyer in: *Schnittker/Wassermeyer/Richter*, Personengesellschaften, Rn. 2.8.

25 Von einer unbeschränkt körperschaftsteuerpflichtigen juristischen Person ist auszugehen, wenn sie ihren Sitz oder ihre Geschäftsleitung im Inland hat, § 1 Abs. 1 KStG i.V.m. §§ 10, 11 AO. Hummel in: *Gosch*, KStG-Komm., § 1, Rn. 45 f.; Rengers in: *Blümich*, EStG/KStG/GewStG-Komm., § 1 KStG, Rn. 30 f., 130. Lfg., Stand: Okt. 2015; *Schaumburg*, Internationales Steuerrecht, Rn. 6.1 ff.

26 *Bippus*, Personengesellschaften und Strukturänderungen, S. 163; *Fehrenbacher*, Steuerrecht, § 3, Rn. 1.

27 Die vermögensverwaltende Personengesellschaft unterscheidet sich von einer unternehmerischen Personengesellschaft, deren Gesellschafter die Voraussetzungen der Mitunternehmerstellung erfüllen dadurch, dass sie kein Betriebsvermögen inne

liegt vor, soweit die Personengesellschaft die Merkmale der Gewerblichkeit nach § 15 Abs. 2 EStG erfüllt. Es muss sich dafür um eine selbstständige nachhaltige Betätigung handeln, die mit Gewinnerzielungsabsicht unter Teilnahme am allgemeinen wirtschaftlichen Verkehr ausgeübt wird und keine land- und forstwirtschaftliche, freiberufliche oder vermögensverwaltende Tätigkeit darstellt. Eine Gewerblichkeit liegt aber auch dann vor, wenn die Voraussetzungen einer gewerblichen Durchsäuerung bzw. Infektion[28] oder einer gewerblichen Prägung[29] vorliegen, § 15 Abs. 3 Nr. 1 und 2 EStG. Erzielt eine Personengesellschaft gewerbliche Einkünfte, kann es sich bei der Personengesellschaft um eine Mitunternehmerschaft handeln, wenn die Gesellschafter als Mitunternehmer im Sinne des § 15 Abs. 1 Satz 1 Nr. 2 EStG anzusehen sind. Voraussetzung hierfür ist das Bestehen eines Gesellschaftsverhältnisses[30] und das Innehaben von Mitunternehmerinitiative[31] sowie das Tragen von Mitunternehmerrisiko.[32] Dabei entscheidet das Gesamtbild der Verhältnisse, so

---

hat, der Personengesellschaft überlassene Wirtschaftsgüter kein Sonderbetriebsvermögen begründen, Wertsteigerungen der zur Einkünfteerzielung eingesetzten Wirtschaftsgüter einer Besteuerung nur im Rahmen von §§ 22 Nr. 2, 23 EStG unterliegen, die vermögensverwaltende Personengesellschaft nicht der Gewerbesteuer unterliegt und die Einkünfte als Überschuss der Einnahmen über die Werbungskosten ermittelt werden. *Fehrenbacher*, Steuerrecht, § 3, Rn. 2; Hennrichs in: *Tipke/Lang*, Steuerrecht, § 10, Rn. 25 f.; Wassermeyer in: *Schnittker/Wassermeyer/Richter*, Personengesellschaften, Rn. 2.8.

28 Erzielt eine Personengesellschaft Einkünfte nicht gewerblicher Art, wenn auch nur in kleinem Umfang gewerbliche Einkünfte, werden die gesamten Einkünfte als gewerbliche Einkünfte angesehen, § 15 Abs. 3 Nr. 1 EStG. *Fehrenbacher*, Steuerrecht, § 3, Rn. 10; Hennrichs in: *Tipke/Lang*, Steuerrecht, § 10, Rn. 45; *Jacobs*, Unternehmensbesteuerung und Rechtsform, S. 229.

29 Ebenso liegen ausschließlich gewerbliche Einkünfte einer Personengesellschaft vor, die an sich keine gewerblichen Einkünfte im Sinne des § 15 Abs. 2 EStG erzielt, wenn an ihr als unbeschränkt haftender Gesellschafter eine Gesellschaft mit beschränkter Haftung beteiligt ist, also eine GmbH & Co. KG vorliegt, § 15 Abs. 3 Nr. 2 EStG. *Fehrenbacher*, Steuerrecht, § 3, Rn. 12; Hennrichs in: *Tipke/Lang*, Steuerrecht, § 10, Rn. 65; Wacker in: *Schmidt*, EStG-Komm., § 15, Rn. 211.

30 Das Vorliegen eines Gesellschaftsverhältnisses ist zivilrechtlich zu bestimmen. Das Merkmal dient dazu, zu schuldrechtlichen Beziehungen abzugrenzen, die zwar eine enge Verbindung zwischen Gesellschaft und Gesellschafter mit sich bringen, aber kein Gesellschaftsverhältnis mit gleichgerichteten Interessen begründet.

31 Mitunternehmerinitiative ist die Teilhabe an unternehmerischen Entscheidungen. Mitunternehmerinitiative ist anzunehmen, wenn der Gesellschafter zumindest Stimm-, Kontroll- und Widerspruchsrechte inne hat. *Fehrenbacher*, Steuerrecht, § 3, Rn. 8; Hennrichs in: *Tipke/Lang*, Steuerrecht, § 10, Rn. 37; *Jacobs*, Unternehmensbesteuerung und Rechtsform, S. 231.

32 Mitunternehmerrisiko ist die Teilhabe am Erfolg und Misserfolg eines Unternehmens. Mitunternehmerrisiko bestimmt sich vorrangig danach, ob der Gesellschafter für Schulden der Gesellschaft haftet und ob er am Gewinn und Verlust beteiligt ist, insbesondere an den stillen Reserven und Lasten einschließlich des Geschäftswertes.

dass ein Weniger an Initiative ein Mehr an Risiko und umgekehrt ausgleicht (sog. Typusbegriff).[33]

Eine gewerbliche Personengesellschaft hat ihren Gewinn zu ermitteln, § 2 Abs. 2 Nr. 1 EStG. Als Personenhandelsgesellschaft ist sie verpflichtet, einen qualifizierten Betriebsvermögensvergleich nach §§ 4 Abs. 1, 5 Abs. 1 EStG vorzunehmen, weil sie handelsrechtlich gemäß §§ 238, 6 Abs. 1 HGB zur Buchführung verpflichtet ist. Eine handelsrechtliche Buchführungspflicht bewirkt nach § 140 AO, dass auch steuerrechtlich Bücher zu führen sind (sog. derivative Buchführungspflicht).[34] Es gilt die Maßgeblichkeit der Handelsbilanz und der Grundsätze ordnungsgemäßer Buchführung für die Steuerbilanz, § 5 Abs. 1 EStG.[35] Korrespondierend haben die Gesellschafter entsprechend der Personengesellschaft einen qualifizierten Betriebsvermögensvergleich nach §§ 4 Abs. 1, 5 Abs. 1 EStG vorzunehmen. Die Bilanzansätze sind aufeinander abzustimmen.[36] Die Einkünfteermittlung erfolgt zweistufig im Rahmen einer additiven Gewinnermittlung.[37] Auf der ersten Stufe ist der Gewinn oder Verlust der Personengesellschaft aus der Gesamthandsbilanz[38] sowie möglicher Ergänzungsbilanzen[39] festzustellen, § 15 Abs. 1 Satz 1 Nr. 2 Halbsatz 1 EStG. Der sich ergebende Erfolg ist anhand des gesellschaftsvertraglich bestimmten Verteilungsschlüssels den einzelnen Gesellschaftern zuzurechnen.[40] Auf der zweiten Stufe werden die Sonderbetriebsvergütungen und das Sonderbetriebsvermögen der einzelnen

---

Fehrenbacher, Steuerrecht, § 3, Rn. 7; Hennrichs in: *Tipke/Lang*, Steuerrecht, § 10, Rn. 36; *Jacobs*, Unternehmensbesteuerung und Rechtsform, S. 231.

33 *Fehrenbacher*, Steuerrecht, § 3, Rn. 5; Hennrichs in: *Tipke/Lang*, Steuerrecht, § 10, Rn. 38; *Jacobs*, Unternehmensbesteuerung und Rechtsform, S. 231.

34 Bei einer GbR ergibt sich eine Buchführungspflicht regelmäßig aus § 141 AO. *Jacobs*, Unternehmensbesteuerung und Rechtsform, S. 236.

35 *Fehrenbacher*, Steuerrecht, § 2, Rn. 62, 65.

36 *Fehrenbacher*, Steuerrecht, § 3, Rn. 16; *Jacobs*, Unternehmensbesteuerung und Rechtsform, S. 235 f.; Hennrichs in: *Tipke/Lang*, Steuerrecht, § 10, Rn. 100 ; Wacker in: *Schmidt*, EStG-Komm., § 15, Rn. 404.

37 *Fehrenbacher*, Steuerrecht, § 3, Rn. 14; Hennrichs in: *Tipke/Lang*, Steuerrecht, § 10, Rn. 20; *Jacobs*, Unternehmensbesteuerung und Rechtsform, S. 233.

38 Für die Ermittlung der Gesamthandsbilanz kann für die Personenhandelsgesellschaften unmittelbar an die handelsrechtliche Rechnungslegung angeknüpft werden. *Jacobs*, Unternehmensbesteuerung und Rechtsform, S. 236.

39 Ergänzungsbilanzen dienen der Korrektur von personenbezogenen Steuervergünstigungen einzelner Gesellschafter bzw. der Vermerkung von Bewertungsunterschieden des Gesamthandsvermögens und der Anschaffungskosten eines Gesellschaftsanteils eines Gesellschafters i.R. eines Gesellschafterwechsels. *Fehrenbacher*, Steuerrecht, § 3, Rn. 17; Hennrichs in: *Tipke/Lang*, Steuerrecht, § 10, Rn. 123; *Jacobs*, Unternehmensbesteuerung und Rechtsform, S. 238 f.

40 Hennrichs in: *Tipke/Lang*, Steuerrecht, § 10, Rn. 120 ff; *Jacobs*, Unternehmensbesteuerung und Rechtsform, S. 234; Wacker in: *Schmidt*, EStG-Komm., § 15, Rn. 443.

Gesellschafter erfasst, § 15 Abs. 1 Satz 1 Nr. 2 Halbsatz 2 EStG.[41] Die Summe der ersten und zweiten Stufe bildet den Gesamtgewinn der Mitunternehmerschaft.[42]

Verfahrensrechtlich wird dem Besteuerungskonzept durch das einheitliche und gesonderte Feststellungsverfahren Rechnung getragen. Der Gewinn wird nach §§ 179 Abs. 1, 180 Abs. 1 Nr. 2 lit. a) AO einheitlich und gesondert in einem Feststellungsbescheid als Grundlagenbescheid, § 171 Abs. 10 AO für den Folgebescheid bindend festgestellt, § 182 Abs. 1 AO.[43]

A. Sonderbetriebsvermögen

Sonstige Sonderbetriebseinnahmen ebenso wie Sonderbetriebsvergütungen bauen auf der Annahme der Existenz des Sonderbetriebsvermögens auf. Der Begriff des Sonderbetriebsvermögens ist im Ertragsteuerrecht nicht definiert, sondern wurde durch die Rechtsprechung geprägt.[44] Über seine rechtliche Grundlage besteht in der Literatur nur insoweit Einigkeit, als dass sie nicht unmittelbar in § 15 Abs. 1 Satz 1 Nr. 2 EStG[45] zu finden ist, sondern in einer Verbindung aus § 15 Abs. 1 Satz 1 Nr. 2 EStG und §§ 4 Abs. 1[46], bzw. 5 Abs. 1[47], 6 Abs. 5 oder 16 Abs. 1 Satz 1 Nr. 2, Abs. 2 EStG.[48]

Im Sonderbetriebsvermögen werden Wirtschaftsgüter bilanziert, die in einem wirtschaftlichen Zusammenhang mit der Mitunternehmerschaft bzw. ihrer Geschäftstätigkeit stehen, sich jedoch im Eigentum des Gesellschafters befinden. Das Sonderbetriebsvermögen wird in Sonderbetriebsvermögen I und II sowie in gewillkürtes und notwendiges Sonderbetriebsvermögen untergliedert. Die Untergliederung basiert auf Systematisierungszwecken ohne Auswirkungen auf die Rechtsfolge.[49] Dem Sonderbetriebsvermögen I werden die Wirtschaftsgüter zugeordnet, die geeignet und bestimmt sind, der unternehmerischen Tätigkeit der

41 Hennrichs in: *Tipke/Lang*, Steuerrecht, § 10, Rn. 111; *Jacobs*, Unternehmensbesteuerung und Rechtsform, S. 233 ff.; Wacker in: *Schmidt*, EStG-Komm., § 15, Rn. 401.

42 Hennrichs in: *Tipke/Lang*, Steuerrecht, § 10, Rn. 130 ff; *Jacobs*, Unternehmensbesteuerung und Rechtsform, S. 234; Wacker in: *Schmidt*, EStG-Komm., § 15, Rn. 403.

43 *Fehrenbacher*, Steuerrecht, § 3, Rn. 2; Hennrichs in: *Tipke/Lang*, Steuerrecht, § 21, Rn. 121 ff.; *Jakob*, Einkommensteuer, Rn. 1070.

44 statt aller: BFH, Urteil vom 11.10.1979 IV R 125/76; BFH, Urteil vom 02.12.1982 – IV R 72/79; BFH, Urteil vom 06.07.1989 – IV R 62/86; BFH, Urteil vom 30.03.1993 – VIII R 8/91.

45 *Menkel*, Sonderbetriebsvermögen, S. 18.

46 *Binz/Sorg/Mayer*, GmbH & Co. KG, § 16, Rn. 247.

47 *Schulze zur Wiesche*, FR 1999, 14 (14); *Schulze zur Wiesche*, DStZ 2007, 602 (602 f.); *Söffing*, DStR 2003, 1105 (1106).

48 Bode in: *Blümich*, EStG/KStG/GewStG-Komm., § 15 EStG, Rn. 459, 128. Lfg., Stand: Mai 2015; *Tiedtke/Hils*, DStZ 2004, 482 (484); Wassermeyer in: *Schnittker/Wassermeyer/Richter*, Personengesellschaften, Rn. 13.07.

49 *Fehrenbacher*, Steuerrecht, § 3, Rn. 21.

Mitunternehmerschaft zu dienen.[50] Dem Sonderbetriebsvermögen II hingegen sind die Wirtschaftsgüter zuzuordnen, die der Beteiligung des jeweiligen Gesellschafters an der Mitunternehmerschaft dienen.[51] Ein solches Wirtschaftsgut kann auch die Beteiligung an einer Kapitalgesellschaft sein.[52] Im Rahmen des Sonderbetriebsvermögens I liegt der Schwerpunkt der Betrachtung auf der Dienlichkeit des Wirtschaftsgutes zur Geschäftstätigkeit der Mitunternehmerschaft. Im Rahmen der Zuordnung eines Wirtschaftsguts zum Sonderbetriebsvermögen II wird hingegen die Dienlichkeit eines Wirtschaftsgutes in Bezug auf den Mitunternehmer beurteilt. Die Systematisierung in notwendiges und gewillkürtes Sonderbetriebsvermögen stimmt mit der Untergliederung in notwendiges und gewillkürtes Betriebsvermögen eines Einzelunternehmers überein.[53] Das notwendige Sonderbetriebsvermögen umfasst alle Wirtschaftsgüter, die unmittelbar geeignet und bestimmt sind, dem Betrieb der Personengesellschaft oder der Stellung des Gesellschafters an der Gesellschaft zu dienen.[54] Gewillkürtes Sonderbetriebsvermögen umfasst die Wirtschaftsgüter, die in einem gewissen objektiven Zusammenhang mit der Personengesellschaft stehen und geeignet und bestimmt sind, die unternehmerische Tätigkeit zu fördern.[55]

Wird ein Wirtschaftsgut als Sonderbetriebsvermögen angeschafft, wird es bei Neuerwerb mit den Anschaffungs- oder Herstellungskosten nach § 6 Abs. 1 Nr. 1 EStG i.V.m. § 255 HGB in der Sonderbilanz des Gesellschafters aufgenommen. Bei vorherigem Halten des Wirtschaftsguts im Privatvermögen erfolgt ein bilanzieller Ausweis gemäß §§ 4 Abs. 1 Satz 8, 5 Abs. 1, 6 Abs. 1 Nr. 4, 5 EStG als Einlage[56] mit dessen Teilwert, höchstens jedoch mit den Anschaffungskosten im Sinne des § 255 Abs. 1 HGB.[57] Überträgt ein Gesellschafter eine Beteiligung aus einem (möglicherweise) vorhandenen anderen Betriebsvermögen oder anderen Sonderbetriebsvermögen in das Sonderbetriebsvermögen der Mitunternehmerschaft, ist eine

50 *Fehrenbacher*, Steuerrecht, § 3, Rn. 21; Hennrichs in: *Tipke/Lang*, Steuerrecht, § 10, Rn. 137; Wacker in: *Schmidt*, EStG-Komm., § 15, Rn. 506.

51 *Fehrenbacher/Tavakoli*, GmbH & Co. KG, Kapitel 4. Rn. 71; Hennrichs in: *Tipke/Lang*, Steuerrecht, § 10, Rn. 137; Wacker in: *Schmidt*, EStG-Komm., § 15, Rn. 506.

52 st. Rspr., vgl. Urteil aus neuerer Zeit: BFH, Urteil vom 23.01.2001 – VIII R 12/99 m.w.N.

53 Hennrichs in: *Tipke/Lang*, Steuerrecht, § 10, Rn. 137.

54 *Fehrenbacher*, Steuerrecht, § 3, Rn. 21; Hennrichs in: *Tipke/Lang*, Steuerrecht, § 10, Rn. 137; *Jacobs*, Unternehmensbesteuerung und Rechtsform, S. 263.

55 Hennrichs in: *Tipke/Lang*, Steuerrecht, § 10, Rn. 137; *Jacobs*, Unternehmensbesteuerung und Rechtsform, S. 264; Wacker in: *Schmidt*, EStG-Komm., § 15, Rn. 527 f.

56 Eine Einlage des jeweiligen Gesellschafters darf den Gewinn der Gesellschaft nicht erhöhen und ist außerbilanziell zu korrigieren, § 4 Abs. 1 Satz 1 EStG. *Fehrenbacher*, Steuerrecht, § 2, Rn. 88. Die Folge ist ein vermögenswirksamer aber erfolgsneutraler Geschäftsvorfall.

57 *Jacobs*, Unternehmensbesteuerung und Rechtsform, S. 266.

…rten möglich, § 6 Abs. 5 Satz 2 EStG.[58] Eine Aufdeckung …urch verhindert.[59]

…nnahmen – Differenzierung …betriebsvergütungen und sonstigen …nnahmen

Werden im Sonderbetriebsvermögen Wirtschaftsgüter bilanziert, die im Eigentum des Gesellschafters stehen, in Bezug auf die Gesellschaft bzw. ihre Geschäftstätigkeit jedoch einen konkreten Nutzen aufweisen, ist die der Bilanzierung zugrunde liegende Leistungsbeziehung in den Blick zu nehmen. Es handelt sich einerseits um eine vertragliche Leistungsbeziehung zwischen Mitunternehmerschaft und Gesellschafter, andererseits um eine Leistungsbeziehung zwischen Gesellschafter und einem Dritten, die der Mitunternehmerschaft einen konkreten Nutzen generiert.

Ein Teil des Mitunternehmerkonzepts ist die Umqualifizierung vertraglicher Leistungsvergütungen[60] für Gesellschaft-Gesellschafter-Leistungen zwischen Mitunternehmerschaft und Gesellschaftern in gewerbliche Einkünfte nach § 15 Abs. 1 Satz 1 Nr. 2 Halbsatz 2 EStG, sog. Sonderbetriebsvergütungen.[61] Die enumerative Auflistung[62] der umzuqualifizierenden Leistungsentgelte ist abschließend.[63] Nicht

---

58 Heinrichs in: *Tipke/Lang*, Steuerrecht, § 10, Rn. 157; *Jacobs*, Unternehmensbesteuerung und Rechtsform, S. 265; Kulosa in: *Schmidt*, EStG-Komm., § 6, Rn. 684.

59 Ehmcke in: *Blümich*, EStG/KStG/GewStG-Komm., § 6 EStG, Rn. 1291, 124. Lfg., Stand: Aug. 2014; *Jacobs*, Unternehmensbesteuerung und Rechtsform, S. 265; Schindler in: *Kirchhof*, EStG-Komm., § 6, Rn. 212.

60 Während der erste und der achte Senat nur solche Vergütungen als gewerbliche Sonderbetriebsvergütungen erfassen wollen, die durch das Gesellschaftsverhältnis veranlasst sind (sog. Positivformel), vgl. BFH, Urteil vom 23.05.1979 – I R 163/77; BFH, Urteil vom 08.12.1982 – I R 9/79; BFH, Urteil vom 06.07.1999 – VIII R 46/94; zieht der vierte Senat all solche Vergütungen als Sonderbetriebsvergütungen heran, die aufgrund gesellschaftsrechtlicher oder schuldrechtlicher Grundlage erzielt werden, außer es sei kein wirtschaftlicher Zusammenhang zur Mitunternehmerstellung festzustellen, so dass Mitunternehmerstellung und Leistung rein zufällig zusammentreffen würden (sog. Negativformel). BFH, Urteil vom 24.01.1980 – IV R 156–157/78.

61 In der Auflistung der zu Sondervergütungen führenden Leistungsbeziehungen zwischen Gesellschaft und Gesellschafter und der daraus folgenden Umqualifizierung in gewerbliche Einkünfte kommt das grundlegende Prinzip des Vorrangs der Gewinneinkünfte vor den Überschusseinkünften des nationalen Ertragsteuerrechts zum Ausdruck, soweit diese der gewerblichen Tätigkeit zugerechnet werden können. *Frotscher*, Internationales Steuerrecht, Rn. 720.

62 Erfasst wird die Vergütung, die der Gesellschafter von der Gesellschaft für die Tätigkeit im Dienste der Gesellschaft oder für die Hingabe von Darlehen oder für die Überlassung von Wirtschaftsgütern bezogen hat.

63 BFH, Urteil vom 23.05.1979 – I R 163/77.

abschließend ist hingegen eine Umqualifizierung der Einkünfte, die
lassung von Wirtschaftsgütern des Gesellschafters an die Personengesells
zahlt werden. Erfasst werden die persönlichen Einnahmen eines Gesellsch
die im Zusammenhang mit seiner Mitunternehmerstellung stehen oder mit W
schaftsgütern des Sonderbetriebsvermögens verknüpft sind.[64] Es handelt sich um *sonstige Sonderbetriebseinnahmen.*[65] Die grundlegende Unterscheidung zwischen Sonderbetriebsvergütungen und sonstigen Sonderbetriebseinnahmen ist in der Stellung des Schuldners in Bezug auf die zu zahlende Vergütung zu sehen. Während Schuldner der Sonderbetriebsvergütungen die Mitunternehmerschaft ist, ist Schuldner der für im Sonderbetriebsvermögen befindliche Kapitalgesellschaftsanteile gezahlten Dividende die Kapitalgesellschaft, deren Anteile gehalten werden.[66] Erzielt ein Gesellschafter Sonderbetriebsvergütungen im Sinne des § 15 Abs. 1 Satz 1 Nr. 2 Halbsatz 2 EStG, handelt es sich auf Gesellschaftsebene, mithin auf erster Stufe der Einkünfteermittlung, um abziehbare Betriebsausgaben, § 4 Abs. 4 EStG.[67] Die Umqualifizierung in gewerbliche Einkünfte erfolgt auf der zweiten Stufe der Einkünfteermittlung, also auf der Ebene des Gesellschafters, ohne jedoch Auswirkungen auf die erste Gewinnermittlungsstufe zu entfalten. Der Gesamtgewinn der Gesellschaft bleibt damit unberührt.[68] Sonstige Sonderbetriebseinnahmen fließen gleichfalls in den Gesamtgewinn des jeweiligen Gesellschafters mit ein.[69] Sie sind auf zweiter Stufe beim jeweiligen Gesellschafter zur Ermittlung des Gesamtgewinns heranzuziehen. Eine korrespondierende Aufwandsberücksichtigung auf erster Stufe der Einkünfteermittlung, mithin der Gesellschaftsebene, wie bei Sonderbetriebsvergütungen, muss für sonstige Sonderbetriebseinnahmen mangels Schuldnerstellung der Mitunternehmerschaft gegenüber dem Gesellschafter hingegen ausscheiden. Schüttet die Kapitalgesellschaft, deren Beteiligung im Sonderbetriebsvermögen gehalten wird, aufgrund eines ordnungsgemäßen Gewinnverteilungsbeschlusses Gewinne aus, handelt es sich hierbei um eine reine Vermögensverwendung ohne Gewinnauswirkung, § 8 Abs. 3 Satz 1 KStG.

---

64 *Fehrenbacher*, Steuerrecht, § 3, Rn. 21; Hennrichs in: *Tipke/Lang*, Steuerrecht, § 10, Rn. 133; *Jacobs*, Unternehmensbesteuerung und Rechtsform, S. 264.

65 *Jacobs*, Unternehmensbesteuerung und Rechtsform, S. 264.

66 *Hagemann/Kahlenberg*, IStR 2015, 54 (56); Im Allgemeinen: Walpert in: *Sudhoff*, Personengesellschaften, § 27, Rn. 101.

67 Lüdicke in: Personengesellschaften im Internationalen Steuerrecht, *Schön*, Gedächnissymposium Knobbe-Keuk, S. 98; Reiß in: *Kirchhof*, EStG-Komm., § 15, Rn. 229; Wacker in: *Schmidt*, EStG-Komm., § 15, Rn. 560.

68 *Kudert/Kahlenberg*, IStR 2013, 801 (803).

69 Wacker in: *Schmidt*, EStG-Komm., § 15, Rn. 640.

C. Einkommensteuerliche Behandlung von Kapitalgesellschaftsanteilen im Sonderbetriebsvermögen

Ist die einer ausgeschütteten Dividende zugrundeliegende Kapitalgesellschaftsbeteiligung dem Sonderbetriebsvermögen zugeordnet, stellt die bezogene Dividende sonstige Sonderbetriebseinnahmen in Form einer gewerblichen Dividende dar. Die Gewinnausschüttung begründet in diesem Fall keine Einkünfte aus Kapitalvermögen im Sinne des § 20 Abs. 1 Nr. 1 EStG, sondern gewerbliche Einkünfte nach §§ 20 Abs. 8 i.V.m. 15 Abs. 1 Satz 1 Nr. 2 Halbsatz 2 EStG. Ist der Gesellschafter eine unbeschränkt steuerpflichtige natürliche Person, unterliegen die Einnahmen dem Teileinkünfteverfahren nach § 3 Nr. 40 d, Satz 2 i.V.m. § 3c Abs. 2 EStG. Demnach sind 40 % der Einnahmen steuerfrei, es können jedoch auch nur 60 % der im Zusammenhang stehenden Betriebsausgaben geltend gemacht werden.[70] Ist hingegen eine unbeschränkt steuerpflichtige juristische Person als Gesellschafter beteiligt, sind die Sonderbetriebseinnahmen bis auf eine Schachtelstrafe in Höhe von 5 % der Einnahmen gemäß § 8b Abs. 1 und 5 KStG steuerfrei. 5 % gelten als nichtabzugsfähige Betriebsausgaben,[71] wobei im Zusammenhang mit den Einnahmen stehende Betriebsausgaben gemäß § 8b Abs. 5 Satz 2 KStG weiterhin abzugsfähig sind. Das Abzugsverbot nach § 3c Abs. 1 EStG findet keine Anwendung. Eine Ausnahme bildet die Streubesitzdividende nach § 8b Abs. 4 KStG. Wird eine Beteiligung von weniger als 10 % des Grund- oder Stammkapitals gehalten, greift die Steuerbefreiung nicht ein.[72] Einbehalten wird die Steuer als Quellenabzug nach § 44 EStG durch den Schuldner der Dividende[73] in Form der Kapitalertragssteuer (KESt) als besondere Erhebungsform der Einkommensteuer, §§ 43 ff. EStG. Die KESt wird in Höhe von 25 % der Erträge unabhängig davon einbehalten, ob es sich um eine gewerbliche Dividende einer natürlichen Person oder eine Dividende einer juristischen Person handelt, § 43 Abs. 1 Satz 1 Nr. 1, Satz 3, Abs. 4 EStG.[74] Für unbeschränkt Steuerpflichtige ist eine Anrechnung auf die zu zahlende Steuer möglich, §§ 36 Abs. 2 Nr. 2 EStG bzw. 31 Abs. 1 KStG.[75]

---

70 *Fehrenbacher*, Steuerrecht, § 2, Rn. 209, Hey in: *Tipke/Lang*, Steuerrecht, § 11, Rn. 12; Levedag in: *Schmidt*, EStG-Komm., § 3, Rn. 135.

71 *Fehrenbacher*, Steuerrecht, § 4, Rn. 32; Hey in: *Tipke/Lang*, Steuerrecht, § 11, Rn. 40; Schnitger in: *Schnitger/Fehrenbacher*, KStG-Komm., § 8b, Rn. 1.

72 *Fehrenbacher*, Steuerrecht, § 4, Rn. 30; Gosch in: *Gosch*, KStG-Komm., § 8b, Rn. 288; Rengers in: *Blümich*, EStG/KStG/GewStG-Komm., § 8b KStG, Rn. 117, 119. Lfg., Stand: Juni 2013.

73 Lindberg in: *Blümich*, EStG/KStG/GewStG-Komm., § 44 EStG, Rn. 3, 131 Lfg., Stand: März 2016; *Fehrenbacher*, Steuerrecht, § 2, Rn. 220; Weber-Grellet in: *Schmidt*, EStG-Komm., § 44, Rn. 2.

74 Knaupp in: *Kirchhof*, EStG-Komm., § 43, Rn. 19; Lindberg in: *Blümich*, EStG/KStG/GewStG-Komm., § 43, Rn. 38a, 129 Lfg., Stand: Aug. 2015; Weber-Grellet in: *Schmidt*, EStG-Komm., § 43, Rn. 57.

75 Nitzschke in: *Schnitger/Fehrenbacher*, KStG-Komm., § 31, Rn. 25; Ollerich in: *Blümich*, EStG/KStG/GewStG-Komm., § 31 KStG, Rn. 21, 126. Lfg., Stand: Nov. 2016.

§ 2: Zuordnung von Kapitalgesellschaftsbeteiligungen zum Sonderbetriebsvermögen

Die dargestellte Besteuerung einer gewerblichen Dividende setzt voraus, dass die Beteiligung an der Gewinn ausschüttenden Kapitalgesellschaft, dem Sonderbetriebsvermögen eines Mitunternehmers zugeordnet ist. Nach Ansicht der Rechtsprechung des BFH wird die Beteiligung an einer Kapitalgesellschaft dem notwendigen Sonderbetriebsvermögen II zugeordnet, wenn die Beteiligung der *Begründung* oder *Stärkung* der *Beteiligung* des Gesellschafters an der Personengesellschaft dient[76] oder eine *wirtschaftliche Verflechtung* der Geschäftsbereiche von Mitunternehmerschaft und Kapitalgesellschaft angenommen werden kann.[77] Die Zuordnungskriterien der Begründung bzw. Stärkung einer Beteiligung des Gesellschafters an der Personengesellschaft bzw. die wirtschaftliche Verflechtung der Geschäftsbereiche der Personen- und der Kapitalgesellschaft bilden die Grundlage der folgenden Fallgruppenbildung im Ertragsteuerrecht.

A. Fallgruppe im Ertragsteuerrecht: Komplementär-GmbH

Grundlegend entschied der BFH über die Zuordnung einer Beteiligung an einer Kapitalgesellschaft zum notwendigen Sonderbetriebsvermögen II anhand der Beteiligung eines Kommanditisten an einer geschäftsführenden Komplementär-GmbH.[78] Hält ein Kommanditist einer GmbH & Co. KG Anteile an der geschäftsführenden Komplementär-GmbH, so die Überlegung des BFH, können diese ihm einen unmittelbaren Einfluss auf die Geschäftsführung der KG vermitteln und damit seine Gesellschafterstellung im Rahmen der GmbH & Co. KG stärken.[79]

Der BFH entschied erstmals mit *Urteil vom 15.11.1967*[80] über eine Zuordnung einer Beteiligung eines Kommanditisten an einer Komplementär-GmbH und wies die Beteiligung unmittelbar dem *Betriebsvermögen* der KG zu. Die Zuordnung stützte er auf die Annahme, dass die Beteiligung nicht nur förderlich, sondern geradezu unerlässlich für die Gesellschaft gewesen sei.[81] Dieses Urteil ist unter dem damaligen, in Wandlung befindlichen Besteuerungskonzept der Personengesellschaft von der Bilanzbündeltheorie weg hin zur Einheitstheorie zu sehen. Es handelt sich

---

76 st. Rspr., seit: BFH, Urteil vom 05.07.1972 – I R 230/70; Vgl. aus neuerer Zeit: BFH, Urteil vom 29.07.2015 – IV R 16/13 m.w.N.

77 st. Rspr. seit: BFH, Urteil vom 03.03.1998 – VIII R 66/96; Vgl. aus neuerer Zeit: BFH, Urteil vom 29.07.2015 – IV R 16/13 m.w.N.; *Goebel/Boller/Ungemach*, IStR 2008, 643 (644); *Schulze zur Wiesche*, DStZ 2007, 602 (602 ff.); *Söffing*, Besteuerung der Mitunternehmer, Rn. 621.

78 BFH, Urteil vom 05.07.1972 – I R 230/70.

79 st. Rspr., vgl. aus neuerer Zeit: BFH, Urteil vom 16.04.2015 – IV R 1/12 m.w.N.

80 BFH, Urteil vom 15.11.1967 – IV R 139/67.

81 BFH, Urteil vom 15.11.1967 – IV R 139/67.

mithin um einen Vorläufer der anschließend vertretenen Sonderbetriebsvermögenskonstruktion.

Unter Beachtung der Einheitstheorie und der zivilrechtlichen Eigentümerstellung in Bezug auf die Beteiligung entschied der BFH über die Zuordnung einer Beteiligung eines Kommanditisten an einer Komplementär-GmbH zum *notwendigen Sonderbetriebsvermögen II* erstmalig mit *Urteil vom 05.07.1972.*[82] Während der BFH an dieser Stelle noch auf eine reine Förderlichkeit der Komplementär-GmbH-Beteiligung für die Beteiligung des Kommanditisten an der KG abstellte,[83] wurden im Laufe der Rechtsprechungsentwicklung die Anforderungen an die Zuordnungskriterien des Sonderbetriebsvermögens in *eine Stärkung der Beteiligung des Gesellschafters an der KG* konkretisiert.[84] Unter welchen Voraussetzungen eine tatsächliche Einflussnahme auf die Geschäftsführung angenommen werden kann, wird im Folgenden erörtert.

I. Tatsächliche Stärkung durch Begründung von Initiativrechten

Für die Beurteilung der Anforderungen an die Stärkung der Beteiligung des Gesellschafters an der KG mittels seiner Beteiligung an der Komplementär-GmbH ist zwischen der Einflussnahme auf die Willensbildung in der Komplementär-GmbH und der daraus folgenden Einflussnahme auf die Geschäftsführung der KG sowie der direkten Einflussnahme in der Gesellschafterversammlung der KG zu unterscheiden. Grundlegend für die unterschiedlichen Einflussnahmemöglichkeiten ist zu berücksichtigen, dass es sich bei der GmbH & Co. KG und der Komplementär-GmbH um zwei getrennte Gesellschaften mit eigenen Organen handelt.[85] Als wesentliche Voraussetzung für die Stärkung der Beteiligung des Gesellschafters an der Mitunternehmerschaft wird nicht der erhöhte Anteil am Gewinn der Personengesellschaft gesehen, sondern eine Erweiterung der Initiativrechte des Gesellschafters an der Mitunternehmerschaft.[86] Um eine tatsächliche Stärkung der Beteiligung durch Initiativrechte feststellen zu können, werden die Einflussnahmemöglichkeiten innerhalb der Gesellschaften separat dargestellt.

1. Einflussnahme auf die Geschäftsführung der KG in der Komplementär-GmbH-Gesellschafterversammlung

Die Geschäftsführungsbefugnis in der KG steht originär dem Komplementär auf Grund des Prinzips der Selbstorganschaft zu, §§ 161 Abs. 2, 114 HGB. Die Kommanditisten hingegen sind von der Führung der Geschäfte im Hinblick auf die

82 BFH, Urteil vom 05.07.1972 – I R 230/70.
83 BFH, Urteil vom 05.07.1972 – I R 230/70.
84 st. Rspr., vgl. aus neuerer Zeit: BFH, Urteil vom 16.04.2015 – IV R 1/12 m.w.N.
85 Schmidt in: *Scholz*, GmbHG-Komm., Bd. II. § 45, Anhang, Rn. 1.
86 *Söffing*, BB 2003, 616 (616 f.); *Sparrer*, Sonderbetriebsvermögen, S. 164 ff.

laufenden Geschäfte ausgeschlossen.[87] Handelt es sich um eine GmbH & Co. KG, ist Komplementärin die GmbH, die damit originär zur Geschäftsführung berufen ist.[88] Die Geschäftsführung umfasst jede Tätigkeit rechtsgeschäftlicher oder tatsächlicher Art, die in Erfüllung des Gesellschaftszwecks aufgrund der im Innenverhältnis der Gesellschaft bestehenden Kompetenzverteilung ausgeführt wird.[89] Wesentliche Richtlinien für die Geschäftsführung der GmbH & Co. KG werden jedoch in der Komplementär-GmbH-Gesellschafterversammlung festgelegt. Die GmbH-Gesellschafterversammlung stellt damit das oberste Willensbildungsorgan dar.[90] Die Gesellschafterversammlung ist zwar kein Geschäftsführungsorgan, sie kann jedoch Einfluss auf die Geschäftsführung nehmen, indem sie nach § 46 GmbHG bestimmte Geschäftsleitungsentscheidungen trifft bzw. dem Geschäftsführer konkrete oder generelle Weisungen erteilt, § 37 Abs. 1 GmbHG (Grundsatz der Weisungsabhängigkeit[91] oder sog. Omnipotenz der Gesellschafterversammlung).[92] Eine Einflussnahme auf die Geschäftsführung der KG setzt daher eine Einflussnahme auf den Geschäftsführer der Komplementär-GmbH durch einen Gesellschafterbeschluss in der Gesellschafterversammlung der Komplementär-GmbH voraus.

a) Rechte eines Kommanditisten in der Komplementär-GmbH-Gesellschafterversammlung

Ohne Beteiligung an der Komplementär-GmbH ist ein Kommanditist in der GmbH-Gesellschafterversammlung weder stimm- noch teilnahmeberechtigt. Dies gilt auch dann, wenn seine Interessen unmittelbar berührt werden.[93] Ist ein Gesellschafter an der Komplementär-GmbH beteiligt, kommen ihm aus der Beteiligung fließende Stimm- und Widerspruchsrechte innerhalb der Gesellschafterversammlung der Komplementär-GmbH zu.[94] Wurde keine abweichende gesellschaftsvertragliche Vereinbarung getroffen, werden Gesellschafterbeschlüsse nach § 47 Abs. 1 GmbHG mit einfacher Mehrheit gefasst. Für die Beschlussfassung

87 Breitfeld in: *Sudhoff*, GmbH & Co. KG, § 15, Rn. 1; Wenzel in: *Hesselmann/Tillmann/Mueller-Thuns*, GmbH & Co. KG, Rn. 4.8; *Schmidt*, Gesellschaftsrecht, § 56, IV. 3.

88 *Fehrenbacher*, Registerpublizität und Haftung, S. 466.

89 Breitfeld in: *Sudhoff*, GmbH & Co. KG, § 15, Rn. 5; Wenzel in: *Hesselmann/Tillmann/Mueller-Thuns*, GmbH & Co. KG, Rn. 4.5; *Schmidt*, Gesellschaftsrecht, § 7, I. 3.

90 Liebscher in: *Sudhoff*, GmbH & Co. KG, § 16, Rn. 3; Wenzel in: *Hesselmann/Tillmann/Mueller-Thuns*, GmbH & Co. KG, Rn. 4.102; Watemeyer in: *Prinz/Hoffmann*, Personengesellschaften, § 13, Rn. 42.

91 Wenzel in: *Hesselmann/Tillmann/Mueller-Thuns*, GmbH & Co. KG, Rn. 4.102; Schneider/Schneider in: *Scholz*, GmbHG-Komm., Bd. II. § 37, Rn. 37.

92 Liebscher in: *Sudhoff*, GmbH & Co. KG, § 16, Rn. 23.

93 Liebscher in: *Fleischer/Goette*, GmbHG-MüKo., Bd. II, § 48, Rn. 199; Wenzel in: *Hessemann/Tillmann/Mueller-Thuns*, GmbH & Co. KG, Rn. 4.113.

94 Liebscher in: *Sudhoff*, GmbH & Co. KG, § 16, Rn. 129; *Sparrer*, Sonderbetriebsvermögen, S. 164.

in der Komplementär-GmbH-Gesellschafterversammlung ist nach der gesetzlichen Regelung die jeweilige Kapitalbeteiligung maßgeblich, so dass grundsätzlich jeder Euro eines Gesellschaftsanteils eine Stimme gewährt, § 47 Abs. 2 GmbHG.[95] Die Regelung ist disponibel, so dass es zu einer abweichenden Stimmvergabe bspw. nach Köpfen, aber auch zur Schaffung von Mehr- oder Höchststimmrechten sowie stimmloser Anteile kommen kann.[96]

Ohne gesellschaftsvertragliche Abweichung ist eine mehrheitsvermittelnde Beteiligung an der Komplementär-GmbH von mehr als 50 % ausreichend, um bestimmend Einfluss auf die Entscheidungen in der Komplementär-GmbH-Gesellschafterversammlung nehmen zu können,[97] weil eine weitergehende Einflussnahme mittels der Beteiligung nicht in Betracht kommt.[98] Eine Minderbeteiligung[99] kann grundsätzlich nur dann eine mehrheitsvermittelnde Wirkung entfalten, wenn mehrere Mitunternehmer einheitlich ihre Stimmrechte ausüben oder besondere gesellschaftsvertragliche Rechte eine Einflussnahme ermöglichen.[100] Eine Einflussnahmemöglichkeit eines Minderheitsgesellschafters mit einer Beteiligung von 10 % kann nicht in den Minderheitsrechten nach §§ 50 Abs. 1, 61 Abs. 2 Satz 1, 66 Abs. 2 GmbHG gesehen werden. Das Recht, eine Einberufung der Gesellschafterversammlung verlangen zu können oder eine Auflösungsklage zu erheben, reicht ebenso wenig aus einen hinreichenden Einfluss auf die Geschäftsführung der KG ausüben zu können, wie die Möglichkeit auf Antrag durch das Gericht einen Liquidator bestellen zu können. Hierbei handelt es sich um Schutzregelungen von Minderheitsbeteiligung in einer GmbH. Der Minderheitenschutz gewährt kein Entscheidungsrecht, sondern lediglich die Befugnis, das Anliegen des Minderheitsgesellschafters im Rahmen einer Gesellschafterversammlung zu präsentieren und zur Abstimmung zu stellen.[101] Eine bestimmende Einflussnahme auf die Geschäftsführung der KG kann daher in Minderheitsrechten nicht gesehen werden.

---

95 Stimmen, die aus einem Gesellschaftsanteil fließen, können nur einheitlich ausgeübt werden. Hingegen können aus mehreren Geschäftsanteilen fließende Stimmrechte in gleicher Sache auch unterschiedlich ausgeübt werden. Liebchen in: *Sudhoff*, GmbH & Co. KG, § 17, Rn. 144.

96 Liebchen in: *Sudhoff*, GmbH & Co. KG, § 16, Rn. 128.

97 *Sparrer*, Sonderbetriebsvermögen, S. 165.

98 OFD Frankfurt/M., Vfg. vom 3.12.2015 – S 2134 A-14-St 213, Tz. 1.1.2., 1.1.3.; *Schulze zur Wiesche*, FR 1999, 14 (17).

99 Eine Minderheitsbeteiligung eines Kommanditisten an der geschäftsführungsbefugten Komplementär-GmbH von weniger als 10 % kann nicht dem Sonderbetriebsvermögen II zu gerechnet werden kann. Dies gilt auch dann, wenn die Komplementär-GmbH ungewöhnlich hoch am Gewinn der KG beteiligt ist. BFH, Urteil vom 16.04.2015 – IV R 1/12.

100 BFH, Urteil vom 05.12.1979 – I R 184/76; Förschle/Kropp/Siemers in: *Winkeljohann/Förschle/Deubert*, Sonderbilanzen, Kapitel C., Rn. 215; *Sparrer*, Sonderbetriebsvermögen, S. 165.

101 Liebscher in: *Fleischer/Goette*, GmbHG-MüKo., Bd. II. § 50, Rn. 1 f.; Römermann in: *Michalski*, GmbHG-Komm., Bd. II. § 50, Rn. 2.

Etwas anderes könnte für eine Beteiligung von mehr als 25 % der Geschäftsanteile gelten, mithin einer Beteiligung, die die Grenzen der Sperrminorität nach § 53 Abs. 2 GmbHG überschreitet. Hält ein Gesellschafter eine Beteiligung von mehr als 25 %, kann er damit gesellschaftsvertragsändernde Beschlüsse verhindern.[102] Bei der Möglichkeit, gesellschaftsvertragsändernde Beschlüsse verhindern zu können, handelt es sich um eine wesentliche Machtposition innerhalb der Gesellschaft. Wird jedoch eine Einflussnahme auf die Geschäftsführung der KG mittels der Beteiligung an der Komplementär-GmbH verlangt, um eine Beteiligung des Gesellschafters an der KG zu stärken, reicht die Verhinderung satzungsändernder Beschlüsse grundsätzlich nicht aus. Es handelt sich bei einer Minderheitsbeteiligung daher regelmäßig um reines Anlageinteresse des Gesellschafters, welches dem Privatvermögen des Gesellschafters zuzuordnen ist.[103]

Eine Einflussnahmemöglichkeit mittels einer Minderheitsbeteiligung kommt jedoch dann in Betracht, wenn eine Beschlussfassung nur unter Mitwirkung des Minderheitsgesellschafters möglich ist. Ist gesellschaftsvertraglich, abweichend von § 47 Abs. 1 GmbHG eine Einstimmigkeit oder eine Mehrheit von Stimmen vorgeschrieben, die nur unter Einschluss der Stimmen des Minderheitsgesellschafters erreicht werden kann, wirkt sich die Minderheitsbeteiligung maßgeblich auf die Beschlussfassungsmöglichkeit aus, so dass eine Einflussnahmemöglichkeit auf die Geschäftsführung der KG anzunehmen ist.[104]

Der BFH entschied in seinem *Urteil vom 05.12.1979*[105], dass eine Einflussnahmemöglichkeit des Kommanditisten auch dann angenommen werden müsse, wenn dem Kommanditisten im Rahmen seiner Beteiligung an der Komplementär-GmbH das alleinige Recht zur Entlastung[106] der Geschäftsführung zustehe, §§ 46 Nr. 5, 47 Abs. 4 Satz 1 GmbHG.[107] Es kann keinen Unterschied machen, ob sich eine Einflussnahme aus den gesetzlich normierten Regelungen ergibt oder aufgrund besonderer gesellschaftsvertraglich vereinbarter Rechte. Dafür muss das Recht der Entlastung jedoch ein besonderes Recht des Kommanditisten darstellen, das ihm ein über seinen, nach gesetzlichem Leitbild gewährten Rechte, hinausgehendes Recht gewährt. Die Entlastung ist in ihrer Rechtsnatur und Wirkung umstritten.[108] *Schmidt* weist

102 Harbarth in: *Fleischer/Goette*, GmbHG-MüKo., Bd. III. § 53, Rn. 79.

103 BFH, Urteil vom 16.04.2015 – IV R 1/12.

104 BFH, Urteil vom 16.04.2015 – IV R 1/12.

105 BFH, Urteil vom 05.12.1979 – I R 184/76.

106 Entlastung ist eine einseitige organschaftliche Erklärung, durch die ein Personenverband die Amtsführung seitens seiner Verwaltungsorgane billigt. Eine Normierung findet sich in § 120 Abs. 2a AktG, wobei sich diese Regelung nach Schmidt sinngemäß nicht nur auf die AG sondern ebenso auf alle Verbände übertragen lässt. *Schmidt*, Gesellschaftsrecht, § 14, VI. 1.

107 BFH, Urteil vom 05.12.1979 – I R 184/76.

108 Umstritten ist insoweit, ob es sich bei der Entlastung um einen Erlass im Sinne des § 397 Abs. 1 BGB, ein negatives Schuldanerkenntnis nach § 397 Abs. 2 BGB, ein einseitiges Verzichtsgeschäft, eine anspruchausschließende Genehmigung

jedoch zu Recht die Wirkung einer *„platonischen Vertrauensbekundung"* zurück und knüpft an die Billigung der Geschäftsführung einen Wegfall von Sanktionen wegen fehlerhafter Geschäftsführung und den Fortfall von Schadensersatzansprüchen[109] der GmbH.[110] Im GmbH-Recht hat die Entlastung damit Präklusionswirkung.[111] Steht dem Kommanditisten das alleinige Recht der Geschäftsführungsentlastung zu, über das grundsätzlich in der Gesellschafterversammlung gemäß § 46 Nr. 5 GmbHG entschieden wird,[112] kommt ihm gegenüber den sonstigen Gesellschaftern damit ein relevantes Recht zu, das über die regulären Gesellschaftsrechte hinausgeht. Es handelt sich damit bei dem Recht zur Entlastung um eine relevante, über die üblichen Rechte des Kommanditisten hinausgehende Rechtsposition. Eine Einflussnahmemöglichkeit auf die Geschäftsführung der KG durch eine Einflussnahme in der Gesellschafterversammlung der Komplementär-GmbH ist daher auch dann anzunehmen, wenn dem Kommanditisten das alleinige Recht der Geschäftsführungsentlastung zusteht.

b) Einflussnahmemöglichkeit im Rahmen einer „rechtebeschnittenen" Komplementär-GmbH

Sind die Rechte der Komplementär-GmbH zur Ausübung der Geschäftsführungsbefugnis hingegen gesellschaftsvertraglich stark beschränkt,[113] scheidet eine Stärkung der Beteiligung des Kommanditisten an der Personengesellschaft aus. Eine

---

oder ein Beweisführungsmittel handelt. Schmidt in: *Scholz*, GmbHG-Komm., Bd. II. § 46, Rn. 90. Durchgesetzt hat sich die Ansicht, dass es sich es sich bei dem Beschluss sehr wohl um ein Rechtsgeschäft handelt, dieses jedoch nicht auf einen Anspruchsverzicht abziele, sondern von der Überzeugung getragen sei, dass keine Ersatzansprüche bestünden. Die Präklusion von Ansprüchen ist damit eine gesetzliche Folge der Billigung der Geschäftsführung. *Schmidt*, Gesellschaftsrecht, § 14, IV. 2).; Liebscher in: *Sudhoff*, GmbH & Co. KG, § 16, Rn. 30.

109 Isoliert betrachtet hätte die KG bei fehlerhafter Geschäftsführung lediglich einen Anspruch gegen die Komplementär-GmbH und nicht unmittelbar gegen den Geschäftsführer der Komplementär-GmbH. Abzustellen ist jedoch Wenzel zufolge auf eine „Einheitsbetrachtung", nach der der mittelbare Geschäftsführer der Komplementär-GmbH wie der unmittelbare Geschäftsführer der KG betrachtet wird. Wenzel in: *Hesselmann/Tillmann/Mueller-Thuns*, GmbH & Co. KG, Rn. 4.49 ff.

110 *Schmidt*, Gesellschaftsrecht, § 14, IV. 2. a).; Schmidt in: *Scholz*, GmbHG-Komm., Bd. II. § 46, Rn. 89, 94a.

111 *Schmidt*, Gesellschaftsrecht, § 14, IV. 2. a).; Schmidt in: *Scholz*, GmbHG-Komm., Bd. II. § 46, Rn. 89, 94a.

112 Schmidt in: *Scholz*, GmbHG-Komm., Bd. II. § 46, Rn. 86.

113 Bei der Beschränkung der Rechte der Komplementär-GmbH ist zu beachten, dass § 4 Abs. 1 MitbestG einen Ausschluss der Komplementär-GmbH von der Geschäftsführung der KG versagt. § 4 Abs. 2 MitbestG regelt jedoch nur den Ausschluss, nicht hingegen die Beschränkung der Geschäftsführungsbefugnis. § 4 MitbestG schützt die Komplementär-GmbH lediglich in einem gewissen Kernbereich der Geschäftsführungstätigkeit, der ihr nicht entzogen werden darf. *Binz/Sorg/Mayer*, GmbH & Co. KG, § 14, Rn. 42 f.

gesellschaftsvertragliche Beschränkung der Geschäftsführung der Komplementär-GmbH kommt in Betracht, wenn Leitungsentscheidungen gesellschaftsvertraglich von der Zustimmung des Kommanditisten abhängig gemacht werden.[114] Eine Beschränkung der Geschäftsführung durch die Komplementär-GmbH liegt ebenfalls vor, wenn der Katalog an gewöhnlichen Geschäftsführungsmaßnahmen fixiert und eine Beschlussnotwendigkeit mit einem erweiterten Stimmrecht des Kommanditisten verknüpft wird.[115] Zum gleichen Ergebnis führt die Herausnahme ganzer Geschäftsfelder aus der Geschäftsführungsbefugnis der Komplementär-GmbH unter gleichzeitiger Zuordnung zum Kommanditisten.[116] Aber auch die Verlagerung gesellschaftsvertraglich wesentlicher Fragen der Geschäftsführung in die Gesellschaftsversammlung der KG[117] führt zu einer Beschränkung der Geschäftsführung der Komplementär-GmbH. Die Entscheidungen unterliegen nämlich dann einem Weisungsrecht des Kommanditisten.[118] Die oben genannten Beschränkungen führen dazu, dass die Komplementär-GmbH weniger als das durch das gesetzliche Leitbild vorgegebene Maß an Rechten innehat. Genügt die gesellschaftsvertragliche Ausgestaltung der Geschäftsführung der Komplementär-GmbH nicht dem Mindestmaß des gesetzlichen Leitbildes, kann damit nicht von einer Einflussnahme des Kommanditisten auf die Geschäftsführung der KG ausgegangen werden.

Die Annahme der Stärkung der Beteiligung des Gesellschafters an der KG kann darüber hinaus in Frage stehen, wenn die Komplementär-GmbH nicht die alleinige Geschäftsführungsbefugnis besitzt. Nach §§ 161 Abs. 2, 114 Abs. 1, 115 HGB sind bei der KG grundsätzlich alle Komplementäre einzelgeschäftsführungsbefugt.[119] Gibt es neben der Komplementär-GmbH bspw. zwei weitere Komplementär-GmbHs, kommt es für eine Stärkung der Beteiligung des Kommanditisten an der KG darauf an, ob die Geschäftsführer mit Einzel-, Gesamt- oder Mehrheitsgeschäftsführungsbefugnis ausgestattet werden.[120] Besteht *Einzelgeschäftsführungsbefugnis,* entscheidet grundsätzlich jeder Komplementär allein. Mittels einer mehrheitlichen Beteiligung an einer Komplementär-GmbH kann der Kommanditist daher auf die Geschäftsführung der KG durch Gesellschaftsbeschluss in der Gesellschafterversammlung dieser Komplementär-GmbH Einfluss nehmen. Eine Einflussnahmemöglichkeit eines Kommanditisten durch eine Beteiligung an einer Komplementär-GmbH auf die Geschäftsführung der KG scheitert hingegen, wenn eine *Gesamtgeschäftsführung* oder eine *Mehrheitsgeschäftsführung* vereinbart ist. Handelt es sich um eine Gesamtgeschäftsführung nach § 115 Abs. 2 HGB oder § 116 Abs. 3 HGB, ist ein

114 *Binz/Sorg/Mayer*, GmbH & Co. KG, § 14, Rn. 51.
115 *Preißer/Rönn*, Die KG und die GmbH & Co. KG, S. 110.
116 *Preißer/Rönn*, Die KG und die GmbH & Co. KG, S. 110.
117 Liebscher in: *Sudhoff*, GmbH & Co. KG, § 16, Rn. 63.
118 *Binz/Sorg/Mayer*, GmbH & Co. KG, § 14, Rn. 51; Bode in: *Blümich*, EStG/KStG/GewStG-Komm., § 15 EStG, Rn. 257, 125. Lfg., Stand: Okt. 2014.
119 Wenzel in: *Hesselmann/Tillmann/Mueller-Thuns*, GmbH & Co. KG, Rn. 4.11.
120 *Binz/Sorg/Mayer*, GmbH & Co. KG, § 14, Rn. 48 f.; Schneider/Schneider in: *Scholz*, GmbHG-Komm., Bd. II. § 37, Rn. 29.

Beschluss aller geschäftsführenden Gesellschafter nötig.[121] Handelt es sich um eine Mehrheitsgeschäftsführung, kommt es auf die Mehrheit der abstimmenden Komplementäre an.[122] Die GmbH kann damit im Rahmen der Geschäftsführung der KG ihren Willen nicht allein durchsetzen, so dass es nicht zwangsläufig zu einer Interessendurchsetzung innerhalb der Geschäftsführungsentscheidung kommt. Vielmehr käme es auf die Beeinflussung der anderen zur Geschäftsführung berufenen Komplementäre an. Bedarf es nach § 119 Abs. 1 HGB für zu fassenden Beschlüsse der Zustimmung aller zur Mitwirkung bei der Beschlussfassung berufenen Gesellschafter,[123] kann im Umkehrschluss ein Geschäftsführer Entscheidungen verhindern, wenn er seine Stimmabgabe verweigert. Damit käme ihm eine negative Einflussnahmemöglichkeit auf die Geschäftsführung zu. Diese müsste mit einer positiven Einflussnahmemöglichkeit übereinstimmen, um als Einflussnahmemöglichkeit im Sinne der Stärkung der Stellung des Gesellschafters an der Mitunternehmerschaft anerkannt zu werden. Eine Stärkung der Stellung eines Gesellschafters an der Mitunternehmerschaft setzt vom Begriffssinn her eine Erweiterung der Rechte durch den Zugewinn einer Rechtsposition abweichend vom gesetzlichen Leitbild voraus. Erhält der Gesellschafter lediglich die Möglichkeit bestimmte Entscheidungen zu blockieren handelt es sich nicht um eine Erweiterung der Rechtsposition. Mit der Verweigerung der Stimmrechtsausübung besteht viel eher die Gefahr des Verstoßes gegen gesellschaftsrechtliche Treuepflichten, so dass eine Gleichstellung der negativen Einflussnahme mit einer positiven Einflussnahme ausscheiden muss.

Darüber hinaus könnte bei einer Gesamtgeschäftsführungsbefugnis, abweichend vom gesetzlichen Leitbild des § 35 Abs. 2 GmbHG, eine prozentuale Verteilung der Geschäftsführungsbefugnisse auf die verschiedenen Komplementär-GmbHs erfolgen. Liegt eine Beteiligung an einer, prozentual betrachtet, mit mehr Geschäftsführungsbefugnis ausgestatten Komplementär-GmbH vor, kann sich diese Komplementär-GmbH in Geschäftsführungsentscheidungen durchsetzen. Eine Beteiligung an dieser Komplementär-GmbH führt damit zu einer Einflussnahme auf die Geschäftsführung.

Eine Stärkung der Beteiligung des Kommanditisten an der KG muss ausscheiden, wenn einem Kommanditisten bereits gesellschaftsvertraglich die Befugnis zur alleinigen Geschäftsführung der KG eingeräumt wird. Der gesetzlich normierte Ausschluss des Kommanditisten von der Geschäftsführung der KG in § 164 Abs. 1 HGB ist dispositiv und kann kraft gesellschaftsvertraglicher Regelung ins Gegenteil

---

121 vgl. Stegel in: *Prinz/Hoffmann*, Personengesellschaften, § 3, Rn. 430; Roth in: *Baumbach/Hopt*, HGB-Komm., § 115, Rn. 5, § 119, Rn. 3.

122 Liegt eine Pattsituation vor, kann eine Entscheidung durch Vergabe eines Letztentscheidungsrechts oder der Einrichtung von Streitschlichtungsmechanismen, wie der Verlagerung auf eine höhere Instanz, der Schaffung eines zusätzlichen Gesellschaftsorgans oder durch Beauftragung Dritter zur Streitschlichtung sichergestellt werden. *Elfring*, NZG 2012, 895 (897); s.a. zum Letztentscheidungsrecht: Schneider/Schneider in: *Scholz*, GmbHG-Komm., Bd. II. § 37, Rn. 33.

123 Roth in: *Baumbach/Hopt*, HGB-Komm., § 119, Rn. 1.

verkehrt werden (sog. geschäftsführender Kommanditist).[124] Hat der Kommanditist die alleinige Geschäftsführung der KG bereits gesellschaftsvertraglich übertragen bekommen, kommt eine Erhöhung der Einflussnahme auf die Geschäftsführung der KG mittels der Beteiligung an der Komplementär-GmbH nicht mehr in Betracht. Dass der Kommanditist zwingend von der organschaftlichen Vertretung der KG nach außen ausgeschlossen ist,[125] lässt keine andere Beurteilung der Erweiterung der Stellung des Gesellschafters an der Mitunternehmerschaft zu, weil die Vertretung der Gesellschaft nach außen keine weitergehende Einflussnahme auf die Geschäftsführung der KG als solche begründet.

2. *Einflussnahmemöglichkeit in der KG-Gesellschafterversammlung*

Scheitert eine Stärkung der Beteiligung des Kommanditisten an der KG mittels der Kapitalgesellschaftsbeteiligung in der Komplementär-GmbH-Gesellschafterversammlung und damit eine Einflussnahmemöglichkeit auf die Geschäftsführung der KG, verbleibt die Möglichkeit einer Stärkung der Beteiligung mittels der Einflussnahme in der Gesellschafterversammlung der KG.[126] Eine Einflussnahme des Kommanditisten mittels der Beteiligung an der Komplementär-GmbH auf die Geschäftsführung der KG in der KG-Gesellschafterversammlung käme jedoch lediglich dann in Betracht, wenn die KG-Gesellschafterversammlung als solche überhaupt auf die Geschäftsführung der KG Einfluss nehmen könnte. Die Kompetenzen der KG-Gesellschafterversammlung sind regelmäßig gegenüber denen der Komplementär-GmbH-Gesellschafterversammlung beschränkt.[127] Ein Kommanditist ist gegenüber dem Komplementär weder weisungsbefugt, noch kann er dessen Handlungen nach § 115 Abs. 1 Halbsatz 2 HGB widersprechen.[128] Die Zuständigkeit der KG-Gesellschafterversammlung erfasst hingegen einerseits Grundlagengeschäfte, mithin Geschäfte, die auf den gesellschaftsrechtlichen Bereich ausgerichtet sind und andererseits außergewöhnliche Geschäftsführungsmaßnahmen. Grundlagengeschäfte umfassen die Entscheidung über eine Auflösung der Gesellschaft sowie die Bestellung und Abberufung von Liquidatoren nach §§ 131 Abs. 1 Nr. 2, 146 Abs. 1, 147 HGB, die Entscheidung über den Fortbestand der Gesellschaft bei Gesellschaftsinsolvenz nach § 144 HGB, die Geltendmachung von Ansprüchen wegen Verletzung des gesetzlichen Wettbewerbsverbotes nach § 113 Abs. 2 HGB, sowie die Bestimmungen im Rahmen des Ausschließungsverfahrens nach § 140 HGB und die Entziehung der Geschäftsführung und

124 Liebscher in: *Sudhoff*, GmbH & Co. KG, § 16, Rn. 59; Wenzel in: *Hesselmann/Tillmann/Mueller-Thuns*, GmbH & Co. KG, Rn. 4.12; Roth in: *Baumbach/Hopt*, HGB-Komm., § 164, Rn. 7.

125 *Binz/Sorg/Mayer*, GmbH & Co. KG, § 4, Rn. 10; Liebscher in: *Sudhoff*, GmbH & Co. KG, § 16, Rn. 59; Roth in: *Baumbach/Hopt*, HGB-Komm., § 170, Rn. 1.

126 *Schulze zur Wiesche*, GmbHR 2008, 238 (241).

127 Liebscher in: *Fleischer/Goette*, GmbHG-MüKo., Bd. II. § 48, Rn. 199.

128 Roth in: *Baumbach/Hopt*, HGB-Komm., § 164, Rn. 1.

Vertretungsmacht nach §§ 117, 127 HGB.[129] Grundlagengeschäfte gehören nicht zur Geschäftsführung.[130] Ist die KG-Gesellschafterversammlung gesellschaftsvertraglich auf Grundlagengeschäfte beschränkt,[131] kann von vornherein keine Einflussnahme des Kommanditisten auf die Geschäftsführung mittels der Beteiligung an der Komplementär-GmbH in der KG-Gesellschafterversammlung angenommen werden. Allerdings ist die KG-Gesellschafterversammlung nach gesetzlichem Leitbild für außergewöhnliche Geschäfte nach §§ 116 Abs. 2 i.V.m. 164 HGB zuständig. Kommanditisten können in der KG-Gesellschafterversammlung über solche Geschäftsführungsmaßnahmen entscheiden, die nach Inhalt und Zweck über den Rahmen des bisherigen Geschäftsbetriebs hinausgehen oder wegen ihrer Bedeutung und den damit verbundenen Risiken Ausnahmecharakter haben. Für jede Gesellschaft ist nach ihren speziellen Verhältnissen eine Abgrenzung von außergewöhnlichen und gewöhnlichen Geschäften individuell zu beurteilen.[132] Für außergewöhnliche Geschäfte ist nach § 116 Abs. 2 HGB ein Beschluss sämtlicher Gesellschafter erforderlich.[133] Entsprechen die Rechte der KG-Gesellschafterversammlung dem gesetzlichen Maßstab, ist daher von einer hinreichenden Einflussnahme auf die Geschäftsführung der KG auszugehen.

Um ein Stimmrecht der Komplementär-GmbH innerhalb der Gesellschafterversammlung der KG nutzen zu können, bedarf es einer mehrheitlichen Beteiligung des Kommanditisten an der Komplementär-GmbH, um deren Stimme seinen Wünschen entsprechend einsetzen zu können. Damit ist eine Einflussnahme in der Gesellschafterversammlung der KG mit einer Einflussnahme in der Gesellschafterversammlung der Komplementär-GmbH unmittelbar verstrickt. Eine Komplementär-GmbH wird durch ihren Geschäftsführer in der Gesellschafterversammlung der KG vertreten. Dessen konkretes Abstimmungsverhalten in der Gesellschafterversammlung der KG bedarf regelmäßig einer vorherigen Beratung und Entscheidung, eventuell sogar einer Weisung im Rahmen der Gesellschafterversammlung der GmbH. Auf diese kann ein Kommanditist nur Einfluss ausüben, wenn er eine mehrheitliche Beteiligung an der geschäftsführenden Komplementär-GmbH besitzt.

---

129 Liebscher in: GmbH & Co. KG, § 16, Rn. 50 f.; Stengel in: *Prinz/Hoffmann*, Personengesellschaften, § 3, Rn. 389; Wenzel in: *Hesselmann/Tillmann/Mueller-Thuns*, GmbH & Co. KG, Rn. 4.130 ff.

130 Stengel in: *Prinz/Hoffmann*, Personengesellschaften, § 3, Rn. 390; Wenzel in: *Hesselmann/Tillmann/Mueller-Thuns*, GmbH & Co. KG, Rn. 4.43.

131 Die Einschränkung der Zustimmung des Kommanditisten zur Vornahme außergewöhnlicher Geschäfte ist zulässig, soweit die Gestaltung nicht zu einer vollständigen Entrechtung des Kommanditisten führt. Es muss gewährleistet sein, dass diesem effiziente Kontrollrechte verbleiben und die geschäftsführende Komplementär-GmbH durch verlässliche Entscheidungsmaßstäbe gebunden ist. Liebscher in: *Sudhoff*, GmbH & Co. KG, § 16, Rn. 60 f.

132 Liebscher in: *Sudhoff*, GmbH & Co. KG, § 16, Rn. 55.

133 Wenzel in: *Hesselmann/Tillmann/Mueller-Thuns*, GmbH & Co. KG, Rn. 4.40.

Eine Stärkung der Beteiligung des Kommanditisten an der KG mittels der Beteiligung an der Komplementär-GmbH kommt in Betracht, wenn sie eine hinreichende Einflussnahme innerhalb der KG-Gesellschafterversammlung vermittelt. Gesellschafterbeschlüsse in der KG-Gesellschafterversammlung werden einstimmig gefasst, sofern der Gesellschaftsvertrag keine abweichende Vereinbarung vorsieht.[134] Die Stimmverteilung der einzelnen Gesellschafter ist, anders als bei einer Kapitalgesellschaft nicht an die Höhe der Beteiligung, sondern nach gesetzlicher Konzeption, an die Gesellschafterstellung als solche geknüpft.[135] Ein Gesellschafter kann damit nur dann einen beherrschenden Einfluss aufgrund seiner Beteiligung ausüben, wenn für Gesellschafterbeschlüsse ein Stimmrechtsverhältnis vereinbart wurde, das es dem betreffenden Gesellschafter ermöglicht, seine Mitgesellschafter zu überstimmen.[136] Ist die Komplementär-GmbH nicht am Vermögen und Kapital der KG beteiligt, kommen ihr keine Stimmrechte bei Entscheidungen der Gesellschafterversammlung der KG zu.[137] Der Gesellschafter erhält damit keinen Zugewinn an Einflussnahmemöglichkeit. Ebenfalls keine Stimmrechte kommen der Komplementär-GmbH zu, wenn es sich bei der Gesellschafterversammlung der KG um eine reine Kommanditistenversammlung handelt, bspw. bei einer beteiligungsidentischen GmbH & Co. KG.[138] Ist die Komplementär-GmbH nur zu einem geringen Anteil am Kapital und Vermögen der KG beteiligt, stellt sich die Frage, bei welcher Stimmrechtsquote eine Grenzziehung zur Annahme einer Einflussnahmemöglichkeit mittels der Beteiligung noch angenommen werden kann.[139] Handelt es sich um eine Beschlussfassung auf Grundlage des *Einstimmigkeitsprinzips*, kommt eine Stärkung der Beteiligung des Kommanditisten an der KG mittels der Beteiligung an der Komplementär-GmbH in Betracht, soweit die Stimme der Komplementär-GmbH gemeinsam mit der Stimme des Kommanditisten eine Einstimmigkeit herbeiführt. Davon ist auszugehen,

134 Stegel in: *Prinz/Hoffmann*, Personengesellschaften, § 3, Rn. 450 f.

135 *Binz/Sorg/Mayer*, GmbH & Co. KG, § 1, Rn. 28; Liebscher in: *Sudhoff*, GmbH & Co. KG, § 16, Rn. 166, Liebscher schlägt vor, den Besonderheiten der Abstimmungen in der Komplementär-GmbH-Gesellschafterversammlung und der KG-Gesellschafterversammlung Rechnung zu tragen und gesellschaftsvertraglich die Beschlussfassungsmehrheiten in der KG-Gesellschafterversammlung nach Kapitalmehrheiten und nicht nach Kopfmehrheiten zu bestimmen; s.a. Stegel in: *Prinz/Hoffmann*, Personengesellschaften, § 3, Rn. 459.

136 BFH, Urteil vom 11.12.1990 – VIII R 14/87.

137 Wenzel in: *Hesselmann/Tillmann/Mueller-Thuns*, GmbH & Co. KG, Rn. 4.135.

138 Wenzel in: *Hesselmann/Tillmann/Mueller-Thuns*, GmbH & Co. KG, Rn. 4.135.

139 Wurde gesellschaftsvertraglich nicht festgelegt, ob sich das Mehrheitsverhältnis nach den abgegebenen Stimmen oder den Stimmen der anwesenden Gesellschafter richtet, ist eine Bestimmung mittels Auslegung des Gesellschaftsvertrages zu ermitteln, §§ 133, 157 BGB. Überwiegend wird zum Schutz der Kommanditisten davon ausgegangen, dass es sich um die Mehrheit der stimmberechtigten Gesellschafter handelt, zumal sich bei abweichender Regelung eine explizite Normierung im Gesellschaftsvertrag etabliert hat. Vgl. Wenzel in: *Hesselmann/Tillmann/Mueller-Thuns*, GmbH & Co. KG, Rn. 4.156.

wenn der Kommanditist neben der Beeinflussung der Komplementär-GmbH eine Beeinflussung der restlichen Gesellschafter der KG erreicht oder es sich lediglich um eine Zwei-Personen-Gesellschaft handelt, so dass bereits mit den Stimmen des Kommanditisten und der Komplementär-GmbH eine Einstimmigkeit erzielt würde. Handelt es sich um eine Beschlussfassung auf Grundlage des *Mehrheitsprinzips nach anwesenden Gesellschaftern*, kann ein Kommanditist mittels seiner Beteiligung zwar das entsprechende Stimmrecht der Komplementär-GmbH in seinem Sinne beeinflussen. Eine Auswirkung hat seine Beteiligung jedoch lediglich dann, wenn seine originäre Stimme und die der Komplementär-GmbH bereits eine Mehrheit begründen.[140] Handelt es sich um eine Beschlussfassung auf Grundlage des *Mehrheitsprinzips nach abgegebenen Stimmen*, kommt es auf die konkret verteilten Stimmrechte an. Handelt es sich um eine Beschlussfassung nach einfacher Mehrheit,[141] genügt es, dass der Komplementär-GmbH gemeinsam mit dem Kommanditisten eine mehrheitsvermittelnde Stimmrechtsquote zusteht. In welcher Höhe diese ausgestaltet sein muss, richtet sich nach dem jeweiligen Einzelfall der zur Entscheidung stehenden Frage und der dafür abgegebenen Stimmen. Handelt es sich um eine Entscheidung mit einfacher Mehrheit, kann es zu einer Pattsituation kommen. Zur Lösung von Pattsituationen im Rahmen von Personengesellschaftsentscheidungen kann grundsätzlich nichts anderes gelten, als zur Lösung von Pattsituationen im Rahmen von Gesellschaftsversammlungsbeschlüssen von Kapitalgesellschaften.[142] Für die Lösung von Pattsituationen im Rahmen von Personengesellschaftsbeschlüssen ist jedoch die persönliche Verbundenheit der Personengesellschafter als grundlegendes Element der zivilrechtlichen Struktur von Personengesellschaften hervorzuheben. Eine persönliche Verbundenheit ist auf Konsensentscheidung ausgerichtet, so dass Einigungsmechanismen bei gesellschaftsvertraglicher Normierung einer Mehrheitsentscheidung festzulegen sind. Effektiv begegnet wird Pattsituation durch die Festlegung von Maßnahmen zur Überwindung von Pattsituationen, wie der Vergabe eines Letztentscheidungsrechts oder der Einrichtung von Streitschlichtungsmechanismen. Liegt ein derartiges Letztentscheidungsrecht bei der Komplementär-GmbH, an der der Kommanditist eine mehrheitliche Beteiligung hält, kann der Kommanditist in Pattsituationen auf die Entscheidung durch Gesellschafterbeschluss in der Komplementär-Gesellschafterversammlung einwirken und damit Einfluss auf die Geschäftsführung ausüben.

Wird gesellschaftsvertraglich festgeschrieben, dass bestimmte Beschlüsse mit einer *qualifizierten Mehrheit* gefasst werden müssen, muss die Beteiligung der Komplementär-GmbH jeweils eine solche Höhe aufweisen, dass sie zusammen mit den

140 Eine Stimmenthaltung zählt als Gegenstimme. Stegel in: *Prinz/Hoffmann*, Personengesellschaften, § 3, Rn. 459; Weitemeyer in: *Oetker*, HGB-Komm., § 119, Rn. 51.

141 Eine einfache Mehrheit liegt vor, wenn mehr Stimmen für als gegen die zu entscheidende Frage abgegeben wurden.

142 Vgl. zu Pattsituationen bei Kapitalgesellschaften: Fn. 122.

Stimmen des beteiligten Kommanditisten dem Mehrheitsverhältnis genügt. Liegt das Beteiligungsverhältnis der Stimmen des Kommanditisten und der beherrschten Komplementär-GmbH unter der geforderten Mindestbeteiligung, muss eine Stärkung der Stellung des Gesellschafters an der KG ausscheiden.

II. Anforderungen an den Geschäftsbetrieb der Komplementär-GmbH

Liegt eine Einflussnahmemöglichkeit und damit die Stärkung der Stellung des Gesellschafters mittels Mehrung von Initiativrechten vor, ist einschränkend zu berücksichtigen, dass ein im Alleineigentum befindlicher Anteil eines Kommanditisten an der geschäftsführenden Komplementär-GmbH nach ständiger Rechtsprechung des BFH nur dann dem notwendigen Sonderbetriebsvermögen II zugerechnet werden kann, wenn sich die GmbH ausschließlich auf die Geschäftsführung für die GmbH & Co. KG beschränkt oder ein daneben bestehender eigener Geschäftsbetrieb zumindest eine lediglich untergeordnete Rolle spielt.[143] Ursprünglich ordnete die Rechtsprechung jegliche Beteiligung an einer Komplementär-GmbH eines Kommanditisten dem Sonderbetriebsvermögen II zu, unabhängig davon, ob die GmbH einem eigenen Geschäftsbetrieb nachging oder nicht.[144] Die Forderung eines untergeordneten Geschäftsbetriebs beruht auf dem Gedanken, dass Sonderbetriebsvermögen II des Kommanditisten nicht lediglich aufgrund einer Beteiligung sowohl an der Personengesellschaft als auch an der Kapitalgesellschaft angenommen werden kann. Vielmehr muss der Schluss gezogen werden können, dass die aufgrund der Beteiligung erhaltene Machtstellung in den Dienst der KG gestellt wird.[145] Geht die Kapitalgesellschaft anderweitigen, nicht untergeordneten Geschäftstätigkeiten nach, ist ein Rückschluss nicht mehr möglich. Vielmehr muss dann von einer gleichrangigen Stellung der Tätigkeitsbereiche beider Gesellschaften ausgegangen werden, so dass auch die Interessenbereiche ihrer Gesellschafter gleichberechtigt nebeneinander stünden.

III. Zusammenfassung der Zuordnung einer Beteiligung an einer Komplementär-GmbH

Die Zuordnung einer mehrheitlichen Beteiligung eines Kommanditisten an einer Komplementär-GmbH zum notwendigen Sonderbetriebsvermögen II erfolgt, wenn eine Stärkung der Beteiligung des Kommanditisten an der KG angenommen werden kann. Das setzt voraus, dass der Kommanditist mittels der Beteiligung einen Zuwachs an Initiativrechten innerhalb der KG erhält. Ein Mehr an Initiativrechten

---

143 Vgl. aus neuerer Zeit: BFH, Urteil vom 16.04.2015 – IV R 1/12 m.w.N. Förschle/Kropp/Siemers in: *Winkeljohann/Förschle/Deubert*, Sonderbilanzen, Kapitel C., Rn. 215; Wacker in: *Schmidt*, EStG-Komm., § 15, Rn. 714.

144 BFH, Urteil vom 15.10.1975 – I R 16/73; BFH, Urteil vom 05.12.1979 – I R 184/76.

145 Vgl. zur Inblicknahme der Unternehmensinteressen bei der Ausübung eines Gesellschafterstimmrechts: Liebchen in: *Sudhoff*, GmbH & Co. KG, § 17, Rn. 166.

kann einerseits in der Einflussnahmemöglichkeit auf die Geschäftsführung in der Gesellschafterversammlung der Komplementär-GmbH liegen. Andererseits kann die Beteiligung des Gesellschafters an der KG mittels der Beteiligung an der Komplementär-GmbH dadurch gestärkt werden, dass diese ihm eine erweiterte Einflussnahme im Rahmen der Gesellschafterversammlung der KG gewährt.

B. Fallgruppe im Ertragsteuerrecht: Wirtschaftliche Verflechtung

Die Zurechnung von Anteilen an einer Kapitalgesellschaft zum notwendigen Sonderbetriebsvermögen II kommt nach Auffassung der Rechtsprechung,[146] der Finanzverwaltung[147] und Teilen der Literatur[148] auch dann in Betracht, wenn eine enge wirtschaftliche Verflechtung zwischen einer Mitunternehmerschaft und einer Kapitalgesellschaft besteht. Eine wirtschaftliche Verflechtung liegt vor, wenn eine wesentliche wirtschaftliche Geschäftsfunktion der Mitunternehmerschaft im Rahmen einer Wertschöpfungskette durch die Kapitalgesellschaft übernommen wird. Ist eine grundlegende Zuordnung einer Beteiligung an einer Komplementär-GmbH eines Kommanditisten zum notwendigen Sonderbetriebsvermögen II ergangen, liegt es nahe, diesen Maßstab auch an die Beteiligung einer wirtschaftlichen Verflechtung zu legen. Ob die Kriterien übertragbar sind, ist nachfolgend untersucht.

I. Beteiligungszuordnung zum notwendigen Sonderbetriebsvermögen II

Eine Zuordnung zum notwendigen Sonderbetriebsvermögen II könnte unter Anwendung der zur Zuordnung einer Beteiligung an einer Komplementär-GmbH zum notwendigen Sonderbetriebsvermögen II entwickelten Grundsätze erfolgen. Danach wäre eine Zuordnung von Anteilen an einer wirtschaftlich verflochtenen Kapitalgesellschaft zum notwendigen Sonderbetriebsvermögen II der Mitunternehmerschaft vorzunehmen, sofern damit die Beteiligung des Gesellschafters an der Mitunternehmerschaft gestärkt würde.

1. Stärkung der Beteiligung an der KG durch eine Beteiligung an einer wirtschaftlich verflochtenen Kapitalgesellschaft

Die Stärkung der Beteiligung eines Gesellschafters an der Mitunternehmerschaft ist anzunehmen, soweit mittels der Beteiligung auf die Geschäftsführung der Mitunternehmerschaft eingewirkt werden kann oder eine Einflussnahmemöglichkeit

---

146 BFH, Urteil vom 03.03.1998 – VIII R 66/96.

147 OFD Frankfurt/M vom 03.12.2015, S 2134 A-14-St 213; OFD München Verfügung vom 02.04.2001 S 2134–4/6 St 41.

148 Bode in: *Blümich*, EStG/KStG/GewStG-Komm., § 15 EStG, Rn. 461a, 125. Lfg., Stand: Okt. 2014; *Sparrer*, Sonderbetriebsvermögen, S. 166 ff.; Wacker in: *Schmidt*, EStG-Komm., § 15, Rn. 518; *Winnefeld*, Bilanz-Handbuch, Kapitel L, Rn. 756c.

in der Gesellschafterversammlung der Mitunternehmerschaft erweitert wird.[149] Eine Beteiligung an einer Kapitalgesellschaft, die nicht gesellschaftsrechtlich mit der Mitunternehmerschaft verflochten ist, begründet eine Einflussnahmemöglichkeit allerdings nur auf die Geschäftsführung der Kapitalgesellschaft selbst, nicht hingegen auf die Geschäftsführung der Mitunternehmerschaft.[150] Durch eine Einflussnahmemöglichkeit auf die Geschäftsführung der Kapitalgesellschaft kann eine Ausrichtung der Geschäftspolitik der Kapitalgesellschaft auf die Belange der Mitunternehmerschaft hin erfolgen. Das setzt jedoch voraus, dass die Beteiligung an der Kapitalgesellschaft durch den Gesellschafter im überwiegenden Interesse der Mitunternehmerschaft gehalten wird und nicht aus privatem Interesse der Vermögensverwaltung. Ein Halten der Beteiligung im überwiegenden Interesse der Mitunternehmerschaft ließe sich vermuten, wenn es sich um eine mehrheitliche Beteiligung an der Kapitalgesellschaft handelt, so dass eine Willensdurchsetzung in der Gesellschafterversammlung der Kapitalgesellschaft möglich wäre.[151] Im Ergebnis führt eine engere Abstimmung der Geschäftsbereiche der Gesellschaften und ein daraus (möglicherweise) resultierender erhöhter Gewinn nicht zu einem Zugewinn an Initiativrechten in der Mitunternehmerschaft, sondern lediglich zu einem Zugewinn auf Seiten des Steuerobjekts – dem Gewinn. Die Erhöhung des Gewinns genügt hingegen nicht den Anforderungen des Merkmals der Stärkung der Beteiligung des Gesellschafters an der Mitunternehmerschaft.[152]

Die Beteiligung eines Kommanditisten an einer Komplementär-GmbH und die Beteiligung eines Mitunternehmers an einer mit der Mitunternehmerschaft wirtschaftlich verbundenen Kapitalgesellschaft weisen eine divergierende Interessenlage auf. *Liebchen* verweist daher auf eine Trennung der Fallgruppen voneinander, weil es sich bei der Beteiligung an einer Komplementär-GmbH um eine unmittelbare Stärkung der Beteiligung des Gesellschafters an der Mitunternehmerschaft handele, wohingegen bei einer wirtschaftlichen Verflechtung eine rein mittelbare Verstärkung der wirtschaftlichen Beziehungen der beiden Gesellschaften durch die Beteiligung vorliege.[153] S.E. handele es sich bei einer Übernahme der Stärkungskriterien um eine Vermengung von Fallgruppen und der entsprechend für die jeweilige Fallgruppe entwickelten Maßstäbe.[154] Die Stärkung oder Begründung einer Beteiligung eines Gesellschafters an einer Mitunternehmerschaft seien speziell für die GmbH & Co. KG entwickelte Merkmale, die nicht pauschal auf eine wirtschaftliche Verflechtung

149 Vgl. die Zuordnungskriterien des notwendigen Sonderbetriebsvermögens II: Seite 14 ff.

150 Vgl. BFH, Urteil vom 23.01.2001 – VIII R 12/99.

151 Zu den Anforderungen an einen Willensdurchsetzung in einer Kapitalgesellschaft-Gesellschafterversammlung, s.Seite 15 ff.

152 *Schneider*, Sonderbetriebsvermögen, S. 233; *Söffing*, BB 2003, 616 (616 f.); *Sparrer*, Sonderbetriebsvermögen, S. 164.

153 *Liebchen*, Personengesellschaften, S. 374.

154 *Liebchen*, Personengesellschaften, S. 374.

angewendet werden könnten.[155] Bei einer Beteiligung an einer Komplementär-GmbH geht es vorwiegend um gesellschafts- und haftungsrechtliche Aspekte zur Begründung der gesellschaftsrechtlichen Verflechtung der Gesellschaften, während bei einer wirtschaftlichen Verflechtung gewinnorientierte Maßstäbe im Vordergrund der Fallkonstellation stehen. Die Beziehungskonstellation zwischen GmbH & Co. KG, geschäftsführender Komplementär-GmbH und beteiligten Kommanditisten ist damit zwangsläufig eine wesentlich engere, als sie es bei einer wirtschaftlichen Verflechtung, wo es sich um eine Beziehung zwischen fremden Dritten handelt, auch nur sein könnte. Den Anforderungen einer Stärkung der Beteiligung des Gesellschafters an der Mitunternehmerschaft wird die Beteiligung an einer wirtschaftlich verflochtenen Kapitalgesellschaft damit nicht gerecht.[156]

2. Nutzung der Beteiligung der wirtschaftlich verflochtenen Kapitalgesellschaft an der Mitunternehmerschaft

Eine Stärkung der Stellung des Gesellschafters an der Mitunternehmerschaft könnte hingegen in der Nutzungsmöglichkeit einer möglicherweise bestehenden Beteiligung an der wirtschaftlich verflochtenen Kapitalgesellschaft liegen, wenn die Kapitalgesellschaft selbst an der Mitunternehmerschaft beteiligt ist. Nach § 119 Abs. 2 HGB setzt die Beschlussfassung in einer Personengesellschaft Einstimmigkeit voraus, soweit keine gesellschaftsvertraglich abweichende Bestimmung vorgenommen wurde. Ist ein Personengesellschafter an der Kapitalgesellschaft mehrheitlich beteiligt, kann er in der Gesellschafterversammlung der Kapitalgesellschaft auf die Weisung gegenüber dem Geschäftsführer, der die Stimmrechte der Kapitalgesellschaft in der Mitunternehmerschaft ausübt, Einfluss nehmen. Wird eine Weisung in Bezug auf eine Abstimmung in der Mitunternehmerschaft erteilt, die zu einer einstimmigen (oder bei gesellschaftsvertraglich abweichenden Mehrheitsregelungen zu einer den Mehrheitsverhältnissen entsprechenden) Beschlussfassung führt, ist von einer Einflussnahmemöglichkeit auf die Geschäftsführung der Mitunternehmerschaft durch die Beteiligung an der Kapitalgesellschaft auszugehen. Eine Stärkung der Beteiligung des Gesellschafters an der Mitunternehmerschaft läge mithin in dieser Fallkonstellation vor.

II. Konkretisierung des notwendigen Sonderbetriebsvermögens II durch die Rechtsprechung

Dass das Merkmal der *Stärkung einer Beteiligung* eines Gesellschafters an einer Mitunternehmerschaft grundsätzlich nicht als Kriterium für die Konstellationen der wirtschaftlichen Verflechtung passt, wurde von der Rechtsprechung bestätigt.[157] Sie hat daher eine mehrheitliche Beteiligung sowie Anhaltspunkte für eine besonders

155 *Liebchen*, Personengesellschaften, S. 374.

156 Vgl. *Schneider*, Sonderbetriebsvermögen, S. 223.

157 st. Rspr., vgl. grundlegendes Urteil: BFH, Urteil vom 23.01.2001 – VIII R 12/99; Vgl. aus neuerer Zeit: BFH, Urteil vom 23.02.2012 – IV R 13/08 m.w.N.

enge wirtschaftliche Verflechtung zwischen einer Mitunternehmerschaft und einer Kapitalgesellschaft als Ausformung eines *Stärkungsäquivalents* konkretisiert. Eine der Stärkung der Stellung des Gesellschafters an der Mitunternehmerschaft vergleichbare Stellung soll angenommen werden, soweit ein Mitunternehmer (ggf. in Verbindung mit anderen Mitunternehmern der Personengesellschaft) die wirtschaftlich mit der Mitunternehmerschaft verflochtene Kapitalgesellschaft beherrsche.[158] Ein solches Beherrschungsverhältnis einer Kapitalgesellschaft sei gegeben, soweit unmittelbar oder mittelbar die Mehrheit der Stimmrechte an dieser Kapitalgesellschaft durch die Mitunternehmer der Personengesellschaft gehalten werde.[159] Die darüber hinaus ausschlaggebende wirtschaftliche Tätigkeit der Kapitalgesellschaft müsse die Ergänzung der Geschäftstätigkeit der Mitunternehmerschaft darstellen, so dass objektiv von einer wirtschaftlichen Einheit[160] im Rahmen einer Wertschöpfungskette ausgegangen werden könne.[161] Geschäftliche Beziehungen wie sie zwischen fremden Dritten bestehen seien hingegen nicht ausreichend.[162] Dies gelte selbst dann, wenn die geschäftlichen Beziehungen besonders intensiv seien.[163] Es werde eine Geschäftsbeziehung zwischen der Kapitalgesellschaft und der Personengesellschaft von erheblicher Bedeutung gefordert, so dass die jeweiligen Geschäftsbereiche nicht gleichberechtigt nebeneinander stünden, sondern die Tätigkeit der Kapitalgesellschaft der Geschäftstätigkeit der Personengesellschaft als untergeordnet angesehen werden könne.[164] Ausgeschlossen wird eine wirtschaftliche Verflechtung jedoch in den Fällen, in denen die Kapitalgesellschaft einen eigenen nicht lediglich untergeordneten Geschäftsbetrieb betreibt.[165] Eine hinreichende Einflussnahme der Mitunternehmer auf die Geschäftsführung zum Wohle der Mitunternehmerschaft könne nach Ansicht des BFH in diesen Fällen nicht ausreichend sichergestellt werden.[166]

---

158 Entscheidung vom 07.07.1992 – VIII R 2/87.

159 st. Rspr. BFH, Urteil vom 07.07.1992 – VIII R 2/87; Vgl. aus neuerer Zeit: BFH, Urteil vom 23.02.2012 – IV R 13/08 m.w.N.

160 Vgl. zur Gesamtübersicht der Konstellationen einer wirtschaftlichen Verflechtung: *Goebel/Boller/Ungemach*, IStR 2008, 643 (644); *Winnefeld*, Bilanz-Handbuch, Kapitel L., Rn. 756d.

161 st. Rspr. BFH, Urteil vom 15.10.1975 – I R 16/73; Vgl. aus neuerer Zeit: BFH, Urteil vom 23.02.2012 – IV R 13/08.

162 st. Rspr. BFH, Urteil vom 31.01.1991 – IV R 2/90; Vgl. aus neuerer Zeit: BFH, Urteil vom 23.02.2012 – IV R 13/08 m.w.N.

163 st. Rspr. BFH, Urteil vom 31.01.1991 – IV R 2/90; Vgl. aus neuerer Zeit: BFH, Urteil vom 23.02.2012 – IV R 13/08 m.w.N.

164 st. Rspr. BFH, Urteil vom 06.07.1989 – IV R 62/86; Vgl. aus neuerer Zeit: BFH, Urteil vom 13.02.2008 – I R 63/06 m.w.N.

165 st. Rspr. BFH, Urteil vom 23.01.2001 – VIII R 12/99; Vgl. aus neuerer Zeit: BFH, Urteil vom 23.02.2012 – IV R 13/08.

166 st. Rspr. Entscheidung vom 07.07.1992 – VIII R 2/87; Vgl. aus neuerer Zeit: BFH, Urteil vom 23.02.2012 – IV R 13/08.

Eine wirtschaftliche Verflechtung soll aus Sicht der Rechtsprechung gegeben sein, wenn die Kapitalgesellschaft für eine Personengesellschaft allein den Vertrieb übernimmt,[167] sie sich ausschließlich auf die Produktion von Waren für die Personengesellschaft beschränkt,[168] sich voll und ganz der Beschaffung von Güter und Leistungen für die Personengesellschaft widmet[169] oder die Personengesellschaft ihr Anlagevermögen an die GmbH vermietet hat.[170] Eine wesentliche wirtschaftliche Funktion wird auch dort gesehen, wo beide Gesellschaften nach einer einheitlichen wirtschaftlichen Gesamtkonzeption geführt werden, beide jedoch in verschiedenen Geschäftsbereichen tätig sind.[171] Eine einheitliche wirtschaftliche Gesamtkonzeption soll auch durch technische, kaufmännische und marktstrategische Faktoren begründet werden können, wie sie in zentral geleiteten Kollektions-, Mode- und Produktentwicklungen, gemeinsamen Außendienst, der Kooperation im Bereich der Buchhaltung und der elektronischen Datenverarbeitung oder gemeinsamen Werbe- und Messeveranstaltungen zu finden sind.[172] Eine wirtschaftliche Verflechtung soll weiterhin vorliegen, wenn nicht nur die Geschäftsbereiche einen einheitlichen, auf einander ausgerichteten Zweck erfüllen, sondern sich ein Gesellschafter für die Verknüpfung der jeweiligen Geschäftsbereiche aufgrund besonderer fachlicher Expertise unentbehrlich gemacht hat.[173] Ausgeschlossen wird die Zuordnung einer Beteiligung zum notwendigen Sonderbetriebsvermögen II jedoch, wenn nicht die Kapitalgesellschaft, sondern die Mitunternehmerschaft eine wesentliche wirtschaftliche Funktion der Kapitalgesellschaft übernimmt.[174]

Die Zuordnungsentscheidung des BFH einer Beteiligung an einer wirtschaftlich mit der Mitunternehmerschaft verflochtenen Kapitalgesellschaft zum notwendigen

167 st. Rspr. BFH, Urteil vom 28.06.1989 – II R 242/83; Vgl. aus neuerer Zeit: BFH, Urteil vom 12.06.2013 – I R 47/12 m.w.N.

168 st. Rspr. BFH, Urteil vom 29.10.1986 – II R 226/82; Vg. aus neuerer Zeit: BFH, Urteil vom 23.02.2012 – IV R 13/08 m.w.N.

169 Vgl. BFH, Urteil vom 06.07.1989 IV R 62/86

170 Als Grundfall der Betriebsaufspaltung – st. Rspr. vgl.: BFH, Urteil vom 14.08.1975 – IV R 30/71; BFH, Urteil vom 20.04.2005 – X R 2/03 m.w.N. BFH, Urteil vom 04.12.2014 – IV R 28/11 m.w.N.

171 BFH, Urteil vom 07.07.1992 – VIII R 2/87.

172 BFH, Urteil vom 07.07.1992 – VIII R 2/87; *Schulze zur Wiesche*, DStZ 2007, 602 (605).

173 Hier urteilte der BFH, dass eine Zuordnung einer Beteiligung an einer schweizer AG, an der der alleinige Gesellschafter einer inländischen GmbH & Co. KG gemeinsam mit seiner Ehefrau eine Minderbeteiligung von gemeinsamen 33 % hielt, zum notwendigen Sonderbetriebsvermögen II zuzuordnen sei, weil sich der Gesellschafter aufgrund besonderer fachlicher Expertise für den Geschäftsablauf der AG unentbehrlich gemacht hatte und die jeweiligen Geschäftsbetriebe der Gesellschaften aufeinander ausgerichtet waren. Hinzu kam in diesem Fall der Umstand, dass der Gesellschafter keine Stimmrechte in der Generalversammlung der AG inne hatte und auf eine Mitwirkung im Verwaltungsrat verzichtete. BFH, Urteil vom 03.03.1998 – VIII R 66/96.

174 BFH, Beschluss vom 31.08.2006 – IV B 20/05.

Sonderbetriebsvermögen II reiht sich jedoch nicht in die Zuordnungsentscheidungen von Beteiligungen an gesellschaftsrechtlich mit der Mitunternehmerschaft verflochtenen Kapitalgesellschaften zum notwendigen Sonderbetriebsvermögen II ein. *Söffing* verweist auf ein Überdehnen der Voraussetzungen des notwendigen Sonderbetriebsvermögens II über die Tatbestandsmerkmale des Dienens der Beteiligung für die Stellung des Gesellschafters an der Mitunternehmerschaft hinaus.[175] Passen die Kriterien der Stärkung der Beteiligung des Gesellschafters an der Mitunternehmerschaft nicht auf eine Beteiligung an einer wirtschaftlich verflochtenen Kapitalgesellschaft, könnte es sich bei der wirtschaftlichen Verflechtung einerseits um eine fehlerhafte Zuordnung zum notwendigen Sonderbetriebsvermögen II handeln oder andererseits um einen eigenständigen, durch die Rechtsprechung ausgeformten Zuordnungsmaßstab.

1. Konkretisierungsbedürftigkeit des notwendigen Sonderbetriebsvermögens II

Sind Zuordnungskriterien, wie beim notwendigen Sonderbetriebsvermögen II, gesetzlich nicht normiert, kommt der Rechtsprechung die elementare Aufgabe der Auslegung und Konkretisierung unbestimmter Rechtsbegriffe und der Rechtsfortbildung zu. Hat sie sich entschieden, eine Einflussnahmemöglichkeit auf die Geschäftspolitik allgemein als Zuordnungsmaßstab zuzulassen und nicht lediglich die Einflussnahme auf die Geschäftsführung der Mitunternehmerschaft liegt das grundsätzlich im richterlichen Ermessen. Ein Rückbezug auf die rechtliche Basis, wie der Erweiterung von Mitunternehmerinitiative, ist kein zwangsläufiges Muss.[176] Mit dem von der Rechtsprechung zur Annahme der Voraussetzungen der Sonderbetriebsvermögen II geforderten Beherrschungsverhältnis des Gesellschafters an der Kapitalgesellschaft im Rahmen der wirtschaftlichen Verflechtung wird eine Einflussnahmemöglichkeit auf die Geschäftspolitik der Kapitalgesellschaft sichergestellt. Eine Einflussnahme auf die Geschäftsführung der Mitunternehmerschaft scheidet hingegen grundsätzlich aus.[177] *Liebchen* stellt darauf ab, dass eine mehrheitliche Beteiligung an der Kapitalgesellschaft wenn auch nicht rechtlich, faktisch unmittelbar durch die Mitunternehmerschaft genutzt werde, wenn sie über den beherrschenden Gesellschafter vermittelt werde.[178] Soll eine Beteiligung an einer wirtschaftlich verflochtenen Kapitalgesellschaft dem notwendigen Sonderbetriebsvermögen II zugeordnet werden, kommt es jedoch laut Definition des notwendigen Sonderbetriebsvermögens II auf eine unmittelbare Dienlichkeit der Beteiligung in Bezug auf die Stellung des Gesellschafters an der Mitunternehmerschaft an. Es wird nicht deutlich, wie die faktisch unmittelbare Nutzung der Beteiligung durch die Mitunternehmerschaft der Beteiligung des Gesellschafters an der Mitunternehmerschaft

175 *Söffing*, Besteuerung der Mitunternehmer, Rn. 622.
176 Im Ergebnis übereinstimmend: *Sparrer*, Sonderbetriebsvermögen, S. 168 f.
177 Vgl. zur Nutzungsmöglichkeit der Beteiligung an der wirtschaftlich verflochtenen Kapitalgesellschaft: Seite 27.
178 *Liebchen*, Personengesellschaften, S. 375.

dienen soll. Es wird keine Erweiterung von Initiativrechten begründet, die eine Einflussnahme auf die Geschäftsführung der Mitunternehmerschaft voraussetzt, sondern lediglich eine mögliche Ertragssteigerung der Mitunternehmerschaft durch geschicktes Wirtschaften folgend aus einer effizienten Ausrichtung der Geschäftsbetriebe der Gesellschaften aufeinander. Eine Verfügbarkeit eines Wirtschaftsguts bei einem Gesellschafter, das einen günstigen Einfluss auf die Entwicklung des Gesellschaftsgewinns hat, reicht, wie *Schön* richtig ausführt, jedoch gerade nicht aus um notwendiges Sonderbetriebsvermögen II zu begründen.[179] *Söffing* verweist ferner darauf, dass der mehrheitlich an der Kapitalgesellschaft beteiligte Gesellschafter sich rein tatsächlich für die Mitunternehmerschaft unentbehrlich mache.[180] Seine Stimmrechte in der Gesellschafterversammlung der Kapitalgesellschaft seien für die Mitunternehmerschaft von wesentlicher Relevanz, um die Interessen der Mitunternehmerschaft, wenn auch nur mittelbar, in der Kapitalgesellschaft verfolgen und durchsetzen zu können. Damit könne zwar nicht die Einflussnahme des Gesellschafters auf die Geschäftsführung der Mitunternehmerschaft mittels der Beteiligung erweitert werden, rein faktisch hätte der Gesellschafter jedoch ein Druckmittel zur Durchsetzung seiner Interessen in der Mitunternehmerschaft, wenn er drohen würde, die Stimmrechte seiner mehrheitlichen Beteiligung in der Gesellschafterversammlung der Kapitalgesellschaft entgegen den Interessen und Belangen der Mitunternehmerschaft einzusetzen[181] und damit zu Lasten der übrigen Mitunternehmer.[182] Ein solcher Einsatz der Beteiligung müsse jedoch grundsätzlich gegen die gesellschaftsrechtlichen Treuepflichten in der KG verstoßen.[183] Treuepflichten halten jeden Gesellschafter an, sich gegenüber der Gesellschaft und den übrigen Gesellschaftern loyal und uneigennützig zu verhalten. Sie verlangen vom Gesellschafter alles zu tun, was erforderlich ist, um den gemeinsamen Zweck zu verwirklichen, sowie alles zu unterlassen, was der Verwirklichung dieses Zwecks abträglich ist.[184] Zu den Treuepflichten gehört als Handlungspflicht die Ausübung

---

179 *Schön*, DStR 1993, 185 (193).

180 *Söffing*, BB 2003, 616 (617).

181 Im Gegensatz zur wirtschaftlichen Verflechtung wirkt sich bei der gesellschaftsrechtlichen Verflechtung die faktische Einflussnahmemöglichkeit nicht aus, weil eine unmittelbare Einflussnahme auf die Geschäftsführung der Mitunternehmerschaft bei einer mehrheitlichen Beteiligung bereits angenommen werden kann.

182 *Söffing*, BB 2003, 616 (617).

183 *Söffing*, BB 2003, 616; Im Allgemeinen sind Treuepflichten sowohl im Verhältnis der Gesellschafter zur Gesellschaft als auch der Gesellschafter untereinander für Personengesellschaften und Kapitalgesellschaften anerkannt. Inhaltlich lassen sich Treuepflichten in Handlungs- bzw. Förderpflichten, Unterlassungspflichten und Loyalitätspflichten einteilen. Henze/Notz in: *Ebenroth/Boujong/Joost/Strohn*, HGB-Komm., § 177a, Anhang A, Rn. 112 f; *Schmidt*, Gesellschaftsrecht, § 20, IV, 2. a); Wenzel in: *Hesselmann/Tillmann/Mueller-Thuns*, GmbH & Co. KG, Rn. 4.106 ff., 4.154.

184 Schlitt/Maier-Reinhardt in: *Sudhoff*, GmbH & Co. KG, § 26, Rn. 1.

von Widerspruchs- und Zustimmungsrechten sowie des Stimmrechts bei Beschlussfassungen über Geschäftsführungsangelegenheiten im Gesellschaftsinteresse.[185] Eine Treuepflicht des Gesellschafters ist sowohl gegenüber der Mitunternehmerschaft als auch gegenüber der Kapitalgesellschaft anzunehmen. Grundsätzlich handelt es sich um zwei selbstständige Gesellschaften, so dass lediglich die jeweiligen Verhältnisse der Gesellschaft in der Beschlussfassung der jeweiligen Gesellschafterversammlung zu berücksichtigen wären.[186] Demnach wären die Verhältnisse der Personengesellschaft für gesellschaftsrechtliche Maßnahmen nicht zu berücksichtigen. Etwas anderes ergibt sich, wenn sich die Verhältnisse der Personengesellschaft reflexiv auf die maßgebende Rechtslage der Kapitalgesellschaft auswirken. Solche Reflexivwirkungen bestehen in erheblichem Umfang bspw. im Rahmen der GmbH & Co. KG[187] in der Gesellschafterversammlung,[188] für die Geschäftsführerbestellung[189] sowie die Erteilung einer Prokura bzw. der Geschäftsführungsausübung.[190] Ist im Rahmen der GmbH & Co. KG die Komplementär-GmbH auf die Beteiligung an der KG beschränkt, sind ihre Komplementärinteressen gegenüber den Unternehmensinteressen nicht verselbständigt.[191] Damit wirken sich die Verhältnisse der KG regelmäßig reflexiv auf die maßgebende Rechtslage bei der Komplementär-GmbH aus.[192] Die wirtschaftliche Verflechtung weicht aus gesellschaftsrechtlicher Sicht grundsätzlich erheblich von der gesellschaftsrechtlichen Struktur der GmbH & Co. KG ab. Allerdings ist auch ohne statuatorische Ausgestaltung der Berücksichtigung der Interessen der Personengesellschaft von überschneidenden Interessen der Kapital- und Personengesellschaft auszugehen, wenn die Geschäftsbereiche der Kapitalgesellschaft durch wirtschaftliche Verknüpfung ein quasi symbiotisches Geschäftsverhältnis mit der Personengesellschaft aufweist und die Kapitalgesellschaft ausschließlich für die Mitunternehmerschaft tätig wird. Damit ist auch im Rahmen der wirtschaftlichen Verflechtung von einer reflexiven Wirkung der unternehmerischen Interessen der

---

185 *Michalski*, NZG 1998, 460 (460); Schlitt/Maier-Reinhardt in: *Sudhoff*, GmbH & Co. KG, § 26, Rn. 5.

186 Vgl. Liebscher in: *Sudhoff*, GmbH & Co. KG, § 16, Rn. 25; Schmidt in: *Scholz*, GmbHG-Komm., Bd. II., § 45, Anhang, Rn. 4.

187 Liebscher in: *Sudhoff*, GmbH & Co. KG, § 16, Rn. 25 f.

188 Einflüsse der KG sind insbesondere im Rahmen des Jahresabschlusses und der Ergebnisverwendung zu sehen. Wenzel in: *Hesselmann/Tillmann/Mueller-Thuns*, GmbH & Co. KG, Rn. 4.106.

189 *Binz/Sorg/Mayer*, GmbH & Co. KG, § 9, Rn. 2.

190 Wahrung der Interessen der KG im Rahmen der Geschäftsführung. Henze/Notz in: *Ebenroth/Boujong/Joost/Strohn*, HGB-Komm., § 177a, Anhang A Rn. 121, 157; Liebscher in: *Sudhoff*, GmbH & Co. KG, § 16, Rn. 35 ff; Wahrung der Interessen der KG in der Geschäftsführung in Bezug auf mögliche Haftungsansprüche, sowie die Berücksichtigung der Interessen der KG in der Gesellschafterversammlung. Vgl. Wenzel in: *Hesselmann/Tillmann/Mueller-Thuns*, GmbH & Co. KG, Rn. 4.106 ff.

191 Schmidt in: *Scholz*, GmbHG-Komm., Bd. II, § 45, Anhang, Rn. 4.

192 Schmidt in: *Scholz*, GmbHG-Komm., Bd. II, § 45, Anhang, Rn. 4.

Mitunternehmerschaft auf die Rechtslage der Kapitalgesellschaft auszugehen. Verstößt der Gesellschafter gegen, gegenüber der Mitunternehmerschaft zu wahrenden Treuepflichten in der Stimmabgabe im Gesellschafterbeschluss der Kapitalgesellschafts-Gesellschafterversammlung, ist die tatsächliche Auswirkung des Verstoßes jedoch gering. Der Gesellschafter würde sich gegenüber der Mitunternehmerschaft schadensersatzpflichtig machen,[193] bzw. könnte, bei Annahme eines grundlegenden Verstoßes gegen die gesellschaftsvertraglichen Grundsätze, aus der Gesellschaft ausgeschlossen werden.[194] Damit ist die faktische Einflussnahmemöglichkeit auf die Geschäftsführung der der Mitunternehmerschaft im Vergleich zur rechtlichen Einflussnahmemöglichkeit sehr kurzweilig. Eine faktische Einflussnahmemöglichkeit wird damit grundsätzlich als minderes Merkmal von einer rechtlichen Einflussnahmemöglichkeit auf die Geschäftsführung der Mitunternehmerschaft verdrängt. Die Mehrung von Initiativrechten und damit die rechtliche Einflussnahmemöglichkeit auf die Geschäftsführung der Mitunternehmerschaft muss in den Fällen der wirtschaftlichen Verflechtung ausscheiden. Die möglichen Ertragsauswirkungen der Beteiligungserträge auf den Mitunternehmerschaftsgewinn reichen ebenso wenig aus, um ein der Stärkung der Stellung des Gesellschafters an der Mitunternehmerschaft vergleichbares Äquivalent annehmen zu können, wie die Annahme einer faktischen Einflussnahme auf die Geschäftsführung. Eine Zuordnung zum notwendigen Sonderbetriebsvermögen II scheitert daher an der mangelnden Dienlichkeit der Beteiligung an der Kapitalgesellschaft in Bezug auf die Stellung des Gesellschafters an der Mitunternehmerschaft.

2. *Zuordnung der Beteiligung zum Sonderbetriebsvermögen I*

Bei der Zuordnung einer Beteiligung eines Mitunternehmers an einer wirtschaftlich verflochtenen Kapitalgesellschaft zum notwendigen Sonderbetriebsvermögen II könnte es sich um eine fehlerhafte Zuordnung handeln, wenn die Beteiligung an einer wirtschaftlich verflochtenen Kapitalgesellschaft die Kriterien der Zuordnung zum Sonderbetriebsvermögen I erfüllt.[195] Das Sonderbetriebsvermögen I ist vorrangig vor dem Sonderbetriebsvermögen II.[196] Das Sonderbetriebsvermögen I erfasst alle im Eigentum des Mitunternehmers stehenden Wirtschaftsgüter, die geeignet und bestimmt sind, dem Betrieb der Mitunternehmerschaft zu dienen.[197] Für die Beurteilung der Dienlichkeit der Beteiligung an einer wirtschaftlich verflochtenen Kapitalgesellschaft ist die wirtschaftliche Dienlichkeit der Kapitalgesellschaft als solche zum Geschäftsbetrieb der Mitunternehmerschaft zu betrachten. Spezialisiert

193 Vgl. zu den grundsätzlichen Folgen eines Treuepflichtverstoßes: *Michalski*, NZG 1998, 460 (461); Schlitt/Maier-Reinhardt in: *Sudhoff*, GmbH & Co. KG, § 26, Rn. 51.

194 Vgl. zu den grundsätzlichen Folgen eines Treuepflichtverstoßes: Schlitt/Maier-Reinhardt in: *Sudhoff*, GmbH & Co. KG, § 26, Rn. 53.

195 Vgl. *Söffing*, Besteuerung der Mitunternehmer, Rn. 622.

196 *Schulze zur Wiesche*, FR 1999, 14 (16).

197 Vgl. zur Definition des Sonderbetriebsvermögens I: Seite 8.

sich die Kapitalgesellschaft auf die Übernahme einer wesentlichen wirtschaftlichen Funktion der Mitunternehmerschaft, beispielsweise im Rahmen einer Wertschöpfungskette durch Übernahme der Produktion oder des Vertriebs der Produkte der Mitunternehmerschaft, ist die Geschäftstätigkeit der Kapitalgesellschaft für die Geschäftstätigkeit der Mitunternehmerschaft unmittelbar dienlich. Hält ein Gesellschafter eine mehrheitliche Beteiligung an der wirtschaftlich verflochtenen Kapitalgesellschaft, kann er im Rahmen der Gesellschafterversammlung der Kapitalgesellschaft auf die Beschlussfassung maßgeblich beeinflussen.[198] Er kann damit die Geschäftsbeziehungen der Gesellschaften intensivieren und aufrechterhalten. Die Beteiligung würde, wie *Sparrer* fordert, zur Erzielung des Gewinnanteils der Mitunternehmerschaft eingesetzt werden[199] und sich unmittelbar positiv auf den Firmen- bzw. den Geschäftswert auswirken, wenn durch die Beteiligung der Produktabsatz gesichert wird.[200] Die Beteiligung des Gesellschafters an der wirtschaftlich verflochtenen Kapitalgesellschaft ist damit grundsätzlich dem Geschäftsbetrieb der Mitunternehmerschaft dienlich und erfüllt damit das Zuordnungsvoraussetzung des Sonderbetriebsvermögens I.

a) Zuordnung der Beteiligung zum gewillkürten Sonderbetriebsvermögen I

Das Sonderbetriebsvermögen differenziert allgemein zwischen dem notwendigen und gewillkürten Sonderbetriebsvermögen. Als notwendiges Sonderbetriebsvermögen I sind die Wirtschaftsgüter anzusehen, die von einem Mitunternehmer an die Mitunternehmerschaft unmittelbar zur Nutzung überlassen und von der Mitunternehmerschaft für die eigenbetriebliche Tätigkeit genutzt werden.[201] Die Beteiligung an der Kapitalgesellschaft wird nicht unmittelbar der Mitunternehmerschaft zur Nutzung überlassen. Eine Nutzung der Beteiligung und der daraus fließenden Einflussnahmerechte erfolgt durch den Gesellschafter. Damit ist die Beteiligung für die Mitunternehmerschaft nicht unmittelbar dienlich. Eine Zuordnung zum notwendigen Sonderbetriebsvermögen I muss daher grundsätzlich ausscheiden.

Nach ständiger Rechtsprechung des BFH könnten Wirtschaftsgüter dem gewillkürten Sonderbetriebsvermögen eines Gesellschafters zugerechnet werden, wenn sie objektiv geeignet sind den Betrieb der Personengesellschaft zu fördern und wenn der Gesellschafter mittels Widmung die Zuordnung der Wirtschaftsgüter für diesen

198 Vgl. zur inhaltlichen Konkretisierung der Stärkung der Stellung eines Gesellschafters an der Mitunternehmerschaft: Seite 15 ff.

199 *Sparrer*, Sonderbetriebsvermögen, S. 168.

200 *Schulze zur Wiesche*, FR 1999, 14 (16).

201 BFH, Urteil vom 23.05.1991 – IV R 94/90; Friedrich in: *Prinz/Hoffmann*, Personengesellschaften, § 6, Rn. 86; Pyszka/Brauer in: *Kessler/Kröner/Köhler*, Konzernsteuerrecht, Rn. 535; *Söffing*, Besteuerung der Mitunternehmer, Rn. 608; Wacker in: *Schmidt*, EStG-Komm., § 15, Rn. 513.

Zweck klar und eindeutig zum Ausdruck gebracht hat.[202] Im Rahmen der wirtschaftlichen Verflechtung erfolgt eine mittelbare Nutzung der Beteiligung durch die Mitunternehmerschaft, weil der mehrheitlich beteiligte Gesellschafter im Rahmen der Nutzung der Rechte aus der Beteiligung in der Gesellschafterversammlung die Interessen und Belange der Mitunternehmerschaft aufgrund gesellschaftsrechtlicher Treuepflichten[203] zu wahren hat.[204] Folgerichtig schlagen sich damit auch die gesellschaftsrechtlichen Treuepflichten personenidentischer Gesellschafter in der Ausübung der GmbH-Beteiligungsrechte nieder, so dass Stimm- und Verwaltungsrechte im Sinne einer positiven Geschäftspolitik der Mitunternehmerschaft einzusetzen sind. Werden durch den Einsatz der Beteiligungsrecht in der Gesellschafterversammlung die Geschäftsbereiche der Gesellschaften aufeinander ausgerichtet und durch ein daraus folgendes effektives Wirtschaften ein erhöhter Ertrag erzielt, ist die Beteiligung für den Geschäftsbetrieb der Mitunternehmerschaft förderlich.

Eine Zuordnung zum gewillkürten Sonderbetriebsvermögen setzt jedoch zwangsläufig einen Widmungsakt voraus, wodurch die Beteiligung erkennbar der Mitunternehmerschaft zu dienen bestimmt wird. Wird eine mehrheitliche Beteiligung an einer wirtschaftlich verflochtenen Kapitalgesellschaft von einem Mitunternehmer gehalten, könnte von der Höhe der Beteiligung auf ein grundsätzliches Halten der Beteiligung im Interesse der Mitunternehmerschaft geschlossen und damit als Indiz eines Widmungsaktes gewertet werden. Die Beteiligung wird dann nicht lediglich aus privatem Interesse der Vermögensverwaltung gehalten.[205] Als konkrete Widmung ist jedoch ein Ausweis der Beteiligung in der Sonderbilanz zu fordern. Von einer grundsätzlichen Dienlichkeit einer mehrheitlichen Beteiligung an der Kapitalgesellschaft zum Geschäftsbetrieb der Mitunternehmerschaft ist damit jedoch auszugehen.

b) Zuordnung der Beteiligung zum notwendigen Sonderbetriebsvermögen I

Fraglich ist, ob die Zuordnung einer Beteiligung an einer wirtschaftlich verflochtenen Kapitalgesellschaft zum gewillkürten Sonderbetriebsvermögen I sachgerecht ist. Das Kriterium der unmittelbaren Nutzung durch die Mitunternehmerschaft könnte zu eng gefasst sein. Durch das Kriterium der unmittelbaren Nutzung werden grundsätzlich nur jene Wirtschaftsgüter erfasst, die der Gesellschafter im Rahmen der den Sonderbetriebsvergütungen zugrunde liegenden Leistungsbeziehung der Gesellschaft zur Nutzung überlässt. Ein Ausschluss aller sonstigen Wirtschaftsgüter, die dem Geschäftsbetrieb der Gesellschaft dienen, könnte der Systematik des Sonderbetriebsvermögens entgegen stehen. Die Zuordnungskriterien des

---

202 BFH, Urteil vom 07.04.1992 – VIII R 86/87; BFH, Urteil vom 25.11.1997 – VIII R 4/94; BFH, Beschluss vom 21.04.2008 – IV B 105/07.

203 Vgl. zur Darstellung von Treuepflichten in einer Personengesellschaft: Seite 31 ff.

204 a.A. *Liebchen*, Personengesellschaften, S. 375, der auf eine faktisch unmittelbare Nutzung der Beteiligung durch die Gesellschaft abstellt.

205 Vgl. *Schulze zur Wiesche*, FR 1999, 14 (18).

Sonderbetriebsvermögens entsprechen den Zuordnungskriterien des Betriebsvermögens eines Einzelunternehmers. Eine derartige Vergleichbarkeit ist der Intention des Gesetzgebers geschuldet, die Besteuerung des Mitunternehmers der Besteuerung des Einzelunternehmers anzugleichen. War es das Ziel des Gesetzgebers die Besteuerung des Einzelunternehmers und des Mitunternehmers anzugleichen, ist es schlüssig die Zuordnungskriterien entsprechend beim Einzelunternehmer und beim Mitunternehmer anzuwenden.[206] Bei einem Einzelunternehmer ist eine Beteiligung an einer GmbH zum notwendigen Betriebsvermögen zuzuordnen, wenn die Beteiligung für seinen wirtschaftlichen Erfolg von erheblicher Bedeutung ist.[207] Von einer erheblichen Bedeutung ist auszugehen, wenn die Beteiligung für den Betrieb des Einzelunternehmers von erheblichem Vorteil ist,[208] der Einzelunternehmer die aus der Beteiligung ergebenden Chancen für seinen Geschäftsbetrieb kennt, es sich bei dem Betrieb der Kapitalgesellschaft um keinen wesensfremden Betrieb handelt[209] und die Beteiligung das Einzelunternehmen stärkt.[210] Das Kriterium der Unmittelbarkeit, das für eine Zuordnung zum notwendigen Sonderbetriebsvermögen grundsätzlich vorausgesetzt wird,[211] wird damit auch beim Einzelunternehmer im Fall einer wirtschaftlichen Verflechtung der Geschäftsbereiche des Einzelunternehmens und der Kapitalgesellschaft einschränkend ausgelegt. Es wird bereits bejaht, wenn eine Dienlichkeit der Beteiligung für die gewerbliche Betätigung des Einzelunternehmens vorliegt.[212] Eine solche Dienlichkeit liegt laut BFH insbesondere dann vor, wenn die Beteiligung dazu eingesetzt werden kann, den Absatz von Produkten des Einzelunternehmens zu gewährleisten.[213] Diese einschränkende Auslegung des Unmittelbarkeitskriteriums des notwendigen Betriebsvermögens wendet *Jacobs* für das notwendige Sonderbetriebsvermögen an. Er stellt für das notwendige Sonderbetriebsvermögen auf jene Wirtschaftsgüter ab, die dem Gesellschafter gehören und

206 Interessanterweise stellt das FG Nürnberg in seiner Entscheidung über die Zuordnung der Beteiligung an einer wirtschaftlich mit dem Einzelunternehmen verflochtenen GmbH als Verweise auf die Zuordnungsentscheidungen des BFH betreffend die Zuordnung einer Beteiligung eines Mitunternehmers an einer wirtschaftlich verflochtenen Kapitalgesellschaft zum notwendigen Sonderbetriebsvermögen II ab. Vgl. FG Nürnberg, Urteil vom 16.5.2001 – III 140/97 m.w.N. Es wird damit von den Bestimmungen des notwendigen Sonderbetriebsvermögens II auf eine Zuordnung des notwendigen Betriebsvermögens geschlussfolgert.

207 BFH, Urteil vom 15.10.2003 – XI R 39/01; BFH, Urteil vom 02.09.2008 – X R 32/05.

208 BFH, Urteil vom 11.03.1976 – IV R 185/71.

209 BFH, Urteil vom 11.03.1976 – IV R 185/71; BFH, Urteil vom 22.01.1981 – IV R 107/77; BFH, Urteil vom 08.12.1993 – XI R 18/93.

210 BFH, Urteil vom 15.10.2003 – XI R 39/01; BFH, Urteil vom 02.09.2008 – X R 32/05.

211 *Fehrenbacher*, Steuerrecht, § 2, Rn. 82; Hennrichs in: *Tipke/Lang*, Steuerrecht, § 9, Rn. 211.

212 Vgl. BFH, Urteil vom 15.10.2003 – XI R 39/01; Im Allgemeinen: *Schneider*, Sonderbetriebsvermögen, S. 43 f.

213 BFH, Urteil vom 15.10.2003 – XI R 39/01.

die dem Betrieb der Personengesellschaft dienen.[214] Dabei stellt *„Dienen"* in diesem Zusammenhang eine intensivere Bindung zum Betrieb dar als das Kriterium des *„Förderns"*.[215] Dem entspricht auch *Friedrich*, wenn er für das gewillkürte Sonderbetriebsvermögen einen reinen Förderzusammenhang zwischen Wirtschaftsgut und Sonderbetriebsvermögen ausreichen lässt.[216] Ausschlaggebendes Merkmal für eine Zuordnung zum notwendigen Sonderbetriebsvermögen ist damit entsprechend einer Zuordnung zum notwendigen Betriebsvermögen eines Einzelunternehmers nicht die Unmittelbarkeit der Nutzungsmöglichkeit durch die Mitunternehmerschaft, sondern die Dienlichkeit zum Geschäftsbetrieb der Mitunternehmerschaft.[217] Eine Einschränkung des Anwendungsbereichs des notwendigen Sonderbetriebsvermögens I auf Wirtschaftsgüter, die dem Betrieb der Mitunternehmerschaft dienen, ohne dass es auf einen unmittelbaren Einsatz des Wirtschaftgutes im Geschäftsbetrieb der Mitunternehmerschaft als solchen ankommt, ist damit sachgerecht.

III. Zusammenfassung der Beteiligungszuordnung einer Beteiligung an einer wirtschaftlich verflochtenen Kapitalgesellschaft

Eine Beteiligung eines Mitunternehmers an einer wirtschaftlich verflochtenen Kapitalgesellschaft begründet keine Erweiterung der Initiativrechte des Gesellschafters der Personengesellschaft, so dass eine Stärkung der Beteiligung eines Gesellschafters an der Mitunternehmerschaft nicht in Betracht kommt. Der Gesellschafter, der eine mehrheitliche Beteiligung an einer wirtschaftlich verbundenen Kapitalgesellschaft hält, macht sich für die Personengesellschaft nicht rechtlich, sondern nur tatsächlich unentbehrlich, weil ihm eine besondere Einflussnahme zur Erzielung eines erhöhten Gewinns durch engere Abstimmung der Geschäftsbereiche der Gesellschaften zukommt. Die Gesellschaften können durch die mehrheitlichen Beteiligungen des Gesellschafters und dessen einheitlichen Betätigungswillen nach einem wirtschaftlich einheitlichen Geschäftskonzept geführt werden. Das führt nicht zu einer Stärkung der Beteiligung des Gesellschafters in der Mitunternehmerschaft. Die Stimmrechte in der Gesellschafterversammlung der wirtschaftlich verflochtenen Kapitalgesellschafter sind jedoch mittelbar geeignet, dem Geschäftsbetrieb der Mitunternehmerschaft zu dienen. Liegt eine mittelbare Dienlichkeit der Beteiligung für den Geschäftsbetrieb der Mitunternehmerschaft vor, ist die Beteiligung nicht dem

214 *Jacobs*, Unternehmensbesteuerung und Rechtsform, S. 263.
215 Friedrich in: *Prinz/Hoffmann*, Personengesellschaften, § 6, Rn. 88.
216 Friedrich in: *Prinz/Hoffmann*, Personengesellschaften, § 6, Rn. 88.
217 In diesem Urteil verweist der BFH für die Bestimmung des notwendigen Sonderbetriebsvermögens II konkret auf die Geltung der entsprechenden Grundsätze, die gelten wenn es um die Beantwortung der Frage geht, ob die Beteiligung eines Einzelunternehmers an einer Kapitalgesellschaft dem Einzelunternehmen oder einem anderen Vermögensbereich des Unternehmers zuzuordnen ist. BFH, Urteil vom 13.02.2008 – I R 63/06.

notwendigen Sonderbetriebsvermögen II zuzuordnen, sondern dem notwendigen Sonderbetriebsvermögen I.

C. Fallgruppe im Ertragsteuerrecht: UG (haftungsbeschränkt) & Co. KG

Als besondere Ausgestaltung der GmbH[218] tritt die UG (haftungsbeschränkt) in die Regelungen über die GmbH ein. Wäre vom Gesetzgeber eine Komplementäreigenschaft der UG (haftungsbeschränkt) nicht gewollt gewesen, hätte dies mittels ausdrücklicher Anordnung in den Sonderregelungen über die UG (haftungsbeschränkt) in § 5a GmbHG Niederschlag finden müssen.[219] Die Rechtsformbildung der UG (haftungsbeschränkt) & Co. KG ist damit grundsätzlich möglich. Die Beteiligung eines Kommanditisten einer UG (haftungsbeschränkt) & Co. KG[220] an der UG (haftungsbeschränkt) könnte daher entsprechend der Beteiligung eines Kommanditisten an der regulären Komplementär-GmbH dem notwendigen Sonderbetriebsvermögen II

---

218 BT-Drs. 16/10739, 1.

219 *Binz/Sorg/Mayer*, GmbH & Co. KG, § 2, Rn. 3, § 4, Rn. 32; *Heeg*, DB 2009, 719 (721 f.); *Hennrichs*, NZG 2009, 1161 (1166); *Kock/Vater/Mraz*, BB 2009, 848 (850); *Schreiber*, DZWIR 2009, 492 (492 f.); wobei Schreiber darauf besteht, dass die Thesaurierungspflicht mittels der Gestaltungswahl der UG (haftungsbeschränkt) & Co. KG nicht umgangen wird und damit der Gläubigerschutz gewahrt bleibt. *Stenzel*, NZG 2009, 168 (171); ablehnend ebenso: *Veil*, GmbHR 2007, 1080 (1084); a.A. *Weber*, BB 2009, 842 (847) nach Weber soll der UG (haftungsbeschränkt) die Möglichkeit, Komplementärin zu sein, abgesprochen werden, wenn sie keinen Kapitalanteil hält und damit nicht am Unternehmensgewinn beteiligt ist. Die Gestaltung würde s.E. dem Kapitalaufbringungskonzept des § 5a Abs. 3 GmbHG zuwider laufen, das wegen der Pflicht zur Rücklagenbildung die Möglichkeit zur Gewinnerzielung voraussetze.

220 Die Gründung einer UG (haftungsbeschränkt) als eine besondere Variante der GmbH mit einem weit geringeren Gründungskapital nach § 5a GmbHG ist seit 2008 möglich. Es handelt sich bei der UG (haftungsbeschränkt) um eine Kapitalgesellschaft, die als Äquivalent zur englischen Limited geschaffen wurde und Existenzgründern eine Führung ihrer Geschäfte mittels haftungsbeschränkter Rechtsform erleichtern soll. Weil die UG (haftungsbeschränkt) gegenüber der GmbH teils Restriktionen unterliegt, wie einer Eintragungsmöglichkeit erst, soweit das Stammkapital von mindestens 1 € eingezahlt wurde, dem Ausschluss von Sacheinlagen, ferner der zwingenden Bildung einer gesetzlichen Rücklage in Höhe eines Viertel des um einen etwaigen Verlustvortrag geminderten Jahresüberschuss (§ 5a Abs. 3 Satz 1 GmbHG i.V.m. § 266 Abs. 3 HGB) ausgesetzt ist, wurde in der Literatur ihre Komplementär-Eigenschaft angezweifelt. *Veil*, GmbHR 2007, 1080 (1080); Angesichts der Schaffung der UG als Sonderform einer GmbH hat jedoch auch der BGH die Komplementär-Eigenschaft der UG (haftungsbeschränkt) anerkannt. Eine Aberkennung dessen führe, wie Heeg richtig ausführt, ansonsten zu einer Schaffung einer Gesellschaftsform, die ein „Minus“ im Vergleich zur Limited darstellen würde. *Heeg*, DB 2009, 719 (722).

des Kommanditisten zuzurechnen sein, soweit seine Stellung an der KG mittels der Beteiligung gestärkt wird. Ferner käme eine Zuordnung der Beteiligung zum notwendigen Sonderbetriebsvermögen I in Betracht, wenn eine wirtschaftliche Verflechtung der Geschäftsbereiche der Gesellschaften vorläge.

I. Beteiligungszuordnung zum notwendigen Sonderbetriebsvermögen II

Eine Beteiligung an der UG (haftungsbeschränkt) wäre dem notwendigen Sonderbetriebsvermögen II unter entsprechender Anwendung der Zuordnungskriterien der GmbH & Co. KG[221] und damit unter Berücksichtigung der Stärkung der Beteiligung des Gesellschafters an der KG zuzuordnen. Als besondere Ausgestaltung der GmbH finden die Regeln über die GmbH auf die UG (haftungsbeschränkt) entsprechende Anwendung.[222] Die UG (haftungsbeschränkt) als Komplementärin ist originär zur Geschäftsführung verpflichtet und berechtigt, §§ 161 Abs. 2, 114 ff. HGB.[223] Steuerlich wird sie entsprechend der gewöhnlichen GmbH als eigenständiges Körperschaftsteuersubjekt nach § 1 Abs. 1 Nr. 1 KStG der Körperschaftsteuer unterworfen.[224] Ist ein Kommanditist mehrheitlich, allein oder gemeinschaftlich mit anderen Kommanditisten an der UG (haftungsbeschränkt) beteiligt, läge bei einer am gesetzlichen Leitbild ausgerichteten UG (haftungsbeschränkt) eine Erweiterung der Einflussnahmemöglichkeit auf die Geschäftsführung der KG vor. Darüber hinaus könnte ein mehrheitlich beteiligter Gesellschafter die Stimmrechte der UG (haftungsbeschränkt) in der Gesellschafterversammlung der KG nutzbringend einsetzen, so dass eine Stellungsstärkung anzunehmen wäre. Liegt bei der UG (haftungsbeschränkt) eine abweichende gesellschaftsvertragliche Ausgestaltung der Rechte und Pflichten vor oder ist die UG (haftungsbeschränkt) nicht am Kapital der KG beteiligt, gelten die zur GmbH & Co. KG ausformulierten Voraussetzungen.[225]

II. Beteiligungszuordnung zum notwendigen Sonderbetriebsvermögen I

Eine mehrheitliche Beteiligung an der UG (haftungsbeschränkt) könnte andererseits unter entsprechender Anwendung der Kriterien der wirtschaftlichen Verflechtung dem notwendigen Sonderbetriebsvermögen I zuzuordnen sein. Eine Zuordnung einer Beteiligung an einer UG (haftungsbeschränkt) über die Voraussetzungen der wirtschaftlichen Verflechtung kommt in den Fällen in Betracht, in denen die UG (haftungsbeschränkt) über ihre Stellung als Komplementärin hinaus einen eigenen, nicht lediglich untergeordneten Geschäftsbetrieb betreibt. Sie beschränkt

221 Vgl. die Zuordnungskriterien des notwendigen Sonderbetriebsvermögen II: Seite 14 ff.
222 Lüke in: *Hesselmann/Tillmann/Mueller-Thuns*, GmbH & Co. KG, Rn. 3.43.
223 Grunewald in: *Römermann*, Handbuch GmbHR, § 19, Rn. 3.
224 Hey in: *Tipke/Lang*, Steuerrecht, § 11, Rn. 23.
225 Vgl. zur Annahme einer Stellungsstärkung bei einer vom gesetzlichen Leitbild abweichenden Rechtestellung der Komplementär-GmbH: Seite 14 ff.

sich damit nicht auf die wesentlichen Funktionen einer Komplementärin, mithin der Übernahme der Geschäftsführung und der unbeschränkten Haftung.[226] Damit scheidet grundsätzlich eine Zuordnung der Beteiligung an der UG (haftungsbeschränkt) zum notwendigen Sonderbetriebsvermögen II aus. Voraussetzung für eine Zuordnung der Beteiligung an der UG (haftungsbeschränkt) zum notwendigen Sonderbetriebsvermögen I wäre eine Dienlichkeit der Beteiligung für den Betrieb der Mitunternehmerschaft, mithin eine erhebliche Bedeutung der Beteiligung für den wirtschaftlichen Erfolg der Mitunternehmerschaft.[227] Ist der Geschäftsbetrieb der UG (haftungsbeschränkt) wesentlich wirtschaftlich auf den der KG ausgerichtet, so dass die UG (haftungsbeschränkt) eine grundlegende wirtschaftliche Funktion der KG im Rahmen einer Wertschöpfungskette übernimmt, wäre die UG (haftungsbeschränkt) als solche für die Geschäftstätigkeit der KG dienlich. Ergänzen sich die Geschäftsbereiche der KG und der UG (haftungsbeschränkt) und hält ein Kommanditist eine mehrheitliche Beteiligung an der UG (haftungsbeschränkt), kann er auf die Geschäftsführung der UG (haftungsbeschränkt) durch Beschluss in der Gesellschafterversammlung der UG (haftungsbeschränkt) maßgeblich einwirken. Der Einsatz der Stimmrechte in der Gesellschafterversammlung der UG (haftungsbeschränkt) durch den Kommanditisten hat im Interesse und unter Berücksichtigung der Belange der KG aufgrund der Wahrung gesellschaftsrechtlicher Treuepflichten des Kommanditisten gegenüber der KG[228] zu erfolgen. Es folgt eine engere Abstimmung der Geschäftspolitik beider Gesellschaften und die Erzielung eines daraus (möglicherweise) resultierenden erhöhten Gewinns. Die Beteiligung eines Kommanditisten an der Komplementär-UG (haftungsbeschränkt) ist damit in den Fällen der wirtschaftlichen Verflechtung dem notwendigen Sonderbetriebsvermögen I zuzuordnen.

III. Stellungnahme zu den Zuordnungsvoraussetzungen einer Beteiligung an der UG (haftungsbeschränkt)

Tritt die UG (haftungsbeschränkt) entsprechend der GmbH in die Stellung einer Komplementärin ein, ist eine Übertragung der Kriterien der Stellungsstärkung als Zuordnungskriterien zum notwendigen Sonderbetriebsvermögen II aufgrund gesellschaftsrechtlicher Strukturvergleichbarkeit zwingend. Entspricht die UG (haftungsbeschränkt) dem gesetzlichen Leitbild und geht sie neben der Übernahme der Geschäftsführung und der Haftung keiner eigenständigen, nicht lediglich untergeordneten Geschäftstätigkeit nach, gelten die zur Beteiligungskonstellation der

226 Vgl. Allgemein zum Unternehmensgegenstand einer Komplementär-GmbH: Watermeyer in: *Prinz/Hoffmann*, Personengesellschaften, § 13, Rn. 12.

227 Vgl. die Anforderungen an das notwendige Sonderbetriebsvermögen I: Seite 36 ff.

228 Vgl. die Wirkungsweise der Treuepflichten in der Fallkonstellation der GmbH & Co. KG, die identisch auf die UG (haftungsbeschränkt) & Co. KG anzuwenden ist: Seite 34 ff.

GmbH & Co. KG aufgestellten Voraussetzungen für die Annahme einer Stärkung der Stellung des Kommanditisten an der KG.[229]

Bei der Ausgestaltung der Mischform der UG (haftungsbeschränkt) & Co. KG ist die Intention der Wahl der UG (haftungsbeschränkt) als Komplementärgesellschaft jedoch eine andere als bei einer Komplementär-GmbH. Die UG (haftungsbeschränkt) wird einzig und allein als Haftungsvehikel eingesetzt, um die zivilrechtlich vorteilhafte Haftungsbeschränkung der UG (haftungsbeschränkt) auch in einer Personengesellschaft in Anspruch nehmen zu können.[230] Die Rechtestellung der UG (haftungsbeschränkt) wird regelmäßig zugunsten der Kommanditisten beschränkt sein, so dass die konkrete Ausübung der Geschäftsführung von der Zustimmung der Gesellschafter abhinge. Darüber hinaus wird die UG (haftungsbeschränkt) regelmäßig nicht am Kapital der KG beteiligt sein.[231] Ist die UG (haftungsbeschränkt) nicht am Kapital der KG beteiligt, scheidet ein Zuwachs an Initiativrechten durch eine Beteiligung insofern aus, dass die Beteiligung an der UG (haftungsbeschränkt) nicht zu mehr Stimmrechten innerhalb der Gesellschafterversammlung der KG führt. Zur Beurteilung der Beteiligungszuordnung eines Kommanditisten an einer UG (haftungsbeschränkt) ist daher die gesellschaftsvertragliche Ausgestaltung der konkreten Rechte und Pflichten der Komplementär-UG (haftungsbeschränkt) zu betrachten. Handelt es sich jedoch um eine am gesetzlichen Leitbild entsprechende Ausrichtung der Rechte und Pflichten in der KG, kann eine mehrheitliche Beteiligungszuordnung zum notwendigen Sonderbetriebsvermögen II in Übereinstimmung der Grundsätze der Stärkung der Beteiligung an der KG angenommen werden.[232]

Liegt hingegen die Übernahme einer wesentlichen funktionalen Geschäftstätigkeit durch die UG (haftungsbeschränkt) für die KG vor, ist von einer wirtschaftlichen Verflechtung der Geschäftstätigkeit der UG (haftungsbeschränkt) und der KG auszugehen. Die Beteiligung des Gesellschafters ist dann dem notwendigen Sonderbetriebsvermögen I zuzuordnen, weil die Beteiligung an der UG (haftungsbeschränkt) dem Geschäftsbetrieb der KG dient.

229 Vgl. die Voraussetzungen der Stellungsstärkung durch die Beteiligung an einer Komplementär-GmbH: Seite 14.

230 Vgl. *Binz/Sorg/Mayer*, GmbH & Co. KG, § 2, Rn. 2.

231 *Binz/Sorg/Mayer*, GmbH & Co. KG, § 2, Rn. 4, § 4, Rn. 32 f.; Lücke in: *Hesselmann/Tillmann/Mueller-Thuns*, GmbH & Co. KG, Rn. 3.47.

232 Ist folgend von einer GmbH & Co. KG die Rede, gelten die Ausführungen entsprechend für die UG (haftungsbeschränkt) & Co. KG, soweit diese dem gesetzlichen Leitbild entsprechend ausgestaltet ist, keine Änderungen im Gesellschaftsvertrag eine Rechtebeschneidung oder -einschränkung erkennen lassen und die UG (haftungsbeschränkt) am Vermögen und Kapital der KG beteiligt ist.

IV. Zusammenfassung der Zuordnung einer Beteiligung an der Komplementär-UG (haftungsbeschränkt)

Die Zuordnung einer Beteiligung eines Kommanditisten an einer Komplementär-UG (haftungsbeschränkt) zum notwendigen Sonderbetriebsvermögen II erfolgt, wenn eine Stärkung der Beteiligung des Kommanditisten an der KG angenommen werden kann. Eine Stärkung der Beteiligung des Kommanditisten an der KG setzt voraus, dass der Kommanditist mittels der mehrheitlichen Beteiligung einen Zuwachs an Initiativrechten innerhalb der KG erhält. Eine Mehrung von Initiativrechten ist entweder in der Möglichkeit der Einflussnahme auf die Geschäftsführung im Rahmen der Gesellschafterversammlung der UG (haftungsbeschränkt) zu finden oder kann in der Einflussnahme auf die Geschäftsführung in der Gesellschafterversammlung der KG liegen.

Unterhält die UG (haftungsbeschränkt) einen eigenen Geschäftsbetrieb, kommt eine Zuordnung der Beteiligung zum notwendigen Sonderbetriebsvermögen I nach den Grundsätzen der wirtschaftlichen Verflechtung in Betracht.

D. Fallgruppe im Ertragsteuerrecht: Kommanditisten-GmbH

Ist ein Kommanditist einer GmbH & Co. KG an einer Kommanditisten-GmbH beteiligt, könnte eine Zuordnung zum notwendigen Sonderbetriebsvermögen II in Betracht kommen, soweit die Beteiligung an der Kommanditisten-GmbH seine Stellung an der KG stärkt. Eine Zuordnung der Beteiligung zum notwendigen Sonderbetriebsvermögen I käme hingegen in Betracht, wenn die Voraussetzungen einer wirtschaftlichen Verflechtung erfüllt sind.

I. Beteiligungszuordnung zum notwendigen Sonderbetriebsvermögen II

Die vom BFH in ständiger Rechtsprechung entwickelten Grundsätze zur Zuordnung einer Beteiligung an der geschäftsführenden Komplementär-GmbH mittels einer Stärkung der Stellung des Gesellschafters an der Mitunternehmerschaft[233] könnten sich auch auf die Beteiligung eines Kommanditisten an einer Kommanditisten-GmbH übertragen lassen. Demnach wäre eine Beteiligung dem notwendigen Sonderbetriebsvermögen II zuzuordnen, soweit sie einen Zuwachs an Einflussnahme auf die Geschäftsführung der KG vermittelt oder die Beteiligung ein Mehr an Einflussnahmemöglichkeit im Rahmen der KG-Gesellschaftsversammlung begründet und damit die Initiativrechte des Kommanditisten in der KG gestärkt würden. Durch die Beteiligung an einer Kommanditisten-GmbH kommt grundsätzlich keine Einflussnahmemöglichkeit auf die Geschäftsführung der KG in Betracht, weil es dafür einer Beteiligung an der Komplementär-GmbH bedarf, die originär zur Geschäftsführung der KG berufen ist.[234] Als Kommanditisten-GmbH stehen der Gesellschaft nach gesetzlichem Leitbild

233 Vgl. für die von der Rechtsprechung herausgebildeten Anforderungen an die Stärkung der Stellung eines Gesellschafters an einer KG: Seite 14 ff.

234 Klotz/Hoppe in: *Hesselmann/Tillmann/Mueller-Thuns*, GmbH & Co. KG, Rn. 6.547.

keine Rechte zu, die über die des an ihr beteiligten Kommanditisten hinausgehen. Eine unmittelbare Einflussnahme durch die Beteiligung an der Kommanditisten-GmbH auf die Geschäftsführung der KG scheidet damit grundsätzlich aus.

Eine Stärkung der Beteiligung des Gesellschafters an der KG kommt allerdings in Betracht, wenn die Kommanditisten-GmbH neben der Komplementär-GmbH zur Geschäftsführung berufen ist.[235] In diesem Fall gelten die zur Beteiligung an einer Komplementär-GmbH herausgearbeiteten Anforderungen an das jeweilige Beteiligungsverhältnis.[236] Ein Zuwachs an Einfluss auf die Geschäftsführung kommt darüber hinaus in Betracht, wenn die Kommanditisten-GmbH ihrerseits an der Komplementär-GmbH mehrheitlich beteiligt ist und der Kommanditist mittels seiner mehrheitlichen Beteiligung an der Kommanditisten-GmbH die Entscheidungen der Geschäftsführung in der Gesellschafterversammlung der Komplementär-GmbH in seinem Interesse beeinflussen kann. Es läge mithin eine mittelbare Erweiterung der Einflussnahmemöglichkeit auf die Geschäftsführung vor. Eine Stärkung der Beteiligung des Kommanditisten an der KG kann ferner durch eine mehrheitliche Beteiligung an einer Kommanditisten-GmbH angenommen werden, wenn diese seinen Einfluss im Rahmen der Gesellschafterversammlung der KG[237] stärkt.[238] Werden die Beteiligungsrechte aufgrund gleich gerichteter Interessenlagen in der Gesellschafterversammlung der KG einheitlich ausgeübt, kommt dem Kommanditisten ein Zuwachs an Stimmrechten dann zugute, wenn die einheitliche Stimmrechtsausübung zu einer Willensdurchsetzung in der KG-Gesellschafterversammlung führt.[239] Allerdings darf die Kommanditisten-GmbH in dieser Konstellation keiner eigenen nicht lediglich untergeordneten Geschäftstätigkeit nachgehen.[240] Ihren einzigen Zweck muss somit die Beteiligung in einem erheblichen Umfang an der KG darstellen.[241]

---

235 BFH, Urteil vom 23.01.2001 – VIII R 12/99; *Söffing*, Besteuerung der Mitunternehmer, Rn. 651.

236 Vgl. zu den Anforderungen an das Beteiligungsverhältnis und die Ausgestaltung der Rechte und Pflichten der Komplementär-GmbH: Seite 14 ff.

237 Zu der Einflussnahmemöglichkeit auf die Geschäftsführung im Rahmen der KG-Gesellschafterversammlung: Seite 21 ff.

238 BFH, Urteil vom 23.01.2001 – VIII R 12/99; *Söffing*, Besteuerung der Mitunternehmer, Rn. 651.

239 Beachtlich ist, dass nach gesetzlichem Leitbild der KG für Beschlüsse, die in der KG-Gesellschafterversammlung getroffen werden, mithin Beschlüsse der außergewöhnlichen Geschäftsführung, es grundsätzlich der Mitwirkung aller stimmberechtigter Gesellschafter bedarf und eine Abstimmung, bei einer Ausrichtung nach dem gesetzlichen Leitbild, nach dem Einheitsprinzip erfolgt. Die Stimmen der Kommanditisten-GmbH und des Kommanditisten müssten damit dem Erfordernis der Einheitlichkeit genügen. Vgl. Seite 21 f.

240 BFH, Urteil vom 23.01.2001 – VIII R 12/99; Wacker in: *Schmidt*, EStG-Komm., § 15, Rn. 517.

241 BFH, Urteil vom 23.01.2001 – VIII R 12/99; Wacker in: *Schmidt*, EStG-Komm., § 15, Rn. 517.

Der BFH hatte bisher zwei Mal die Gelegenheit, zu einer Zuordnung der Beteiligung eines Gesellschafters an der Kommanditisten-GmbH zum notwendigen Sonderbetriebsvermögen II Stellung zu nehmen. Mit *Urteil vom 24.06.1982*[242] entschied der BFH ursprünglich, dass eine Beteiligung an einer Kommanditisten-GmbH nicht dem Sonderbetriebsvermögen II zugerechnet werden könne, weil nach damaliger Auffassung die Anteile der Komplementäre der KG an der als Kommanditistin fungierenden GmbH weder dem Unternehmen der KG eine Dienlichkeit erweisen würden noch einer Stärkung der Beteiligung der Komplementäre an der KG dienten.[243] Diametral entgegen erscheint auf den ersten Blick die Beurteilung eines inhaltlich entsprechenden Sachverhaltes, den der BFH mit *Urteil vom 23.01.2001*[244] entschied. Hier ordnete der BFH Anteile an einer Kommanditisten-GmbH eines anderen Kommanditisten dessen Sonderbetriebsvermögen II zu.[245] Wie *Walter/Stümper* herausstellen, lagen dem Fall jedoch relevante Unterschiede zugrunde.[246] Im Urteil von 1982 lag lediglich eine Beteiligung in Höhe von 5,59 % vor, während 2001 eine Beteiligung von 50 % der Kommanditisten an der KG bestand. Darüber hinaus lag im Fall aus 2001 eine Verfügungsbeschränkung bzgl. der Beteiligung der Kommanditisten-GmbH an der KG vor.[247] Die Gesellschafter der Kommanditisten-GmbH konnten über die Anteile an der KG nur mit Genehmigung verfügen, woraus der BFH schlussfolgerte, dass die Beteiligung der KG zu dienen bestimmt und geeignet und damit dem notwendigen Sonderbetriebsvermögen II zuzuordnen war.[248] Für eine Zuordnung zum notwendigen Sonderbetriebsvermögen II kommt es auf eine Stärkung der Beteiligung des Gesellschafters an der KG durch die Erweiterung der Einflussnahme auf die Geschäftsführung der KG an. Liegt selbst bei Summieren der Stimmrechte des Kommanditisten und der Kommanditisten-GmbH eine Minderheitsbeteiligung an der KG vor, kann der beteiligte Gesellschafter einen Gesellschafterbeschluss der KG nicht maßgeblich beeinflussen, weil es nach gesetzlichem Leitbild einer Einstimmigkeit bedarf.[249] Eine Zuordnung zum notwendigen Sonderbetriebsvermögen II musste damit bei einer 5,59 %igen Beteiligung zu Recht ausscheiden. Summieren sich die Stimmrechte des mehrheitlich an der Kommanditisten-GmbH beteiligten Kommanditisten und der Kommanditisten-GmbH hingegen auf mehr als 50 % der Stimmrechte in der KG-Gesellschafterversammlung, können ihre Stimmen Gesellschafterbeschlüsse maßgeblich beeinflussen. Eine Stärkung der

242 BFH, Urteil vom 24.06.1982 – IV R 151/79.
243 BFH, Urteil vom 24.06.1982 – IV R 151/79.
244 BFH, Urteil vom 23.01.2001 – VIII R 12/99.
245 BFH, Urteil vom 23.01.2001 – VIII R 12/99.
246 *Walter/Stümper*, GmbHR 2006, 1187 (1189).
247 BFH, Urteil vom 23.01.2001 – VIII R 12/99.
248 BFH, Urteil vom 23.01.2001 – VIII R 12/99.
249 Vgl. zur Fragestellung, ob eine Minderheitsbeteiligung ausreicht um eine Stärkung der Stellung eines Gesellschafters an der Mitunternehmerschaft annehmen zu können: Seite 15 ff.

Beteiligung des Kommanditisten an der KG und damit eine Zuordnung zum notwendigen Sonderbetriebsvermögen II ist damit zu Recht vom BFH bejaht worden.

Eine Zuordnung einer Beteiligung an einer Kommanditisten-GmbH zum notwendigen Sonderbetriebsvermögen II, stützt der BFH mit *Urteil vom 23.01.2001*[250] jedoch, auf die Annahme, dass das gesellschaftsrechtlich geschuldete Kapital als Einlage zur Nutzung überlassen wird und dadurch eine Stärkung der Finanzkraft der KG erzielt werde.[251] Eigenkapital sei laut BFH für den Geschäftsbetrieb der KG von gleichem Nutzen wie Geschäftsbeziehungen, durch die die Kapitalgesellschaft der KG wesentliche Grundlagen für ihren Betrieb überlässt oder auf sonstige Weise eine für die KG wesentliche Funktion erfüllt.[252] Damit müsste die Stärkung der Finanzkraft der KG die Voraussetzungen der Stärkung der Beteiligung des Gesellschafters an der Gesellschaft erfüllen. Im Gegensatz zur GmbH bestehen bei der KG grundsätzlich keine gesetzlichen Regelungen für die Kapitalaufbringung und Kapitalerhaltung.[253] Eine Kapitalaufbringungspflicht ist gleichfalls nicht erforderlich, weil die Komplementäre und ausnahmsweise auch die Kommanditisten nach §§ 172 Abs. 6, 176 HGB den Gläubigern der KG unmittelbar und unbeschränkt persönlich haften, so dass Gläubigerschutzgründe keine Kapitalaufbringungspflicht erfordern.[254] Allerdings wird gesellschaftsvertraglich eine Bestimmung zur wechselseitigen Aufbringung eines bestimmten Kapitals, durch Beiträge (Einlagen) für die Gesellschafter der KG regelmäßig festgeschrieben sein,[255] oder durch Ausgabe von Kommanditanteilen sichergestellt.[256] Im streitgegenständlichen Fall hat die Kommanditisten-GmbH durch die Einlage ihres Haftkapitals Eigenkapital in Höhe der Hälfte ihres Festkapitals der KG zur Verfügung gestellt.[257] Eigenkapital hat die Funktion der Haftungsbeschränkung für die Gesellschafter.[258] Gleichzeitig jedoch auch die Funktion eines Haftungsfonds für Schulden der Gesellschaft.[259] Das im Eigenkapital ausgewiesene Kapital der Gesellschafter wird der Gesellschaft ohne zeitliche Begrenzung zur Verfügung gestellt.[260] Damit leistete sie den von ihr geschuldeten gesellschaftsrechtlichen Beitrag in Form einer finanziellen Stärkung der KG.[261] Beteiligt sich ein Kommanditist an der Kommanditisten-GmbH, erhöht er damit nicht seine eigene Kommanditeinlage. Allerdings kann der Kommanditist im Rahmen eines Gesellschafterbeschlusses der

250 BFH, Urteil vom 23.01.2001 – VIII R 12/99.
251 BFH, Urteil vom 23.01.2001 – VIII R 12/99.
252 BFH, Urteil vom 23.01.2001 – VIII R 12/99.
253 Gummert in: *Gummert/Abel*, Handbuch PersonengesellschaftsR, § 6, Rn. 1; van Randenborgh in: *Sudhoff*, Personengesellschaften, § 1, Rn. 25.
254 Gummert in: *Gummert/Abel*, Handbuch PersonengesellschaftsR, § 6, Rn. 1.
255 Gummert in: *Gummert/Abel*, Handbuch PersonengesellschaftsR, § 6, Rn. 2.
256 van Randenborgh in: *Sudhoff*, Personengesellschaften, § 1, Rn. 28.
257 BFH, Urteil vom 23.01.2001 – VIII R 12/99.
258 Winnefeld in: *Winnefeld*, Bilanz-Handbuch, Kapitel D, XIII., Rn. 1650.
259 Winnefeld in: *Winnefeld*, Bilanz-Handbuch, Kapitel D, XIII., Rn. 1650.
260 Winnefeld in: *Winnefeld*, Bilanz-Handbuch, Kapitel D, XIII., Rn. 1650.
261 BFH, Urteil vom 23.01.2001 – VIII R 12/99.

KG für eine Erhöhung des Eigenkapitals seine mehrheitliche Beteiligung an der Kommanditisten-GmbH einsetzten. Ein Gesellschafterbeschluss ist in diesem Fall notwendig, weil für die KG keine gesetzliche Regelung einer Nachschusspflicht besteht, § 707 BGB i.V.m. §§ 105 Abs. 3, 161 Abs. 2 HGB.[262] Durch die Beeinflussung des Gesellschafterbeschlusses in Bezug auf die Erhöhung des Eigenkapitals trägt der Gesellschafter mittelbar zur Erreichung des Gesellschaftszwecks der KG bei, indem fortdauernd Eigenkapital zur Nutzung überlassen wird. Ein mittelbarer Beitrag zum Gesellschaftszweck lässt jedoch keinen Schluss auf eine Zuordnung zum notwendigen Sonderbetriebsvermögen II zu, was eine Stärkung der Stellung des Gesellschafters an der KG durch eine Einflussnahme auf die Geschäftsführung erfordert. Dass sich der Gesellschafter rein tatsächlich unentbehrlich für die KG macht, weil durch seine Einflussnahmemöglichkeit die Sicherstellung der Finanzkraft der KG gewährleistet wird, begründet keine rechtliche Einwirkungsmöglichkeit auf die Geschäftsführung der KG. Es handelt sich damit nicht um eine Stärkung der Beteiligung des Gesellschafters an der KG, sondern um eine Dienlichkeit der Kommanditisten-GmbH für die Geschäftstätigkeit der KG. Damit ist die Beteiligung des Gesellschafters an der Kommanditisten-GmbH mittelbar der Geschäftstätigkeit der KG dienlich und wäre damit dem notwendigen Sonderbetriebsvermögen I zuzuordnen.[263] Es handelt sich um einen Unterfall der wirtschaftlichen Verflechtung.

II. Beteiligungszuordnung zum notwendigen Sonderbetriebsvermögen I

Eine Zuordnung einer Beteiligung an einer Kommanditisten-GmbH zum notwendigen Sonderbetriebsvermögen I könnte nach den Grundsätzen der wirtschaftlichen Verflechtung ferner in Betracht kommen, soweit die Geschäftsbereiche der Gesellschaften sich wesentlich ergänzen und eine mehrheitliche Beteiligung des Gesellschafters an der Kommanditisten-GmbH vorliegt oder, wie oben dargestellt, die Kapitalgesellschaft zur Stärkung der Finanzkraft beiträgt. Eine wesentliche Ergänzung der Geschäftsbereiche ist regelmäßig anzunehmen, wenn die Kapitalgesellschaft eine wirtschaftliche Funktion der KG im Rahmen einer Wertschöpfungskette erfüllt. Eine solche kann u.a. in der Übernahme des Vertriebs- oder der

262 Gummert in: *Gummert/Abel*, Handbuch PersonengesellschaftsR, § 6, Rn. 40; Servatius in: *Henssler/Strohn*, Gesellschaftsrecht, § 707 BGB, Rn. 3; Stürner in: *Jauernig/Stürner/Berger*, BGB-Komm., § 707, Rn. 1 f.

263 Eine Zuordnung der Beteiligung an der Kommanditisten-GmbH zum notwendigen Sonderbetriebsvermögen I muss allerdings dann scheitern, wenn die Kommanditisten-GmbH ihr Haftkapital nicht als Einlage, sondern als Darlehen der KG zur Nutzung überlässt. Eine Kapitalüberlassung als Darlehen begründet eine Fremdkapitalgabe und kommt bei kurzfristigem Liquiditätsbedarf der KG in Betracht, so dass der KG Kapital nur auf Zeit zur Verfügung gestellt wird. Das Kapital wird dabei auf Grundlage schuldrechtlicher Verträge zu fremdüblichen Konditionen zur Verfügung gestellt und es besteht ein Rückzahlungsanspruch samt Zinsen. Die Begründung von Haftkapital muss in diesem Fall ausscheiden.

Produktion von Produkten der KG bestehen.[264] Ergänzen sich die Geschäftsbereiche der Gesellschaften maßgeblich liegt eine Dienlichkeit der Kommanditisten-GmbH für den Geschäftsbetrieb der KG vor. Besteht ferner eine mehrheitliche Beteiligung des Kommanditisten an der Kommanditisten-GmbH, ermöglicht diese dem Gesellschafter auf die Geschäftspolitik der Kommanditisten-GmbH durch Beschluss in der Gesellschafterversammlung der Kommanditisten-GmbH Einfluss auszuüben. Die aus der mehrheitlichen Beteiligung an der Kommanditisten-GmbH fließenden Stimmrechte muss der Kommanditist in der Gesellschafterversammlung der Kommanditisten-GmbH aufgrund gesellschaftsrechtlicher Treuepflichten im Interesse der KG ausüben.[265] Setzt der Kommanditist seine Stimmrechte im Interesse und unter Berücksichtigung der Belange der KG ein, folgt daraus eine engere Abstimmung der Geschäftspolitik beider Gesellschaften und damit die Erzielung eines (möglicherweise) erhöhten Gewinns. Es ist damit von einer Dienlichkeit der Beteiligung an der Kommanditisten-GmbH für den Geschäftsbetrieb KG auszugehen. Die Beteiligung an der Kommanditisten-GmbH ist folglich, in den Fällen der wirtschaftlichen Verflechtung dem notwendigen Sonderbetriebsvermögen I zuzuordnen.

III. Zusammenfassung der Zuordnung einer Beteiligung an der Kommanditisten-GmbH

Eine Beteiligung an einer Kommanditisten-GmbH ist dem notwendigen Sonderbetriebsvermögen II des Kommanditisten zuzuordnen, wenn eine Stärkung der Beteiligung des Kommanditisten an der KG durch die Beteiligung an der Kommanditisten-GmbH angenommen werden kann. Eine derartige Stärkung liegt vor, wenn durch die Beteiligung an der Kommanditisten-GmbH ein Mehr an Stimmrechten innerhalb der Gesellschafterversammlung der KG begründen wird. Eine Einflussnahme auf die Geschäftsführung kommt grundsätzlich mangels Beteiligung der Kommanditisten-GmbH an der Geschäftsführung der KG nicht in Betracht. Liegen hingegen die Voraussetzungen der wirtschaftlichen Verflechtung der Geschäftsbereiche der KG und der Kommanditisten-GmbH neben einer mehrheitlichen Beteiligung des Kommanditisten an der Kommanditisten-GmbH vor, kommt es abweichend zu einer Zuordnung der Beteiligung zum notwendigen Sonderbetriebsvermögen I.

---

264 Vgl. die wirtschaftlichen Funktionen einer Kapitalgesellschaft im Rahmen einer wirtschaftlichen Verflechtung: Seite 29 f. Liegen die Voraussetzungen einer wirtschaftlichen Verflechtung vor, sind ihre Kriterien der Zuordnung einer Beteiligung entsprechend anzuwenden.

265 Vgl. zur Wirkung gesellschaftsrechtlicher Treuepflichten und deren Reichweite: Seite 34 ff.

E. Fallgruppe im Ertragsteuerrecht: Beteiligung des persönlich haftenden Gesellschafters auch als Kommanditaktionär an der KGaA

Beteiligt sich der persönlich haftende Gesellschafter einer Kommanditgesellschaft auf Aktien (KGaA) zusätzlich als Kommanditaktionär an der KGaA, käme eine Zuordnung der Beteiligung zu dessen notwendigem Sonderbetriebsvermögen II in Betracht. Voraussetzung dafür wäre die grundsätzliche Annahmemöglichkeit eines Sonderbetriebsvermögens des persönlich haftenden Gesellschafters und darüber hinaus die Annahme einer Stärkung der Beteiligung des Gesellschafters an der KGaA durch die Beteiligung an der KGaA als Kommanditaktionär.

I. Mitunternehmerbesteuerung des persönlich haftenden Gesellschafters

Die KGaA ist nach § 278 Abs. 1 AktG als juristische Person mit eigener Rechtspersönlichkeit[266] ein Körperschaftsteuersubjekt nach § 1 Abs. 1 Nr. 1 KStG.[267] Die KGaA hat zumindest einen unbeschränkt haftenden Gesellschafter, den Komplementär, während die übrigen Gesellschafter als Kommanditisten an dem in Aktien zerlegten Grundkapital beteiligt sind und lediglich beschränkt haften.[268] Damit weist die KGaA Besteuerungselemente sowohl der Mitunternehmerschaftsbesteuerung, als auch der Kapitalgesellschaftsbesteuerung auf. Die Kommanditisten erzielen Einkünfte aus Kapitalvermögen nach § 20 Abs. 1 Nr. 1 EStG.[269] Der persönlich haftende Gesellschafter erzielt hingegen gemäß § 15 Abs. 1 Satz Nr. 3 EStG gewerbliche Einkünfte mit seinem Gewinnanteil aus der KGaA, der wiederum, um eine Doppelbelastung zu vermeiden, bei der Gesellschaft als abziehbare Aufwendung nach § 9 Abs. 1 Nr. 1 KStG den zu versteuernden Gewinn mindert.[270] Der persönlich haftende Gesellschafter ist damit kein Mitunternehmer, wird aber wie ein solcher behandelt (sog. Wurzeltheorie).[271]

---

266 Arnold in: *Henssler/Strohn*, Gesellschaftsrecht, § 278 AktG, Rn. 1; Koch in: *Koch/Hüffer*, AktG-Komm., § 278, Rn. 4; Müller-Michaels in: *Hölters*, AktG-Komm., § 278, Rn. 6.

267 Benecke in: *Schnitger/Fehrenbacher*, KStG-Komm., § 1, Rn. 103; Hummel in: *Gosch*, KStG-Komm., § 1, Rn. 70; Rengers in: *Blümich*, EStG/KStG/GewStG-Komm., § 1 KStG, Rn. 68, 130. Lfg., Stand: Okt. 2015.

268 Benecke in: *Schnitger/Fehrenbacher*, KStG-Komm., § 1, Rn. 103; Märtens in: *Gosch*, KStG-Komm., § 9, Rn. 11; Reiß in: *Kirchhof*, EStG-Komm., § 15, Rn. 403.

269 Ellerbeck in: *Schnitger/Fehrenbacher*, KStG-Komm., § 9, Rn. 33.

270 Ellerbeck in: *Schnitger/Fehrenbacher*, KStG-Komm., § 9, Rn. 34; Hageböke in: *Rödder/Herlinghaus/Neumann*, KStG-Komm., § 9, Rn. 11; Märtens in: *Gosch*, KStG-Komm., § 9, Rn. 13; Reiß in: *Kirchhof*, EStG-Komm., § 15, Rn. 403a.

271 Ellerbeck in: *Schnitger/Fehrenbacher*, KStG-Komm., § 9, Rn. 37 f.; Hageböke in: *Rödder/Herlinghaus/ Neumann*, KStG-Komm., § 9, Rn. 12, 42; Märtens in: *Gosch*, KStG-Komm., § 9, Rn. 13a.

II. Aufnahme des sonderbetrieblichen Bereichs in die KGaA

Nach § 15 Abs. 1 Satz 1 Nr. 3 EStG wird der persönlich haftende Gesellschafter wie ein Mitunternehmer behandelt. Fraglich ist jedoch, ob dadurch das gesamte Mitunternehmerkonzept in die Regelungen des persönlich haftenden Gesellschafters inkorporiert wurde und damit auch der sonderbetriebliche Bereich, so dass notwendiges Sonderbetriebsvermögen II überhaupt angenommen werden kann. Voraussetzung dafür wäre, dass es sich bei § 15 Abs. 1 Satz 1 Nr. 3 EStG nicht lediglich um eine Gewinnzuteilungsnorm handelt, sondern dem persönlich haftenden Gesellschafter eine dem Mitunternehmer vergleichbare Stellung in einer der Mitunternehmerschaft vergleichbaren Gesellschaft eingeräumt würde. Die KGaA ist ein Körperschaftsteuersubjekt.[272] Das der Körperschaftsteuer zugrunde liegende Trennungsprinzip würde grundsätzlich Leistungsbeziehungen zwischen Gesellschaft und persönlich haftenden Gesellschafter ebenso wie zwischen Gesellschaft und Kommanditaktionären ihrem objektiven Charakter entsprechend den Ertragsteuertatbeständen zuordnen. Um das Erfassen dieser schuldrechtlichen Leistungsbeziehungen neben der Gewinnzurechnung des persönlich haftenden Gesellschafters unter die gewerblichen Einkünfte zu ermöglichen, bedurfte es einer ausdrücklichen gesetzlichen Anordnung in § 15 Abs. 1 Satz 1 Nr. 3 EStG. *Bielinis* merkt an, dass, wäre es dem Gesetzgeber auf eine Gleichstellung mit einer Mitunternehmerschaft und damit auf eine komplette Inkorporation des Mitunternehmerkonzepts in die KGaA angekommen, dies in § 15 Abs. 1 Satz 1 Nr. 3 EStG bereits hätte vermerkt werden müssen.[273] Ist hingegen § 15 Abs. 1 Satz 1 Nr. 3 EStG wortlautidentisch mit § 15 Abs. 1 Satz 1 Nr. 2 EStG und wird damit eine Qualifizierung von Leistungsbeziehungen zwischen Gesellschaft und persönlich haftendem Gesellschafter in gewerbliche Einkünfte kraft Gesetzes ausdrücklich angeordnet, ist anzunehmen, dass für Wirtschaftsgüter, die ein persönlich haftender Gesellschafter der KGaA zur Nutzung überlässt, grundsätzlich nichts anderes gilt, als dass für diese, entsprechend einer regulären Mitunternehmerschaft, ebenfalls eine Zuordnung zum Sonderbetriebsvermögen erfolgen muss.[274] Auch wenn lediglich der persönlich haftende Gesellschafter *wie* ein Mitunternehmer behandelt werden soll, bedarf es einer bilanziellen Berücksichtigungsmöglichkeit der Vergütungszahlungen ebenso wie der zur Nutzung überlassenen Wirtschaftsgüter. Hieraus würde allerdings lediglich eine Berücksichtigungsmöglichkeit des Sonderbetriebsvermögens I folgen.

Der BFH geht ebenfalls von der Inkorporation des sonderbetrieblichen Bereichs in die Besteuerung des persönlich haftenden Gesellschafters durch die Behandlung des persönlich haftenden Gesellschafters *wie* einen Mitunternehmer aus.[275] Der BFH nimmt jedoch nicht nur ein Sonderbetriebsvermögen I für die im Rahmen der Sonderbetriebsvergütungen nach § 15 Abs. 1 Satz 1 Nr. 3 EStG überlassenen

---

272 Vgl. § 1 Abs. 1 Nr. 1 KStG, Seite 49.

273 *Bielinis*, KGaA, S. 271 ff.; *Bielinis*, DStR 2014, 769 (774).

274 BFH, Urteil vom 21.06.1989 – X R 14/88; Hageböke in: *Rödder/Herlinghaus/Neumann*, KStG-Komm., § 9, Rn. 13.

275 BFH, Urteil vom 21.06.1989 – X R 14/88.

Wirtschaftsgüter an, sondern darüber hinaus auch ein Sonderbetriebsvermögen II für Wirtschaftsgüter, die zur Stärkung der Stellung des Gesellschafters an der KGaA eingesetzt werden.[276]

III. Zuordnung einer Beteiligung des persönlich haftenden Gesellschafters aufgrund der Stärkung der Beteiligung an der KGaA

Während die Rechtsprechung die Zuordnung der Aktien des persönlich haftenden Gesellschafters, die dieser zusätzlich als Kommanditaktionär an der KGaA hält, zu einem Sonderbetriebsvermögen ablehnt,[277] wurde u.a. von *Schlütter*[278] eine Zuordnung der Beteiligung des persönlich haftenden Gesellschafters am Grundkapital der KGaA zum notwendigen Sonderbetriebsvermögen II angenommen.[279] Er begründet seine Ansicht damit, dass bei einer Beteiligung eines Kommanditisten an der Komplementär-GmbH eine Zuordnung der Beteiligung zum notwendigen Sonderbetriebsvermögen II anerkannt sei und bei einem persönlich haftenden Gesellschafter einer KGaA damit nichts anderes gelten könne, wenn dieser darüber hinaus am Grundkapital durch Aktien als Kommanditaktionär beteiligt wäre.[280]

Der BFH trennte in seinem *Urteil vom 21.06.1989*[281] die ertragsteuerrechtliche Stellung des persönlich haftenden Gesellschafters von der des Kommanditaktionärs und ließ ein Verschwimmen der beiden Positionen auch nicht über eine Zuordnung der Aktien zum Sonderbetriebsvermögen zu. Der BFH begründet dies damit, dass § 15 Abs. 1 Satz 1 Nr. 3 EStG nur den Gewinnanteil des persönlich haftenden Gesellschafters erfasse.[282] Eine Beteiligung am Grundkapital der KGaA würde hingegen gesetzlich ausdrücklich vom Anwendungsbereich der Norm ausgeschlossen und damit die Einkommenbesteuerung des persönlich haftenden Gesellschafters an der Wurzel von der Körperschaftsbesteuerung der KGaA abspalten (sog. Wurzeltheorie).[283] Der BFH stellt weiter darauf ab, dass eine Begünstigung des Gesetzgebers nur für den Gewinnanteil durch einen Abzug bei der KGaA zur Vermeidung der Doppelbesteuerung vorgesehen wurde, nicht jedoch auch in Bezug auf die Dividende.[284] Darüber hinaus könne eine Stärkung der Beteiligung des persönlich haftenden Gesellschafters an der KGaA nach Ansicht des BFH bereits vom Grundsatz her nicht in Betracht kommen.[285] Der persönlich haftende Gesellschafter sei bereits durch seine Stellung als Komplementär zur Geschäftsführung befugt (§ 278 Abs. 2 AktG i.V.m. §§ 164, 170

276 BFH, Urteil vom 21.06.1989 – X R 14/88.
277 BFH, Urteil vom 21.06.1989 – X R 14/88.
278 *Schlütter*, StuW 1978, 295 (298 f.).
279 *Schlütter*, StuW 1978, 295 (298 f.).
280 *Schlütter*, StuW 1978, 295 (298 f.).
281 BFH, Urteil vom 21.06.1989 – X R 14/88.
282 BFH, Urteil vom 21.06.1989 – X R 14/88.
283 BFH, Urteil vom 21.06.1989 – X R 14/88.
284 BFH, Urteil vom 21.06.1989 – X R 14/88.
285 BFH, Urteil vom 21.06.1989 – X R 14/88.

HGB) und es komme gerade nicht darauf an, dass durch die Aktien an der KGaA seine Stellung in der Gesellschaft gestärkt werde.[286] Während Kommanditaktionäre eine reine Kapitalverzinsung für die Leistung ihrer Einlage erhielten und sie darüber hinaus weder unmittelbar an den Verlusten der Gesellschaft teilnehmen würden, noch ein Haftung für Verbindlichkeiten mit ihrem Vermögen vorgesehen sei, sei der persönlich haftende Gesellschafter Geschäftsführungs- und Vertretungsorgan der KGaA, §§ 278 Abs. 2 AktG i.V.m. §§ 161 Abs. 2, 114 ff., 125 ff. HGB.[287] Der persönlich haftende Gesellschafter nehme damit wesentlichen Einfluss auf die Tätigkeit der Gesellschaft und entfaltet eine besondere Unternehmerinitiative.[288] Ferner nehme ein persönlich haftender Gesellschafter durch Gewinn- bzw. Verlustzuweisung auf seinem Kapitalkonto unmittelbar am wirtschaftlichen Erfolg der Gesellschaft teil, § 286 Abs. 2 Satz 2 AktG, und haftet persönlich für Gesellschaftsverbindlichkeiten, § 278 Abs. 1 AktG, so dass ihm in hohem Maße Unternehmerrisiko zukomme.[289] An einer Stellungsstärkung des persönlich haftenden Gesellschafter mittels seiner zusätzlichen Beteiligung am Grundkapital als Kommanditaktionär fehlt es damit, weil der persönlich haftende Gesellschafter bereits geschäftsführungsbefugt ist und somit keine weitere Stärkung seiner Beteiligung an der Gesellschaft in Betracht kommt.[290]

Vom Grundsatz her könnte an eine Stärkung der Beteiligung des persönlich haftenden Gesellschafters mittels der Beteiligung im Rahmen der Kommanditaktionärsversammlung, in der der persönlich haftende Gesellschafter ein Mitspracherecht erhält, und damit ein Mehr an Einflussnahme erzielt, gedacht werden. Eine solche scheitert jedoch wie festgestellt, an dem ausdrücklichen Ausschluss des Erfassens von Beteiligungen am Grundkapital im Rahmen der gewerblichen Einkünfte des persönlich haftenden Gesellschafters. Eine Zuordnung der Beteiligung zum notwendigen Sonderbetriebsvermögen II aufgrund einer Stärkung der Beteiligung des persönlich haftenden Gesellschafters an der KGaA scheidet mithin aus.

IV. Zuordnung einer Beteiligung des persönlich haftenden Gesellschafters zum notwendigen Sonderbetriebsvermögen I

Eine Zuordnung einer Beteiligung am Grundkapital der KGaA durch den persönlich haftenden Gesellschafter könnte nach den Kriterien einer wirtschaftlichen Verflechtung dem notwendigen Sonderbetriebsvermögen I des persönlich haftenden Gesellschafters zugeordnet werden. Eine wirtschaftliche Verflechtung würde voraussetzen, dass der persönlich haftende Gesellschafter einen eigenen zusätzlichen

286 BFH, Urteil vom 21.06.1989 – X R 14/88.
287 BFH, Urteil vom 21.06.1989 – X R 14/88.
288 BFH, Urteil vom 21.06.1989 – X R 14/88.
289 BFH, Urteil vom 21.06.1989 – X R 14/88.
290 Vgl. entsprechender Lösungsansatz, wenn ein Kommanditist einer GmbH & Co.KG bereits gesellschaftsvertraglich zur Geschäftsführung berufen ist: Seite 15 ff.

Geschäftsbetrieb betriebe.[291] Eine Zuordnung zum notwendigen Sonderbetriebsvermögen I in der KGaA muss jedoch auch hier am ausdrücklichen Gesetzeswortlaut des § 15 Abs. 1 Satz 3 EStG scheitern, der einen Ausschluss der Zuordnung einer Beteiligung am Grundkapital normiert.

V. Zusammenfassung einer Beteiligungszuordnung des persönlich haftenden Gesellschafters

Eine Zuordnung einer Beteiligung eines persönlich haftenden Gesellschafters einer KGaA zum notwendigen Sonderbetriebsvermögen II scheidet aus. Unabhängig davon, dass das Bestehen von Sonderbetriebsvermögen nicht grundsätzlich ausgeschlossen werden kann, ist eine Stärkung der Beteiligung eines Gesellschafters, der bereits zur Geschäftsführung berufen ist, nicht zu begründen. Der eindeutige Wortlaut des § 15 Abs. 1 Satz 1 Nr. 3 EStG nimmt eine Beteiligung am Grundkapital der KGaA von einer Umqualifizierung in gewerbliche Gewinne aus und lässt damit eine Zuordnung zum Sonderbetriebsvermögen ausscheiden.

F. Fallgruppe im Ertragsteuerrecht: Atypisch stille Gesellschaft

Während ein typisch stiller Gesellschafter im Sinne des §§ 230 ff. HGB[292] Einkünfte aus Kapitalvermögen nach § 20 Abs. 1 Nr. 4 Satz 1 EStG bezieht, sind davon ertragsteuerrechtlich die gewerblichen Einkünfte des atypisch stillen Gesellschafters zu unterscheiden. Eine atypisch stille Gesellschaft in der Form einer GmbH & atypisch still stellt nach Rechtsprechung und Literatur eine Mitunternehmerschaft dar,[293] soweit die Rechte des atypisch stillen Gesellschafters gegenüber dem Regelungsstatut des typisch stillen Gesellschafters in §§ 230 ff. HGB atypisch ausgestaltet sind und daher wesentlich von diesem abweichen.[294] Dies richtet sich danach, ob er Mitunternehmerinitiative und -risiko entfalten kann, so dass sich seine Rechtestellung der eines Kommanditisten annähert und er am laufenden Gewinn oder Gesamtgewinn, mithin an Wertveränderungen des Betriebsvermögens in gleicher Weise beteiligt

291 *Bielinis*, KGaA, S. 282 f.

292 Eine typisch stille Beteiligung ist im deutschen Handelsrecht in § 230 ff. HGB vorgesehen. Sie stellt als reine Innengesellschaft einen Spezialfall der Gesellschaft bürgerlichen Rechts nach § 705 BGB dar. Eine stille Gesellschaft liegt vor, soweit zwischen dem Inhaber des Handelsgeschäfts und einem anderen ein Gesellschaftsvertrag zur Erreichung eines gemeinsamen Zwecks geschlossen wird, aufgrund dessen der andere ohne Bildung eines Gesellschaftsvermögens mit einer Einlage am kaufmännischen Unternehmen beteiligt ist und eine Gewinnbeteiligung erhält. Schmidt in: *Schmidt*, HGB-MüKo., Bd. III., § 230, Rn. 2, 4.

293 Vgl. BFH, Urteil vom 26.11.1996 – VIII R 42/94; BFH, Urteil vom 15.10.1998 – IV R 18/98; BFH, Urteil vom 01.07.2010 – IV R 100/06; Dötsch in: *Kessler/Kröner/Köhler*, Konzernsteuerrecht, § 3, Rn. 152.

294 BFH, Urteil vom 15.10.1998 – IV R 18/98; *Blaurock*, BB 1992, 1969 (1970); *Schulze zur Wiesche*, DStZ 2007, 602; *Schulze zur Wiesche*, GmbH & Still, Rn. 50.

ist.[295] Eine atypische stille Beteiligung ist insbesondere anzunehmen, wenn eine Beteiligung an den stillen Reserven und Lasten begründet und eine Einflussnahmemöglichkeit auf die Geschäftsführung ermöglicht wird.[296]

I. Die atypisch stille Gesellschaft als Mitunternehmerschaft

Zur Annahmemöglichkeit einer Mitunternehmerschaft ist grundlegende Voraussetzung, dass es sich um eine Gesellschaft im Sinne des § 15 Abs. 1 Satz 1 Nr. 2 EStG handelt, die Gesellschafter in ihrer gesamthänderischen Verbundenheit den Tatbestand der Gewerblichkeit nach § 15 Abs. 2 bzw. Abs. 3 Nr. 2 EStG und die Voraussetzungen der Mitunternehmerstellung erfüllen, § 15 Abs. 1 Satz 1 Nr. 2 EStG.[297] Alle drei Voraussetzungen erscheinen für die atypisch stille Gesellschaft problematisch.

1. Gewerbliche Tätigkeit der atypisch stillen Gesellschaft

Eine Gewerblichkeit setzt ein aktives, werbendes, selbstständiges, von Gewinnerzielungsabsicht getragenes Auftreten am Markt für eine gewisse Dauer voraus, die nicht in freiberuflicher, vermögensverwaltender oder land- und forstwirtschaftlicher Tätigkeit besteht, § 15 Abs. 2 EStG.[298] Die gewerbliche Unternehmenstätigkeit einer atypisch stillen Gesellschaft als bloße zivilrechtliche Innengesellschaft muss grundsätzlich mangels Eingehungsmöglichkeit von Leistungsbeziehungen im Außenverhältnis scheitern. Die Wirkung der Innengesellschaft beschränkt sich aus zivilrechtlicher Sicht auf das Verhältnis der Gesellschafter zueinander.[299]

Die zivilrechtlichen Anknüpfung der Unternehmenstätigkeit für die ertragsteuerrechtliche Beurteilung teilte der BFH ursprünglich im *Urteil vom 12.11.1985*[300], wich jedoch ausdrücklich mit den *Urteilen vom 26.11.1996*[301], *15.10.1998*[302] und

---

295 *Ruban*, DStZ 1995, 637 (637).

296 Im Gegensatz zu den gängigen Mitunternehmerschaften muss eine Gewerbesteuersubjektivität der atypisch stillen Gesellschaft ausscheiden. *Winkeljohann/Halfar*, DB 1994, 2471 (2471 ff.); Steuerschuldner kann nach § 5 Abs. 1 Satz 3 GewStG nur eine gewerblich tätige Personengesellschaft sein, was jedoch nur auf Personenhandelsgesellschaften zuträfe. Gewerbesteuerschuldner ist einzig der Inhaber des Handelsgewerbes nach § 5 Abs. 1 GewStG, durch den letztendlich der Gewerbebetrieb der atypisch stillen Gesellschaft betrieben wird. *Döllerer*, DStR 1985, 295 (300); Johannenmann in: *Lüdicke/Sistermann*, Unternehmensteuerrecht, § 10, Rn. 14; *Winkeljohann/Halfar*, DB 1994, 2471 (2471 ff.).

297 Vgl. BFH, Urteil vom 03.05.1993 – GrS 3/92.

298 Bode in: *Blümich*, EStG/KStG/GewStG-Komm., § 15 EStG, Rn. 13, 125. Lfg., Stand: Okt: 2014.

299 *Geuenich*, Qualifikationskonflikte, S. 23.

300 BFH, Urteil vom 12.11.1985 – VIII R 286/81.

301 BFH, Urteil vom 26.11.1996 – VIII R 42/94.

302 BFH, Urteil vom 15.10.1998 – IV R 18/98.

01.07.2010[303] hiervon ab.[304] Der BFH stellt nunmehr auf eine steuerrechtlich-wirtschaftliche Betrachtungsweise ab, so dass unter Außerachtlassen der zivilrechtlichen Gegebenheiten die Tätigkeit des Inhabers des Handelsgeschäfts, also der GmbH, als Gewerbebetrieb der Innengesellschaft zugerechnet wird.[305] Ihr Auftreten nach außen sei der Gesellschaft zuzurechnen und führe zur gemeinschaftlichen Verwirklichung der Tatbestandsmerkmale der gewerblichen Einkunftsart.[306] Die Annahme der Mitunternehmerschaft führe dazu, dass nicht die GmbH einen Betrieb führe, sondern die Mitunternehmerschaft als solche.[307] Die GmbH fungiert demnach *quasi als leere Hülle*, während ihr kompletter Inhalt inklusive der schuldrechtlichen Beziehungen in die Innengesellschaft übergeht und damit der Betrieb der Innengesellschaft dem der eigentlichen GmbH vorgeht.[308]

2. *„Andere Gesellschaft" im Sinne des § 15 Abs. 1 Satz 1 Nr. 2 EStG*

Nach h.A. wird die atypisch stille Gesellschaft als eine *andere Gesellschaft* nach § 15 Abs. 1 Satz 1 Nr. 2 EStG anerkannt.[309] § 15 Abs. 1 Satz 1 Nr. 2 EStG zählt die Gesellschaften auf, die aus ertragsteuerlicher Sicht geeignet sind, Grundlage einer Mitunternehmerschaft zu bilden. Neben der OHG und der KG sind *andere Gesellschaften* normiert, bei denen die Voraussetzungen der Mitunternehmerschaft vorliegen. Während es sich bei der OHG und der KG um Personenhandelsgesellschaften handelt, sollen von dem Begriff der anderen Gesellschaften Rechtsgemeinschaften erfasst werden, die wirtschaftlich mit gewerblichen Personengesellschaften gleichwertig sind.[310] Der BFH ging davon aus, dass es auf eine unternehmerische Tätigkeit

303 BFH, Urteil vom 01.07.2010 – IV R 100/06.

304 Vgl. *Fischer*, FR 1998, 813 (819) S.E. handelt es sich nicht um eine Zurechnung von Einkünften der Personengesellschaft an die Gesellschafter, sondern unmittelbar selbst durch den Gesellschafter erzielte Einkünfte, die dieser aufgrund seines herrschenden Einflusses auf die gemeinsame gewerbliche Leistung erzielt.

305 *Günkel/Lieber*, IWB Fach 10, Internationale Gruppe 2, 1383 (1404).

306 *Schulze zur Wiesche*, GmbH & Still, Rn. 310.

307 *Schulze zur Wiesche*, GmbH & Still, Rn. 310.

308 Vgl. *Gschwendtner*, DStZ 1998, 335 (338), der auf eine Zurechnungskette der Gewerblichkeit vom Inhaber des Handelsgewerbes auf die atypisch stille Gesellschaft an die Gesellschafter ausgeht.

309 BFH, Urteil vom 13.07.1993 – VIII R 85/91; *Becker*, Die atypisch stille Gesellschaft, S. 29; *Blaurock*, BB 1992, 1969 (1973); *Geuenich*, Qualifikationskonflikte, S. 39; *Jacobs*, Unternehmensbesteuerung und Rechtsform, S. 228; *Ruban*, DStZ 1995, 637 (637 ff.).

310 N.A. Wackers ergibt sich aus der gleichförmigen Aufzählung in § 15 Abs. 1 Satz 1 Nr. 2 EStG und dem Gesetzeszweck, dass alle gewerblichen Mitunternehmerschaften materiellrechtlich gleich zu behandeln seien, was auch für Innengesellschaften ohne Gesamthandsvermögen wie der atypisch stillen Gesellschaft gelten müsse. Wacker in: *Schmidt*, EStG-Komm., § 15, Rn. 171, 174.

mit Außenwirkung[311] nicht ankomme,[312] sondern zur Beurteilung auf das reine Innenverhältnis abzustellen sei, auf das § 15 Abs. 1 Satz 1 Nr. 2 EStG Anwendung fände und damit auch die atypisch stille Gesellschaft als reine Innengesellschaft erfasst.[313]

3. *Mitunternehmerstellung der GmbH*

Dem atypisch still Beteiligten wird eine quasi handelsgesellschaftliche Position zugesprochen,[314] so dass auch die GmbH als Mitunternehmer der atypisch stillen Gesellschaft angesehen werden könne. Unter der Annahme, dass es sich bei der GmbH um ein quasi Organ der atypisch stillen Gesellschaft handelt, müsste diese Stellung im Sinne des Typusbegriffs des Mitunternehmers als ausreichend ausgeprägt angesehen werden, um insgesamt die Voraussetzungen der Mitunternehmerschaft annehmen zu können[315] (Quasi-Organ-Theorie). Der Inhaber des Handelsgewerbes wird, soweit seine Tätigkeit der Errichtung des im Vertrag über die stille Gesellschaft vereinbarten Gesellschaftszwecks dient, ausschließlich für die Innengesellschaft tätig.[316] Die GmbH ist damit diejenige, die im Rechtsverkehr auftritt und auf deren Rechnung und Haftung[317] die steuerrechtlich einzuordnende Tätigkeit fußt, während der atypisch still Beteiligte lediglich mit verpflichtet wird. Der Inhaber des Handelsgewerbes erbringt damit einen im Gesellschaftsinteresse liegenden Beitrag, der der

---

311 BFH, Urteil vom 19.02.1981 – IV R 152/76. Der BFH entschied mit Urteil vom 19.02.1981, dass eine GbR, die als reine Innengesellschaft ausgestaltet ist und damit weder gemeinsames Gesamthandsvermögen noch eine Außenhaftung inne hat, dennoch gewerbliche Einkünfte erzielen und damit eine andere Gesellschaft im Sinne des § 15 Abs. 1 Satz 1 Nr. 2 EStG begründen könne, wenn der nach außen auftretende Gesellschafter im Innenverhältnis auch für Rechnung der anderen Gesellschafter tätig werde. Im konkreten Fall war die Innengesellschaft mit Außenwirkung tätig, so dass unter Berücksichtigung der tatsächlichen Gegebenheiten von einer gewerblichen Tätigkeit nach § 15 Abs. 2 EStG ausgegangen werden konnte.

312 BFH, Urteil vom 10.08.1994 – I R 133/93; BFH, Urteil vom 13.11.1997 – IV R 67/96.

313 BFH, Urteil vom 26.11.1996 – VIII R 42/94.

314 Kaeser/Wassermeyer in: *Wassermeyer*, DBA-Komm., Art. 10 MA, Rn. 143, 122. Lfg., Stand: März 2013; *Wiesemann*, Doppelte Nicht- und Minderbesteuerung, S. 213.

315 Vgl. zur Ausprägung von Mitunternehmerrisiko und -initiative: BFH, Urteil vom 07.11.2006 – VIII R 5/04.

316 *Schulze zur Wiesche*, GmbH & Still, Rn. 310.

317 Der BFH entschied jedoch u.a. mit Urteil vom 10.05.2007, dass der Inhaber eines gewerblichen Betriebs regelmäßig schon allein wegen seiner unbeschränkten Außenhaftung und des ihm allein möglichen Auftretens im Rechtsverkehr als Mitunternehmer eine zivilrechtlichen Innengesellschaft anzusehen sei. Wendet man diese Grundsätze als ausreichend auf die GmbH der atypisch stillen Gesellschaft an, wird sie als Inhaber des Handelsgewerbes alleinig im Außenverhältnis tätig und übernimmt die Haftung, so dass ihr eine Mitunternehmerstellung zuzusprechen ist. BFH, Urteil vom 10.05.2007 – IV R 2/05.

Geschäftsführung einer Komplementär-GmbH einer GmbH & Co. KG entspricht.[318] Mit Abschluss des Gesellschaftsvertrages zwischen der GmbH und dem atypisch still Beteiligten wird damit nicht nur der Stille, sondern gleichermaßen die GmbH Mitunternehmer der atypisch stillen Gesellschaft.[319]

4. Stellungnahme zur Anerkennung der atypisch stillen Gesellschaft als Mitunternehmerschaft

Die Herleitung der atypisch stillen Gesellschaft als Mitunternehmerschaft erscheint weniger dogmatisch als vielmehr steuerrechtlich orientiert. Bei der etablierten h.A. einschließlich der Gewerblichkeitsfiktion und Annahme der atypisch stillen Gesellschaft als einer anderen Gesellschaft im Sinne des § 15 Abs. 1 Satz 1 Nr. 2 EStG handelt es sich jedoch um eine künstliche Konstruktion, die entgegen zivilrechtlicher Grundsätze ein Handelsgewerbe einer Innengesellschaft fingiert und dogmatisch an die Grenzen der steuerrechtlichen Auslegungsgrundsätze stößt.

Das Hineinlesen der atypischen stillen Gesellschaft in die Voraussetzungen des § 15 Abs. 1 Satz 1 Nr. 2 EStG fußt auf einer sehr engen Gesetzeswortlautauslegung, die lediglich auf das Vorliegen der Voraussetzungen des Mitunternehmers abstellt. Allein aus der Annahme des atypisch still Beteiligten als Mitunternehmer kann jedoch nicht der Rückschluss auf das Vorliegen einer gewerblichen Personengesellschaft gezogen werden.[320] Das bloße Anknüpfen an die Voraussetzungen der Mitunternehmerstellung würde der zweistufigen additiven Gewinnermittlung widersprechen, weil es zumindest im Rahmen der Einkünftequalifikation auf Ebene der Gesellschaft nicht mehr auf das Vorliegen von gewerblichen Einkünften ankäme.[321] Dies muss jedoch der Möglichkeit der Annahme einer freiberuflichen oder land- und forstwirtschaftlichen Mitunternehmerschaft widersprechen, bei denen die Gesellschafter ebenfalls die Voraussetzungen der Mitunternehmerstellung erfüllen, die eigentliche Einkünftequalifikation jedoch eine andere ist. Es handele sich dann um eine Innen-GbR.

§ 15 Abs. 1 Satz 1 Nr. 2 EStG setzt hingegen neben der Erfüllung der Voraussetzungen einer Mitunternehmerschaft, eine Vergleichbarkeit der *anderen Gesellschaft* mit einer OHG bzw. einer KG voraus. Im Unterschied zur OHG und KG kann die atypisch stille Gesellschaft als Innengesellschaft keine schuldrechtliche Beziehungen zu einem Dritten eingehen und ist auf das bloße Innenverhältnis der Gesellschafter beschränkt. Die OHG bzw. KG hingegen sind als Außen*handels*gesellschaften zwangsläufig Betreiber eines Handelsgewerbes oder sie werden durch Eintragung

---

318 *Schulze zur Wiesche*, GmbH & Still, Rn. 310.

319 Burmester, Ausgewählte international-steuerrechtliche Probleme der stillen Gesellschaft, in: *Haarmann*, Unternehmensstrukturen und Rechtsformen, S. 127; *Schulze zur Wiesche*, GmbH & Still, Rn. 309.

320 Im Allgemeinen: *Hallerbach*, Personengesellschaft, S. 150; *Ruban*, DStZ 1995, 637 (639).

321 Vgl. vom Gedankenansatz her dazu auch schon: *Binger*, DB 1988, 414 (415).

in das Handelsregister Kaufmann, vgl. §§ 105 Abs. 2, 161 Abs. 2 HGB. Das Handelsregister dient an dieser Stelle der Sicherstellung, der Publizität von Tatsachen und Rechtsverhältnissen im Rechtsverkehr, über die Auskunft eingeholt werden kann.[322] Außenpersonenhandelsgesellschaften werden im Außenverhältnis gegenüber Dritten tätig. Die Eintragung einer lediglich auf schuldrechtlicher Innenverflechtung basierender Innengesellschaft ist hingegen nicht möglich, eine Kaufmannseigenschaft der atypischen stillen Gesellschaft damit undenkbar.[323] Ein wesentlicher Unterschied der Gesellschaftsformen ist mithin in ihrer Publizität zu sehen. Ferner handelt es sich bei einer OHG bzw. KG um eine gesamthänderische Beteiligung am Betriebsvermögen. Eine Innengesellschaft hingegen kann kein Vermögen aufbauen. Es wird lediglich jenes der GmbH als eigenes fingiert, weil wirtschaftlich betrachtet eine gleiche Stellung besteht. Der atypisch still Beteiligte erhält seinerseits wiederum lediglich einen schuldrechtlichen Anspruch im Fall der Auseinandersetzung, der allerdings dinglich gesichert werden kann.

Im Vergleich zu von der Rechtsprechung anerkannten *anderen Gesellschaften* im Sinne des § 15 Abs. 1 Satz 1 Nr. 2 EStG wie der Erbengemeinschaft[324] oder der Gütergemeinschaft[325] wird deutlich, dass sowohl die Erbengemeinschaft, als auch die Gütergemeinschaft, wenn auch ohne hinreichende zivilrechtliche Binnenstruktur, im Gegensatz zur Innengesellschaft, nach außen einen Gewerbebetrieb führen können.[326] Die Anerkennung der atypisch stille Gesellschaft als *andere Gesellschaft* im Sinne des § 15 Abs. 1 Satz 1 Nr. 2 EStG muss damit ausscheiden.

In stringenter Fortführung der Quasi-Organ-Theorie könnte eine Gewerblichkeit mittels des Gedankens der gewerblichen Prägung durch die GmbH nach § 15 Abs. 3 Nr. 2 EStG dogmatisch begründet werden.[327] Wird im Anwendungsbereich des § 15 Abs. 3 Nr. 2 EStG die allein geschäftsführende GmbH als wesentlich prägendes Element angesehen, die der GmbH & Co. KG die Gewerblichkeit mittelt, muss für die GmbH, die als Inhaber des Handelsgewerbes ausschließlich für die atypisch stille Gesellschaft als zivilrechtliche Innengesellschaft tätig wird, entsprechendes gelten.[328] Dies ist insbesondere vor dem Hintergrund zu sehen, dass die Rechtsprechung für eine Beteiligungszuordnung der Anteile an der Komplementär-GmbH keine nicht lediglich untergeordnete anderweitige Geschäftstätigkeit der GmbH zulässt. Ein entsprechender Maßstab kann an die atypisch stille Gesellschaft gelegt werden.

322 *Fehrenbacher*, Registerpublizität und Haftung, S. 144.
323 Vgl. *Ruban*, DStZ 1995, 637 (638).
324 BGH, Urteil vom 08.10.1984 – II ZR 223/83; BFH, Beschluss vom 05.07.1990 – GrS 2/89.
325 BFH, Urteil vom 04.11.1997 – VIII R 18/95.
326 Probleme bestehen bei der Erbengemeinschaft lediglich im Rahmen der Haftung und Publizität.
327 Zu einer analogen Anwendung des § 15 Abs. 3 Nr. 2 EStG auf die atypisch stille Gesellschaft: *Ruban*, DStZ 1995, 637 (640 f.).
328 BFH, Urteil vom 10.08.1994 – I R 133/93; *Binger*, DB 1988, 414 (416); *Ruban*, DStZ 1995, 637 (640).

Handelt es sich um eine atypisch stille Beteiligung an einer deutschen GmbH, erzielt die GmbH, wenn es sich um eine unbeschränkt steuerpflichtige GmbH handelt, kraft Gesetz gewerbliche Einkünfte nach § 8 Abs. 2 KStG und aufgrund der unmittelbaren Zurechnung der Einkünfte damit auch die Innengesellschaft. Der Fiktion der Übernahme des Handelsgewerbes der GmbH für die Annahme einer Gewerblichkeit der atypisch stillen Gesellschaft bedürfte es dann nicht. *Christoffel/Dankmeyer* sowie *Ruban* halten dem zwar entgegen, dass es auch hier auf die Tätigkeit der Personengesellschaft als solches ankäme und eine Personengesellschaft im Sinne der Norm nur eine Außengesellschaft oder eine ihr gleichgestellte Gesellschaft wie die atypisch stille Gesellschaft sein könne.[329] Anders als in § 15 Abs. 1 Satz 1 Nr. 2 EStG liegt in § 15 Abs. 3 Nr. 2 EStG jedoch keine Aufzählung von Personenhandelsgesellschaften vor, sondern es ist lediglich von *einer* Personengesellschaft die Rede. Es handelt sich an dieser Stelle um eine bewusste Differenzierung im Wortlaut, so dass die Zahl der erfassten Personengesellschaften in § 15 Abs. 3 Nr. 2 EStG wesentlich weiter zu fassen ist, als in § 15 Abs. 1 Satz 1 Nr. 1 EStG, der eine Gewerblichkeit der Personengesellschaft voraussetzt. Sinn und Zweck des § 15 Abs. 3 Nr. 2 EStG ist die gesetzliche Verankerung der Geprägerechtsprechung des BFH, nach der eine vermögensverwaltende Personengesellschaft stets Einkünfte aus Gewerbebetrieb erzielen soll, wenn an ihr eine Kapitalgesellschaft beteiligt ist, die der Personengesellschaft das *Gepräge der Gewerblichkeit* vermittelt, mithin einzige persönlich haftende Gesellschafterin ist.[330] Als Negativmerkmal des § 15 Abs. 3 Nr. 2 EStG ist anerkannt, dass die Personengesellschaft selbst keiner Tätigkeit im Sinne des § 15 Abs. 1 Satz 1 Nr. 1 EStG nachgeht.[331] Als Personengesellschaften im Sinne der Norm werden damit sowohl Außen- wie auch Innengesellschaften erfasst, soweit sie einen persönlich haftenden Gesellschafter aufweisen und selbst keiner gewerblichen Tätigkeit nachgehen.[332] Die GmbH & atypisch still ist als Innengesellschaft selbst nicht gewerblich tätig, weist jedoch mit der GmbH einen persönlich haftenden Gesellschafter auf, der der GmbH & atypisch still das Gepräge der Gewerblichkeit mittelt. Es ist daher eine Gewerblichkeit nicht mittels Fiktion der Übertragung des Handelsgewerbes des persönlich haftenden Gesellschafters, mithin der GmbH einschlägig, sondern eine gewerbliche Prägung der atypisch stillen Gesellschaft nach den Grundsätzen des § 15 Abs. 3 Nr. 2 EStG.

Die Annahme der gewerblichen Prägung der atypisch stillen Gesellschaft hat hingegen keinen Einfluss auf die Gewerbesteuerschuldnerschaft. Der Rechtsgedanken der gewerblichen Prägung wandelt die atypisch stille Gesellschaft nicht in eine Personen*handels*gesellschaft um. Nur eine Personenhandelsgesellschaft kann jedoch

329 *Christoffel/Dankmeyer*, DB 1986, 347 (351); *Ruban*, DStZ 1995, 637 (640).

330 Wacker in: *Schmidt*, EStG-Komm., § 15, Rn. 212.

331 BFH, Urteil vom 20.11.2003 – IV R 5/02; Wacker in: *Schmidt*, EStG-Komm., § 15, Rn. 213.

332 Wacker in: *Schmidt*, EStG-Komm., § 15, Rn. 215.

Schuldnerin der Gewerbesteuer sein.[333] Gewerbesteuerschuldnerin ist lediglich die GmbH, die gewerbliche Einkünfte kraft Rechtsform erzielt.

II. Vergleich der Besteuerung der atypischen Gesellschaft mit der Besteuerung der KGaA

Näherliegender als eine Vergleichbarkeit der atypisch stillen Gesellschaft mit der GmbH & Co. KG erscheint ein Vergleich mit der Besteuerung der KGaA um eine systemgerechte Besteuerung der Gesellschaft und des atypisch still Beteiligten zu gewährleisten.[334]

1. Vergleich der atypisch stillen Gesellschaft mit der Besteuerung der KGaA im Allgemeinen

Der persönlich haftende Gesellschafter einer KGaA wird kraft Gesetz wie ein Mitunternehmer behandelt und seine Einkünfte aus der Gesellschaft in gewerbliche Einkünfte umqualifiziert. Eine entsprechende Umqualifizierung erfolgt beim atypisch stille Gesellschafter kraft richterrechtlicher Rechtsfortbildung, obwohl sowohl die KGaA als auch die GmbH an sich Körperschaftsteuersubjekte im Sinne des § 1 Abs. 1 Nr. 1 KStG sind. *Döllerer* begründet eine wesentliche Gemeinsamkeit beider Gesellschaftsformen damit, dass der Gewinnanteil des persönlich haftenden Gesellschafters auf Grundlage der Handelsbilanz der KGaA ermittelt werde und der atypisch stille Gesellschafter, wenn er im Gesellschaftsvertrag einen Anteil am Handelsbilanzgewinn des Inhabers des Handelsgeschäfts eingeräumt bekomme, ebenfalls zur Ermittlung des steuerlichen Gewinnanteils auf die Handelsbilanz des Inhabers des Handelsgewerbes abstellen müsse.[335] Im Gegensatz zur GmbH & Co. KG wird bei der GmbH & atypisch still weder die GmbH noch der persönlich haftende Gesellschafter Gesamthandsberechtigter. Es wird lediglich ein schuldrechtlicher Anspruch gegen den Inhaber des Handelsgewerbes begründet.[336] *Döllerer* nimmt eine Vergleichbarkeit insoweit zurück, als s.E. der atypisch stille Gesellschafter aufgrund seiner Gewinn- und Verlustbeteiligung, ebenso wie durch seine Beteiligung an den stillen Reserven und Lasten eine wirtschaftlich vergleichbare Beteiligung *wie* ein Gesamthänder erhalte.[337] Auch *Müller* weist auf den schuldrechtlichen

---

333 Vgl. *Winkeljohann/Halfar*, DB 1994, 2471 (2471 ff.).

334 Vgl. BFH, Urteil vom 21.06.1989 – X R 14/88; *Bielinis*, KGaA, S. 280.

335 *Döllerer*, DStR 1985, 295 (297); Die Innengesellschaft ist nicht buchführungs- und bilanzierungspflichtig, zumal dies nur für gewerbliche Unternehmen gilt und die Innengesellschaft kein Gesellschaftsvermögen begründen kann. *Ruban*, DStZ 1995, 637 (641).

336 Vgl. *Döllerer*, DStR 1985, 295 (297); *Geuenich*, Qualifikationskonflikte, S. 27; *Langholz/Vahle*, DStR 2000, 763 (764); *Post/Hoffmann*, Die stille Gesellschaft, S. 35; *Ruban*, DStZ 1995, 637 (638).

337 *Döllerer*, DStR 1985, 295 (297).

Teilungsanspruch des atypisch stillen Gesellschafters bei Auflösung der Gesellschaft hin, der eine wirtschaftlich vergleichbare Beteiligung am Gesamthandsvermögen vermittle.[338]

2. *Vergleich der atypisch stillen Gesellschaft mit der Besteuerung der KGaA in Bezug auf Sonderbetriebsvergütungen*

Die Möglichkeit der Annahme von Sonderbetriebsvergütungen und deren Unterwerfung unter die gewerblichen Einkünfte musste gesetzlich ausdrücklich für den persönlich haftenden Gesellschafter der KGaA normiert werden, § 15 Abs. 1 Satz 1 Nr. 3 EStG. Ohne ausdrückliche Normierung hätte das der Kapitalgesellschaftsbesteuerung zugrunde liegende Trennungsprinzip die Einkünfte aus einer schuldrechtlichen Leistungsbeziehung zwischen Gesellschaft und Gesellschafter seiner objektiven Natur nach einem der enumerativ aufgelisteten Ertragsteuertatbestände des § 2 Abs. 1 Nr. 1 bis 7 EStG zugeordnet. Entsprechendes wird auch für den atypisch still Beteiligten angeführt.[339] *Costede* zufolge unterliege eine Zuordnung eines überlassenen Wirtschaftsgutes und daraus erzielter Nutzungsvergütung zur GmbH oder zur atypisch stillen Gesellschaft insofern Zuordnungsschwierigkeiten, als dass zivilrechtlich Leistungsbeziehungen nur mit der GmbH und nicht mit der atypisch stillen Gesellschaft eingegangen werden könnten.[340] Wird die Leistungsbeziehung zivilrechtlich lediglich mit der GmbH eingegangen, könne nicht ohne gesetzliche Normierung von einem steuerrechtlichen Durchschlagen auch auf die atypisch stille Gesellschaft ausgegangen[341] und daraus anschließend eine Umqualifizierung in gewerbliche Einkünfte aufgrund einer analogen Anwendung der Grundsätze der Mitunternehmerschaft aus § 15 Abs. 1 Satz 1 Nr. 2 EStG gefolgert werden.[342] Dass der fördernde Gesellschafterbeitrag des atypisch stillen Gesellschafters der GmbH

---

338 *Müller*, IStR 1996, 266 (272).

339 Burmester, Ausgewälte international-steuerrechtliche Probleme der stillen Gesellschaft, in: *Haarmann*, Unternehmensstrukturen und Rechtsformen, S. 127; *Schäfer/Strobl*, IStR 1993, 206 (209 f.).

340 *Costede*, StuW 1983, 308 (309).

341 *Costede*, StuW 1983, 308 (309). Costede verweist auf den fördernden Beitrag, den ein Gesellschafter leisten müsse zur grundlegenden Annahme von Sonderbetriebsvergütungen. Im Ergebnis übereinstimmend: *Schulze zur Wiesche*, GmbH & Still, Rn. 108–113, auch er stellt auf eine Trennung von GmbH und stiller Gesellschaft ab, so dass ein Übergang der Rechtsbeziehungen auf die atypisch stille Gesellschaft gerade nicht angenommen werden könne, es sei denn die schuldrechtliche Leistungsbeziehung ist gerade Gegenstand des stillen Gesellschaftsverhältnisses.

342 *Costede*, StuW 1983, 308 (309); Costede stellt auf das Verhältnis Einlage zu Stammkapital ab und auf die Frage, ob im Anschluss an die Einlage der atypisch stille Gesellschafter zum Geschäftsführer ernannt wurde. *Döllerer*, DStR 1985, 295 (299). Döller stellt auf subjektive Anhaltspunkte für eine Zuordnung ab, die sich jedoch objektiv niederschlagen müssen. a.A. Vogel in: *Birle*, Steuer- und Bilanzrechtslexikon, Stille Gesellschaft, Rn. 31.

gegenüber erbracht wird, die ihrerseits als Mitunternehmer anzusehen ist, und nicht der atypisch stillen Gesellschaft als solchen, wird mit der Besonderheit der atypisch stillen Gesellschaftskonstruktion begründet.[343] *Schulze zur Wiesche* zufolge sei dies unerheblich, solange die Leistung ihre Ursache im stillen Gesellschaftsverhältnis finde.[344] Mit der atypischen Ausgestaltung des Gesellschaftsvertrags in Bezug auf die Stellung des atypisch still Beteiligten ist, wie oben festgestellt, faktisch von einer inhaltlichen Auskehrung der GmbH bzgl. ihrer Rechtsbeziehungen auf die Innengesellschaft auszugehen, so dass die GmbH ausschließlich im Interesse der Innengesellschaft tätig wird und daneben als *quasi inhaltloses Hülle* verbleibt.[345] Schuldrechtliche Leistungsbeziehungen und Überlassungen von Wirtschaftsgütern werden dann zwar rein tatsächlich mit dem Inhaber des Handelsgewerbes, als nach außen auftretendem Organ eingegangen, jedoch lediglich stellvertretend für die Innengesellschaft als solche.[346] Können Sonderbetriebsvergütungen angenommen werden, muss auch eine entsprechende Berücksichtigungsmöglichkeit im Sonderbetriebsvermögen eingeschlossen werden.

3. *Stellungnahme zur Behandlung des atypisch stillen Gesellschafters „wie" ein Mitunternehmer*

Entsprechend dem persönlich haftenden Gesellschafter einer KGaA sind nur die Grundsätze der Mitunternehmerschaft auf den atypisch still Beteiligten anzuwenden, so dass dieser *wie* ein Mitunternehmer behandelt wird, nicht jedoch die gesamte Gesellschaft als Mitunternehmerschaft.[347] Daraus würde folgen, dass der atypisch still Beteiligte gewerbliche Einkünfte bezieht und die GmbH diese entsprechend der Gewinnzurechnung des persönlich haftenden Gesellschafters als Gewinnminderung geltend machen könnte. Es würde vergleichbar mit der KGaA eine Zwei-Ebenen-Besteuerung stattfinden, entsprechend dem für Kapitalgesellschaften geltenden Trennungspinzips. Damit würde die Arbeit mit Fiktionen umgangen und es würden die tatsächlichen steuerrechtlichen Gegebenheiten der hybriden Gesellschaftsform berücksichtigt. Insbesondere könnte die dogmatisch problematische Einordnung des BFH der atypisch stillen Gesellschaft als *andere* Gesellschaft im Sinne des § 15 Abs. 1 Satz 1 Nr. 2 EStG umgangen werden. Die bereits bestehende Vergleichbarkeit in Bezug auf die Gewinnermittlung des atypisch still Beteiligten auf Grundlage der Handelsbilanz der GmbH würde sich ebenso passend einfügen, wie der zivilrechtliche Ausgangspunkt, dass lediglich eine schuldrechtliche Beteiligung besteht, die steuerrechtlich jedoch als gewerbliche Einkünfte zu klassifizieren wäre.[348] Ohne

343 *Schulze zur Wiesche*, GmbH & Still, Rn. 326.
344 *Schulze zur Wiesche*, GmbH & Still, Rn. 326.
345 S.Seite 54.
346 a.A. *Winkeljohann/Halfar*, DB 1994, 2471 (2471 ff.).
347 Vgl. *Winkeljohann/Halfar*, DB 1994, 2471 (2471 ff.).
348 Gegen meine Annahme könnten die besonderen gesetzlichen Regelungen der KGaA, die im Gegensatz zur GmbH & atypisch still ausdrücklich normiert sind, angeführt

ausdrückliche gesetzliche Anordnung würden schuldrechtliche Leistungsbeziehungen zwischen Gesellschafter und Gesellschaft nicht als Sonderbetriebsvergütungen anzuerkennen sein. Auf Grundlage des Trennungsprinzips wären sie entsprechend ihrem objektiven Charakter unter eine der ertragsteuerlichen Einkunftsarten zu subsumieren.[349] Im Rahmen eines gewerbesteuerrechtlichen Vergleichs mit der Besteuerung des persönlich haftenden Gesellschafters einer KGaA würde eine entsprechende Besteuerung der Sonderbetriebsvergütungen des atypisch stillen Gesellschafters auf der Ebene des Inhabers des Handelsgewerbes erfolgen, weil er allein ein Unternehmen betriebe.[350] Für die KGaA gilt jedoch nach § 8 Nr. 4 GewStG eine Hinzurechnung des Gewinnanteils des persönlich haftenden Gesellschafters zum Gewinn aus Gewerbebetrieb. Nach *Döllerer*[351] müsste eine Hinzurechnung folgerichtig auch für den Gewinnanteil des atypisch stillen Gesellschafters vorgenommen werden, so dass mittels der Hinzurechnung die objektive Gewerbesteuer tatsächlich durchgesetzt werden könnte.[352] Daraus würde jedoch auch folgen, dass der Freibetrag nach § 11 Abs. 1 Satz 3 Nr. 1 GewStG, der derzeit der atypisch stillen Gesellschaft gewährt wird[353], entsprechend der Besteuerung der KGaA entfiele.[354] Eine Alternative wäre die unterschiedslose Anwendbarkeit des § 8 Nr. 1 lit. c) GewStG.

---

werden. U.a. sehen diese Regelungen vor, dass der Gewinnanteil bei dem persönlich haftenden Gesellschafter Einkünfte aus Gewerbebetrieb darstellen, § 15 Abs. 1 Nr. 3 EStG, und korrespondierend dazu bei der Gesellschaft gewinnmindernd als Betriebsausgaben abgezogen werden dürfen, § 9 Abs. 1 Nr. 1 KStG. Mangels entsprechender Regelungen für die GmbH & atypisch still, würde es bei einer GmbH & atypisch still zu einer wirtschaftlichen Doppelbelastung kommen, zumal der stille Gesellschafter die Einkünfte als gewerbliche Gewinne zu versteuern hätte, die Gesellschaft selbst hingegen keine Gewinnminderung geltend machen könnte. Es fehlt damit an einer korrespondierenden Berücksichtigungsmöglichkeit.

349 Eine analoge Anwendung des § 15 Abs. 1 Nr. 3 EStG verbietet sich aufgrund des Vorbehalts des Gesetzes, der im Rahmen der Eingriffsverwaltung, wozu das Steuerrecht zählt, unmittelbar einschlägig ist.

350 *Döllerer*, DStR 1985, 295 (300).

351 *Döllerer*, DStR 1985, 295 (300).

352 Hofmeister in: *Blümich*, EStG/KStG/GewStG-Komm., § 8 GewStG, Rn. 182, 123. Lfg., Stand: Jun. 2014; Bisweilen musste eine Hinzurechnung des Gewinnanteils des atypisch still Beteiligten ausscheiden, zumal die atypisch stille Gesellschaft als Mitunternehmer den Gewinnanteil nicht wie die KGaA für den persönlich haftenden Gesellschafter abziehen konnte. Würde der atypisch still Beteiligte jedoch wie ein Mitunternehmer behandelt, so wäre sein Gewinnbezug entsprechend dem des persönlich haftenden Gesellschafters auf Ebene der GmbH abzuziehen und eine Hinzurechnung zum gewerbesteuerlichen Gewinn nach § 8 GewStG nötig.

353 Gosch in: *Blümich*, EStG/KStG/GewStG-Komm., § 11 GewStG, Rn. 9, 121. Lfg., Stand: Okt. 2013.

354 Vgl. *Bielinis*, KGaA, S. 223. Eine Kompensation für natürliche Personen oder Personengesellschaften, die, anderes als Kapitalgesellschaften den Gewerbesteuerertrag durch Geschäftsführungsvergüten reduzieren könnten, bedarf es nicht.

III. Übertragung der Vermögenszuordnungsgrundsätze des persönlich haftenden Gesellschafters einer KGaA

Ist der atypisch still Beteiligte wie ein Mitunternehmer zu behandeln, könnte eine Übertragung der Beteiligungszuordnung des persönlich haftenden Gesellschafters einer KGaA, die er neben seiner Stellung als Kommanditaktionär hält, auf den atypisch still Beteiligten in Betracht kommen. Bei einem persönlich haftenden Gesellschafter wird die Beteiligung am Grundkapital der KGaA nicht zum notwendigen Sonderbetriebsvermögen II gerechnet.[355] Eine Zuordnung scheitert einerseits an der mangelnden Erhöhung der Einflussnahmemöglichkeit auf die Geschäftsführung, weil der persönlich haftende Gesellschafter bereits mit der Geschäftsführung beauftragt ist. Andererseits scheitert eine Zuordnung an der ausdrücklichen Normierung der Herausnahme der Beteiligung am Grundkapital aus den gewerblichen Einkünften nach § 15 Abs. 1 Satz 1 Nr. 3 EStG. An dieser Stelle unterscheiden sich die Konstellationen der atypisch stillen Gesellschaft von der KGaA. Die Geschäftsführung übernimmt in der GmbH & atypisch still die GmbH. Hält der atypisch still Beteiligte eine mehrheitliche Beteiligung an der GmbH, kann er im Rahmen der Gesellschafterversammlung Einfluss auf wesentliche Entscheidungen der quasi Geschäftsführung nehmen.[356] Ein konkreter Zuordnungsausschluss einer Beteiligung am Grundkapital, wie bei einem persönlich haftenden Gesellschafter nach § 15 Abs. 1 Satz 1 Nr. 3 EStG ist für die GmbH & atypisch still gesetzlich nicht normiert. Die systematischen Unterschiede der Einflussnahmemöglichkeit auf die Geschäftsführung, ebenso wie die ausdrückliche Anordnung der Besteuerung einer Beteiligung des persönlich haftenden Gesellschafters am Grundkapital einer KGaA als nicht-gewerbliche Einkünfte, lassen eine Übertragung der Zuordnungsregelungen der Beteiligung des persönlich haftenden Gesellschafter einer KGaA an deren Grundkapital auf den atypisch still Beteiligten an der geschäftsführenden GmbH nicht zu.

IV. Beteiligungszuordnung zum notwendigen Sonderbetriebsvermögen II

Wird die GmbH & atypisch still lediglich durch eine Beteiligung am Handelsgewerbe der GmbH begründet, ist denkbar, dass neben der atypisch stillen Beteiligung eine reguläre Beteiligung an der GmbH besteht.[357] Die vom BFH in ständiger Rechtsprechung entwickelten Grundsätze zur Zuordnung einer Beteiligung an der

355 Vgl. zur der Verneinung der Stärkung der Stellung des persönlich haftenden Gesellschafters mittels einer Beteiligung an der KGaA: Seite 51 f.

356 Vgl. zur Einflussnahmemöglichkeit im Rahmen einer Kapitalgesellschaft-Gesellschafterversammlung, die Ausführungen zur Einflussnahmemöglichkeit im Rahmen einer Komplementär-GmbH-Gesellschafterversammlung: Seite 15 f.

357 BFH, Urteil vom 01.07.2010 – IV R 100/06; *Barten/Kaminski*, GmbHR 1983, 127 (128); *Döllerer*, DStR 1985, 295 (299); *Goebel/Boller/Ungemach*, IStR 2008, 643 (644); *Schoor/Natschke*, Die GmbH und Still im Steuerrecht, Rn. 227; *Schulze zur Wiesche*, GmbH & Still, Rn. 335, 337.

geschäftsführenden Komplementär-GmbH in Form der Stärkung der Beteiligung eines Gesellschafters an einer Mitunternehmerschaft, wendet dieser auch auf die Beteiligung des atypisch still Beteiligten an der GmbH an und begründet damit die Annahme von notwendigem Sonderbetriebsvermögen II für diese Beteiligung. Im *Urteil vom 15.10.1998*[358] entschied der BFH, dass eine Beteiligung an einer Kapitalgesellschaft zum notwendigen Sonderbetriebsvermögen II eines atypisch still Beteiligten zurechnen sei, sofern die GmbH keiner anderweitigen nicht lediglich untergeordneten Tätigkeit nachginge. Eine Zuordnung erfolge aufgrund der Annahme, dass die GmbH als Betreiber des Handelsgewerbes quasi als Organ der atypisch stillen Gesellschaft angesehen werden könne, zumal sie im Interesse der Gesellschaft diese nach außen vertrete.[359] Die GmbH sei als Inhaberin des Handelsgeschäfts kraft Gesetzes verpflichtet, für die Verbindlichkeiten des Unternehmens einzustehen und zur quasi Geschäftsführung bereits befugt, weil sie im Außenverhältnis nicht für die stille Gesellschaft, sondern im eigenen Namen auftrete.[360] Eine Beteiligung an ihr begründe eine Einflussnahme auf die wirtschaftliche Ausrichtung der Geschäftstätigkeit im Rahmen der Gesellschafterversammlung der GmbH.[361] Der Übertragung der Zuordnungsgrundsätze der Stärkung der Stellung des Gesellschafters an der Mitunternehmerschaft ist unter Beachtung der Strukturgleichheit der GmbH & atypisch still und der GmbH & Co. KG zuzustimmen. Voraussetzung ist, dass der atypisch still Beteiligte mittels der Beteiligung einen Zuwachs an Initiativrechten innerhalb der GmbH & atypisch still erhält. Ein Mehr an Initiativrechten kann in der Einflussnahmemöglichkeit auf die Geschäftsführung aufgrund Ausübung des Weisungsrechts im Rahmen der Gesellschafterversammlung der GmbH gegenüber dem Geschäftsführer erfolgen. Eine mehrheitliche Beteiligung an der quasi geschäftsführenden GmbH vermittelt dem atypisch still Beteiligten eine Einflussnahmemöglichkeit auf die Geschäftsführung der GmbH & atypisch still durch Gesellschafterbeschluss in der Gesellschafterversammlung der GmbH. Für die Zuordnung der Beteiligung des atypisch still Beteiligten an der GmbH zum notwendigen Sonderbetriebsvermögen II ist daher auf eine wesentliche Strukturgleichheit mit der Beteiligung eines Kommanditisten an der geschäftsführenden Komplementär-GmbH abzustellen. Der mehrheitlich an der Komplementär-GmbH beteiligte Kommanditist erhält ebenfalls mit seiner Beteiligung eine Einflussnahme auf die Geschäftsführung der KG durch Ausübung des Weisungsrechts im Rahmen der Gesellschafterversammlung der GmbH gegenüber dem Geschäftsführer.

358 BFH, Urteil vom 15.10.1998 – IV R 18/98.

359 BFH, Urteil vom 15.10.1998 – IV R 18/98.

360 *Ruban*, DStZ 1995, 637 (640).

361 Auf eine Willensdurchsetzung im Rahmen einer Gesellschafterversammlung der atypisch stillen Gesellschaft kann es nicht ankommen, weil es eine solche aufgrund der zivilrechtlichen Wertung als reine Innengesellschaft nicht gibt.

V. *Beteiligungszuordnung zum notwendigen Sonderbetriebsvermögen I*

Finden hingegen die Kriterien der wirtschaftlichen Verflechtung der Geschäftsbereiche auf die GmbH & atypisch still Anwendung, könnte eine Zuordnung zum notwendigen Sonderbetriebsvermögen I in Betracht kommen. Eine wirtschaftliche Verflechtung würde neben einer wirtschaftlichen Dienlichkeit der GmbH zum Geschäftsbetrieb der atypisch stillen Gesellschaft, eine mehrheitliche Beteiligung des Gesellschafters an der GmbH voraussetzen. Grundsätzlich ist davon auszugehen, dass die GmbH ihre Geschäftstätigkeit vollständig in die Innengesellschaft verlagert und damit keinen eigenständigen Betrieb mehr unterhält. Damit würde eine wirtschaftliche Verflechtung grundsätzlich nicht in Betracht kommen. Wird die atypisch stille Gesellschaft jedoch lediglich mit einem Geschäftsteil der GmbH eingegangen, könnte eine mehrheitliche Beteiligung an der GmbH insoweit für den Geschäftsbetrieb der Innengesellschaft vorteilhaft sein, als dass die weiteren Geschäftszweige der GmbH ergänzend und im Interesse der Innengesellschaft nutzbringend eingesetzt werden könnten. Mittels der mehrheitlichen Beteiligung an der GmbH könnte der atypisch still – an einem Teilbetrieb der GmbH – Beteiligte im Rahmen der Gesellschafterversammlung der GmbH mittels Beschluss auf die Geschäftspolitik der GmbH derart einwirken, dass die sonstigen Geschäftszweige auf die Geschäftstätigkeit der atypisch stillen Gesellschaft ausgerichtet würden. Damit läge eine Dienlichkeit des sonstigen Teilgeschäftsbereichs der GmbH für die GmbH & atypisch still vor. Die Beteiligung an der GmbH ist damit, in den Fällen der wirtschaftlichen Verflechtung dem notwendigen Sonderbetriebsvermögen I zuzuordnen.

VI. *Zusammenfassung der Beteiligungszuordnung an einer GmbH des atypisch still Beteiligten*

Die Zuordnung einer Beteiligung eines atypisch still Beteiligten an der quasi geschäftsführenden GmbH zum notwendigen Sonderbetriebsvermögen II erfolgt grundsätzlich aufgrund der Annahme der Stärkung der Beteiligung des atypisch still Beteiligten an der GmbH & atypisch still. In Einzelfällen kommt eine Zuordnung zum notwendigen Sonderbetriebsvermögen I nach den Zuordnungskriterien der wirtschaftlichen Verflechtung in Betracht, wenn die atypisch stille Gesellschaft lediglich mit einem Teilgeschäftsbereich der GmbH begründet wurde und die GmbH in anderen Teilgeschäftsbereichen eine wesentliche wirtschaftliche Funktion für die atypisch stille Gesellschaft übernimmt und damit als dienlich für den Geschäftsbetrieb der atypisch stillen Gesellschaft anzusehen ist.

G. Fallgruppe im Ertragsteuerrecht: Betriebsaufspaltung

Die Betriebsaufspaltung ist keine besondere gesellschaftsrechtliche Struktur. Sie ist vielmehr ein richterrechtlich[362] entwickeltes, verfassungsrechtlich[363] anerkanntes, steuerrechtliches Konstrukt, bei der eine Gewerblichkeit einer an sich vermögensverwaltenden Personengesellschaft aufgrund besonderer Verflechtungen mit einer Kapitalgesellschaft begründet wird. Sie ist dadurch gekennzeichnet, dass betriebliche Funktionen verteilt werden und trotz einer rechtlichen Selbstständigkeit zweier Gesellschaften im Steuerrecht eine wirtschaftliche Einheit gebildet wird.[364] Handelt es sich bei dem Betriebsunternehmen um eine Kapitalgesellschaft und bei dem Besitzunternehmen um eine Mitunternehmerschaft, welche eine wesentliche Betriebsgrundlage der Kapitalgesellschaft zur Nutzung überlässt (sachliche Verflechtung), und dessen mehrheitlich beteiligter Mitunternehmer einen einheitlichen geschäftlichen Betätigungswillen auch in Kapitalgesellschaft durchsetzen kann (personelle Verflechtung)[365], kommt eine Zuordnung des Anteils an der Betriebsgesellschaft zum Sonderbetriebsvermögen in Betracht.

I. Beteiligungszuordnung zum notwendigen Sonderbetriebsvermögen II

Die vom BFH entwickelten Kriterien der Stärkung der Beteiligung des Kommanditisten an der KG als Voraussetzung für eine Zuordnung einer Beteiligung zum notwendigen Sonderbetriebsvermögen II, wendet die Rechtsprechung entsprechend auf die Betriebsaufspaltung an.[366] Die Zuordnung von Anteilen an der Betriebskapitalgesellschaft zum notwendigen Sonderbetriebsvermögen II eines Mitunternehmers der Mitunternehmerschaft, die als Besitzgesellschaft fungiert, soll demnach grundsätzlich vorzunehmen sein, soweit eine ausreichende Einflussnahme auf

362 BFH, Beschluss vom 08.11.1971 – GrS. 2/71.

363 BVerfG, Beschluss vom 14.01.1969 – 1 BvR 136/62.

364 Eine Betriebsaufspaltung entsteht entweder durch Ausgründung einer Kapitalgesellschaft aus einer Personengesellschaft heraus (echte Betriebsaufspaltung) oder durch Gründung zweier rechtlich selbständiger Gesellschaften (unechte Betriebsaufspaltung) bzw. durch Abspaltung einer Personengesellschaft von einer Kapitalgesellschaft (umgekehrte Betriebsaufspaltung). *Jacobs*, Unternehmensbesteuerung und Rechtsform, S. 306 ff.; Rieck in: *Prinz/Hoffmann*, Personengesellschaften, § 24, Rn. 6; *Schneider*, Qualifikationskonflikte, S. 48 ff.

365 Ein einheitlicher geschäftlicher Betätigungswille der an den beiden Unternehmen beteiligten natürlichen Person kann sowohl bei Beteiligungsidentität als auch bei Beherrschungsidentität vorliegen. Eine Beherrschungsidentität kann auf einer unmittelbaren Mehrheitsbeteiligung, einer mittelbaren Beteiligung oder einer tatsächlichen Machtstellung beruhen. *Jacobs*, Unternehmensbesteuerung und Rechtsform, S. 310 ff.

366 st. Rspr. seit: BFH, Urteil vom 23.07.1981 – IV R 103/78; vgl. aus neuerer Zeit: BFH, Urteil vom 04.12.2014 – IV R 28/11 m.w.N.

die Geschäftsführung der Betriebs-GmbH besteht.[367] Liegt eine mehrheitliche Beteiligung an der Betriebsgesellschaft in der Hand des Gesellschafters der Besitzgesellschaft vor, soll durch die Beteiligung die Durchsetzung eines einheitlichen geschäftlichen Betätigungswillens gewährleistet werden, so dass von einer Stärkung der Beteiligung an der Betriebsgesellschaft für die Beteiligung des Gesellschafters auszugehen sei.[368] Für die Durchsetzung des Willens ist demnach der Umfang der Stimmrechte des Gesellschafters maßgeblich. Liegt keine abweichende Vereinbarung im Gesellschaftsvertrag vor, richten sich die erforderlichen Mehrheiten für Beschlüsse abhängig von der Gesellschaftsform nach §§ 709, 745 BGB, §§ 119, 161 HGB, § 133 AktG bzw. § 47 GmbHG.[369] Gilt in beiden Gesellschaften das Mehrheitsprinzip, muss der Gesellschafter in beiden Gesellschaften mindestens über die einfache Mehrheit der Stimmen verfügen, damit eine Beherrschung angenommen werden kann. Nicht erforderlich soll hingegen sein, dass sich die Beherrschung auch auf außergewöhnliche Geschäfte der Geschäftsführung erstreckt.[370] Gleichfalls kommt nach Auffassung des BFH die Zuordnung einer Beteiligung zum notwendigen Sonderbetriebsvermögen II in Betracht, soweit eine Beteiligung an einer Kapitalgesellschaft gehalten wird, die mittelbar einen beherrschenden Einfluss auf die Betriebsgesellschaft gewährt.[371] Ausscheiden soll n.A. des BFH hingegen eine beherrschende Einflussnahme, wenn eine Zustimmung aller Gesellschafter für die Willensbildung und damit ein Einstimmigkeitserfordernis vorgesehen ist.[372] Eine Ausnahme soll lediglich dann angenommen werden können, wenn der sowohl an der Besitz- als auch an der Betriebsgesellschaft beteiligte Gesellschafter zur Geschäftsführung der Betriebsgesellschaft berufen wurde und damit zumindest für die laufende Geschäftsführung ohne Zustimmung der anderen Gesellschafter die Entscheidung beherrscht.[373]

II. Beteiligungszuordnung zum notwendigen Sonderbetriebsvermögen I

Eine Zuordnung einer Beteiligung an einer Betriebsgesellschaft könnte an Stelle der Zuordnung zum notwendigen Sonderbetriebsvermögen II zum notwendigen Sonderbetriebsvermögen I nach den Zuordnungskriterien der wirtschaftlichen Verflechtung in Betracht kommen. Eine wirtschaftliche Verflechtung würde eine Ergänzung der wirtschaftlichen Geschäftsbereiche u.a. durch Übernahme einer wesentlichen

367 st. Rspr. seit: BFH, Urteil vom 23.07.1981 – IV R 103/78; vgl. aus neuerer Zeit: BFH, Urteil vom 04.12.2014 – IV R 28/11 m.w.N.
368 BFH, Urteil vom 23.07.1981 – IV R 103/78; *Jacobs*, Unternehmensbesteuerung und Rechtsform, S. 316; *Schneider*, Qualifikationskonflikte, S. 116; *Söffing*, Besteuerung der Mitunternehmer, Rn. 641.
369 Schweyer/Keller in: *Lüdicke/Sistermann*, Unternehmensteuerrecht, § 4, Rn. 128.
370 Schweyer/Keller in: *Lüdicke/Sistermann*, Unternehmensteuerrecht, § 15, Rn. 129.
371 BFH, Urteil vom 23.07.1981 – IV R 103/78.
372 BFH, Urteil vom 11.05.1999 – VIII R 72/96.
373 Schweyer/Keller in: *Lüdicke/Sistermann*, Unternehmensteuerrecht, § 4, Rn. 130.

Funktion durch die Betriebsgesellschaft im Rahmen einer Wertschöpfungskette für die Besitzgesellschaft voraussetzen. Bei einer Betriebsaufspaltung stellt sich jedoch das Problem, dass es sich um eine spiegelbildlich ausgerichtete Fallkonstellation im Vergleich zu der Fallkonstellation einer wirtschaftlichen Verflechtung handelt. Nicht die Betriebskapitalgesellschaft wird dienend für die Besitzgesellschaft tätig, sondern die Besitzgesellschaft dient der Betriebskapitalgesellschaft, indem sie ihr die wesentliche Betriebsgrundlage zur Nutzung überlässt.[374] Eine derartige Konstellation ist jedoch von den Grundsätzen der Zuordnung zum Sonderbetriebsvermögen nicht erfasst.[375] Dass die Betriebskapitalgesellschaft für die Besitzgesellschaft den maßgeschneiderten Geschäftspartner darstellt, weil sie in der Regel gegenüber keinem anderen Geschäftspartner als der Betriebsgesellschaft tätig wird, ist nicht ausreichend um eine Dienlichkeit der Betriebskapitalgesellschaft über eine reguläre Dienlichkeit eines Geschäftspartners hinaus begründen zu können. Eine Zuordnung der Beteiligung eines Gesellschafters an der Betriebsgesellschaft zum notwendigen Sonderbetriebsvermögen I muss damit ausscheiden.

III. Stellungnahme zur Zuordnung von Anteilen zum Sonderbetriebsvermögen durch „Begründung" einer Stellung

Die Übertragung der Grundsätze der Stellungsstärkung an einer Mitunternehmerschaft für eine Zuordnung einer Kapitalgesellschaftsbeteiligung zum notwendigen Sonderbetriebsvermögen II auf die Verflechtung der Betriebsaufspaltung ist problematisch, weil die Grundkonstellationen divergieren. Während bei einer GmbH & Co. KG ein enges gesellschaftsrechtliches Verhältnis durch die Übernahme der Geschäftsführung und der Haftung durch die Komplementär-GmbH besteht, liegt bei einer Betriebsaufspaltung ein wirtschaftlich beinahe symbiotisches Verhältnis zwischen den Gesellschaften vor.[376] Darüber hinaus sind die Beziehungskonstellationen insoweit voneinander zu unterscheiden, als dass bei einer GmbH & Co. KG gerade die personelle Gesellschafterstruktur beleuchtet, während bei einer Betriebsaufspaltung die Beziehung zu einer dritten Kapitalgesellschaft herangezogen wird.[377] *Söffing* wendet an dieser Stelle darüber hinaus gegen eine Einordnung einer Beteiligung als notwendiges Sonderbetriebsvermögen II ein, dass bei einer Beteiligung an der Komplementär-GmbH gerade dann kein notwendiges Sonderbetriebsvermögen II begründet werden könne, wenn die Komplementär-GmbH in nicht geringem Umfang einer anderen Tätigkeit als der geschäftsführenden nachginge.[378] Dies müsse bei einer Übertragung der Zuordnungskriterien auch für die Betriebsaufspaltung gelten.[379] Die Betriebsgesellschaft sei jedoch regelmäßig in nicht unerheblichem

---

374 *Schneider*, Qualifikationskonflikte, S. 117.
375 BFH, Beschluss vom 31.08.2006 – IV B 20/05.
376 Vgl. *Schneider*, Qualifikationskonflikte, S. 132.
377 *Schneider*, Qualifikationskonflikte, S. 117.
378 *Söffing/Söffing/Micker*, Die Betriebsaufspaltung, Rn. 1117 f.
379 *Söffing/Söffing/Micker*, Die Betriebsaufspaltung, Rn. 1117 f.

Umfang anderweitig mit ihrem eigenen Gewerbebetrieb unternehmerisch tätig, so dass eine Zuordnung zum notwendigen Sonderbetriebsvermögen II ausscheiden müsse.[380] In einer GmbH & Co.KG übernimmt die Komplementär-GmbH die Geschäftsführung als persönlich haftende Gesellschafterin.[381] Durch eine mehrheitliche Beteiligung an ihr kann ein Kommanditist u.a. einen Zugewinn an Einflussnahme auf die Geschäftsführung der KG erzielen, indem er Gesellschafterbeschlüsse in der Gesellschafterversammlung der Komplementär-GmbH maßgeblich beeinflusst.[382] Eine mehrheitliche Beteiligung eines Mitunternehmers der Besitzgesellschaft an der Betriebskapitalgesellschaft ermöglicht dem Mitunternehmer jedoch keine erweitere Einflussnahmemöglichkeit auf die Geschäftsführung der Mitunternehmerschaft. Eine Einflussnahmemöglichkeit erhält er nur auf die Geschäftsführung der Betriebsgesellschaft im Rahmen von Gesellschafterbeschlüssen. Damit muss eine Stärkung der Beteiligung des Gesellschafters an der Besitzgesellschaft durch eine Beteiligung an der Betriebsgesellschaft ausscheiden.

Scheidet sowohl eine Stärkung der Beteiligung eines Gesellschafters als Zuordnungskriterium des notwendigen Sonderbetriebsvermögens II, als auch eine wirtschaftliche Verflechtung der Geschäftsbereiche und damit die Zuordnungskriterien des notwendigen Sonderbetriebsvermögens I aus, müsste grundsätzlich eine Zuordnung zum Sonderbetriebsvermögen insgesamt ausscheiden. Notwendiges Sonderbetriebsvermögen II wird allerdings nach Definition der Rechtsprechung auch dann begründet, wenn eine *Begründung* der Beteiligung eines Gesellschafters an einer Mitunternehmerschaft vorliegt. Was eine Begründung der Beteiligung eines Gesellschafters an einer Mitunternehmerschaft umfasst, hat der BFH bisher für die Zuordnung einer Beteiligung inhaltlich nicht konkretisiert. Liegt eine Stärkung einer Beteiligung eines Gesellschafters an einer Mitunternehmerschaft vor, wenn eine Einflussnahme auf die Geschäftsführung der Mitunternehmerschaft begründet wird, kommt es bei der Begründung einer Beteiligung an einer Mitunternehmerschaft darauf an, dass die Beteiligung das notwendige Bindeglied für die Schaffung der Tatbestandsvoraussetzungen der Mitunternehmerschaft erfüllt.[383] Eine Betriebsaufspaltung setzt eine sachliche und eine personelle Verflechtung eines Gesellschafters voraus. Läge nur eine sachliche Verflechtung durch Überlassung einer wesentlichen Betriebsgrundlage zur Nutzung durch eine Personengesellschaft an eine Kapitalgesellschaft vor, wäre eine Gewerblichkeit der Personengesellschaft grundsätzlich zu verneinen. Es würde sich um eine reine vermögensverwaltende Personengesellschaft handeln, deren Gesellschafter Einkünfte aus Vermietung und Verpachtung nach §§ 2 Abs. 1 Nr. 6, 21 Abs. 1 Nr. 1 EStG erzielen würden. Die Annahme von Sonderbetriebsvermögen scheidet für eine vermögensverwaltende

380 *Söffing/Söffing/Micker*, Die Betriebsaufspaltung, Rn. 1117 f.
381 Vgl. zur gesellschaftsrechtlichen Struktur der GmbH & Co. KG: Seite 14.
382 Vgl. zur Einflussnahmemöglichkeit auf die Geschäftsführung der Mitunternehmerschaft durch die Beteiligung an einer Komplementär-GmbH: Seite15 ff.
383 Vgl. *Schneider*, Qualifikationskonflikte, S. 117.

Personengesellschaft bereits grundsätzlich aus, weil § 15 Abs. 1 Satz 1 Nr. 2 EStG keine Anwendung findet.[384] *Schneider* weist zutreffend darauf hin, dass erst die mehrheitliche Beteiligung des Gesellschafters an der Betriebsgesellschaft, aus der zunächst lediglich vermögensverwaltenden Personengesellschaft mittels der Grundsätze der Betriebsaufspaltung eine gewerblich tätige Personengesellschaft als solche hervorruft.[385] Die mehrheitliche Beteiligung des Gesellschafters begründet die Durchsetzung eines einheitlichen Willens sowohl in der Personen- als auch in der Kapitalgesellschaft und damit die notwendige personelle Verflechtung einer Betriebsaufspaltung. Die Folge daraus ist, dass die Einkünfte der vermögensverwaltenden Personengesellschaft als gewerbliche Einkünfte fingiert werden. Sind die Gesellschafter darüber hinaus als Mitunternehmer anzusehen, tragen sie also Mitunternehmerrisiko und -initiative ist die Personengesellschaft als Mitunternehmerschaft nach § 15 Abs. 1 Satz 1 Nr. 2 EStG anzusehen, was die grundlegende Annahme von Sonderbetriebsvermögen der Gesellschafter der Besitzgesellschaft wiederum rechtfertigt. Im Gegensatz zur Stärkung der Beteiligung eines Gesellschafters an einer Mitunternehmerschaft wird bei der Betriebsaufspaltung durch die mehrheitliche Beteiligung in der Hand des Gesellschafters die grundsätzliche Tatbestandsvoraussetzung für die Mitunternehmerschaft geschaffen, so dass aufgrund der Begründung der Beteiligung des Gesellschafters an der Besitzgesellschaft eine Zuordnung zum notwendigen Sonderbetriebsvermögen II vorzunehmen ist.[386]

IV. Zusammenfassung der Zuordnung der Beteiligung an einer Betriebsgesellschaft zum Sonderbetriebsvermögen

Eine Zuordnung einer Beteiligung eines Gesellschafters an einer Betriebsgesellschaft zum notwendigen Sonderbetriebsvermögen II erfolgt aufgrund der Annahme der *Begründung der Beteiligung* des Gesellschafters an einer Mitunternehmerschaft. Die personelle Verflechtung zwischen der Besitz- und der Betriebsgesellschaft schafft als wesentliche Voraussetzung der Betriebsaufspaltung erst die Tatbestandsvoraussetzungen für die Annahmemöglichkeit der Mitunternehmerschaft, so dass der Gesellschafter als notwendiges Bindeglied der personellen Verflechtung zwischen den beiden Gesellschaften fungiert.

384 Hennrichs in: *Tipke/Lang*, Steuerrecht, § 10, Rn. 25 f.; *Fehrenbacher*, Steuerrecht, § 3, Rn. 3.

385 *Schneider*, Qualifikationskonflikte, S. 117.

386 Abweichend *Schneider*, Sonderbetriebsvermögen, S. 226, der für die Einschlägigkeit des Sonderbetriebsvermögens auf eine Dienlichkeit der Beteiligung zur Begründung von Sonderbetriebsvergütungen abstellt.

H. Fallgruppe im Ertragsteuerrecht: Organschaftliche Verflechtung

Bei der körperschaftsteuerlichen Organschaft nach §§ 14 ff. KStG handelt es sich um eine steuerrechtliche Gestaltungsmöglichkeit,[387] die zwei rechtlich selbstständige Unternehmen über einen Gewinnabführungsvertrag und eine finanzielle Eingliederung derart verknüpft, dass letztendlich eine Besteuerung beider Gesellschaften, abweichend von der Eigenständigkeit der Steuersubjekte, nur auf Ebene einer Gesellschaft, des Organträgers, stattfindet.[388] Ist ein Gesellschafter des Organträgers in der Rechtsform einer gewerblichen Personengesellschaft an der Organgesellschaft in der Rechtsform einer Kapitalgesellschaft beteiligt, könnte eine Beteiligungszuordnung zum notwendigen Sonderbetriebsvermögen II sowohl aufgrund einer Stellungsstärkung des Gesellschafters innerhalb der Besitzgesellschaft, als auch aufgrund einer wirtschaftlichen Verflechtung angenommen werden.

I. Beteiligungszuordnung zum notwendigen Sonderbetriebsvermögen II

Gleich der Beteiligung eines Kommanditisten an der Komplementär-GmbH einer GmbH & Co. KG könnte eine Zuordnung der Beteiligung an der Organgesellschaft eines personenidentischen Gesellschafters des Organträgers zum notwendigen Sonderbetriebsvermögen II aufgrund einer Stellungsstärkung des Gesellschafters begründet werden.[389] Eine Stellungsstärkung impliziert einen Zuwachs an Initiativrechten des Gesellschafters, mithin einen Zugewinn an Einflussnahmemöglichkeit auf die Geschäftspolitik des Organträgers. Elementare Voraussetzung einer körperschaftlichen Organschaft ist eine finanzielle Eingliederung der Organgesellschaft, die sich in einer mehrheitlichen Beteiligung an der Organgesellschaft

---

387 Organschaftliche Verflechtungen mit teilweise divergierenden Tatbestandsmerkmalen sind in der Umsatzsteuer in § 2 Abs. 2 Nr. 2 UStG und in der Gewerbesteuer in § 2 Abs. 2 Satz 2 GewStG zu finden.

388 Eine körperschaftsteuerliche Organschaft setzt nach den §§ 14 ff. KStG eine inländische Organgesellschaft in der Rechtsform einer Kapitalgesellschaft (AG, KGaA, GmbH oder SE mit Geschäftsleitung im Inland und Sitz in einem Mitgliedstaat der EU oder einem Vertragsstaat des EWR-Abkommens voraus §§ 14 Abs. 1 Satz 1, 17 KStG) und einen Organträger, der gleichwohl doppelt ansässig sein kann und eine natürliche Person oder eine nicht körperschaftsteuerbefreite Körperschaft, Personenvereinigung oder Vermögensmasse oder auch eine gewerbliche Personengesellschaft ist. Weiterhin muss eine finanzielle Eingliederung, § 14 Abs. 1 Satz 1 Nr. 1, 2 KStG sowie einen Gewinnabführungsvertrag, § 291 Abs. 1 AktG vorliegen. Montag in: *Tipke/Lang*, Steuerrecht, § 14, Rn. 2–8.

389 Eine Übertragung der Grundsätze der Stellungsstärkung ist zumindest in den Fälle unerlässlich, in denen eine mitunternehmerische Organschaft in der Rechtsform der GmbH & Co.KG vorliegt, so dass die GmbH als Organgesellschaft und die KG als Organträger fungiert.

auszeichnet,[390] wobei es auf die Mehrheit der Stimmrechte ankommt.[391] Mittels der Mehrheit der Stimmrechte soll eine Willensdurchsetzung des Organträgers auf die Geschäftspolitik der Organgesellschaft gewährleistet werden.[392] Eine mehrheitsvermittelnde Beteiligung und damit die Möglichkeit, seinen Willen durch Mehrheitsbeschluss durchsetzen zu können, hat der Organträger, vorausgesetzt es liegt keine abweichende gesellschaftsvertragliche Bestimmung vor, wenn ihm mehr als 50 % der Stimmrechtsanteile zustehen, §§ 133 AktG, 47 Abs. 1 GmbHG.[393] Ist trotz mehrheitlicher Beteiligung ein Durchsetzen von Weisungsrechten gegenüber der Organgesellschaft durch den Organträger nicht möglich, muss eine finanzielle Eingliederung scheitern.[394]

In seinem *Urteil vom 28.08.2003*[395] entschied der BFH, dass eine Beteiligung eines personenidentischen Gesellschafters nur dann notwendiges Sonderbetriebsvermögen II begründen könne, wenn die Beteiligung die Stellung des Gesellschafters innerhalb des Organträgers stärke. Eine Stärkung könne jedoch gerade nicht angenommen werden, wenn die Beteiligung keine mehrheitsvermittelnde sei.[396] Die mehrheitsvermittelnde Beteiligung muss sich seit der Änderung des § 14 Abs. 1 Satz 1 Nr. 2 Satz 3 n.F. KStG durch das StVergAbG[397] zum Veranlagungszeitraum 2003 im Gesamthandsvermögen des Organträgers befinden, so dass es auf Beteiligungen im Sonderbetriebsvermögen der Gesellschafter nicht mehr ankommen kann.[398] Ein ausschließliches Abstellen auf eine mehrheitsbegründende Beteiligung des Gesellschafters kann, zumindest nach neuer Rechtslage, nicht mehr als hinreichendes Kriterium angenommen werden.

II. Beteiligungszuordnung zum notwendigen Sonderbetriebsvermögen I

Eine Zuordnung der Beteiligung an der Organgesellschaft könnte jedoch nach den Kriterien der wirtschaftlichen Verflechtung notwendiges Sonderbetriebsvermögen I begründen. Dafür müsste neben einer mehrheitsvermittelnden Beteiligung an der

---

390 Brink in: *Schnitger/Fehrenbacher*, KStG-Komm., § 14, Rn. 148, 169.

391 Frotscher in: *Frotscher/Maas*, KStG/GewStG/UmStG-Komm., § 14 KStG, Rn. 208, 127 Lfg., Stand: Jan. 2015.

392 *Niehren*, Organschaft, S. 130.

393 Brink in: *Schnitger/Fehrenbacher*, KStG-Komm., § 14, Rn. 179; Frotscher in: *Frotscher/Maas*, KStG/ GewStG/UmStG-Komm., § 14 KStG, Rn. 209. Hält die Kapitalgesellschaft jedoch eigene Anteile, ruhen diese bei der Beschlussfassung, so dass auch eine Beteiligung von weniger als 50 % eine Mehrheit der nicht ruhenden Stimmrechte vermitteln kann.

394 *Niehren*, Organschaft, S. 131.

395 BFH, Urteil vom 28.08.2003 – IV R 46/02.

396 BFH, Urteil vom 28.08.2003 – IV R 46/02.

397 Steuervergünstigungsabbaugesetz BStBl. I 2005, 1039 Verkündungsstand: 01.12.2015, in Kraft ab: 20.05.2003.

398 Bäumle in: *Prinz/Witt*, Organschaft, Rn. 16.26; Brink in: *Schnitger/Fehrenbacher*, KStG-Komm., § 14, Rn. 151, 164; *Niehren*, Organschaft, S. 132.

Organgesellschaft, eine wesentliche Ausrichtung der Geschäftsbereiche der Organgesellschaft auf den Geschäftsbetrieb des Organträgers vorliegen. Während die gesellschaftsrechtliche Struktur einer GmbH & Co. KG von vornherein bewusst gesellschaftsrechtlich konstruiert wird, wird eine organschaftliche Verflechtung zweier Unternehmen regelmäßig als Folge wirtschaftlicher Beziehungen und einem sukzessive begründeten Gesellschaftsverhältnis als gewinnbringende Verlustnutzungsmöglichkeit etabliert.

Ursprünglich wurde für eine körperschaftliche Organschaft neben einer finanziellen eine wirtschaftliche Eingliederung der Organgesellschaft in die Geschäftstätigkeit des Organträgers gefordert. Vorausgesetzt wurde eine wirtschaftliche Zweckabhängigkeit des Beherrschten vom beherrschenden Unternehmen.[399] Wurde die Organgesellschaft nahezu ausschließlich für den Organträger tätig, diente die Organgesellschaft aufgrund eigener wirtschaftlicher Unselbstständigkeit in besonderer Weise dem Betrieb der Organträgerin, zumal sie die unternehmerische Tätigkeit der Organträgerin förderte und ergänzte.[400] Ging die Organgesellschaft daneben einer untergeordneten anderweitigen geschäftlichen Tätigkeit nach, war dies grundsätzlich für die Annahme einer dienenden und fördernden Stellung unerheblich.[401] Auch ohne die tatbestandliche Anforderung einer wirtschaftlichen Eingliederung, wie sie u.a. noch bei der umsatzsteuerlichen Organschaft in § 2 Abs. 2 Nr. 2 UStG besteht, wird eine Organschaft regelmäßig in Folge eines wirtschaftlichen Zusammenwirkens von Unternehmen begründet. Zwangsläufig ist dies jedoch nicht und die Organschaft kann auch aufgrund rein steuerlicher Aspekte gewählt werden, so dass auch wirtschaftlich voneinander unabhängige Unternehmen eine Organschaft eingehen können.

Eine Zuordnung zum notwendigen Sonderbetriebsvermögen I aufgrund einer wirtschaftlichen Verflechtung der Geschäftsbereiche setzt jedoch als zusätzliches Merkmal eine beherrschende Beteiligung eines Gesellschafters des Organträgers an der Organgesellschaft voraus. Auch hier stellt sich die mehrheitliche Beteiligung als problematisches Kriterium dar, weil die mehrheitliche Beteiligung im Gesamthandsvermögen der Personengesellschaft befindlich sein muss.[402] Eine Anwendung der Kriterien der wirtschaftlichen Verflechtung muss damit ebenfalls ausscheiden.

399 BFH, Urteil vom 24.02.2005 – IV R 12/03.

400 Noch zur wirtschaftlichen Eingliederung erfolgte Rspr.: BFH, Urteil vom 22.06.1967 – V R 89/66; BFH, Urteil vom 13.09.1989 – I R 110/88.

401 BFH, Urteil vom 28.08.2003 – IV R 46/02.

402 Brink in: *Schnitger/Fehrenbacher*, KStG-Komm., § 14, Rn. 151, 164; *Niehren*, Organschaft, S. 132.

III. *Stellungnahme zur Zuordnung einer Beteiligung an der Organgesellschaft*

Dass der BFH mit *Urteil vom 28.08.2003*[403] eine mehrheitsvermittelnde Beteiligung an der Organgesellschaft fordert, wenn doch zur Begründung der Organschaft der Organträger im Gesamthandsvermögen aufgrund der finanziellen Eingliederung bereits eine mehrheitsvermittelnde Beteiligung inne haben muss, ist unter Geltung der alten Rechtslage zu sehen, in der eine Beteiligung im Sonderbetriebsvermögen der Gesellschafter für die Begründung einer finanziellen Eingliederung der Organgesellschaft herangezogen werden konnte.[404] Während ursprünglich eine finanzielle Eingliederung durch eine Beteiligung in den Händen eines Gesellschafters herbeigeführt werden konnte und damit die organschaftliche Verflechtung erst *begründet* wurde, konnte eine Zuordnung zum notwendigen Sonderbetriebsvermögen II über das Zuordnungskriterium der *Begründung einer Stellung* des Gesellschafters erreicht werden. Insoweit ist die Konstellation mit der einer Betriebsaufspaltung vergleichbar. Erst der mehrheitlich an beiden Gesellschaften beteiligte Gesellschafter schafft als Bindeglied die Verknüpfung zwischen beiden Gesellschaften und sichert die Durchsetzung eines einheitlichen Betätigungswillens in beiden Gesellschaften.[405] Zwar kann nach wie vor mittels Sacheinlage des Gesellschafters in das Betriebsvermögen des Organträgers eine finanzielle Eingliederung hergestellt werden; allerdings schließt dies wiederum die Annahme von Sonderbetriebsvermögen aus.

Liegt damit eine mehrheitsvermittelnde Beteiligung im Betriebsvermögen des Organträgers bereits vor, stellt sich die Frage, inwieweit eine darüber hinausgehende Beteiligung im notwendigen Sonderbetriebsvermögen II ein Mehr an Einflussnahme und damit eine Stärkung von Initiativrechten begründen kann. Mangels weitergehender Begründung von Initiativrechten des Gesellschafters durch die Beteiligung an der Organgesellschaft käme eine Stärkung nach den Grundsätzen der Beteiligung an einer Komplementär-GmbH nur in den Fällen in Betracht, in denen auch die Organgesellschaft an dem Organträger beteiligt ist und der Gesellschafter in der Gesellschafterversammlung des Organträgers mittels der

403 BFH, Urteil vom 28.08.2003 – IV R 46/02.

404 Vielfach wird in der Literatur gefordert, die Organschaft europarechtskonform zu modernisieren, was u.a. durch eine erforderliche Mindestbeteiligungsquote erzielt werden soll. Wird eine Beteiligungsquote auf bis zu 75 % angehoben, erscheint es umso unwahrscheinlicher, mittels einer Beteiligung an der Organgesellschaft eine Erweiterung von Initiativrechten des Gesellschafters zu begründen. *Niehren*, Organschaft, S. 364.

405 Dies verkennt Sparrer auch zur alten Rechtslage, wenn sie darauf abstellt, dass eine Beteiligung des Gesellschafters im notwendigen Sonderbetriebsvermögen II nicht mittels der Sicherstellung der finanziellen Eingliederung beurteilt werden konnte. Hier kam es auf eine Begründung der Stellung des Gesellschafters an. Vgl. *Sparrer*, Sonderbetriebsvermögen, S. 175.

Beteiligung an der Organgesellschaft ein Mehr an Stimmrechten in seinem Sinne ausüben kann und damit auf Gesellschafterbeschlüsse Einfluss nehmen könnte. Zu beachten ist in dieser Konstellation jedoch, dass sie den Grundsätzen der Organschaft widerspricht. Bei einer Beteiligung der Organgesellschaft an dem Organträger bekäme die Organgesellschaft als Gesellschafterin den Gewinn aus der Organgesellschaft unmittelbar zugerechnet. Aufgrund der Organschaft würde der Gewinn jedoch unmittelbar an den Organträger zurückgeschleust werden, der wiederum die Gewinne anteilig der Organgesellschaft zuordnen würde.[406] Ein Vergleich des Kriteriums einer finanziellen Eingliederung des Organträgers in die Organgesellschaft mit einer Stärkung der Beteiligung des Gesellschafters am Organträger erscheint daher zumindest nach neuer Rechtslage nicht mehr möglich. Die Konstellation unterscheidet sich von der gesellschaftsrechtlichen Verflechtung der GmbH & Co. KG, als dass diese bei der Organschaft eine *Einbahnstraße* darstellt und damit regelmäßig lediglich eine Beteiligung des Organträgers an der Organgesellschaft vorliegt. Dafür spricht ebenso, dass die Komplementär-GmbH auch zu einer anderen Gesellschaft als der KG ein organschaftliches Verhältnis aufbauen kann.[407] Zwar ist es grundsätzlich möglich, auch eine organschaftliche Verflechtung innerhalb einer GmbH & Co. KG herbeizuführen (sog. Einheits-KG), in der die Komplementär-GmbH als Organgesellschaft und die KG als Organträger fungiert.[408] Allerdings kann die Beteiligung aufgrund des Erfordernisses der mehrheitsvermittelnden Beteiligung im Gesamthandsvermögen der Personengesellschaft zur Begründung der finanziellen Eingliederung nicht anhand des Stärkungskriteriums eine Zuordnung zum notwendigen Sonderbetriebsvermögen II begründen. Eine Zuordnung zum notwendigen Sonderbetriebsvermögen II ist somit nicht mehr möglich.

IV. Zusammenfassung der Zuordnung der Beteiligung an einer Organgesellschaft zum Sonderbetriebsvermögen

Eine Zuordnung einer Beteiligung eines Gesellschafters des Organträgers an der Organgesellschaft zum notwendigen Sonderbetriebsvermögen II kommt aufgrund geänderter Rechtslage nicht mehr in Betracht. Die mehrheitliche Beteiligung zur Begründung der finanziellen Eingliederung, als wesentliche Voraussetzung einer Organschaft, muss zum Gesamthandsvermögen des Organträgers gehören und kann sich damit nicht gleichzeitig im Eigentum des Gesellschafters befinden.

406 Vgl. Fortscher in: *Frotscher/Maas*, KStG/GewStG/UmStG-Komm., § 14 KStG, Rn. 121.

407 Müller in: *Müller/Stöcker/Lieber*, Die Organschaft, Rn. 445.

408 BFH, Urteil vom 22.04.2010 – V R 9/09.

I. *Zusammenfassende Systematisierung der Zuordnung einer Beteiligung zum Sonderbetriebsvermögen*

Zusammengefasst lässt sich die Zuordnung einer Beteiligung an einer Kapitalgesellschaft zum notwendigen Sonderbetriebsvermögen II auf folgende Formel reduzieren:

> *„Eine Beteiligung ist dem notwendigen Sonderbetriebsvermögen II zuzuordnen, wenn entweder durch die Beteiligung die Beteiligung des Gesellschafters an der Mitunternehmerschaft gestärkt wird oder die Stellung als steuerlicher Mitunternehmer durch die Beteiligung erst begründet wird."*

Abstrakt formuliert sind alle Zuordnungskriterien für das notwendige Sonderbetriebsvermögen II auf Wirtschaftsgüter ausgelegt, die einem Mitunternehmer *gehören* und *seiner Beteiligung durch die Mehrung von Einflussnahme auf die Geschäftsführung der Mitunternehmerschaft dienen.*

Abweichend von der ständigen Rechtsprechung des BFH ist bei Vorliegen einer wirtschaftlichen Verflechtung der Geschäftsbereiche einer Kapitalgesellschaft und einer Mitunternehmerschaft neben einer mehrheitlichen Beteiligung eines Mitunternehmers nach hier vertretener Auffassung eine Zuordnung zum notwendigen Sonderbetriebsvermögen I vorzunehmen. Die Beteiligung des Mitunternehmers an der wirtschaftlich verflochtenen Kapitalgesellschaft begründet keine Einflussnahme auf die Geschäftsführung der Mitunternehmerschaft, was die Stärkung der Beteiligung eines Gesellschafters an der Mitunternehmerschaft jedoch voraussetzt. Es handelt sich auch nicht um eine äquivalente Stärkung der Beteiligung des Gesellschafters durch die mehrheitliche Beteiligung an der Kapitalgesellschaft, weil die der mehrheitlichen Beteiligung entstammenden Stimmrechte lediglich rein faktisch als Druckmittel zur Durchsetzung seiner Interessen in der Mitunternehmerschaft genutzt werden könnten, indem er drohen könnte, die Stimmrechte seiner mehrheitlichen Beteiligung in der Gesellschafterversammlung der Kapitalgesellschaft entgegen den Interessen und Belangen der Mitunternehmerschaft einzusetzen.[409] Ein solcher Einsatz der Beteiligung verstößt nicht nur grundsätzlich gegen die gesellschaftsrechtlichen Treuepflichten,[410] sondern hätte zur Konsequenz, dass die Gesellschaft gegenüber dem Gesellschafter Schadensersatzansprüche geltend machen oder ihn, auf Grund des Verstoßes gegen den Gesellschaftszweck von der Gesellschaft ausschließen könnte.[411] Damit wäre eine faktische Einflussnahme für den Gesellschafter sehr kurzweilig und kein Äquivalent zu einer rechtlichen Einflussnahmemöglichkeit auf die Geschäftsführung.

Der Geschäftsbetrieb der wirtschaftlich verflochtenen Kapitalgesellschaft ist jedoch für den Geschäftsbetrieb der Mitunternehmerschaft dienlich. Daher ist die

409 *Söffing*, BB 2003, 616 (617).
410 Vgl. *Söffing*, BB 2003, 616 (617).
411 Vgl. zu den Auswirkungen eines Treuepflichtverstoßes: Seite 31 ff.

Beteiligung des Mitunternehmers an der Kapitalgesellschaft für den Geschäftsbetrieb der Mitunternehmerschaft dienlich, weil der Gesellschafter die sich aus der Beteiligung ergebenden Stimmrechte in der Gesellschafterversammlung der Kapitalgesellschaft im Interesse und unter Berücksichtigung der Belange der Mitunternehmerschaft einzusetzen hat. Eine Zuordnung der Beteiligung erfolgt daher zum notwendigen Sonderbetriebsvermögen I. Zum notwendigen Sonderbetriebsvermögen I gehören damit alle Beteiligungen an einer Kapitalgesellschaft, die einem Mitunternehmer *gehören* und dem *Geschäftsbetrieb der Mitunternehmerschaft dienen*.

Die herausgearbeiteten ertragsteuerlichen Fallgruppen können anhand der Zugehörigkeit der Beteiligung zum notwendigen Sonderbetriebsvermögen II oder zum notwendigen Sonderbetriebsvermögen I in Kategorien eingeordnet werden. Eine *Stärkung der Beteiligung des Gesellschafters an der Mitunternehmerschaft* lässt sich für die Beteiligung eines Mitunternehmers an einer Komplementär-GmbH, an der Kommanditisten-GmbH sowie für die Beteiligung eines atypisch stillen Gesellschafters an der geschäftsführenden GmbH begründen. Eine *Begründung einer Stellung des Gesellschafters als Mitunternehmer* ist für die Beteiligung eines Mitunternehmers einer Besitzgesellschaft an der Betriebsgesellschaft im Rahmen einer Betriebsaufspaltung anzunehmen. Nicht mehr angenommen werden kann die Begründung der Stellung des Gesellschaftern als Mitunternehmer hingegen für eine Beteiligung eines Gesellschafters eines Organträgers an einer Organgesellschaft.

Das Merkmal der *wirtschaftlichen Verflechtung* ist dagegen stark kasuistisch geprägt. Als wesentliche Merkmale lassen sich jedoch die unmittelbare Verknüpfung der Geschäftsbetriebe von Kapitalgesellschaft und Mitunternehmerschaft, neben einer mehrheitlichen Beteiligung des Gesellschafters der Mitunternehmerschaft an der Kapitalgesellschaft feststellen. Erfasst wird u.a. die Beteiligung eines Kommanditisten an der Komplementär-GmbH oder einer Kommanditisten-GmbH, wenn diese einer eigenen, nicht lediglich untergeordneten Geschäftstätigkeit nachgehen und eine wesentliche wirtschaftliche Funktion der KG begründen. Oder wenn die wesentliche Funktion der Kommanditisten-GmbH in der Überlassung von Haftkapital an die KG besteht.

Die Rechtsfolge der Umqualifizierung der ausgeschütteten Dividende in eine gewerbliche Dividende nach §§ 15 Abs. 1 Satz 1 Nr. 2 i.V.m. 20 Abs. 8 EStG ändert sich bei der Beteiligungszuordnung zum notwendigen Sonderbetriebsvermögen I oder notwendigen Sonderbetriebsvermögen II nicht. Die Differenzierung des Sonderbetriebsvermögens in I und II beruht lediglich auf Systematisierungszwecken.

§ 3: Abkommensrechtliche Einordnung – Fallgruppen im Abkommensrecht

Die rein nationale Betrachtung von gesellschaftsrechtlichen oder wirtschaftlichen Verflechtungen von Unternehmen, lässt die Globalisierung der Märkte außer Betracht. Gesellschaften ausländischen Rechts treten zunehmend im deutschen Rechtsverkehr auf. Gleichfalls begnügen sich deutsche Gesellschaften ihrerseits nicht damit, ihre Leistung lediglich im Inland anzubieten[412] oder günstige Standortfaktoren im Ausland ungenutzt zu lassen. Divergierende ausländische Besteuerungssysteme der Personengesellschaften von transparenter Besteuerung über eine Besteuerung gleich einer Kapitalgesellschaft bis hin zu einer Wahlmöglichkeit der Besteuerung durch die Gesellschaft[413] erschweren die Vorhersehbarkeit steuerlicher Risiken von Personengesellschaften im internationalen Rechtsverkehr. Dazu gehört insbesondere die Sonderbehandlung des Sonderbetriebsvermögens.[414] Eine der deutschen Sonderbetriebsvermögenskonzeption vergleichbare Berücksichtigung von Leistungsbeziehungen und Wirtschaftsgütern ist den meisten Rechtsordnungen unbekannt.[415] Selbst das österreichische Einkommensteuerrecht, das weitestgehend den herausgearbeiteten Zuordnungskriterien des Sonderbetriebsvermögens korrespondierende Zurechnungsgrundsätze vorsieht, ordnet eine Beteiligung an einer Kapitalgesellschaft nicht dem notwendigen Sonderbetriebsvermögen, sondern allenfalls einem gewillkürten Sonderbetriebsvermögen aufgrund einer Zweckbestimmung mittels Widmungsakt zu.[416] Aus einer unterschiedlichen Besteuerung folgen unterschiedliche Konflikte im internationalen Steuerrecht, die unterschiedliche Folgen nach sich ziehen. Während eine unterschiedliche Einordnung der Personengesellschaften als eigenständiges Steuersubjekt im einen Staat und als transparentes Rechtsgebilde im anderen Staat einen *subjektiven Qualifikationskonflikt* begründet, zieht eine unterschiedliche Einordnung des jeweiligen Besteuerungsobjekts, mithin des Gesellschaftsgewinn als Unternehmensgewinne oder als Dividendeneinkünfte einen *objektiven Qualifikationskonflikt* nach sich.[417] Aus Qualifikationskonflikten[418]

412 Rehm in: *Schnittker/Wassermeyer/Richter*, Personengesellschaften, Rn. 1.1.

413 Greif, Steuergestaltung bei einer international tätigen Personengesellschaft, in: *Haarmann*, Unternehmensstrukturen und Rechtsformen, S. 94; Schmidt, Steuerliche Probleme bei grenzüberschreitenden Investitionen, in: *Fischer/Borstell*, Steuerplanung, S. 44 f.; *Stemler*, Sonderbetriebsvergütungen, S. 48 ff.

414 Hrsg. in: Aus dem Vorwort zur 1. Auflage, *Schnittker/Wassermeyer/Richter*, Personengesellschaften, S. VIII; Maier in: *Löwenstein/Looks/Heinsen*, Betriebsstättenbesteuerung, Rn. 538.

415 Weggenmann in: *Schnittker/Wassermeyer/Richter*, Personengesellschaften, Rn. 6.5, 26. 23 28.46.

416 *Liebchen*, Personengesellschaften, S. 377.

417 *Frotscher*, Internationales Steuerrecht, Rn. 578 ff.; *Jacobs*, Internationale Unternehmensbesteuerung, S. 483 ff.; Maier in: *Löwenstein/Looks/Heinsen*, Betriebsstättenbesteuerung, Rn. 536 f.

418 Der Begriff des Qualifikationskonflikts entspringt dem internationalen Privatrecht. Dort bezeichnet er den Fall, dass Staaten eine Regelung in einem unterschiedlichen Zusammenhang regeln, so dass unterschiedliche Zuweisungen Anwendung finden. Im internationalen Steuerrecht hingegen gibt es nur einseitige Kollisionsnormen. Ein Qualifikationskonflikt ist im internationalen Privatrecht jedoch eine Folge zweiseitiger Kollisionsnormen. Der Begriff des Qualifikationskonlfikt im internationalen Steuerrecht ist gleichwohl beibehalten worden und behandelt Fälle indenen die Vertragsstaaten Termini des Abkommens nach eigenem

können Doppel-, Minder[419]- bzw. doppelte Nichtbesteuerung[420] resultieren,[421] deren Ausgleich sich vorrangig vor der Anwendung unilateraler Ausgleichsregelungen nach den Regelungen der DBA bestimmt.

Wurde im ersten Teil der Arbeit die rein nationale Besteuerung einer mehrheitlichen Beteiligung eines Mitunternehmers an einer gesellschaftsrechtlich oder wirtschaftlich verflochtenen Kapitalgesellschaft dargestellt, werden im folgenden Teil die herausgearbeiteten Fallgruppen grenzüberschreitend dargelegt. Dabei wird der Fokus der Fallgruppenbetrachtung auf die Beteiligung an einer Komplementär-GmbH, an einer wirtschaftlich verflochtenen Kapitalgesellschaft, an einer GmbH einer GmbH & atypisch still und an einer Betriebsgesellschaft im Rahmen einer Betriebsaufspaltung gelegt. Für die Beteiligung an einer Komplementärgesellschaft in der Rechtsform der UG (haftungsbeschränkt) gelten, bei Ausgestaltung der UG (haftungsbeschränkt) nach gesetzlichem Leitbild, die Ausführungen zur Beteiligung an einer Komplementär-GmbH entsprechend. Die Beteiligung an einer Kommanditisten-GmbH stellt, in der von der Rechtsprechung entschiedenen Form der Dienlichkeit der Kommanditisten-GmbH für den Geschäftebetrieb der KG aufgrund der Überlassung von Haftkapital, eine konkrete Ausgestaltung der wirtschaftlichen Verflechtung dar. Die Ausführungen zur Fallgruppe der wirtschaftlichen Verflechtung im Abkommensrecht sind daher entsprechend auf die Beteiligung an einer Kommanditisten-GmbH anzuwenden. Außer Acht gelassen wird hingegen die Fallgruppe der Beteiligung des persönlich haftenden Gesellschafters einer KGaA an der KGaA als Kommanditaktionär, weil eine Zuordnung der Beteiligung zum Sonderbetriebsvermögen des Gesellschafters scheitert.

---

nationalen Recht auslegen und dabei zu unterschiedlichen Ergebnissen kommen (weiter Qualifikationskonflikt) bzw. wenn unterschiedliche nationale Steuerrechte ein und denselben Sachverhalt unterschiedlich und mit weiteren Folgen für die Anwendung des Abkommens behandeln. Geberth, Qualifikationskonflikte, in: *Kaeser*, Festschrift Wassermeyer zum 75. Geburtstag, S. 65; Mössner in: *Mössner*, Steuerrecht, Rn. 1.184–1.187.

419 Von einer Minderbesteuerung ist zu sprechen, wenn in grenzüberschreitenden Sachverhalten die effektive Besteuerung aufgrund der nur eingeschränkten Ausübung eines Besteuerungsrechts hinter der möglichen Besteuerung zurück bleibt. Es entstehen sog. graue Einkünfte. Vgl. Schönfeld, Abkommenszweck und Verhinderung einer Minder- und Nichtbesteuerung, in: *Kaeser*, Festschrift Wassermeyer zum 75. Geburtstag, S. 99.

420 Eine doppelte Nichtbesteuerung liegt vor, wenn keiner der beteiligten Staaten von seinem Besteuerungsrecht Gebrauch macht. Es entstehen sog. weiße Einkünfte. Vgl. Schönfeld, Abkommenszweck und Verhinderung einer Minder- und Nichtbesteuerung, in: *Kaeser*, Festschrift Wassermeyer zum 75. Geburtstag, S. 99.

421 Maier in: *Löwenstein/Looks/Heinsen*, Betriebsstättenbesteuerung, Rn. 536.

A. Grenzüberschreitende Beteiligungskonstellationen

Der grenzüberschreitenden steuerlichen Behandlung der Fallgruppen liegen folgende Fallkonstellationen zugrunde, in denen ein deutscher Besteuerungsanspruch besteht. Während in einer *Outboundkonstellation* ein inländischer Gesellschafter an einer ausländischen Personengesellschaft beteiligt ist, ist in der *Inboundkonstellation* von einer inländischen Personengesellschaft und einem beteiligten ausländischen Gesellschafter auszugehen. Eine Ansässigkeit der Kapitalgesellschaft kann sowohl im Inland als auch im Ausland bestehen. Um ein Besteuerungsrecht in Deutschland zu begründen, kommt es mangels Steuersubjektivität einer Personengesellschaft auf eine unbeschränkte oder beschränkte Steuerpflicht der Mitunternehmer in Deutschland an.

I. Unilaterale steuerliche Behandlung der Outboundkonstellation

Ist ein inländischer Gesellschafter an einer ausländischen Personengesellschaft beteiligt, liegt eine Outboundfallkonstellation vor. Ob es sich bei einem ausländischen Personenzusammenschluss in seinen wesentlichen Strukturmerkmalen aus Sicht des deutschen Steuerrechts um eine Personengesellschaft oder eine Kapitalgesellschaft nach § 1 KStG handelt, ist rechtstypologisch zu bestimmen.[422] Ein solcher Typenvergleich ist notwendig, um eine richtige Einkünftequalifikation der aus der Beteiligung resultierenden Einkünfte nach nationalem Steuerrecht vornehmen zu können.[423] Handelt es sich um eine Beteiligung an einer Kapitalgesellschaft[424], stellen die Einkünfte grundsätzlich Einkünfte aus Kapitalvermögen nach § 20 Abs. 1 Nr. 1 EStG dar. Handelt es sich hingegen um eine Personengesellschaft, können die Einkünfte des Gesellschafters gewerbliche oder vermögensverwaltende sein, §§ 15 Abs. 1 Satz 1 Nr. 2, 21 Abs. 1 Nr. 1, 22 Nr. 3 o.ä. EStG. Ein solcher Typenvergleich ist eine anhand von Wertungen und Leitlinien des deutschen Steuerrechts geprägte Einordnung der ausländischen Gesellschaft.[425] Weder die nach ausländischem Recht möglicherweise gewährte Ausstattung mit zivilrechtlicher Rechtspersönlichkeit, noch die steuerliche Behandlung im ausländischen Staat als transparentes oder intransparentes Rechtssubjekt ist von prägender Bedeutung für die innerstaatliche

---

422 RFH, Urteil vom 12.02.1930 – VI A 899/27; BFH, Urteil vom 17.07.1968 – I 121/64 sog. Venezuela-Urteil; *Frotscher*, Internationales Steuerrecht, Rn. 637; *Jacobs*, Internationale Unternehmensbesteuerung, S. 429 ff.

423 Maier in: *Löwenstein/Looks/Heinsen*, Betriebsstättenbesteuerung, Rn. 640.

424 Kapitalgesellschaften werden nach nationalem Recht als juristische Person als eigenständige, gewerblich tätige Rechtssubjekte der KStG anerkannt. Die Haftung der Gesellschafter beschränkt sich auf das Gesellschaftsvermögen. *Schmidt*, Gesellschaftsrecht, §§ 22–42; *Fehrenbacher*, Steuern und Finanzplanung im Konzern, S. 48, Fn. 139.

425 *Schaumburg*, Internationales Steuerrecht, Rn. 6.7.

Einordnungsentscheidung.[426] In der Literatur[427] und Finanzverwaltung[428] hat sich ein zweistufiger rechtstypologischer Vergleich etabliert. Auf der ersten Stufe ist die jeweilige ausländische Personenvereinigung auf ihre Vergleichbarkeit mit einer Rechtsform des nationalen Zivilrechts hin zu untersuchen. Auf der zweiten Stufe ist die ausländische Personenvereinigung einer konkret vergleichbaren deutschen Gesellschaftsform anhand ihres rechtlichen Aufbaus und der wirtschaftlichen Struktur (Realtypus) zuzuordnen.[429] Kennzeichnendes Merkmal einer Personengesellschaft ist bspw. eine unbeschränkte Haftung zumindest eines Gesellschafters neben der Haftung der Gesellschaft bzw. die Gesellschafterhaftung bis zur Höhe der Einlage und eine Beteiligung am Risiko des Unternehmens sowie die Entfaltung von Unternehmerinitiative.[430] Hinzu kommt, dass eine Anteilsübertragung regelmäßig nicht ohne Zustimmung des anderen Gesellschafters möglich ist und die Gesellschafter an der Geschäftsführung beteiligt sind.[431] Die Gesellschafterstellung ist im Vergleich zur Kapitalgesellschaft weniger vom Streben nach einer gewinnbringenden Kapitalanlage als vielmehr von einer inneren Verbundenheit der Mitglieder in Hinblick auf die Förderung des gesellschaftlichen Erwerbsergebnisses geprägt.[432]

Ergibt ein Typenvergleich eine Einordnung des ausländischen Personenzusammenschlusses als Personengesellschaft, hängt ein deutscher Besteuerungsanspruch vom Vorliegen einer unbeschränkten Steuerpflicht der Gesellschafter ab. Eine unbeschränkte Steuerpflicht setzt einen Wohnsitz bzw. den gewöhnlichen Aufenthalt einer natürliche Person respektive den Sitz oder die Geschäftsleitung, wenn es sich um eine juristische Person handelt, im Inland voraus, §§ 1 Abs. 1 EStG i.V.m. 8, 9 AO; §§ 1 Abs. 1 Nr. 1 KStG i.V.m. 10, 11 AO. Eine Besteuerung im Inland ansässiger Gesellschafter erstreckt sich auf sämtliche Einkünfte im Sinne von § 2 Abs. 1 EStG bzw. § 8 Abs. 1, 2 KStG und erfolgt dem Universalitätsprinzip entsprechend, gleichgültig, ob sie aus dem Inland oder dem Ausland stammen als Welteinkommen. Ein im Inland ansässiger Mitunternehmer erzielt unbeschränkt steuerpflichtige gewerbliche Einkünfte nach § 15 Abs. 1 Satz 1 Nr. 2 EStG bzw. § 8 Abs. 2 KStG. Zu den

---

426 *Liebchen*, Personengesellschaften, S. 9.

427 *Frotscher*, Internationales Steuerrecht, Rn. 637; *Jacobs*, Internationale Unternehmensbesteuerung, S. 429 ff.; *Pusill-Wachtsmuth*, Typenvergleich, S. 32 ff.; Rehm in: *Schnittker/Wassermeyer/Richter*, Personengesellschaften, Rn. 1.9; *Schaumburg*, Internationales Steuerrecht, Rn. 6.7.

428 BMF vom 19.03.2004 IV B 4-S 1301 USA-22/04.

429 *Jacobs*, Internationale Unternehmensbesteuerung, S. 430; *Kluge*, Internationales Steuerrecht, Kapitel N, Rn. 303 f.

430 RFH, Urteil vom 18.12.1930, RStBl. 1931, S. 200; *Jacobs*, Internationale Unternehmensbesteuerung, S. 431; van Radenborgh in: Personengesellschaften, § 1 Rn. 32.

431 van Radenborgh in: *Sudhoff*, Personengesellschaften, § 1, Rn. 15, 19.

432 Vgl. zu den Kriterien der Einordnung eines ausländischen Rechtsgebildes als Körperschaft: *Frotscher*, Internationales Steuerrecht, Rn. 637; Zu den Kriterien der Einordnung eines ausländischen Rechtsgebildes als Personengesellschaft: *Pusill-Wachtsmuth*, Typenvergleich, S. 32 ff.

gewerblichen Einkünften gehören auch Einkünfte aus Kapitalvermögen, wenn die Einkünfte den gewerblichen Einkünften unmittelbar zuzurechnen sind, § 20 Abs. 8 EStG. Ist die Beteiligung an einer Kapitalgesellschaft dem Sonderbetriebsvermögen zuzuordnen,[433] sind die Dividenden, die aufgrund eines wirksamen Gewinnverwendungsbeschlusses der Kapitalgesellschaft ausgeschüttet werden, als gewerbliche Einkünfte anzusehen. Es gilt das Teileinkünfteverfahren nach § 3 Nr. 40 d, Satz 2 i.V.m. § 3c Abs. 2 EStG. Die KESt wird in voller Höhe einbehalten, § 43 Abs. 1 Satz 1 Nr. 1, Satz 3, Abs. 4 EStG, kann jedoch im Rahmen der Veranlagung auf die zu zahlende Steuer angerechnet werden, §§ 36 Abs. 2 Nr. 2 EStG bzw. 32 Abs. 5 KStG.[434]

Wird im Ausland ebenfalls eine Steuer auf die Einkünfte erhoben, ist eine mögliche Doppelbesteuerung nach den vorrangigen Regelungen des DBA zu beseitigen. Der Begriff der doppelten Besteuerung ist mangels inhaltlicher Konturen unscharf.[435] Grundsätzlich wird vom Vorliegen einer *internationalen Doppelbesteuerung im Rechtssinn* ausgegangen, wenn dasselbe Steuersubjekt aufgrund desselben Steuerobjektes im gleichen Veranlagungszeitraum von verschiedenen Hoheitsträgern zu einer Steuer über das Einkommen herangezogen wird.[436] Liegt kein DBA zwischen den beteiligten Staaten vor oder verweist das DBA zur Vermeidung der doppelten Besteuerung auf das Recht Deutschlands, ist im Falle einer unbeschränkten Steuerpflicht eine Ausgleich nach §§ 34c, 34d EStG bzw. i.V.m. § 26 KStG vorzunehmen.[437] § 34c Abs. 1 bis 3 EStG sehen eine Anrechnung der ausländischen Steuer bzw. einen Steuerabzug gleich einer Betriebsausgaben oder Werbungskosten vor, soweit ausländische Einkünfte nach § 34d EStG vorliegen.[438] Sonstige Sonderbetriebseinnahmen in Form von Gewinnausschüttungen im Zusammenhang mit im Sonderbetriebsvermögen befindlichen Kapitalgesellschaftsbeteiligungen stellen grundsätzlich ausländische Einkünfte aus Gewerbebetrieb nach §§ 34d Nr. 2 lit a) Halbsatz 2 EStG dar,[439] soweit die Gewinnausschüttung *durch* eine in einem ausländischen Staat belegene Betriebsstätte erzielt wird. Eine Betriebsstätte ist nach § 12 AO jede feste Geschäftseinrichtung, die der Tätigkeit des Unternehmens

433 Vgl. die Zuordnungskriterien einer Beteiligung zum Sonderbetriebsvermögen: Seite 14 ff.

434 Vgl. im Ganzen die Besteuerung einer Dividende für eine Kapitalgesellschaftbeteiligung im Sonderbetriebsvermögen: Seite 12 f.

435 Lehner in: *Vogel/Lehner*, DBA-Komm., Grundlagen des Abkommensrechts, Rn. 6.

436 *Frotscher*, Internationales Steuerrecht, Rn. 7 ff.; Lehner in: *Vogel/Lehner*, DBA-Komm., Grundlagen des Abkommensrechts, Rn. 7; *Piltz*, Personengesellschaft, S. 118; *Schaumburg*, Internationales Steuerrecht, Rn. 12.2.

437 *Frotscher*, Internationales Steuerrecht, Rn. 246, 560; Heinsen in: *Löwenstein/Looks/Heinsen*, Betriebsstättenbesteuerung, Rn. 388 ff.; *Schaumburg*, Internationales Steuerrecht, Rn. 15.56.

438 *Frotscher*, Internationales Steuerrecht, Rn. 246; Gosch in: *Kirchhof*, EStG-Komm., § 34c, Rn. 1 f.; Heinicke in: *Schmidt*, EStG-Komm., § 34c, Rn. 1 f.; Wagner in: *Blümich*, EStG/KStG/GewStG-Komm., § 34c, Rn. 2, 131. Lfg., Stand: März 2016.

439 *Liebchen*, Personengesellschaften, S. 369.

dient.[440] Eine Personengesellschaft ist nicht zwangsläufig als Betriebsstätte anzusehen, sondern nur dann, wenn sie die Voraussetzungen des § 12 AO erfüllt.[441] Vermittelt sie ihren Gesellschaftern eine feste Geschäftseinrichtung oder liegen die enumerativen Beispiele des § 12 Satz 2 AO vor, ist eine Betriebsstätte anzunehmen. Ist eine Kapitalgesellschaftsbeteiligung dem Sonderbetriebsvermögen eines Gesellschafters zugeordnet und bildet dort einen bilanzierten Aktivposten, wird die für die Beteiligung gezahlte Dividende *durch* die Personengesellschaftsbetriebsstätte erwirtschaftet, so dass eine Anrechnung auf die in Deutschland zu zahlende Steuer bzw. ein Abzug der im Ausland zu zahlenden Steuer gleich einer Betriebsausgabe möglich ist.

II. Unilaterale steuerliche Behandlung der Inboundfallkonstellation

Ist hingegen ein ausländischer Gesellschafter an einer inländischen Mitunternehmerschaft beteiligt, liegt mithin eine Inboundfallkonstellation vor, kommt es für die Annahme eines deutschen Besteuerungsanspruchs auf eine beschränkte Steuerpflicht an, § 1 Abs. 4 EStG bzw. §§ 2, 8 Abs. 1 KStG i.V.m. § 49 EStG. Im Gegensatz zur Besteuerung des Welteinkommens unbeschränkt Steuerpflichtiger, liegt der beschränkten Steuerpflicht die gesetzgeberische Konzeption des Territorialitätsprinzips beschränkt auf die Besteuerung inländischer Einkünfte zugrunde.[442] Für die Annahme einer beschränkten Steuerpflicht kommen gewerbliche inländische Einkünfte in Betracht, wenn die gewerbliche Tätigkeit durch eine im Inland belegene Betriebsstätte ausgeübt wird, § 49 Abs. 1 Nr. 2 lit a) EStG i.V.m. § 12 AO.[443] Für die dogmatische Begründung der beschränkten Steuerpflicht gibt es unterschiedliche Ansätze. Nach einer Ansicht kommt eine Besteuerung in Betracht wenn eine Ansässigkeit der die Dividenden ausschüttenden Kapitalgesellschaft im Inland besteht,[444] § 49 Abs. 1 Nr. 5 lit. a) EStG. Nach a.A. hingegen müsste

440 Eine Betriebsstätte bildet grundsätzlich eine Form der unternehmerischen Auslandstätigkeit, bei der eine feste, unselbstständige Geschäftseinrichtung im Ausland besteht. Eine gesetzliche Definition findet sich für nationale Zwecke in § 12 AO, für Abkommenszwecke in Art. 5 OECD MA. Vgl. *Fehrenbacher*, Steuern und Finanzplanung im Konzern, S. 48, Fn. 137; Der abkommensrechtliche Begriff ist enger ausgestaltet. Eine Betriebsstätte nach § 12 AO liegt vor, soweit eine feste Geschäftseinrichtung oder Anlage vorhanden ist, die der Unternehmenstätigkeit dient und über die der Steuerpflichtige eine gewisse Verfügungsmacht innehat. Es bedarf einer räumlichen und zeitlichen Verbundenheit der Geschäftseinrichtung, mithin einer gewissen Verwurzelung im Staat der möglichen Betriebsstätte. Der Steuerpflichtige muss über bestimmte Räume eine ständige Nutzungsmöglichkeit und Verfügungsmacht innehaben. Hansen/Maier in: *Löwenstein/Looks/Heinsen*, Betriebsstättenbesteuerung, Rn. 83 ff.

441 Heinsen/Maier in: *Löwenstein/Looks/Heinsen*, Betriebsstättenbesteuerung, Rn. 112.

442 *Schaumburg*, Internationales Steuerrecht, Rn. 5.103 f.

443 *Frotscher*, Internationales Steuerrecht, Rn. 558.

444 *Kessler/Huck*, IStR 2006, 433 (438); Loschelder in: *Schmidt*, EStG-Komm., § 49, Rn. 28.

eine inländische Betriebsstätte bestehen, der die Einkünfte zugerechnet werden könnten,[445] § 49 Abs. 1 Nr. 2 lit. a) EStG. Objektiv isoliert betrachtet handelt es sich um Einkünfte aus Kapitalvermögen nach § 20 Abs. 1 Nr. 1 EStG, die lediglich aufgrund der Zugehörigkeit des der Ausschüttung zugrunde liegenden Stammrechts im Sonderbetriebsvermögen in gewerbliche Einkünfte umqualifiziert werden. Diese Umqualifizierung verhindert jedoch die unmittelbare Anwendbarkeit inländischer Kapitaleinkünfte nach § 49 Abs. 1 Nr. 5 EStG. Die isolierende Betrachtungsweise des § 49 Abs. 2 EStG, die eine Gewerblichkeit der Einkünfte außer Acht lassen könnte um eine Besteuerung zu ermöglichen, findet auf den konkreten Fall keine Anwendung. Es handelt sich nicht um ein im Ausland gegebenes Merkmal, sondern um ein inländisches Merkmal, dass die Umqualifizierung herbeiführt. Im Gegensatz zu §§ 34c, 34d Nr. 1 lit. a) EStG verlangt der Wortlaut von § 49 Abs. 1 Nr. 2 lit. a) EStG keine Erwirtschaftung der Einnahmen unmittelbar durch die Betriebsstätte, sondern lediglich, dass für die gewerblichen Einkünfte eine Betriebsstätte unterhalten wird. Der Wortlaut ist damit wesentlich weiter gefasst ist, als bei ausländischen Einkünften. Ist für ein Anrechnung der ausländischen Steuer der vom Wortlaut her enger gefasste § 34c Abs. 1 EStG anwendbar, muss es für die Anwendung des § 49 Abs. 1 Nr. 2 lit. a) EStG ausreichend sein, dass eine mit den Einkünften im Zusammenhang stehende Betriebsstätte im Inland vorhanden ist. Erfüllt die Personengesellschaft die Voraussetzungen einer festen Geschäftseinrichtung nach § 12 Satz 1 AO, bzw. die besonderen enumerativ aufgelisteten Voraussetzungen des § 12 Satz 2 AO und befindet sich eine Kapitalgesellschaftsbeteiligung im Sonderbetriebsvermögen liegt eine Verknüpfung im weiteren Sinne zwischen den Einkünften und der Betriebsstätte vor, so dass es bei einer Anwendbarkeit des § 49 Abs. 1 Nr. 2 lit. a) EStG verbleibt. Eine Steuerfreistellung der Einkünfte kommt aufgrund der ausdrücklichen Anordnung der Abgeltungswirkung für beschränkt Steuerpflichtige nicht in Betracht, § 50 Abs. 2 EStG.[446] Der Steuerabzug entfaltet abgeltende Wirkung; es kommt zu einer Bruttobesteuerung.[447] Für beschränkt steuerpflichtige Körperschaften, die ihren Sitz

445 Vgl. zur Betriebsaufspaltung über die Grenze: *Bachmann*, Die Betriebsaufspaltung, S. 138.

446 Ausnahmetatbestände in § 50 Abs. 2 Satz 2 EStG sollen europarechtlichen Anforderungen Rechnung tragen. Gosch in: *Kirchhof*, EStG-Komm., § 50, Rn. 17; Sie sehen sich jedoch grundrechtlichen und europarechtlichen Bedenken, eines Verstoßes gegen den Gleichheitssatz bzw. europarechtlichen Grundfreiheiten ausgesetzt. Schaumburg kritisiert die Nichtabziehbarkeit von Werbungskosten oder Betriebsausgaben beschränkt Steuerpflichtiger, die inländischen Einnahmen gegenüberstünden und damit einen Verstoß gegen den allgemeinen Gleichheitsstaat nach Art. 3 Abs. 1 GG sowie die unionsrechtlich gewährten Grundfreiheiten begründen würden. *Schaumburg/Englisch*, Europäisches Steuerrecht, Rn. 8.37 f.; *Schaumburg*, Internationales Steuerrecht, Rn. 5.256, 5.258.

447 Gosch in: *Kirchhof*, EStG-Komm., § 50, Rn. 16; Loschelder in: *Schmidt*, EStG-Komm., § 50, Rn. 26; Wied in: *Blümich*, EStG/KStG/GewStG-Komm., § 50 EStG, Rn. 65, 124. Lfg., Stand: Aug. 2014.

innerhalb der EU haben, besteht die Möglichkeit eines Antrages auf Nichteinbehalt der KESt, wenn die Beteiligung nicht die Voraussetzungen der Streubesitzbeteiligung erfüllt, §§ 43b, 50d Abs. 1 EStG. Für andere beschränkt steuerpflichtige Körperschaft können auf Antrag zwei Fünftel der Kapitalertragsteuer nach § 44a Abs. 9 EStG erstattet werden, so dass sich die KESt auf 15 % reduziert.[448]

III. Ausgleich einer Doppelbesteuerung nach dem Recht der DBA

Liegt zwischen den beteiligten Staaten ein DBA vor, richtet sich ein Ausgleich einer möglichen Doppelbesteuerung vorrangig vor nationalen unilateralen Regelungen nach dem Recht des DBA, § 2 AO, § 34 Abs. 6 EStG. DBA stellen völkerrechtliche Verträge dar, die die Besteuerung grenzüberschreitender Sachverhalte regeln.[449] Ein DBA als völkerrechtlicher Vertrag zwischen zwei Staaten regelt die Besteuerung eines grenzüberschreitenden Sachverhaltes durch Vereinbarungen welches der bestehenden Besteuerungsrechte der Vertragsstaaten aufrecht erhalten wird und welcher Vertragsstaat sein Besteuerungsrecht zurücknimmt. Es knüpft damit an die in der staatlichen Souveränität verankerte Besteuerungskompetenz an.[450] Ein DBA beschränkt damit das aus der Souveränität der Vertragsstaaten fließende Besteuerungsrecht, so dass ein DBA Schranken- bzw. Verzichtscharakter aufweist.[451]

Die Anwendbarkeit abkommensrechtlicher Regelungen, setzt die Anwendbarkeit des Abkommens voraus. Abkommensrechtlichen Schutz genießen persönlich und sachlich Abkommensberechtigte (Art. 1 bis 4 OECD MA[452]). Keine Anwendungsvoraussetzung ist hingegen das Vorliegen einer Doppelbesteuerung,

448 *Jacobs*, Internationale Unternehmensbesteuerung, S. 924; Lindberg in: *Blümich*, EStG/KStG/GewStG-Komm., § 44a EStG, Rn. 41, 130. Lfg., Stand: Okt. 2015; Weber-Grellet in: *Schmidt*, EStG-Komm., § 44a, Rn. 33.

449 *Frotscher*, Internationales Steuerrecht, Rn. 295; Lehner in: *Vogel/Lehner*, DBA-Komm., Grundlagen des Abkommensrechts, Rn. 3; *Schaumburg*, Internationales Steuerrecht, Rn. 3.6.

450 Lehner in: *Vogel/Lehner*, DBA-Komm., Grundlagen des Abkommensrechts, Rn. 64; Lehner, Abkommensauslegung zwischen Autonomie und Bindung an das innerstaatliche Recht, in: *Kaeser*, Festschrift Wassermeyer zum 75. Geburtstag, S. 15.

451 *Debatin*, Beihefter zu DStR 23 1992, 1 (1 f.); *Frotscher*, Internationales Steuerrecht, Rn. 295; *Schaumburg*, Internationales Steuerrecht, Rn. 16.5; Zuber/Ditsch, Gewinnabgrenzung bei Personengesellschaften im Inbound-Fall, in: *Lüdicke/Schnitger/Spengel*, Festschrift Endres, S. 441.

452 Die OECD veröffentlicht seit 1963 ein MA zur Vermeidung der Doppelbesteuerung samt MK. Überarbeitet wurde dieses 1963, 1977, 1994, 1995, 1997, 2000, 2003, 2005, 2008 und 2010. Das OECD MA als solches stellt gegenüber seinen Mitgliedstaaten keine zwingenden Regelungen auf, sondern macht das MA sowie die MK zum Gegenstand einer Empfehlung an seine Mitgliedstaaten. Durch eine Einhaltung der im MA zugrunde gelegten Prinzipien soll eine Harmonisierung des internationalen Steuerrechts ermöglicht werden, indem die Kollision der jeweiligen Steueransprüche der beteiligten Staaten beseitigt oder zumindest abgemildert wird.

wenngleich deren Ausgleich wesentliches Abkommensziel ist. Abkommensschutz wird nicht nur in Fällen „aktueller", „effektiver" bzw. „tatsächlicher" Doppelbesteuerung gewährt, sondern auch gegenüber Fällen der virtuellen Doppelbesteuerung.[453] Vermeidung doppelter Nichtbesteuerung hingegen wird allgemein (noch) nicht als Schutzziel erfasst[454] und vielmehr von den Vertragsstaaten mit nationalen Regelungen zur Steuersubstratsicherung zu verhindern versucht. Ein Ausgleich der Doppelbesteuerung durch Verzicht auf den eigenen Besteuerungsanspruch eines Vertragsstaates wird durch die Regelung eines ausschließlichen Besteuerungsrechts eines Vertragsstaates erreicht, oder, soweit beide Vertragsstaaten besteuern dürfen, durch Festlegung des Ausgleichs der Doppelbesteuerung durch Anrechnung der im Ausland zu zahlenden Steuer oder durch Freistellung der Einkünfte nach Art. 23A bzw. B OECD MA. Die tatsächliche Umsetzung des Ausgleichs richtet sich anschließend nach nationalen ertragsteuerlichen Normen.

Ein grenzüberschreitender Sachverhalt ist unter die Verteilungsnormen (Art. 6 bis 22 OECD MA) der Abkommen zu subsumieren. Ein DBA gibt durch seinen systematischen Aufbau und der Verflechtung der Verteilungsnormen rund um den Grundtatbestand der Unternehmensgewinne in Art. 7 OECD MA, sowie der Normierung eines Regel-Ausnahme-Prinzips in Art. 7 Abs. 4 OECD MA, eine Prüfungsreihenfolge weitestgehend vor. Aufgrund des weitgefassten Anwendungsbereichs ist die Einstiegsnorm die der Unternehmensgewinne, Art. 7 OECD MA. Ein Besteuerungsrecht wird abweichend von Art. 7 OECD MA zu geordnet, soweit eine speziellere Verteilungsnorm einschlägig ist, Art. 7 Abs. 4 OECD MA (sog. Spezialitätsgrundsatz).[455]

---

453 Eine Freistellung ist unabhängig davon zu gewähren, ob der andere Vertragsstaat von seinem nationalen Besteuerungsrecht Gebrauch macht und die Nichtbesteuerung dazu führt, dass die Einkünfte in keinem der beiden Vertragsstaaten besteuert werden. Lehner in: *Vogel/Lehner*, DBA-Komm., Grundlagen des Abkommensrechts, Rn. 69.

454 Nicht erfasst wird eine Vermeidung doppelter Nichtbesteuerung soweit, diese auf Schwierigkeiten bei der Auslegung des Doppelbesteuerungsabkommens beruht. Lehner in: *Vogel/Lehner*, DBA-Komm., Grundlagen des Abkommensrechts, Rn. 71; Voraussichtliche Änderung des Ziels des MA durch klarstellende Aufnahme der Vermeidung doppelter Nichtbesteuerung in das Abkommen. BEPS ACTION 6: preventing the granting of the treaty benefits in inappropriate circumstances, 27.

455 Der abkommensrechtliche Spezialitätsgrundsatz ist in Art. 7 Abs. 4 OECD MA niedergelegt und lässt den Unternehmensartikel gegenüber den spezielleren Artikeln zurück treten, soweit die Einkünfte unter diese Normen objektiv gefasst werden können. Damit begründet der abkommensrechtliche Spezialitätsgrundsatz das Gegenstück zum national ertragsteuerrechtlich verankerten Subsidiaritätsgrundsatz, der den Vorrang der Gewinneinkünfte vor den Überschuss-Einkünften normiert, § 20 Abs. 8 EStG. Vgl. Wassermeyer in: *Schnitker/Wassermeyer/Richter*, Personengesellschaften, Rn 2.44.

B. Fallgruppe im Abkommensrecht: Komplementär-GmbH

Die Beteiligung eines Kommanditisten an der Komplementär-GmbH bildet die grundlegende Fallgestaltung der Beteiligungszuordnung zum notwendigen Sonderbetriebsvermögen II im deutschen Ertragssteuerrecht und dient auch grenzüberschreitend exemplarisch als grundlegende Beteiligungskonstellation.

Die abkommensrechtliche Einordnung der Einkünfte aus der Beteiligung an einer Komplementär-GmbH durch einen Kommanditisten, hat seit dem *Urteil vom 26.06.1992*[456] eine konstante Behandlung in der Rechtsprechung erfahren und gleichzeitig die Grundsätze der Zuordnung einer Beteiligung zur Betriebsstätte im Sinne des Betriebsstättenvorbehalts der Dividende in Art. 10 Abs. 4 OECD MA geprägt. Nach Auffassung der Rechtsprechung ist eine Dividende, die für eine Kapitalgesellschaftsbeteiligung im Sonderbetriebsvermögen ausgeschüttet wird, vorrangig vor einer Einordnung als Unternehmensgewinn im Sinne des Art. 7 Abs. 1 OECD MA, als Dividende nach Art. 10 OECD MA zu qualifizieren. Die Einordnung erfolgt unabhängig und abweichend von dem den Mitunternehmern unmittelbar zugewiesenen Mitunternehmerschaftsgewinn. Dieser stellt unzweifelhaft Unternehmensgewinne nach Art. 7 Abs. 1 OECD MA dar.[457] Betreiber des Unternehmens einer in Deutschland errichteten Mitunternehmerschaft, ist mangels Ansässigkeit der Mitunternehmerschaft nach Art. 4 Abs. 1 OECD MA nicht die Mitunternehmerschaft, sondern die hinter der Mitunternehmerschaft stehenden Mitunternehmer.[458] Das Unternehmen wird den Gesellschaftern zugerechnet und gilt damit in dem Staat als ansässig, in dem die Gesellschafter ansässig sind.[459] Der Ansässigkeitsstaat der Gesellschafter ist daher der Ansässigkeitsstaat der Mitunternehmerschaft. Es liegen entsprechend viele Unternehmen vor, wie Mitunternehmer vorhanden sind.[460] Für die Zuweisung des Besteuerungsrecht folgt daraus, dass Unternehmensgewinne grundsätzlich in dem Staat besteuert werden dürfen, in dem das Unternehmen ansässig ist, mithin im Ansässigkeitsstaat der Gesellschafter, Art. 7 Abs. 1 Satz 1, Halbsatz 1 OECD MA.

Für sonstige Sonderbetriebseinnahmen in Form von Gewinnausschüttungen für eine Kapitalgesellschaftsbeteiligung im Sonderbetriebsvermögen richtet sich

456 BFH, Urteil vom 26.02.1992 – I R 85/91.

457 Allein die Rechtsform abhängige Gewerblichkeit der GmbH & Co. KG nach § 15 Abs. 3 Nr. 2 EStG führt hingegen nicht zur Annahme von abkommensrechtlichen Unternehmensgewinnen. Die KG muss für Abkommenszwecke eine originär gewerbliche Tätigkeit erbringen. *Hruschka*, IStR 2016, 437 (438); Piltz in: Grenzüberschreitende Sondervergütungen, in: *Gocke*, Festschrift Wassermeyer zum 65. Geburtstag, S. 749; *Schaumburg*, Internationales Steuerrecht, Rn. 16.237.

458 *Frotscher*, Internationales Steuerrecht, Rn. 581; Weggenmann in: *Schnittker/Wassermeyer/Richter*, Personengesellschaften, Rn. 6.45.

459 *Weggenmann*, Personengesellschaften, S. 275; Weggenmann in: *Schnittker/Wassermeyer/Richter*, Personengesellschaften, Rn. 8.8.

460 *Kluge*, Internationales Steuerrecht, Kapitel S, Rn. 74; Wassermeyer in: *Wassermeyer*, DBA-Komm., Art. 7 MA, Rn. 63, 124. Lfg., Stand: Okt. 2013.

das Besteuerungsrecht nach Ansicht des BFH nicht nach den Rechtsfolgen des Art. 10 OECD MA, sondern nach denen des Art. 7 Abs. 1 Satz 1 Halbsatz 2, Satz 2, Abs. 2 OECD MA, weil die Rechtsprechung von einer tatsächlich funktionalen Zugehörigkeit der Beteiligung des Gesellschafters an einer Kapitalgesellschaft zur durch die Mitunternehmerschaft vermittelten Betriebsstätte ausgeht.[461] Die Folge ist eine Freistellung der Einkünfte im Gegensatz zu einer Anrechnung der im Ausland zu zahlenden Steuer durch den Wohnsitzstaat des Gesellschafters. Ob diese Einordnung den Anforderungen einer tatsächlichen Zugehörigkeit genügt oder fehlerhaft ertragsteuerliche Zuordnungsmaßstäbe des Sonderbetriebsvermögens in das Abkommensrecht trägt, ist nachfolgend erörtert.

I. Persönlicher Geltungsbereich und Abkommensanwendbarkeit

Die abkommensrechtliche Einordnung von sonstigen Sonderbetriebseinnahmen setzt die grundsätzliche Anwendbarkeit eines DBA voraus. Der systematische Aufbau des Abkommens gibt dessen Prüfungsschritte weitgehend vor.[462] Art. 1 OECD MA normiert den persönlichen Geltungsbereich des Abkommens,[463] wonach der subjektive Schutzbereich *Personen* im Sinne des Art. 3 OECD MA eröffnet ist, die in einem Vertragsstaat oder in beiden Vertragsstaaten nach Art. 4 OECD MA *ansässig* sind.[464] Ob eine Mitunternehmerschaft die Voraussetzungen einer ansässigen Person im Sinne des Abkommens erfüllt ist mithin im Rahmen des persönlichen Geltungsbereichs und der Abkommensanwendbarkeit zu untersuchen.

Der persönliche Geltungsbereich des Abkommens setzt für ein Erfassen der Mitunternehmerschaft die Erfüllung der Voraussetzungen der Person im Sinne des Art. 3 Abs. 1 lit. a) bis b) OECD MA voraus. Art. 3 Abs. 1 lit a) OECD MA erfasst als Person u.a. Gesellschaften und andere Personenvereinigungen, wobei gemäß lit. b) Gesellschaften juristische Personen oder Rechtsträger sind, die wie juristische Personen behandelt werden. Eine Personengesellschaft wird aus deutscher Sicht zumindest unter den Begriff der sonstigen Personenvereinigungen subsumiert.[465]

---

461 st. Rspr. seit: BFH, Urteil vom 26.02.1992 – I R 85/91.

462 *Schneider*, Qualifikationskonflikte, S. 100.

463 Eine sachliche Abkommensberechtigung verlangt in beiden Vertragsstaaten die Erhebung einer Steuer über das Einkommen, Art. 2 OECD MA, wovon im Folgenden ausgegangen wird.

464 *Frotscher*, Internationales Steuerrecht, Rn. 352 ff; *Liebchen*, Personengesellschaften, S. 130; *Schaumburg*, Internationales Steuerrecht, Rn. 16.170.

465 *Frotscher*, Internationales Steuerrecht, Rn. 568; *Riemenschneider*, Abkommensberechtigung von Personengesellschaften, S. 70; Wassermeyer in: *Wassermeyer*, DBA-Komm., Art. 3 MA, Rn. 20, 109. Lfg., Stand: Okt. 2009; Weggenmann, Personengesellschaften im Abkommensrecht und abkommensrechtliche Fiktionswirkungen in: *Kaeser*, Festschrift Wassermeyer zum 75. Geburtstag, S. 77. Allerdings wird in den meisten deutschen DBA auf ein Erfassen der sonstigen Personenvereinigungen im Abkommenstext verzichtet.

Problematisch ist jedoch die Begründung einer Ansässigkeit der Personengesellschaft nach Art. 4 Abs. 1 OECD MA. Art. 4 Abs. 1 OECD MA verlangt eine unbeschränkte Steuerpflicht der betreffenden Person in einem der Vertragsstaaten aufgrund ihres Wohnsitzes, ihres ständigen Aufenthalts, des Ortes ihrer Geschäftsleitung oder eines anderen ähnlichen Merkmals. Eine Mitunternehmerschaft weist ertragsteuerlich keine Steuersubjektfähigkeit[466] auf und ist damit nicht unbeschränkt steuerpflichtig. Eine Ansässigkeit ist damit lediglich in den Vertragsstaaten gegeben, in denen die Personengesellschaft in einer der unbeschränkten Steuerpflicht vergleichbaren Art und Weise zur Besteuerung heran gezogen wird.[467] Werden Personengesellschaften bei grenzüberschreitender Unternehmenstätigkeit in den betroffenen Vertragsstaaten unterschiedlich eingeordnet, stellt sich die Frage, wie der persönliche Geltungsbereich und die Abkommensanwendbarkeit zu beurteilen ist. Besteuert ein Staat Personengesellschaften nach dem Transparenzprinzip[468] bedeutet das, dass die Personengesellschaft als solche nicht Subjekt der Ertragsteuer ist, sondern die hinter der Gesellschaft stehenden Gesellschafter.[469] Besteuert ein Staat hingegen nach dem Trennungsprinzip,[470] wird die Personengesellschaft als eigenständiges Steuersubjekt anerkannt und gleich einer Kapitalgesellschaft besteuert. Divergiert das Zurechnungssubjekt der Einkünfte in den Vertragsstaaten, liegt ein *subjektiver Qualifikationskonflikt* vor.[471]

1. Übereinstimmendes Transparenzprinzip

Wird die Mitunternehmerschaft in beiden Vertragsstaaten als transparentes Rechtsgebilde besteuert, scheidet eine Abkommensberechtigung mangels Ansässigkeit in einem der beiden Vertragsstaaten aus[472]. *Frotscher* weist für die deutsche Besteuerung der Mitunternehmerschaft auf die Gewerbesteuerpflicht der Personengesellschaft hin, der die Personengesellschaft als selbständiges Steuersubjekt unterfällt und die als Steuer vom Einkommen nach Art. 2 Abs. 1 OECD MA die Voraussetzungen der

466 S.Seite 5 ff.

467 *Frotscher*, Internationales Steuerrecht, Rn. 568; *Piltz*, Personengesellschaft, S. 130 f.

468 Staaten die eine transparente Besteuerung von Personengesellschaften vorsehen: Dänemark, Finnland, Frankreich, Großbritannien, Irland, Italien, Lettland, Luxemburg, Malta, den Niederlanden, Österreich, Polen, Schweden, Tschechische Republik, die USA und Zypern. Dabei besteht in den USA, Frankreich sowie der Slowakischen und der Tschechischen Republik ein Wahlrecht der transparenten oder intransparenten Besteuerung. *Jacobs*, Internationale Unternehmensbesteuerung, S. 123, Vgl. Abbildung 2: Besteuerung von Personengesellschaften in den EU-Mitgliedstaaten.

469 *Schaumburg*, Internationales Steuerrecht, Rn. 18.66.

470 Staaten, die eine Besteuerung von Personengesellschaften nach dem Trennungsprinzip vorsehen: Belgien, Bulgarien, Estland, Griechenland, Kroatien, Litauen, Portugal, Rumänien, Slowenien, Spanien. *Jacobs*, Internationale Unternehmensbesteuerung, S. 123, Vgl. Abbildung 2: Besteuerung von Personengesellschaften in den EU-Mitgliedstaaten.

471 Dremel in: *Schönfeld/Ditz*, DBA-Komm., Art. 1, Rn. 78.

472 Greif in: Steuergestaltung bei einer international tätigen Personengesellschaft *Fischer/Borstell*, Steuerplanung, S. 97; Prokisch in: *Vogel/Lehner*, DBA-Komm., Art. 1, Rn. 28.

sachlichen Abkommensberechtigung erfüllen würde.[473] Allerdings nimmt er die Abkommensberechtigung der Mitunternehmerschaft zu Recht insoweit zurück, dass die Gewerbesteuer nach § 2 Abs. 1 Satz 1 GewStG nur den inländischen Gewerbebetrieb erfasst und keine Steuerpflicht in Anknüpfung an den Sitz oder die Geschäftsleitung nach Art 4 Abs. 1 Satz 2 OECD MA begründet.[474] Abkommensberechtigt sind damit im Fall der übereinstimmenden intransparenten Besteuerung einer Mitunternehmerschaft lediglich die beteiligten Gesellschafter.[475] Ein subjektiver Qualifikationskonflikt liegt in dieser Konstellation nicht vor.

2. *Übereinstimmendes Trennungsprinzip*

Wird die Mitunternehmerschaft hingegen in beiden Vertragsstaaten als eigenständiges Steuersubjekt anerkannt, ist die Personengesellschaft aufgrund der Anerkennung einer Ansässigkeit in dem Staat, indem sie zu einer der unbeschränkten Steuerpflicht vergleichbaren Besteuerung herangezogen wird, persönlich abkommensberechtigt.[476] Ist die Mitunternehmerschaft doppelt ansässig mit ihrem Sitz in dem einen Vertragsstaat und der Geschäftsleitung im anderen, gilt sie nach Art. 4 Abs. 3 OECD MA in dem Vertragsstaat als ansässig, in dem sich der Ort ihrer tatsächlichen Geschäftsleitung befindet. Das wirtschaftliche Ergebnis der Personengesellschaft ist bei ihr selbst zu versteuern und die Weiterleitung an ihre Gesellschafter ist als Dividende zu qualifizieren, so dass Art. 10 OECD MA Anwendung findet.[477] In dieser Konstellation liegen die Voraussetzungen eines Qualifikationskonflikts ebenfalls nicht vor.

3. *Einordnung in einem Staat als transparentes Gebilde, in einem anderen Staat als intransparentes Gebilde*

Wird die Personengesellschaft hingegen nur im Ausland als intransparentes Rechtsgebilde behandelt, in Deutschland jedoch als transparentes, ist sie nur aus Sicht des ersten Staates abkommensberechtigt. Die Gewinnanteile der beteiligten Gesellschafter werden aus Sicht des ausländischen Staates als Dividenden qualifiziert. Es liegt ein *subjektiver Qualifikationskonflikt* vor. Wird diese Personengesellschaft in Deutschland transparent behandelt und damit nicht als Steuersubjekt eingeordnet, ist die Personengesellschaft aus der Sicht Deutschlands weder abkommensberechtigt, noch stellen die Einkünfte der Gesellschafter Dividenden dar, sondern

473 *Frotscher*, Internationales Steuerrecht, Rn. 570.
474 *Frotscher*, Internationales Steuerrecht, Rn. 570.
475 *Schaumburg*, Internationales Steuerrecht, Rn. 16.178; Commentaries on the articles of the Model Tax Convention, Art. 1, Rn. 5, Art. 4, Rn. 8.4.
476 Prokisch in: *Vogel/Lehner*, DBA-Komm., Art. 1, Rn. 26; *Schaumburg*, Internationales Steuerrecht, Rn. 16.178; Commentaries on the articles of the Model Tax Convention, Art. 1, Rn. 5.
477 Mössner in: *Mössner*, Steuerrecht, Rn. 1.180; Wassermeyer in: *Schnittker/Wassermeyer/Richter*, Personengesellschaften, Rn. 2.13; Wassermeyer in: *Wassermeyer*, DBA-Komm., Art. 7 MA, Rn. 67, 124. Lfg., Stand: Okt. 2013.

die Einkünfte werden unmittelbar den Gesellschaftern als Unternehmensgewinne zugerechnet.[478] Die Anrechnung der im Ausland gezahlten Steuer erscheint mangels übereinstimmender Subjektqualifikation jedoch problematisch. Es liegt ein aus dem *subjektiven Qualifikationskonflikt* resultierender *objektiver Qualifikationskonflikt* vor.

Um einen solchen Konflikt zu vermeiden, könnte generell die steuerliche Wertung des Ansässigkeitsstaates der Mitunternehmerschaft gefolgt werden (*uneingeschränkte lex-fori-Qualifikation*).[479] Ordnet ein Vertragsstaat die Personengesellschaft seiner steuerlichen Behandlung nach *wie eine juristische Person* ein, verlangt *Debatin* eine Bindungswirkung für beide Vertragsstaaten an diese Auslegung.[480] Es würde dem Quellenstaat weitestgehend auferlegt, der Beurteilung im Sitzstaat zu folgen und die Abkommensberechtigung der Personengesellschaft in eigener Person anzuerkennen. U.a. *Frotscher*, *Lang* und *Riemenschneider* schränken die weite Auslegung *Debatins* mit Verweis auf die Musterkommentierung des Art. 3 Abs. 1 lit b) OECD MA ein.[481] Im MK werde ausdrücklich auf die steuerliche Behandlung der Personengesellschaft in ihrem Errichtungsstaat abstellt.[482] Nur diese Auslegung sei für beide Vertragsstaaten bindend.[483] Eine Bindungswirkung der Vertragsstaaten an eine Auslegung eines Vertragsstaates für Fragen der Ansässigkeit ist nur in den Fällen anzunehmen, in denen eine ausdrückliche Normierung im MA oder dessen Kommentierung zu finden ist. Verlangt der Wortlaut der Ansässigkeit in Art. 4 Abs. 1 OECD MA, eine unbeschränkte Steuerpflicht der Personengesellschaft nach dem Recht des Ansässigkeitsstaates, gilt diese Beurteilung auch für die Bestimmung der Person nach Art. 3 Abs. 1 lit a) bzw. b) OECD MA.[484] Für eine solche Einordnung ist insbesondere auf das DBA als völkerrechtlicher Vertrag abzustellen, der beide Mitgliedstaaten bindet und derjenigen Auslegung den Vorzug zu gewähren verlangt, die dem Ziel der Abkommen, der Vermeidung einer Doppelbesteuerung, am ehesten gerecht wird.[485] Ohne Annahme einer Bindungswirkung würde die

---

478 Vgl. zur unterschiedlichen Einordnung einer spanischen Personengesellschaft nach deutschem und spanischen Recht: BFH, Urteil vom 21.01.2016 – I R 49/14.

479 *Frotscher*, Internationales Steuerrecht, Rn. 345; *Riemenschneider*, Abkommensberechtigung von Personengesellschaften, S. 74 ff.; *Schaumburg*, Internationales Steuerrecht, Rn. 16.179.

480 Debatin in: *Debatin/Endres/Maas*, DBA USA-Deutschland, Art. 3, Rn. 6.

481 *Frotscher*, Internationales Steuerrecht, Rn. 572; *Lang*, Hybride Finanzierungen im internationalen Steuerrecht, S. 122 ff.; *Riemenschneider*, Abkommensberechtigung von Personengesellschaften, S. 82 f.

482 Commentaries on the articles of the Model Tax Convention, Art. 3, Tz. 3.

483 *Riemenschneider*, Abkommensberechtigung von Personengesellschaften, S. 82 f.

484 *Liebchen*, Personengesellschaften, S. 157 f.

485 *Frotscher*, Internationales Steuerrecht, Rn. 575; *Riemenschneider*, Abkommensberechtigung von Personengesellschaften, S. 83 f.; *Schaumburg*, Internationales Steuerrecht, Rn. 16.179.

Abkommensberechtigung der Personengesellschaft ins Leere laufen, so dass die Gesellschaft insgesamt als abkommensberechtigt angesehen werden solle.[486]

Wassermeyer kommt zu einem vermittelnden Ergebnis, wenn ihm zufolge ein DBA dahingehend auszulegen sei, dass der Quellenstaat sich nicht auf eine fehlende Subjektidentität berufen könne.[487] S.E. sei auf die jeweilige Auslegung durch den Anwenderstaat abzustellen,[488] so dass entweder die Abkommensberechtigung des Gesellschafters auf die Gesellschaft oder die der Gesellschaft auf den Gesellschafter durchschlage.[489] Auch wenn danach die Abkommensberechtigung der Personengesellschaft im anderen Vertragsstaat in dem Fall ins Leere liefe, wenn aus Sicht des Anwenderstaates die Personengesellschaft keine ansässige Person sei, führe dies nach Ansicht *Wassermeyers* zu einer vergleichsweise einfachen Abwicklung in der Steuerpraxis.[490] Die Annahme einer Bindungswirkung der Ansässigkeit eines Vertragsstaates, würde der Personengesellschaft zwar eine Abkommensberechtigung zu gesprochen, die Abkommensvorteile müssten jedoch ihrerseits wiederum durch die Gesellschafter geltend gemacht werden.[491] Der BFH folgt im Grundsatz der Ansicht *Wassermeyers* mit *Urteil vom 21.01.2016*[492] und stellt für die Beurteilung der Anforderungen an eine abkommensrechtlich ansässige Person auf die Sicht des Anwenderstaates ab. Der BFH lässt eine Abkommensberechtigung der spanischen Personengesellschaft, die nach spanischem Recht gleich einer Kapitalgesellschaft besteuert wird und damit einer persönlichen Abkommensberechtigung zugänglich wäre, außer Acht und stellt auf die hinter der Gesellschaft stehenden Gesellschafter ab, die die entsprechenden Abkommensvorteile in Anspruch nehmen.[493]

Ein wesentlicher praktischer Unterschied der Auffassungen besteht in der umfassenden Abkommensschutzwirkung für die Fälle in denen ein Gesellschafter in einem Drittstaat ansässig ist.[494] Dieser wäre in den Schutzbereich nicht mit einbezogen, wenn lediglich die hinter der Gesellschaft stehenden Gesellschafter abkommensberechtigt wären, weil es ihm an einer unbeschränkten Steuerpflicht und damit an einer Ansässigkeit im Sinne des Abkommens fehlen würde. *Liebchen* zufolge solle die Schutzberechtigung der Personengesellschaft demjenigen vermittelt werden, der

486 *Frotscher*, Internationales Steuerrecht, Rn. 345; Prokisch in: *Vogel/Lehner*, DBA-Komm., Grundlagen des Abkommensrechts, Rn. 27, Art. 1, Rn. 33a.

487 Wassermeyer in: *Schnittker/Wassermeyer/Richter*, Personengesellschaften, Rn. 2.25.

488 Ihm folgend: *Kluge*, Internationales Steuerrecht, Kapitel S, Rn. 83.

489 Wassermeyer in: *Wassermeyer*, DBA-Komm., Art. 3 MA, Rn. 18, 109. Lfg., Stand: Okt. 2009; Wassermeyer in: *Schnittker/Wassermeyer/Richter*, Personengesellschaften, Rn. 2.25. Eine derartige Zuordnung ist im Rahmen der Frage des Anspruchsberechtigten von Quellenermäßigung relevant.

490 Vgl. Wassermeyer in: *Schnittker/Wassermeyer/Richter*, Personengesellschaften, Rn. 2.29.

491 *Wassermeyer*, IStR 2011, 85 (87).

492 BFH, Urteil vom 21.01.2016 – I R 49/14.

493 BFH, Urteil vom 21.01.2016 – I R 49/14.

494 *Riemenschneider*, Abkommensberechtigung von Personengesellschaften, S. 84.

in dem durch die Personengesellschaft gebildeten Erfassungskreis materiell steuerpflichtig ist.[495] Ein DBA ist jedoch ein bilateraler völkerrechtlicher Vertrag, der nur zwischen zwei Staaten Geltung entfaltet. Ist ein Gesellschafter im Hinblick auf das DBA in einem Drittstaat ansässig, kann sein Erfassen in den Abkommensschutz kein ausschlaggebendes Kriterium der persönlichen Abkommensberechtigung einer Personengesellschaft sein. Zwar könnte der subjektive Qualifikationskonflikt insoweit gelöst werden, wenn der persönliche Geltungsbereich eröffnet wird. Auch würde aus der Annahme weder folgen, dass der Quellenstaat die Personengesellschaft als Steuersubjekt anerkennen muss, noch, dass der Personengesellschaft in diesem Staat die Einkünfte zuzurechnen wären,[496] allerdings richtet sich die Abkommensauslegung und Anwendung, wenn keine Qualifikationsverkettung ausdrücklich normiert ist, nach dem Recht des Staates, der das Abkommen anwendet. Ist Deutschland der Anwenderstaat, wie im *Urteil vom 21.01.2016,* werden die von einer Mitunternehmerschaft im anderen Staat als intransparentes Rechtssubjekt erzielten Einkünfte im Rahmen der deutschen Besteuerung bei den einzelnen Gesellschaftern als Mitunternehmerschaftsgewinne berücksichtigt.[497]

II. Abkommensrechtliche Behandlung sonstiger Sonderbetriebseinnahmen

Ist die Komplementär-GmbH-Beteiligung dem Sonderbetriebsvermögen des Gesellschafters zugeordnet, stellt sich abkommensrechtlich die Frage der Qualifikation der Beteiligungserträge im Sinne der abkommensrechtlichen Verteilungsnormen.[498] Eine Gewinnausschüttung auf Grund eines ordnungsgemäßen Gewinnverteilungsbeschlusses könnten Unternehmensgewinne nach Art. 7 OECD MA darstellen oder als Dividende im Sinne des Art. 10 OECD MA zu qualifizieren sein. Eine Einordnung der Einkünfte hängt von der Tatbestandsmäßigkeit der jeweiligen Verteilungsnormen

495 *Liebchen,* Personengesellschaften, S. 162 f.

496 Es würde ansonsten die Gefahr systemwidriger Besteuerungslücken entstehen, zumal das Abkommen bspw. Entnahmen als Gewinnausschüttungen qualifizieren würde, wohingegen dies der nationalen Definition der Kapitaleinkünfte nach § 20 EStG widersprechen würde. Für mögliche objektive Qualifikationskonflikte, die aus der unterschiedlichen Einordnung der Personengesellschaft als transparentes bzw. intransparentes Rechtsgebilde entstehen ist für die Besteuerung danach zu unterscheiden, ob eine Quellenbesteuerung mit Anrechnung der im anderen Staat zu zahlenden Steuer in Frage steht oder eine Freistellung der Einkünfte. *Frotscher,* Internationales Steuerrecht, Rn. 573 f., 579.

497 BFH, Urteil vom 21.01.2016 – I R 49/14; BMF vom 26.09.2014 IV B 5 – S 1300/09/10003, Tz. 2.1.2.; *Jacobs,* Internationale Unternehmensbesteuerung, S. 494.

498 Der reguläre, unmittelbar zugerechnete Gewinnanteil eines Mitunternehmers ist als Unternehmensgewinn nach Art. 7 OECD MA zu qualifizieren. Lieber in: *Kroppen/Rasch/Rehfeld,* Unternehmerische Tätigkeit, Art. 7, Rn. 318; Wassermeyer in: *Wassermeyer,* DBA-Komm., Art. 7 MA, Rn. 63, 124. Lfg., Stand: Okt. 2013; Weggenmann in: *Schnittker/Wassermeyer/Richter,* Personengesellschaften, Rn. 6.10.

ab. Die abkommensrechtliche Qualifikation sonstiger Sonderbetriebseinnahmen als Unternehmensgewinne oder als Dividende richtet sich danach, ob ein national ertragsteuerlich einheitlicher Gewinnbegriff abkommensrechtlich entsprechende Beachtung findet oder sich eine Qualifikation abkommensautonom anhand des objektiven Charakters der Einkünfte bestimmt. Würde der national ertragsteuerliche, einheitliche Gewinnbegriff, der als gewerbliche Einkünfte sämtliche der sonderbetrieblichen Sphäre zuzuordnenden Einkünfte als Einkünfte aus Gewerbebetrieb erfasst, abkommensrechtlich Berücksichtigung finden, wären die sonstigen Sonderbetriebseinnahmen als Unternehmensgewinne zu qualifizieren. Ist eine Einkünftequalifikation im Abkommensrecht hingegen losgelöst von der ertragsteuerlichen Sicht zu beurteilen, könnten die sonstigen Sonderbetriebseinnahmen abkommensrechtlich als Dividende zu qualifizieren sein. Qualifiziert ein Staat die sonstigen Sonderbetriebseinnahmen als Unternehmensgewinne nach Art. 7 OECD MA, wird er, vorbehaltlich der Grundsätze des Betriebsstättenvorbehalts, von einem unbeschränkten Besteuerungsrecht des Ansässigkeitsstaats des Unternehmens ausgehen und erwarten, dass der andere Staat die Einkünfte freistellt. Qualifiziert hingegen ein Vertragsstaat die Einkünfte als Einkünfte aus Dividenden nach Art. 10 OECD MA, geht er, vorbehaltlich der Grundsätze des Betriebsstättenvorbehalts, von einem reduzierten Quellenbesteuerungsrecht des Quellenstaates aus und der Erwartung, dass der Ansässigkeitsstaat die reduzierte Quellensteuer anrechnet, Art. 23A Abs. 2 OECD MA. Überschneiden sich die Qualifikationsannahmen, kommt es zu einer doppelten bzw. einer Minderbesteuerung der Einkünfte. Bisher verblieb zur Vermeidung einer Doppel- oder Minderbesteuerung[499] lediglich die Möglichkeit eines Verständigungsverfahrens. Mittlerweile wird die Aufrechterhaltung einer Minderbesteuerung[500] durch Anwendung der Freistellungsmethode nach deutschem Ertragsteuerrecht, davon abhängig macht, dass der andere Vertragsstaat sein Besteuerungsrecht tatsächlich ausübt, § 50d Abs. 9 Satz 1 Nr. 2 EStG.[501] Das durch eine Zuweisung des Besteuerungsrechts resultierende Ergebnis wird somit national und auf Rechtsfolgenseite korrigiert.

1. *Sonstige Sonderbetriebseinnahmen als Unternehmensgewinne, Art. 7 OECD MA*

Ob Sonderbetriebseinnahmen von den Unternehmensgewinnen erfasst werden, hängt von der konkreten Auslegung des Begriffs der *Unternehmensgewinne* ab. Mangels abkommensrechtlich hinreichender Begriffsbestimmung ist insbesondere in den Randbereichen der Umfang der Unternehmensgewinne umstritten. Gerade

499 Anders jedoch seit Einführung des Art. 23 Abs. 4 OECD MA bzw. für all jene DBA, in die eine entsprechende Norm Eingang gefunden hat. *Jankowiak*, Doppelte Nichtbesteuerung, S. 150.

500 Der Anwendungsbereich erfasst gleichfalls eine doppelte Nichtbesteuerung.

501 BMF vom 26.09.2014 IV B 5 – S 1300/09/10003, Tz. 4.1.1.2.4.; Gosch in: *Kirchhof*, EStG-Komm., § 50d, Rn. 40 f.; Loschelder in: *Schmidt*, EStG-Komm., § 50d, Rn. 55.

diese Randbereiche sind jedoch relevant für die abkommensrechtliche Einordnung der Sonderbetriebseinnahmen.

Die in den speziellen Verteilungsnormen vorgesehenen Begriffsbestimmungen sind grundsätzlich vorrangig vor den allgemeinen in Art. 3 Abs. 1 OECD MA niedergelegten Begriffsbestimmungen.[502] Ist keine Begriffsdefinition im Abkommen vorgesehen, ist gemäß Art. 3 Abs. 2 OECD MA vorrangig vor einem Rückgriff auf nationale Auslegungen von Begriffen, eine Auslegung aus dem Abkommen heraus vorzunehmen.[503] Art. 3 Abs. 1 lit. c) OECD MA normiert, wann ein Unternehmen aus abkommensrechtlicher Sicht vorliegt. Abgestellt wird auf das Nachgehen einer *Geschäftstätigkeit.*[504] Unstreitig und regelmäßig nicht zu Auslegungsschwierigkeiten zwischen den Vertragsstaaten führen Kernbereiche typischer Geschäftstätigkeiten wie Handel, Produktion und bestimmte Dienstleistungen.[505] Im Kern der Unternehmensgewinne kann auf ein grundlegendes, gemeinsames Verständnis der OECD Mitgliedstaaten abgestellt werden.[506] Eine inhaltliche Konkretisierung hat das Merkmal der Geschäftstätigkeit im Abkommen seinerseits nicht erfahren, so dass es zur Begriffsbestimmung einer Abkommensauslegung bedarf. Eine Abkommensauslegung erfolgt nach den Grundsätzen der Wiener Vertragsrechtskonvention (WÜRV).[507] Die Auslegungsgrundsätze sollen dem Umstand Rechnung tragen, dass die Abkommen ihre Zielsetzung der

---

502 Borstell in: *Grotherr/Herfort/Strunk*, Internationales Steuerrecht, S. 537, allerdings handelt es sich meist lediglich um beispielhafte Aufzählungen.

503 Können sich die beiden Vertragsstaaten auf eine gemeinsame Begriffsbestimmung nicht einigen, kann im Rahmen eines gemeinsamen Konsultationsverfahrens die Bedeutung eines nicht im Abkommen definierten Begriffs festgelegt werden. Die gemeinsame Auslegung gilt dann gemäß Art. 3 Abs. 2 als abkomemnsrechtlicher Inhalt des Begriffs. Wolff in: *Wassermeyer*, DBA-Komm., Art. 3 DBA-USA, Rn. 38, 107. Lfg., Stand: Mai 2009.

504 Wird Art. 3 OECD MA in einer Gesamtbetrachtung heran gezogen, wird in Art. 3 Abs. 1 lit. h) OECD MA seit der Novellierung in 2000, die u.a. eine Streichung des damaligen Art. 14 OECD MA vorsah, sogar von dem Ausdruck der Geschäftstätigkeit eine freiberufliche und eine sonstige selbstständige Tätigkeit erfasst. Hemmelrath in: *Vogel/Lehner*, DBA-Komm., Art. 7, Rn. 11 f.; Hansen schlussfolgert daher, dass Art. 3 Abs. 1 lit. c) OECD MA nicht als Beschreibung eines Abkommenssubjektes im Sinne eines Zurechnungssubjekts der Einkünfte verstanden werde, sondern vielmehr die Tätigkeit, die die abkommensberechtigte Person vornehme, beschreibe. S.E. sei deshalb der Begriff des Unternehmens verfehlt und hätte geschickterweise als „Unternehmung" normiert werden sollen. *Hansen*, Personengesellschaft im DBA, S. 88.

505 Hemmelrath in: *Vogel/Lehner*, DBA-Komm., Art. 7, Rn. 30; Wassermeyer in: *Wassermeyer*, DBA-Komm., Art. 7 (2000) MA, Rn. 17, 124. Lfg., Stand: Okt. 2013; *Wassermeyer*, IStR 2010, 37 (38).

506 Hemmelrath in: *Vogel/Lehner*, DBA-Komm., Art. 7, Rn. 30.

507 BGBl. 1985 II, 927; Blumenwitz, Die Auslegung völkerrechtlicher Verträge in: *Blumenwitz/Mössner*, DBA, S. 8; Wassermeyer in: *Wassermeyer*, DBA-Komm., Vor Art. 1 MA, Rn. 37, 103. Lfg., Stand: Jan. 2008.

Doppelbesteuerungsvermeidung grundsätzlich nur unter der Voraussetzung erfüllen können, dass die von den Vertragsstaaten einvernehmlich formulierten Abkommensnormen von diesen auch übereinstimmend ausgelegt werden.[508] Auch wenn es sich bei dem OECD MA um eine Abkommens*schablone* handelt und es keinen völkerrechtlichen Vertrag darstellt, sind die Auslegungsgrundsätze vom Grundsatz ihres Aussagegehalts anzuwenden.[509] Abkommen sind nach dem Grundsatz von Treue und Glauben, in Übereinstimmung mit der gewöhnlichen, seinen Bestimmungen in ihrem Zusammenhang zukommenden Bedeutung und im Lichte seines Ziels und Zwecks, mithin in Hinblick auf die Vermeidung von Doppelbesteuerung[510] auszulegen, Art. 31 WÜRV.[511] Eine abkommensrechtliche Auslegung von verwendeten Begriffen erfolgt nach Wortlaut, Zusammenhang und Zweck.[512]

a) Konkretisierung des Unternehmensbegriffs durch eine anwenderstaatenorientierte Auslegung

Die *anwenderstaatsorientierte Auslegung* stellt auf eine fehlende abkommensrechtliche Definition der Unternehmensgewinne ab und zieht für eine Begriffsbestimmung nach Art. 3 Abs. 2 OECD MA national ertragsteuerliche Regelungen heran. Art. 3 Abs. 2 OECD MA begründet insofern ein *Einfallstor* für nationale Wertungen in das Abkommen.

Die Begriffsbestimmung der Unternehmensgewinne durch die Ausübung einer Geschäftstätigkeit nach Art. 3 Abs. 1 lit. c) i.V.m. lit. h) OECD MA ist *Wolff* zufolge keine

---

508 Lehner, Abkommensauslegung zwischen Autonomie und Bindung an das innerstaatliche Recht in: *Kaeser*, Festschrift Wassermeyer zum 75. Geburtstag, S. 16.

509 *Jankowiak*, Doppelte Nichtbesteuerung, S. 139; Mellinghoff, Heranziehung von OECD-Musterabkommen und -Musterkommentar in: *Kaeser*, Festschrift Wassermeyer zum 75. Geburtstag, S. 35 ff.; Wassermeyer in: *Wassermeyer*, DBA-Komm., Vor Art. 1 MA, Rn. 34, 129. Lfg., Stand: Jan. 2015.

510 *Debatin*, Beihefter zu DStR 23 1992, 1 (2); Im Vordringen befindliche Ansicht des Umfassens des Ziels der Vermeidung doppelter Nichtbesteuerung: Lehner, Abkommensauslegung zwischen Autonomie und Bindung an das innerstaatliche Recht, in: *Kaeser*, Festschrift Wassermeyer zum 75. Geburtstag, S. 15; Allerdings lässt sich bisher aus den DBA kein spezielle Abwehrklausel erkennen, die der allgemein unterstellten Vermeidung der doppelten Nichtbesteuerung Rechnung tragen könnte. Vgl. Schönfeld, Abkommenszweck und Verhinderung einer Minder- und Nichtbesteuerung, in: *Kaeser*, Festschrift Wassermeyer zum 75. Geburtstag, S. 101; Konkret im Abkommen als Ziel normiert werden soll die Vermeidung der doppelten Nichtbesteuerung nach: BEPS ACTION 6: preventing the granting of the treaty benefits in inappropriate circumstances.

511 Blumenwitz, Die Auslegung völkerrechtlicher Verträge, in: *Blumenwitz/Mössner*, DBA, S. 12.

512 Wassermeyer in: *Wassermeyer*, DBA-Komm., Art. 3 MA, Rn. 78, 109 Lfg., Stand: Okt. 2009; Wassermeyer, Auslegung völkerrechtlicher Verträge – Haltung des BFH in: *Blumenwitz/Mössner*, DBA, S. 21.

hinreichende Begriffsdefinition im Abkommen, sondern lediglich eine teilweise vorhandene oder aus dem Wortgebrauch und der (vermeintlichen) Abkommenssystematik sich ergebende Definition.[513] Die anwenderstaatsorientierte Auslegung greift daher mangels konkreter abkommensrechtlicher Definition der Unternehmensgewinne über Art. 3 Abs. 2 OECD MA auf § 15 Abs. 2 EStG zurück und begründet Unternehmensgewinne, soweit eine selbständige, nachhaltige Tätigkeit mit Gewinnerzielungsabsicht am allgemein Markt vorliegt, die keine private Vermögensverwaltung oder Land- und Forstwirtschaft darstellt.[514] Ein Rückgriff auf nationale Bestimmungen zur Gewerblichkeit ist grundsätzlich naheliegend. Der englische Sprachgebrauch stellt auf *„trade and business"* ab, während im französischen Vertragstext *„activités industrielles ou commerciales"* verwendet wird, was dem deutschen „Gewerbe" gleichzusetzen ist.[515] *Piltz* zieht aus tatsächlich abgeschlossenen deutschen DBA den Rückschluss des Erfassens gewerblicher Einkünfte, wenn dort Art. 7 nicht mit Unternehmensgewinnen tituliert wird, sondern mit *„gewerblichen Gewinn"* oder der Unternehmensgewinn eindeutig mit gewerblichen Einkünften in den Begriffsbestimmungen definiert wird.[516] S.E. kann daraus auch der allgemeingültige Schluss gezogen werden, dass Art. 7 Abs. 1 OECD pauschal gewerbliche Unternehmen erfasse.[517] *Wolff* hingegen schlussfolgert aus der konkreten Normierung eine unmittelbare Anwendbarkeit des Rechts des Anwenderstaates, so dass es s.E. noch nicht einmal eines Rückgriffs über Art. 3 Abs. 2 OECD MA bedürfe.[518] Die Begründung hinkt insoweit, als das versucht wird, eine Schlussfolgerung vom Speziellen zum Allgemeinen, von tatsächlich abgeschlossenen DBA auf das OECD MA zu erreichen. Ein solcher Schluss widerspricht jedoch der juristischen Gesetzessystematik. Ein Herauslesen einer Qualifikationsverkettung[519] wie *Wolff* dies aus der Titulierung der Artikel mit dem Begriff der Gewerblichkeit vornehmen möchte, entbehrt jeglicher Grundlage und kann lediglich aus der Überschrift nicht entnommen werden. Selbst die Nennung der Gewerblichkeit in Unternehmensgewinnartikeln einzelner tatsächlich abgeschlossenen DBA begründet für

513 Wolff in: *Wassermeyer*, DBA-Komm., Art. 3 DBA-USA, Rn. 34, 107. Lfg., Stand: Mai 2009.

514 BMF vom 26.09.2014 IV B 5 – S 1300/09/10003, Tz. 2.2.1.; Rosenberg/Farle in: *Schnitker/Wassermeyer/Richter*, Personengesellschaften, Rn. 13.35; *Wassermeyer*, IStR 2007, 413 (415); Wolff, Auslegungsfragen zu DBA-Regelungen über Unternehmensgewinne, in: *Gocke*, Festschrift Wassermeyer zum 65. Geburtstag, S. 647 f.

515 Hemmelrath in: *Vogel/Lehner*, DBA-Komm., Art. 7, Rn. 30.

516 So zum Beispiel: Art. 3 Abs. 1 lit. f) DBA-Australien, Art. 4 Abs. 6 DBA-Frankreich, Art. II lit. e), f), III DBA-Irland, Art. 2 Abs. 6 DBA-Israel. *Piltz*, Personengesellschaft, S. 150.

517 *Piltz*, Personengesellschaft, S. 150.

518 Wolff, Auslegungsfragen zu DBA-Regelungen über Unternehmensgewinne, in: *Gocke*, Festschrift Wassermeyer zum 65. Geburtstag, S. 648.

519 Allgemein wird unter Qualifikationsverkettung die Bindung des Ansässigkeitsstaates an die Wertungen des Quellenstaates verstanden. *Jankowiak*, Doppelte Nichtbesteuerung, S. 204.

diese DBA mangels ausdrücklicher Normierung keine Qualifikationsverkettung mit Bindungswirkung für beide Vertragsstaaten.

Auch ein gemeinsames Begriffsverständnis der europäischen Staaten über den Unternehmensbegriff als Typusbegriff, wie *Knobbe-Keuk*[520] es vorschlägt, führt zu keiner weiteren Konkretisierung, außer dass ein übereinstimmender Kern des Unternehmensbegriffs allen Staatsordnungen immanent ist. Ein gemeineuropäischer Begriff, der eine selbständige, auf Erwerb gerichtete Tätigkeit erfasst, die sich gegen die landwirtschaftliche Urproduktion und gegen die „freien" Berufe abgrenzt[521] trägt für eine hinreichenden Bestimmung insbesondere streitiger Randbereiche,[522] wie der abkommensrechtlichen Qualifikation der sonstigen Sonderbetriebseinnahmen nicht bei.

Die Verfechter der anwenderstaatenorientierten Auffassung, einschließlich der Rechtsprechung[523] bis zum *Urteil vom 27.02.1991*, schlossen jedoch aus dem Rückgriff auf § 15 EStG in seiner Gesamtheit zur Konkretisierung der Unternehmensgewinne auf ein Einbeziehen auch von Sonderbetriebseinahmen. Dies sei unvermeidbare Folge, so *Wolff*, um einen einheitlichen Gewinn nicht künstlich wieder aufzuspalten.[524] Die Einheit des Personengesellschaftsgewinns aus § 15 Abs. 1 Satz 1 Nr. 2 EStG bestehend aus dem jeweiligen Gewinnanteil des Gesellschafters und den Sonderbetriebseinnahmen, findet im Abkommensrecht jedoch keinen Anklang. Der Annahme eines einheitlichen Gewinnbegriffs im Ertragsteuerrecht liegt die Unterwerfung von Einkünften des sonderbetrieblichen Bereichs unter die Gewerbesteuer und die Gleichstellung der Besteuerung des Einzel- mit dem Mitunternehmer zugrunde. *Debatin* verweist auf eine abkommensrechtlich Aberkennung von Schuldverhältnissen zwischen Personengesellschaft und Gesellschafter, womit bereits die tatbestandlichen Voraussetzungen einer Verteilungsnorm verneint würden.[525] Die Nichtanerkennung tatsächlich durchgeführter Beziehungen zwischen Personengesellschaft und Gesellschafter erscheint jedoch unschlüssig. *Lüdicke* und *Wassermeyer* weist zu Recht darauf hin, dass mit Überwindung der Bilanzbündeltheorie eine Verbindlichkeit in der Gesellschaftsbilanz zu passivieren sei, während der Gesellschafter in seiner Sonderbilanz eine Forderung aktiviere.[526] Werden Verträge auf nationaler Ebene, wie § 15 Abs. 1 Satz 1 Nr. 2 EStG normiert, ausdrücklich anerkannt, knüpfen abkommensrechtliche Regelungen lediglich an diese an.[527] Insofern unterscheidet

---

520 *Knobbe-Keuk*, Bilanz- und Unternehmenssteuerrecht, S. 545.

521 *Knobbe-Keuk*, Bilanz- und Unternehmenssteuerrecht, S. 545.

522 Vgl. *Gschwandtner*, Unternehmensgewinne, S. 153 f.

523 Vg. bspw. BFH, Urteil vom 10.11.1983 – IV R 62/82 m.w.N.

524 Wolff, Auslegung von DBA-Regelungen über Unternehmensgewinne, in: *Gocke*, Festschrift Wassermeyer zum 65. Geburtstag, S. 659 f.

525 *Debatin*, BB 1992, 1181 (1184).

526 Lüdicke, Personengesellschaften im Internationalen Steuerrecht, in: *Schön*, Gedächnissymposium Knobbe-Keuk, S. 104; Wassermeyer in: *Wassermeyer*, DBA-Komm., Art. 7 MA, Rn. 102, 124. Lfg., Stand: Okt. 2013.

527 Wassermeyer in: *Wassermeyer*, DBA-Komm., Art. 7 MA, Rn. 102, 124. Lfg., Stand: Okt. 2013.

sich der Einzelunternehmer von einer mitunternehmerschaftlichen Verflechtung. Seine Einkünfte werden keiner speziellen Einkunftsart oder Zuweisungsregelung unterworfen.[528] Spätestens mit der Einführung des Authorized OECD Approach (AOA) in Art. 7 Abs. 2 OECD MA 2010 und der Annahme einer rechtlichen Selbstständigkeit der Betriebsstätte gegenüber dem Stammhaus, liegt eine abkommensrechtliche Verankerung der Anerkennung von reinen Innentransaktionen zwischen Gesellschafter und Mitunternehmerschaftsbetriebsstätte vor.[529]

Der BFH hat sich bereits mit *Urteil vom 27.02.1991*[530] gegen die Übernahme des einheitlichen gewerblichen Gewinnbegriffs eines Mitunternehmers und damit gegen eine rein rechtlichen Betrachtungsweise des Abkommensrecht ausgesprochen und seitdem an dieser Auslegung festgehalten. In dem *Urteil vom 27.02.1991*[531] ging es um eine Darlehensforderung eines im Inland ansässigen Gesellschafters, die dieser gegen eine US-amerikanische Limited Partnership (LP) hatte, mithin um eine Sonderbetriebsvergütung.[532] Der BFH entschied, dass den Sonderbetriebsvergütungen abkommensrechtlich *„eine andere Schuldverpflichtung"* mithin Zinsen im Sinne des Art. VII Abs. 1 DBA-USA[533] darstellten. Dass es sich national ertragsteuerlich um einen Teil des Gewerbesteuergewinns handele, sei unbeachtlich, weil nach Art. II Abs. 2 DBA-USA abkommensrechtlich unbestimmte Begriffe nur dann nach nationalem Recht auszulegen seien, wenn sich aus dem Abkommenszusammenhang nichts anderes ergäbe. Der abkommensrechtliche Begriff des gewerblichen Gewinns erfasse aufgrund der ausdrücklichen Begriffsbeschränkung in Art. III Abs. 5 DBA-USA keine Zinseinkünfte des Art. VII DBA-USA, so dass die im Abkommen enthaltene Begriffsabgrenzung Zinsen aus den gewerblichen Gewinnen herauslöse.[534] Die Entscheidung entfaltet nach Ansicht des Redaktionsvermerks der DStR[535] seitdem Bedeutung für alle DBA, die entsprechend dem OECD MA von 1963 konzipiert wurden und eine dem Spezialitätsgrundsatz des Art. 7 Abs. 7 OECD MA 1963 entsprechende Regelung aufweisen.[536]

528 BFH, Beschluss vom 11.12.2013 – I R 4/13; Günkel/Lieber, Duplik zu H. Krabbe, Abkommensrechtliche Behandlung von Sondervergütungen in: *Krabbe*, FR 2001, 129 (132); Gosch in: *Kirchhof*, EStG-Komm., § 50d, Rn. 44b; a.A. BT-Drs. 16/11108, 23.

529 Vgl. zur Anerkennung von Innentransaktionen zwischen Stammhaus und Betriebsstätte: Kaeser, Verfassungs- und EU-rechtl. Probleme der Umsetzung des AOA ins dt. Recht, in: *Lüdicke/Schnitger/Spengel*, Festschrift Endres, S. 180.

530 BFH, Urteil vom 27.02.1991 – I R 15/89.

531 BFH, Urteil vom 27.02.1991 – I R 15/89.

532 Zur Begriffsbestimmung der Sonderbetriebsvergütung s. Seite 8.

533 Dem Urteil liegt das DBA-USA von 1954 zu Grunde: BGBl. II 1954, S. 1118. Abkommen zwischen der Bundesrepublik Deutschland und den Vereinigten Staaten von Amerika zur Vermeidung der Doppelbesteuerung auf dem Gebiete der Steuern vom Einkommen.

534 BFH, Urteil vom 27.02.1991 – I R 15/89.

535 DStR 1991, 706 (708).

536 BFH, Urteil vom 27.02.1991 – I R 15/89.

Interessanterweise wies das DBA-USA 1954[537] in seiner ursprünglichen Fassung keinen Spezialitätsgrundsatz, vergleichbar mit dem Art. 7 Abs. 7 OECD MA 1963 auf. Damit war im Zeitpunkt der Urteilsfindung zwar grundsätzlich die Systematik des Spezialitätsgrundsatzes, der erstmals 1963 in das OECD MA eingefügt wurde,[538] bekannt. Wirkung und Geltung dieser Neuerung im MA und der zugehörigen Kommentierung konnten für das vorher abgeschlossene DBA-USA jedoch nicht begründet werden. Allerdings wurde eine entsprechende Anpassung des DBA-USA 1954 mit dem *Revisionsprotokoll vom 17.09.1965*[539] an die grundsätzlichen Inhalte des OECD MA 1963 vorgenommen. Diese Anpassung sah u.a. eine Konkretisierung des Begriffs der gewerblichen Gewinne in Art. III Abs. 5 vor, der ausdrücklich solche Einkünfte aus den gewerblichen Gewinnen heraus nehmen sollte, die u.a. unter den Zins- bzw. Dividendenartikel in Art. VI Abs. 1 bis 6 gefasst wurden.[540] Damit wurde durch eine Konkretisierung des Unternehmensbegriffs das DBA-USA von 1954, das Abkommen an die damalige Rechtsauffassung der Spezialität der Verteilungsnormen angepasst. Die mit Art. 7 Abs. 7 OECD MA 1963 eingefügte Abkommenssystematik des Spezialitätsverhältnisses der Verteilungsnormen ist wesentlich für die Abkehr von einer Generalisierung der Unternehmensgewinne im Sinne des nationalen ertragsteuerlichen Gewerbebegriffs. Ein Erfassen von Sonderbetriebseinnahmen nach Art. 3 Abs. 2 OECD MA i.V.m. § 15 Abs. 1 Satz 1 Nr. 2 Hs. 2 EStG ist damit ausgeschlossen.

b) Konkretisierung des Unternehmensbegriffs durch § 50d Abs. 10 EStG

Nach heutiger Auffassung des Gesetzgebers und der Finanzverwaltung werden Sonderbetriebseinnahmen in den Anwendungsbereich der Unternehmensartikel über einen Rückgriff auf § 50d Abs. 10 Satz 2 EStG[541] einbezogen.[542] Erfasste Vergütungen

---

537 BGBl. II 1954, S. 1118.

538 Wassermeyer in: *Wassermeyer*, DBA-Komm., Art. 7 (2000) MA, Rn. 13, 124. Lfg., Stand: Okt. 2013.

539 BStBl. 1966 I, 219.

540 BStBl. 1966 I, 219, 222.

541 § 50d Abs. 10 EStG soll der Wahrung des Grundsatzes der steuerlichen Gleichbehandlung von Einzel- und Mitunternehmer dienen. Ausdruck dessen sei insbesondere die Umqualifizierung von Sonderbetriebsvergütungen in gewerbliche Einkünfte, so dass u.a. ein gewerbesteuerliches Erfassen der Einkünfte möglich sei. Um eine gleiche Behandlung von in- und ausländischen Gesellschaftern zu erreichen, sei es daher unumgänglich, eine DBA-Anwendungsregelung zu schaffen, die anordnet, dass die genannten Vergütungen für die DBA-Anwendung den Unternehmensgewinnen zuzuordnen sind. BT-Drs. 16/11108, 23.

542 BMF vom 26.09.2014 IV B 5 – S 1300/09/10003, T.z. 2.2.1; Ein Erfassen der Erträge aus dem Sonderbetriebsvermögen II ist zwar dem Wortlaut des BMF-Schreibens nicht ausdrücklich zu entnehmen, gleichwohl wird aus der Streichung des noch im Entwurf vorgesehenen Ausschlusses der Anwendbarkeit für das Sonderbetriebsvermögen II ein entsprechender Anwendungsbereich geschlussfolgert. Rosenberg in: *Schnittker/Wassermeyer/Richter*, Personengesellschaften, Rn. 11.47.

im Sinne des § 50d Abs. 10 EStG sind Vergütungen im Sinne des § 15 Abs. 1 Satz 1 Nr. 2 EStG. Ob mit der Schaffung von § 50d Abs. 10 EStG auch ein Anwendungsbereich für sonstige Sonderbetriebseinnahmen eröffnet wurde, ist bislang unklar. Einen Anwendungsbereich für sonstige Sonderbetriebseinnahmen könnte der Gesetzgeber mit der Novellierung in Satz 2[543] eingefügt haben. Der neue Satz 2 bezieht in den Anwendungsbereich der Norm *„Einkünfte und Aufwendungen ein, die für Wirtschaftsgüter im Sonderbetriebsvermögen gezahlt werden"*. Einnahmen aus Sonderbetriebsvermögen könnten sowohl Einnahmen aus Wirtschaftsgütern des Sonderbetriebsvermögen I als auch des Sonderbetriebsvermögen II sein. Es könnten daher sowohl Sonderbetriebsvergütungen als auch sonstige Sonderbetriebseinnahmen erfasst werden. Aufgrund des weit gefassten Wortlautes, bezugnehmend allgemein auf Erträge aus dem Sonderbetriebsvermögen, halten u.a. *Gosch* und *Schmidt* eine Anwendung für Einnahmen aus dem notwendigen Sonderbetriebsvermögen II, mithin für sonstige Sonderbetriebseinnahmen für möglich.[544] Auch *Salzmann* schließt sich der Annahme des Erfassens von sonstigen Sonderbetriebseinnahmen mit dem Verweis auf die in Bezugnahme der Beteiligungserträge aus dem Sonderbetriebsvermögen II von § 15 Abs. 1 Satz 1 Nr. 2 Halbsatz 2 EStG und damit § 50d Abs. 10 EStG an.[545] *Frotscher* stellt auf die Intention des Gesetzgebers ab, der mit der Neufassung des Gesetzes nicht nur die Unstimmigkeiten der Einkünftezuordnung für Sonderbetriebsvergütungen (vgl. n.F. Satz 3) bereinigen, sondern darüber hinaus einen ausländischen Gesellschafter insgesamt gleich einem inländischen Gesellschafter besteuern wollte.[546] Daher seien s.E. auch Gewinnausschüttungen erfasst, die aus Kapitalgesellschaftsbeteiligungen im Sonderbetriebsvermögen fließen.[547]

Als grundlegendes Argument gegen ein Erfassen sonstiger Sonderbetriebseinnahmen wird die konkrete in Bezugnahme der Sonderbetriebsvergütungen durch das Normgefüge angeführt.[548] Dies lasse sich aus dem Verweis auf § 15 Abs. 1 Satz 1 Nr. 2 Halbsatz 2 EStG in § 50d Abs. 10 Satz 1 EStG ebenso ziehen wie aus dem jeweils identisch

543 BGBl. I, 1819 Nr. 23 vom 29.06.2013.

544 Gosch in: *Kirchhof*, EStG-Komm., § 50d, Rn. 45a; *Schmidt*, DStR 2013, 1704 (1706); s.a. *Bron*, IStR 2016, 26 (29); undifferenziert an dieser Stelle: Boochs in: *Lademann*, EStG-Komm., § 50d, Rn. 434, Nachtrag 203, Stand: Mai 2014; ebenso: Klein/Hagena in: *Herrmann/Heuer/Raupach*, EStG/KStG-Komm., § 50d EStG, Rn. 133, 250. Lfg., Stand: Sep. 2013; Zuber/Ditsch, Gewinnabgrenzung bei Personengesellschaften im Inbound-Fall, in: *Lüdicke/Schnitger/Spengel*, Festschrift Endres, S. 447.

545 *Salzmann*, IWB 2010, 902 (905).

546 Frotscher in: *Frotscher/Geurts*, EStG-Komm., § 50d, Rn. 289, 180. Lfg., Stand: März 2014; auf die durch BR-Drs. 157/1/13 verwiesen wird: BR-Drs. 631/1/12.

547 Frotscher in: *Frotscher/Geurts*, EStG-Komm., § 50d, Rn. 290, 180. Lfg., Stand: März 2014; Hahn-Joecks in: *Kirchhof*, EStG-Komm., § 50d, Rn. L 13, 246. Lfg., Stand: März 2014.

548 *Rogall/Schwan*, DStR 2015, 2633 (2638); Schänzle/Engel in: *Mössner*, Steuerrecht, Rn. 5.202; Schönfeld in: *Schönfeld/Ditz*, DBA-Komm., Art. 10, Rn. 202; Zuber/Ditsch in: *Littmann/Bitz/Pust*, EStG-Komm., § 50d, Rn. 181, 106. Lfg., Stand: Aug. 2014.

auszulegenden Begriff des Sonderbetriebsvermögens in den Sätzen 1 und 2.[549] Ein Erfassen von sonstigen Sonderbetriebseinnahmen vom Anwendungsbereich des § 50d Abs. 10 EStG ist weder vom Wortlaut noch von der Systematik oder dem Hintergrund der Norm her ersichtlich.[550] Vom Wortlaut der Norm ausgehend muss grundsätzlich von einem weiten Anwendungsbereich ausgegangen werden, wenn lediglich Satz 2 betrachtet wird, der *auf durch das Sonderbetriebsvermögen veranlasste Erträge und Aufwendungen* abstellt. Im Gegensatz zu Satz 1 wird damit gerade nicht auf Vergütungen im Sinne des § 15 Abs. 1 Satz 1 Nr. 2 EStG abgestellt, sondern allgemein jegliche Bezüge aus dem Sonderbetriebsvermögen eingeschlossen. Obwohl damit sowohl Wirtschaftsgüter des Sonderbetriebsvermögens I als auch II eingeschlossen werden, führt eine Wortlautauslegung kein zwingendes Ergebnis herbei.[551] Wie *Frotscher* richtig feststellt, darf der Normzusammenhang nicht außer Acht gelassen werden. Das Sonderbetriebsvermögen im Sinne des Satz 2 ist in einer unmittelbaren Verknüpfung mit dem Sonderbetriebsvermögen in Satz 1 zu sehen. Satz 1 hat jedoch einen klar begrenzten Anwendungsbereich für Sonderbetriebsvergütungen, so dass lediglich ein Rückschluss auf ein Erfassen derjenigen Wirtschaftsgüter des Sonderbetriebsvermögens I gezogen werden kann, die einer Leistungsbeziehung im Rahmen der Sonderbetriebsvergütungen zu Grunde liegen.[552]

Kudert/Kahlenberg verweisen auf die nicht mit einbezogene rechtliche Grundlage des Sonderbetriebsvermögens II.[553] Ob sich die dogmatische Grundlage des Sonderbetriebsvermögens II in § 4 Abs. 1 EStG analog findet oder sie aus einem Analogieschluss zu § 15 Abs. 1 Satz 1 Nr. 2 EStG hergeleitet wird, ändert nichts an dem von *Kudert/Kahlenberg* gefundenen Ergebnis, dass eine Analogie nicht in eine Auslegung mit hinein gezogen werden darf, nur weil auf eine Norm verwiesen wird, aus der sich auch eine Analogie ergibt. Vielmehr ist selbst der Gesetzesbegründung zu entnehmen, dass der Passus: *„im Zusammenhang stehenden Einnahmen und Aufwendungen"* für ein Erfassen von im Zusammenhang mit dem Sonderbetriebsvermögen stehenden Aufwendungen – wie die Absetzung für Abnutzung (AfA) – eingefügt wurde.[554] Damit war eine Regelung zu sonstigen Sonderbetriebseinnahmen grundsätzlich nicht intendiert. Dafür spricht ferner der Wortlaut des § 50d Abs. 10 EStG, der auf *Vergütungen* abstellt. *Kudert und Kahlenberg* weisen darauf hin, dass der Satz 2 zwar auf Erträge und Aufwendungen aus dem Sonderbetriebsvermögen

549 im Ergebnis auch: *Dorn*, BB 2013, 3038 (3040); Frotscher in: *Frotscher/Geurts*, EStG-Komm., § 50d, Rn. 289, 180. Lfg., Stand: März 2014; *Hruschka*, IStR 2014, 785 (791).

550 *Rogall/Schwan*, DStR 2015, 2633 (2637 f.).

551 Vgl. *Rogall/Schwan*, DStR 2015, 2633 (2639).

552 im Ergebnis auch: *Dorn*, BB 2013, 3038 (3040); Frotscher in: *Frotscher/Geurts*, EStG-Komm., § 50d, Rn. 289, 180. Lfg., Stand: März 2014; *Rogall/Schwan*, DStR 2015, 2633 (2639).

553 Kudert und Kahlenberg, Sonderbetriebsvermögen II und Abkommensschutz bei Dreieckssachverhalten, in: *Lüdicke*, Festschrift Frotscher, S. 358.

554 Frotscher in: *Frotscher/Geurts*, EStG-Komm., § 50d, Rn. 290, 180. Lfg., Stand: März. 2014.

abstelle, es sich jedoch bei sonstigen Sonderbetriebseinnahmen gerade nicht um Vergütungen handele, auf die in Satz 1 und 3 abgestellt würde.[555] Vergütungen seien lediglich solche Zahlungen im Zusammenhang mit § 15 Abs. 1 Satz 1 Nr. 2 Halbsatz 2 EStG, mithin Sonderbetriebsvergütungen, die Leistungsbeziehungen zwischen Gesellschaft und Gesellschafter betreffen.[556] Für einen Einbezug der sonstigen Sonderbetriebseinnahmen in den Anwendungsbereich der Norm sei damit kein Raum.[557] Gegen ein Erfassen sonstiger Sonderbetriebseinnahmen von § 50d Abs. 10 EStG ließe sich gleichfalls die bisherige mangelnde Notwendigkeit einer Rechtsfolgenmodifizierung vorbringen, zumal bisher ein einheitliches Ergebnis erfolgreich umgesetzt wurde. Unabhängig davon, dass ein entsprechend einheitliches Ergebnis über zwei unterschiedliche Wege erreicht wurde, nämlich einmal mittels der unmittelbaren Zurechnung der Einkünfte zu den Unternehmensgewinnen durch die Finanzverwaltung[558] und einmal durch Annahme der Tatbestandsmäßigkeit des Betriebsstättenvorbehalts durch die Rechtsprechung,[559] ändert dies die Qualifikation als solche nicht.[560] Dem Ziel der Norm, eine abkommensrechtliche Regelung für Sonderbetriebsvergütungen zu schaffen und eine steuerliche Gleichbehandlung von Einzel- und Mitunternehmer zu erreichen,[561] kann im Umkehrschluss entgegen gehalten werden, dass durch eine Erweiterung des Anwendungsbereichs auf sonstige Sonderbetriebseinnahmen eine Ungleichbehandlung herbeigeführt würde.[562] Für die grundlegende Tatbestandseröffnung des § 50d Abs. 10 EStG wird vorausgesetzt, dass das zugrundeliegende DBA keine entsprechende Sondernorm für Unternehmensgewinne enthält. Enthält ein DBA eine Sonderregelung, ist deren Anwendungsbereich einzig für Sonderbetriebsvergütungen eröffnet.[563] Würde der Anwendungsbereich von § 50d Abs. 10 EStG weiter gezogen, würde über das eigentliche gesetzgeberische Ziel hinaus ein anderer Unternehmensgewinn definiert als mit einer abkommensrechtlichen Norm, so dass ein Wertungswiderspruch herbeigeführt würde.[564] Diese Divergenz und mögliche Aufsplitterung von Rechtfolgen zeigt, dass der mit der Norm intendierte Anwendungsbereich beschränkt ist auf Sonderbetriebsvergütungen. Ein Hineinlesen eines weiteren Anwendungsbereichs als ursprünglich

555 *Kudert/Kahlenberg*, IStR 2013, 801 (804); *Hruschka*, IStR 2013, 830 (833); *Stemler*, Sonderbetriebsvergütungen, S. 112.
556 *Kudert/Kahlenberg*, IStR 2013, 801 (804); *Hagemann/Kahlenberg/Kudert*, Ubg 2014, 80 (83).
557 Vgl. Schönfeld in: *Schönfeld/Ditz*, DBA-Komm., Art. 10, Rn. 202.
558 BMF vom 26.09.2014 IV B 5 – S 1300/09/10003, Tz. 5.1.
559 st. Rspr. seit: BFH, Urteil vom 27.02.1991 – I R 15/89.
560 *Stemler*, Sonderbetriebsvergütungen, S. 96 f.
561 Vg. zum intendierten Regelungsgehalt der Norm: BT – Drs. 17/10604, 17.
562 *Hagemann/Kahlenberg/Kudert*, Ubg 2014, 80 (84).
563 Vgl. zum Anwendungsbereich der abkommensrechtlichen unternehmerischen Sondernormen: Seite 138 ff.
564 Im Ergebnis übereinstimmend, wenn auch zu einem anderen Anwendungsbeispiel: *Schmidt*, DStR 2013, 1704 (1706 f.).

intendiert, würde über die Folgen des § 50d Abs. 10 EStG für grenzüberschreitende Sonderbetriebsvergütungen hinaus, zu vermeidbaren Doppelbesteuerungen führen. Da in das aktuelle BMF-Schreiben[565] kein ausdrücklicher Einbezug der sonstigen Sonderbetriebseinnahmen aufgenommen wurde, scheint auch die Finanzverwaltung von einem Erfassen der sonstigen Sonderbetriebseinnahmen durch § 50d Abs. 10 EStG nicht mehr auszugehen. § 50d Abs. 10 EStG enthält damit lediglich einen Anwendungsbereich für Sonderbetriebsvergütungen und diesen zugrunde liegenden Wirtschaftsgütern des Sonderbetriebsvermögens I. Sonstige Sonderbetriebseinnahmen und ihnen zugrunde liegende Wirtschaftsgüter des Sonderbetriebsvermögens I bzw. II sind damit nicht vom Anwendungsbereich des § 50d Abs. 10 EStG erfasst.

c) Konkretisierung des Unternehmensbegriffs durch Abgrenzung zum Betriebsstättenbegriff

Ist keine konkrete Begriffsbestimmung im DBA niedergelegt, sieht die Abkommensauslegungsreihenfolge eine Begriffsbestimmung aus dem Abkommenszusammenhang vor, Art. 3 Abs. 2 OECD MA. In einem unmittelbaren Abkommenszusammenhang mit den Unternehmensgewinnen steht die Betriebsstätte, durch die eine Unternehmenstätigkeit ausgeübt werden kann. Abkommensrechtlich verwurzelt ist das Prinzip in Art. 7 Abs. 1 Satz 1 Halbsatz 2, Satz 2 i.V.m. Art. 5 OECD MA, so dass vom systematischen Aufbau her die Betriebsstätte an die Unternehmensgewinne anknüpft. Die Unternehmenstätigkeit könnte daher durch den Betriebsstättenbegriff in Art. 5 OECD MA konkretisiert werden.[566] Eine Betriebsstätte liegt abkommensrechtlich vor, soweit eine feste Geschäftseinrichtung vorhanden ist, durch welche die Geschäftstätigkeit des Unternehmens ganz oder teilweise ausgeübt wird, Art. 5 Abs. 1 OECD MA. Hintergrund des Betriebsstättenprinzips ist eine Aufteilung des Steuersubstrates anhand des Maßstabs der tatsächlichen Erwirtschaftung durch das Stammhaus bzw. der Betriebsstätte. In diesem Zusammenhang weist auch der OECD MK in seinen Kommentierungen der Betriebsstätte allgemein darauf hin, dass die Betriebsstätte ursprünglich nur[567] der gewerblichen Tätigkeit vorbehalten war.[568] *Hemmelrath* zufolge wird Art. 7 OECD MA durch die Betriebsstättendefinition des Art. 5 OECD MA ergänzt und vervollständigt.[569] Eine Betriebsstätte sei damit eine unmittelbare Ausprägung der

565 BMF vom 26.09.2014 IV B 5 – S 1300/09/10003, Tz. 5.1.1.

566 Hemmelrath in: *Vogel/Lehner*, DBA-Komm., Art. 7, Rn. 7.

567 Durch das Einfügen der Einkünfte aus selbstständiger Tätigkeit in die Unternehmensgewinne ist diese Auffassung nicht hinfällig geworden. Vielmehr hatte die ursprünglich eigenständige selbstständige Tätigkeit eine eigene Betriebsstättendefinition inne, die mit Inkorporation der Einkünfte in die Unternehmensgewinne jedoch hinfällig geworden ist.

568 Commentaries on the articles of the Model Tax Convention, Art. 7, Tz. 8.

569 Hemmelrath in: *Vogel/Lehner*, DBA-Komm., Art. 7, Rn. 7.

Unternehmenstätigkeit.[570] *Weggenmann* weist jedoch zu Recht darauf hin, dass Art. 5 OECD MA keine Merkmale normiert, die eine abstrakte Bestimmung der Unternehmensgewinne rechtfertigen könnten.[571] Es handelt sich lediglich um eine beispielhafte Aufzählung, wann eine Unternehmenstätigkeit tatsächlich vorliegt.[572] Insbesondere für die Bestimmung der Randbereiche, des Erfassens von Einkünften aus dem Sonderbetriebsvermögen begründen die Betriebsstättenanforderungen damit keinen hinreichenden Anknüpfungspunkt.

d) Konkretisierung des Unternehmensbegriffs durch Abgrenzung zu den abkommensrechtlichen Erwerbsformen

Eine Konkretisierung des Begriffs der Unternehmenstätigkeit könnte durch eine Negativabgrenzung zu sonstigen im Abkommen erfassten Formen der Erwerbstätigkeit vorgenommen werden.[573] Das Abkommen sieht in Art. 6, 11 und 12 OECD MA eine *unmittelbare Nutzung, mithin eine Fruchtziehung, einschließlich der Gebrauchsvorteile, aus Sachen oder Rechten* vor und in Art. 15 und 18 OECD MA eine *unselbstständige Tätigkeit.*[574] *Hemmelrath* zufolge stellen alle übrigen Erwerbstätigkeiten im Abkommen nur noch Ausprägungen dieser Grundformen dar.[575] Im Umkehrschluss würden Unternehmensgewinne all solchen Einkünfte erfassen, die nicht aus einer unmittelbaren Nutzung bzw. im Rahmen eines arbeitsvertraglichen Abhängigkeitsverhältnisses erzielt würden.

Lang macht den Vorschlag, unter Unternehmensgewinne alle Einkünfte zu fassen, die aus einer nachhaltigen und selbständigen Tätigkeit erzielt würden und einen hohen Kapitaleinsatz erfordern.[576] Es stellt sich jedoch einerseits das Problem, eine hinreichende Abgrenzung zu den besonderen Verteilungsnormen zu finden, weil die meisten Tätigkeiten nachhaltig und die überwiegende Anzahl der Erwerbsformen selbstständig ausgeübt werden können. Andererseits sind die konkreten Ausformungen der Erwerbstätigkeit mangels abkommensrechtlicher Definition selbst konkretisierungsbedürftig. An dieser Stelle müsste zur inhaltlichen Begriffsbestimmung der Erwerbsformen auf nationales Recht zurückgegriffen werden. Eine hinreichende Begriffsbestimmung für Sonderbetriebseinnahmen als Auslegung aus dem Abkommenszusammenhang kann damit nicht in einer Abgrenzung der unterschiedlichen Erwerbsformen zueinander erfolgen.

570 Hemmelrath in: *Vogel/Lehner*, DBA-Komm., Art. 7, Rn. 7.
571 *Weggenmann*, Personengesellschaften, S. 271; Weggenmann in: *Schnittker/Wassermeyer/Richter*, Personengesellschaften, Rn. 6.11.
572 *Weggenmann*, Personengesellschaften, S. 271; Weggenmann in: *Weggenmann*, Personengesellschaften, Rn. 6.11.
573 Vgl. zur Abgrenzung der Ewerbsformen: Reimer, Spezialitätsgrundsatz, in: *Kaeser*, Festschrift Wassermeyer zum 75. Geburtstag, S. 31.
574 Hemmelrath in: *Vogel/Lehner*, DBA-Komm., Art. 7, Rn. 32.
575 Hemmelrath in: *Vogel/Lehner*, DBA-Komm., Art. 7, Rn. 32.
576 *Lang*, Einführung in DBA, S. 101.

e) Konkretisierung des Unternehmensbegriffs durch Abgrenzung zu den besonderen Verteilungsnormen

Die Unternehmenstätigkeit könnte jedoch durch Negativabgrenzung zu den sonstigen Verteilungsnormen bestimmt werden,[577] soweit die sonstigen Verteilungsnormen die Grenzen der Unternehmenstätigkeit aufzeigen. Die Grundlage der Abgrenzung der einzelnen Verteilungsnormen ist, ebenso wie der Vorrang der besonderen Verteilungsnormen vor den Unternehmensgewinnen, im Spezialitätsgrundsatz in Art. 7 Abs. 4 OECD niedergelegt.[578] U.a. *Hemmelrath* und *Grotherr* stellen darauf ab, dass eine *Unternehmenstätigkeit* eine selbständige Erwerbstätigkeit sei, die nicht in der Nutzung unbeweglichen Vermögens im Sinne des Art. 6 Abs. 3 OECD MA bestehe.[579] *Schaumburg* grenzt weiter ein und verlangt neben dem Ausschluss der Einkünfte aus Nutzung unbeweglichen Vermögens, einen Ausschluss von Einkünften aus Dividenden, Zinsen oder Lizenzen.[580] Dabei greift er unmittelbar auf eine Begriffsbestimmung nach nationalen Gesichtspunkten zurück und schränkt diese anschließend aufgrund abkommensrechtlicher Wertungen wieder ein.[581] Eine richtige Eingrenzung der Unternehmensgewinne wird an dieser Stelle dogmatisch unsauber hergeleitet, durch eine Verkehrung der grundsätzliche Abkommensauslegung nach den Voraussetzungen des Art. 3 Abs. 2 OECD MA in dessen Gegenteil.[582]

Gschwandtner stellt zur Konkretisierung von Unternehmensgewinnen auf eine Beteiligung an einer Gesellschaft ab, die Mitsprache- und Teilhaberechte begründe und gleichzeitig den Gesellschafter zu einer (beschränkten oder unbeschränkten) Haftung verpflichten.[583] Ausgeschlossen würde eine Kapitalüberlassung zur Nutzung, die keine weitergehenden Beteiligungsrechte oder Beteiligungspflichten begründe.[584] Im Gegensatz zu den abstrakten Merkmalen, die *Gschwandtner* zur Begriffsbestimmung heranzieht, stellt *Lang* auf konkrete abkommensrechtliche Merkmale der Verteilungsnormen ab. Unter Art. 13 OECD MA würden s.E. Einkünfte erfasst, die ihre Ursache im Wechsel der wirtschaftlichen Verfügungsmacht haben,

---

577 Vgl. zur Abgrenzung der Verteilungsnormen zueinander: Reimer, Spezialitätsgrundsatz, in: *Kaeser*, Festschrift Wassermeyer zum 75. Geburtstag, S. 31.

578 *Korff*, Besteuerungskonflikte, S. 267; *Schaumburg*, Internationales Steuerrecht, Rn. 16.236; *Weggenmann*, Personengesellschaften, S. 271.

579 Hemmelrath in: *Vogel/Lehner*, DBA-Komm., Art. 7, Rn. 33; Baumhoff/Bodenmüller in: *Grotherr/Herfort/Strunk*, Internationales Steuerrecht, S. 574.

580 *Schaumburg*, Internationales Steuerrecht, Rn. 16.236.

581 Vgl. *Klebau*, RIW 1985, 125 (134).

582 Auch Lieber wählt eine abkommenswidrige Auslegung, wenn er zur Abgrenzung der gewerblichen Tätigkeit einer Mitunternehmerschaft auf die Vermögensverwaltung, die Land- und Forstwirtschaft sowie die selbständige Tätigkeit nach den Grundsätzen des nationalen Steuerrechts zurückgreift. Lieber in: *Kroppen/Rasch/Rehfeld*, Unternehmerische Tätigkeit, Art. 7, Rn. 319.

583 *Gschwandtner*, Unternehmensgewinne, S. 255.

584 *Gschwandtner*, Unternehmensgewinne, S. 255.

jedoch außerhalb eines Unternehmens anfallen.[585] Art. 7 und 10 OECD MA sei s.A. nach ein unternehmerisches Risiko immanent. Allerdings setze Art. 10 OECD MA gegenüber Art. 7 OECD MA nicht das Vorliegen einer Gesellschaft voraus, die im Abkommensrecht eine eigenständige Definition erfahren habe, Art. 3 Abs. 1 lit b) OECD MA.[586] Eine Abgrenzung zu Art. 11 OECD MA ergebe sich aus der Notwendigkeit einer Beteiligung an einem Unternehmen.[587] Ferner zeigt der Vergleich der Anzahl der Ertragsteuerarten des Abkommens mit denen des nationalen Ertragsteuerrechts, dass im Abkommensrecht doppelt so viele Steuerarten normiert sind. Eine solche Vielzahl von Anwendungsbereichen fordert eine viel stärkere Differenzierung im Einzelnen, so dass eine Übertragung nationaler ertragsteuerlicher Wertungen nur in Ausnahmefällen zugelassen werden darf, wenn aus dem Abkommenszusammenhang keine Bestimmung möglich ist.[588] Eine *Abgrenzung zu den besonderen Verteilungsnormen* bietet die größte mögliche Bestimmbarkeit und führt grundsätzlich zu übereinstimmenden Ergebnissen durch die Vertragsstaaten. Würden die Vertragsstaaten sich, unter außer Achtlassen der nationalen Besonderheiten sowohl an eine einheitliche objektive Abkommensauslegung halten als auch sich auf einen abkommensautonomen abkommensrechtlichen Sprachgebrauch festlegen, muss eine übereinstimmende Anwendung des Abkommens bereits möglich sein.

f) Zusammenfassende Stellungnahme und Definition der Unternehmensgewinne

Für den Begriff der Unternehmensgewinne in Art. 7 OECD MA gibt es keine eigenständige abkommensrechtliche Definition. Lediglich in Art. 3 Abs. 1 lit. h) OECD MA ist eine, wenn auch wenig hilfreiche Konkretisierung des Ausdrucks: *Unternehmen* als *Ausübung einer Geschäftstätigkeit* normiert. Eine Geschäftstätigkeit, in seiner Allgemeinheit, kann alle Einkünfte eines Steuerpflichtigen erfassen, die er durch Leistung am Markt erwirtschaftet. Für die abkommensrechtliche Qualifikation von Sonderbetriebseinnahmen hilft diese Konkretisierung nicht weiter. Liegt keine Begriffsbestimmung im Abkommen vor, ist ein Rückgriff auf innerstaatliche Begriffsdefinitionen möglich, wenn *„der Abkommenszusammenhang nichts anderes erfordert“*, Art. 3 Abs. 2 OECD MA. Sinn und Zweck der Norm ist es, das Abkommensrecht auf das nationale Ertragsteuerrecht aufzubauen, gleichzeitig jedoch den Vertragsstaaten die Souveränität der Auslegung und Anwendung des Abkommens zu belassen.[589] Eine Anwendung nationalen Rechts über das Einfallstor des Art. 3

585 *Lang*, Hybride Finanzierungen im internationalen Steuerrecht, S. 111.
586 *Lang*, Hybride Finanzierungen im internationalen Steuerrecht, S. 112.
587 *Lang*, Hybride Finanzierungen im internationalen Steuerrecht, S. 112.
588 Vgl. Wassermeyer, Sondervergütungen und Sonderbetriebsvermögen im Abkommensrecht, in: *Achatz u. a.*, Festschrift Ruppe, S. 682.
589 Wassermeyer in: *Wassermeyer*, DBA-Komm., Art. 3 MA, Rn. 71, 109. Lfg., Stand: Okt. 2009.

Abs. 2 OECD MA muss daher dort seine Grenzen finden, wo das Abkommen eine eigene Gesamt- oder Teildefinition enthält,[590] wobei sich eine Teildefinition auch aus dem Zusammenwirken mehrerer Verteilungsnormen ergeben kann.[591] Es gilt daher für eine Auslegung der Unternehmensgewinne, die sowohl in Art. 3 Abs. 1 lit. h) OECD MA eine Teildefinition enthalten und darüber hinaus in Abgrenzung zu den besonderen Verteilungsnormen einer Begriffsbestimmung zugänglich sind, dass ein Rückgriff auf das nationales Recht des Anwenderstaates verwehrt wird. Für die Bestimmung der Unternehmensgewinne sind die Anwendungsbereiche der einzelnen Verteilungsnormen in Abgrenzung zueinander heranzuziehen und die abkommensrechtliche Systematik der Verteilungsartikel über den Spezialitätsgrundsatz in Art. 7 Abs. 4 OECD MA zu beachten. Erfasst eine Geschäftstätigkeit grundsätzlich alle Einkünfte eines Steuerpflichtigen, die dieser am Markt erwirtschaftet, muss eine Einordnung der Einkünfte unter die Unternehmensgewinne ausscheiden, wenn die Einkünfte die Tatbestandsvoraussetzungen einer besonderen Verteilungsnorm erfüllen, die ihrerseits als grundlegende Voraussetzung das Nachgehen einer Geschäftstätigkeit voraussetzen. Das durch den Spezialitätsgrundsatz in Art. 7 Abs. 4 OECD MA angeordneten Rangverhältnis zwischen Unternehmensgewinnen und besonderen und vorrangigen Verteilungsnormen, begründet eine Untergliederung in abkommensrechtliche Erwerbskategorien. Eine Unterteilung der abkommensrechtlichen Erwerbskategorien ist in aktive und passive vorzunehmen. Die aktive Erwerbskategorie erfasst Einkünfte deren Tätigkeitsschwerpunkt auf einer Leistungserbringung durch eine Handlung liegt. Eine aktive Tätigkeit ist bspw. in der unselbständigen Arbeit nach Art. 15 OECD MA und deren besonderen Ausprägungen in Art. 18 und 19 OECD MA zu sehen. In Abgrenzung zu den Unternehmensgewinnen, die ebenfalls eine aktive Tätigkeit voraussetzen, liegt bei einer unselbständigen Tätigkeit eine Weisungsgebundenheit gegenüber dem Arbeitgeber und damit eine Unselbständigkeit im Vergleich zu einer auf eigenes Risiko und Initiative begründeten Unternehmenstätigkeit vor. Eine aktive Tätigkeit ist auch in einer künstlerischen und sportlichen Tätigkeit im Sinne des Art. 17 OECD MA zu sehen. In Abgrenzung zum Unternehmensgewinn kann eine sportliche oder künstlerische Tätigkeit sowohl selbständig als auch unselbständig ausgeübt werden.[592] Es handelt sich damit um eine besondere Ausprägung der aktiven Unternehmensgewinne, deren besonderen Charakter das OECD MA mit einer eigenständigen Normierung der

590 Lehner, Abkommensauslegung zwischen Autonomie und Bindung an das innerstaatliche Recht, in: *Kaeser*, Festschrift Wassermeyer zum 75. Geburtstag, S. 18; Wassermeyer in: *Wassermeyer*, DBA-Komm., Art. 3 MA, Rn. 71a, 109. Lfg., Stand: Okt. 2009.

591 A.A. Wolff in: *Wassermeyer*, DBA-Komm., Art. 3 DBA-USA, Rn. 34, 107. Lfg., Stand: Mai 2009, Wolff zufolge sei bei Nichtvorliegen einer abkommensrechtlichen Definition immer auf die nationale Begriffsbestimmung des Anwenderstaates zurück zugreifen.

592 Stockmann in: *Vogel/Lehner*, DBA-Komm., Art. 17 OECD, Rn. 7; Wassermeyer/Schwenke in: *Wassermeyer*, DBA-Komm., Art. 17 MA, Rn. 2, 132. Lfg., Stand: Jan. 2016.

Verteilung des Besteuerungsrechts Rechnung trägt.[593] Passive Erwerbskategorien erfassen dem gegenüber Einkünfte aus der reinen Nutzung von Wirtschaftsgütern, mithin einer Fruchtziehung, einschließlich der Gebrauchsvorteile, aus Sachen oder Rechten. Der Schwerpunkt der passiven Tätigkeit liegt, im Gegensatz zu den aktiven Einkünften nicht in einer eigenständigen wirtschaftlichen Handlung, sondern in der untätigen Hinnahme von Vergütungen für die Überlassung von Kapital oder anderer Wirtschaftsgüter zu Nutzung. Passive Einkünfte werden im Rahmen von Einkünften aus unbeweglichem Vermögen nach Art. 6 OECD MA, von Dividenden nach Art. 10 OECD MA, von Zinseinkünften nach Art. 11 OECD MA und Lizenzgebühren nach Art. 12 OECD MA sowie im Rahmen von Gewinnen aus der Veräußerung von Vermögen nach Art. 13 OECD MA begründet. Unternehmensgewinne erfassen im Umkehrschluss des Spezialitätsgrundsatzes alle Einkünfte, die nicht unter die besonderen Verteilungsnormen gefasst werden. Daraus ergibt sich folgende Begriffsbestimmung der Unternehmensgewinne im Sinne des Art. 7 Abs. 1 OECD MA:

> *„Unternehmensgewinne sind alle Einkünfte, die keine passive Fruchtziehung aus einer Nutzungsüberlassung von Wirtschaftsgütern, mithin eine Fruchtziehung, einschließlich der Gebrauchsvorteile, aus Sachen oder Rechten darstellen oder Einkünfte aus unselbstständiger, land- und forstwirtschaftlicher bzw. selbständiger sportlicher oder künstlerischer Tätigkeit begründen."*

Einnahmen aus Gewinnausschüttung im Rahmen eines ordnungsgemäßen Gewinnverteilungsbeschlusses der Gesellschaft begründen, unabhängig davon, ob die Kapitalgesellschaftsbeteiligung als Stammrecht im Gesamthands- oder Sonderbetriebsvermögen aktiviert ist, Einkünfte aus der Ziehung von Früchten aus einem Recht. Der Schwerpunkt der Einnahmeerzielung aus einer Gewinnausschüttung beruht daher nicht auf einer aktiven, selbständigen und mit risikobehafteten Tätigkeit am Markt, sondern Schwerpunkt der Einnahmeerzielung zugrunde liegenden Tätigkeit ist in der passiven Fruchtziehung der aus der Beteiligung an einer Kapitalgesellschaft sich ergebenden monetären Vorteile zu sehen. Ein tatbestandliches Erfassen als Unternehmensgewinne scheidet damit aus.

2. Sonstige Sonderbetriebseinnahmen als Dividende, Art. 10 OECD MA

Einkünfte aus einer Gewinnausschüttung für eine Beteiligung an einer Kapitalgesellschaft im Sonderbetriebsvermögen, könnten als Dividende zu qualifizieren sein, Art. 7 Abs. 4 i.V.m. 10 Abs. 1, 3 OECD MA. Art. 10 Abs. 3 OECD MA enthält eine

---

593 Gleiches gilt m.E. für die land- und forstwirtschaftliche Tätigkeit. Diese stellt eine aktive Tätigkeit der sog. Urproduktion dar. Sie ist jedoch zu Recht in Art. 6 Abs. 1 OECD MA verortet, weil die land- und forstwirtschaftliche Tätigkeit ihre Produktion maßgeblich an den Grund und Boden knüpft, aus dem sie Erzeugnisse zieht. Der besonderen aktiven Tätigkeit der Land- und Forstwirtschaft wird somit durch den Belegenheitsgrundsatz des genutzten Grund und Bodens in Art. 6 OECD MA Rechnung getragen.

eigene abkommensrechtliche Begriffsdefinition der Dividende. Abkommensrechtliche Begriffsbestimmungen sind stets der Anforderung konfrontiert, möglichst breit aufgestellt, einer kaum bestimmbaren Vielfalt an nationalen Regelungen der Vertragsstaaten gerecht zu werden, so dass bewusst keine abschließende Bestimmung durch die OECD vorgenommen wurde.[594] Die abkommensrechtliche Definition der Dividende in Art. 10 Abs. 3 OECD MA ist in eine dreigliedrige Begriffsbestimmung aufgeteilt.[595] Im ersten Teil findet sich eine beispielhafte Aufzählung von Bezugsrechten, die nach den meisten nationalen Rechtsordnungen als Dividenden angesehen werden. Grundlegend wird der Bezug von Gewinnausschüttungen von Gesellschaften im Sinne des Art. 3 Abs. 1 lit. b) OECD MA, konkret von Aktiengesellschaften, in den Mittelpunkt gestellt.[596] Gewinnausschüttungen von einer Gesellschaft mit beschränkter Haftung sind in der enumerativen Auflistung nicht vorhanden. Der zweite Teil der Dividendendefinition wird durch die *sonstigen Rechte, die keine Forderungen mit Gewinnbeteiligung darstellen,* bestimmt. Einen Anwendungsbereich bietet sich nach Ansicht des OECD MK lediglich für in Wertpapieren verbriefte Beteiligungsrechte,[597] nicht hingegen für verbriefte Anteilsrechte, wie die einer GmbH-Beteiligung.[598] Im dritten Teil der Begriffsbestimmung[599] wird zur weitergehenden Konkretisierung von *Einkünften aus sonstigen Gesellschaftsanteilen, die den Einkünften aus Aktien steuerlich gleichgestellt sind,* auf das nationale Recht des Ansässigkeitsstaates der ausschüttenden Gesellschaft verwiesen. Es handelt sich um eine Qualifikationsverkettung, so dass die Einordnung des Ansässigkeitsstaates der Gesellschaft für den anderen Vertragsstaat bindend ist.[600] Eine Vielzahl der Vertragsstaaten stellen Bezüge aus Anteilen an Gesellschaften mit beschränkter Haftung denen aus Aktien gleich.[601] Nach deutschem Ertragsteuerrecht werden insbesondere die Einkünfte aus in § 20 Abs. 1 Nr. 1 EStG genannten Gesellschaftsanteilen als Dividende erfasst und den Bezügen aus Aktiengesellschaften gleichgestellt, u.a. auch eine Gewinnausschüttung einer GmbH.[602] Erhält ein Kommanditist eine Gewinnausschüttung von einer Komplementär-GmbH mit Sitz und/oder Geschäftsleitung im Inland, handelt es sich um *aus sonstigen Gesellschaften* stammende Einkünfte, die nach dem Recht des Staates in dem die ausschüttende

594 Commentaries on the articles of the Model Tax Convention, Art. 10, Tz. 23.

595 Tischbirek in: *Vogel/Lehner,* DBA-Komm., Art. 10, Rn. 185; *Schneider,* Qualifikationskonflikte, S. 123.

596 Commentaries on the articles of the Model Tax Convention, Art. 10, Tz. 24.

597 Vgl. *Schneider,* Qualifikationskonflikte, S. 124.

598 *Schneider,* Qualifikationskonflikte, S. 124.

599 Im letzten Halbsatz des Art. 10 Abs. 3 OECD MA.

600 Dadurch wird eine harmonisierte Abkommensanwendung gesichert, indem ein einheitliches Verständnis von Dividenden durch beide Vertragsstaaten gewährleistet wird. Vgl. Tischbirek in: *Vogel/Lehner,* DBA-Komm., Art. 10, Rn. 184, 186; *Schneider,* Qualifikationskonflikte, S. 125.

601 Commentaries on the articles of the Model Tax Convention, Art. 10, Tz. 26.

602 Tischbirek in: *Vogel/Lehner,* DBA-Komm., Art 10, Rn. 209.

Gesellschaft ansässig ist, den Einkünften aus Aktien gleichgestellt werden und damit um eine Dividende nach Art. 10 Abs. 3 OECD MA.

Art. 10 Abs. 1 OECD MA setzt jedoch weiter voraus, dass die Dividenden von einer in einem Vertragsstaat ansässigen Gesellschaft an eine in einem anderen Vertragsstaat ansässige Person gezahlt wird. Eine Personengesellschaft ist mangels Ansässigkeit nach Art. 4 OECD MA keine Person im Sinne des Abkommens.[603] Ansässig nach Art. 4 Abs. 1 OECD MA sind nur die hinter der Mitunternehmerschaft stehenden Gesellschafter. Rein technisch wird jedoch an die Mitunternehmerschaft, aufgrund der im Sonderbetriebsvermögen befindlichen Kapitalgesellschaftsbeteiligungen, die Dividende gezahlt, weil die Beteiligung an der Betriebsgesellschaft als dem notwendigen Sonderbetriebsvermögen II zugehörig *„gilt"*.[604] Es handelt sich dabei um eine nationale ertragsteuerliche Zuordnungsregelung, die einer Gleichstellung der Mitunternehmerschaft mit dem Einzelunternehmer in der Gewinnermittlung und Vermögensberücksichtigung Rechnung tragen soll. Der *„Durchfluss"* durch die Personengesellschaft ist rein technisch und führt ertragsteuerlich zu einer Umqualifizierung in eine gewerbliche Dividenden.[605] Bezugsperson der Besteuerung ist, gemäß der transparenten Besteuerung, der Gesellschafter. Dieser hat aufgrund der in seinem Alleineigentum verbleibenden Kapitalgesellschaftsbeteiligung auch den rechtlichen Anspruch auf die Ausschüttung gegenüber der Kapitalgesellschaft. Abkommensrechtlich ist diese *„Umleitung"* durch die Mitunternehmerschaft für die Annahmemöglichkeit der Definition der Dividenden irrelevant. Der Durchfluss durch die Personengesellschaft hindert eine Anerkennung der Einkünfte als Dividenden nach Art. 10 Abs. 1 OECD MA damit nicht. Relevant wird er jedoch im Folgenden, wenn um die Frage der Einschlägigkeit des Betriebsstättenvorbehalts nach Art. 10 Abs. 4 OECD MA geht.

III. Betriebsstättenvorbehalt – Tatsächliche Zugehörigkeit der Kapitalgesellschaftsbeteiligung zu einer Betriebsstätte

Erfüllen die sonstigen Sonderbetriebseinnahmen die tatbestandlichen Voraussetzungen der besonderen Verteilungsnorm der Dividende nach Art. 10 Abs. 3 OECD MA bestimmt sich die Rechtsfolge der Zuweisung des Besteuerungsrechts nach den Rechtsfolgen des Art. 7 OECD MA, sofern der Betriebsstättenvorbehalt nach Art. 10 Abs. 4 OECD MA eingreift.[606] Die eigentliche Qualifikation der Einkünftezuordnung

603 Vgl. zur persönlichen Abkommensberechtigung einer Personenegsellschaft: Seite 89 f.

604 *Ruf*, IStR 2006, 232 (233).

605 Vgl. die ertragsteuerliche Behandlung einer gewerblichen Dividende: Seite 12 f.

606 In einem obiter dictum warf der BFH mit Urteil vom 07.08.2002 die Frage auf, inwieweit auf Einkünfte, die in den Anwendungsbereich des Betriebsstättenvorbehalts fallen, der Methodenartikel Anwendung findet, der originär für Unternehmensgewinne angewandt wird, oder derjenige, der dem eigentlichen Verteilungsartikel zuzuordnen ist. Vgl. BFH, Urteil vom 07.08.2002 – I R 10/01.

wird nicht in Frage gestellt, es wird lediglich die Rechtsfolge der Unternehmensgewinne für anwendbar erklärt (sog. Rückverweis).[607]

Das Besteuerungsrecht wird bei Einschlägigkeit des Betriebsstättenvorbehalts über die Rechtsfolgen des Art. 7 Abs. 1 Satz 1 Halbsatz 2, Satz 2, Abs. 2 i.V.m. Art. 5 OECD MA dem Betriebsstättenstaat zugewiesen und der Wohnsitzstaat hat nach Art. 23A bzw. 23B OECD MA die Doppelbesteuerung, regelmäßig durch Freistellung der Einkünfte, auszugleichen. Begründet Deutschland den Wohnsitzstaat, stellt Deutschland regelmäßig unter Berücksichtigung des Progressionsvorbehaltes frei, Art. 23A Abs. 3 OECD MA i.V.m. § 32b Abs. 1 Satz 1 Nr. 3 EStG. Handelt es sich um einen Gesellschafter in der Rechtsform einer juristischen Person, die der Körperschaftsteuer unterfällt, wirkt sich der Progressionsvorbehalt hingegen aufgrund des linearen Steuersatzes nicht aus.[608]

Voraussetzung für die Anwendbarkeit eines Betriebsstättenvorbehalts ist das Vorliegen einer Betriebsstätte im Quellenstaat und eine tatsächliche Zugehörigkeit der Beteiligung zu dieser Betriebsstätte. Der Betriebsstättenbegriff in Art. 5 OECD

Wird der Methodenartikel der besonderen Verteilungsnorm angewandt, kommt in der Regel dem Quellenstaat ein der Höhe nach begrenztes Besteuerungsrecht unter Anrechung dieser Steuer im Ansässigkeitsstaat, zu. Während es bei einer Anwendung des Methodenartikels der Unternehmensgewinne regelmäßig zu einer Freistellung der Einkünfte kommt. Damit kommt es zu Unterschieden in der Höhe der Besteuerung, weil entweder die Einkünfte auf dem niederigeren ausländischen Niveau liegen oder auf das hohe deutsche Niveau angehoben werden. Vgl. *Strunk/Kaminski*, IStR 2003, 181 (182). Welcher Methodenartikel im Rahmen des Betriebsstättenvorbehalts Anwendung findet, war seinerseits umstritten und kann seit dem Urteil des BFH vom 24.08.2011 als beigelegt angesehen werden. Vgl. *Ditz/Liebchen*, IStR 2012, 449 (449). Hintergrund war die Überlegung Wassermeyers, dass aus dem Spezialitätsgrundsatz eine tatbestandliche Zuteilung von Einkünften zu zwei verschiedenen Verteilungsnormen erfolge. S.E. gelte für die Betriebsstätteneinkünfte zwar das Gebot einer isolierten Anknüpfung, sie würden ihrem Wesen nach jedoch unverändert bleiben. Wassermeyer zufolge impliziert die Anwendung des Betriebsstättenprinzips nicht nur weil ein Rückverweis auf den Unternehmensartikel vorliegt, dass auch der entsprechenden Methodenartikel als Folge anzuwenden ist. Viel eher behalten die Verteilungsartikel ihre Selbstständigkeit. Damit würde der Methodenartikel für die Anwendung einzelner Verteilungsartikel erhalten bleiben. A.A. *Strunk/Kaminski*, IStR 2003, 181 (182). Mit seinem Urteil vom 24.08.2011 zieht der BFH die Wellen wieder gerade, indem er ein Durchschlagen der Qualifikation als Unternehmengewinne auch auf den Methodenartikel bestimmt. BFH, Urteil vom 24.8.2011 – I R 46/10.

607 A.A. *Kleineidam*, IStR 2004, 1 (2); Kluge, Betriebsstättenvorbehalte und Methodenartikel, in: *Gocke*, Festschrift Wassermeyer zum 65. Geburtstag, S. 663 S.E. verlieren die Beteiligungserträge, die der Betriebsstätte zuzuordnen sind, ihre Eigenschaft der eigenständigen Einkunftsart und sie würden unselbstständiger Bestandteil der Unternehmensgewinne. Dies sei Kluge zufolge sowohl im Ertragsrecht als auch im Abkommensrecht anzunehmen. Vgl. *Schneider*, Qualifikationskonflikte, S. 123.

608 *Fehrenbacher*, Steuern und Finanzplanung im Konzern, S. 60.

MA ist eng auszulegen und erfasst lediglich qualitativ und quantitativ bedeutende gewerbliche Tätigkeiten im Rahmen einer Betriebsstättenbegründung.[609] Eine Betriebsstätte nach Art. 5 Abs. 1 OECD MA, ist regelmäßig in der Personengesellschaft zu sehen, soweit sie über eine feste Geschäftseinrichtung verfügt.[610] Handelt es sich um eine operativ tätige Personengesellschaft stehen ihr für ihre Aufgaben typischerweise Räumlichkeiten zur Verfügung, die eine feste Geschäftseinrichtung begründen. Ist die Personengesellschaft selbst kein Steuersubjekt, sondern lediglich die hinter ihr stehenden Gesellschafter, ist zumindest die Stätte der Geschäftsleitung als gemeinsame Betriebsstätte der Mitunternehmer anzusehen.[611] Damit ist regelmäßig eine Geschäftsleitungsbetriebsstätte am Ort der tatsächlichen Geschäftsführung der Mitunternehmerschaft nach Art. 5 Abs. 2 lit. a) OECD MA begründet.[612]

Der Betriebsstättenvorbehalt verlangt eine tatsächliche Zugehörigkeit der der Beteiligungserträgen zugrunde liegenden Beteiligung. Eine Normierung der konkreten Voraussetzungen einer *tatsächlichen Zugehörigkeit*[613] ist im Abkommenstext nicht niedergelegt. Der Betriebsstättenvorbehalt regelt ausschließlich die Rangfolge der Verteilungsnormen zum Zweck der Qualifikation der Einkünfte, nicht hingegen die Zuordnung der diesen Einkünften zugrunde liegenden Wirtschaftsgüter.[614] Der OECD MK nimmt eine tatsächliche Zugehörigkeit an, sofern eine Zuordnung eines Wirtschaftsgutes zum *Betriebsstättenvermögen* oder *auf andere Weise* zur Betriebsstätte besteht.[615] Für die inhaltliche Konkretisierung der tatsächlichen Zugehörigkeit werden, trotz beständiger Rechtsprechung, eine Vielzahl unterschiedlicher Ansätze vertreten, die oftmals keine konkrete Zuordnungsmöglichkeit für eine Kapitalgesellschaftsbeteiligung im Sonderbetriebsvermögen ermöglichen. Die wichtigsten[616]

609 *Fehrenbacher*, Steuern und Finanzplanung im Konzern, S. 56.

610 Görl in: *Vogel/Lehner*, DBA-Komm., Art. 5, Rn. 18; Hruschka in: *Schönfeld/Ditz*, DBA-Komm., Art. 5, Rn. 64, 66; *Schaumburg*, Internationales Steuerrecht, Rn. 5.151.

611 *Schaumburg*, Internationales Steuerrecht, Rn. 5.151.

612 Ditz in: *Schönfeld/Ditz*, DBA-Komm., Art. 7 (2008), Rn. 69; *Schaumburg*, Internationales Steuerrecht, Rn. 5.151.

613 Dem Tatbestandsmerkmal der tatsächlichen Zugehörigkeit folgen indes nicht alle von Deutschland abgeschlossenen DBA. Einige, wie das DBA mit Frankreich und Großbritannien stellen lediglich auf eine reine Zugehörigkeit ab. Der BFH hat mit seinem Urteil vom 09.08.2006 entschieden, dass diese Wortlautdifferenz keine Unterscheidung der inhaltlichen Anforderungen hervorrufe und an der in jahrelanger Judikatur entwickelten Kriterien der funktionellen Zugehörigkeit festgehalten. BFH, Urteil vom 09.08.2006 – II R 59/05. Auch das vom Wortlaut her abweichende DBA-USA, das auf eine tatsächliche Zugehörigkeit zum Betriebsvermögen der Betriebsstätte abstellt, soll keinen Unterschied der Zuordnungskriterien im Vergleich zum OECD MA hervorrufen. *Suchanek/Herbst*, IStR 2007, 620 (624).

614 Roth, Zurechnung von Wirtschaftsgütern bei Betriebsstätten und Personengesellschaften, in: *Lüdicke*, Zurechnung, S. 105.

615 Commentaries on the articles of the Model Tax Convention, Art. 10, Tz. 31.

616 Nicht behandelt werden die seit langem abgelehnte Ansichten einer rein rechtlichen Zuordnung auf Grundlage des § 15 Abs. 1 Satz 1 Nr. 2 EStG, sowie die

in der deutschen Literatur, Rechtsprechung und von der Finanzverwaltung vertretenen Ansätze werden im Folgenden aufgezeigt und deren Anwendbarkeit erörtert.

Unterschiedliche Zuordnungsgrundsätze werden jedoch nicht nur national vertreten. Auch die Zuordnung der Beteiligung durch die Vertragsstaaten kann in der konkreten Zuordnungsfrage unterschiedlich inhaltlich bestimmt werden. Nimmt ein Vertragsstaat eine Einschlägigkeit des Betriebsstättenvorbehalts an, wird s.A. nach das Besteuerungsrecht über Art. 10 Abs. 4 i.V.m. Art. 7 Abs. 1 Satz 1 Halbsatz 2, Satz 2 OECD MA dem Betriebsstättenstaat zugewiesen. Der andere Vertragsstaat, grundsätzlich der Ansässigkeitsstaat, müsste die Einkünfte freistellen. Erkennt der andere Vertragsstaat hingegen eine Einschlägigkeit des Betriebsstättenvorbehalts nicht an, verbleibt nach s.A. ein reduziertes Quellenbesteuerungsrecht beim Quellenstaat und der Ansässigkeitsstaat müsste die im Quellenstaat zu zahlenden Steuer anrechnen, Art. 10 Abs. 2 i.V.m. Art. 23A Abs. 2 OECD MA. Es käme zu einer doppelten Besteuerung bzw. einer Minderbesteuerung der Einkünfte bei divergierender Annahme der Einschlägigkeit des Betriebsstättenvorbehalts. Zur Vermeidung einer Doppel- oder Minderbesteuerung[617] verblieb aus deutscher Sicht bisher lediglich die Möglichkeit eines Verständigungsverfahrens. Mittlerweile wird die Aufrechterhaltung einer

---

Beurteilung anhand eines rein bilanziellen Ausweises: BFH, Urteil vom 27.02.1991 – I R 15/89, ebenso wie: Wolff, Auslegung von DBA-Regelungen über Unternehmensgewinne, in: *Gocke*, Festschrift Wassermeyer zum 65. Geburtstag, S. 62; wie auch Görl in: *Vogel/Lehner*, DBA-Komm., Vor Art. 10 bis 12, Rn. 40 der auf eine wirkliche Zugehörigkeit und damit eine Zugehörigkeit der Substanz und nicht lediglich der Form nach abstellt. Unberücksichtigt bleiben soll auch: *Kramer*, IStR 2014, 21 (21), der eine Heranziehung eines rein wirtschaftlichen Zusammenhangs fordert, weil die Auslegung nach einem wirtschaftlichen Veranlassungzusammenhang weder eine abkommensrechtliche Grundlage aufweist noch weiterführende Konkretisierungen für eine Zuordnung ermöglicht. Außer Acht bleiben soll des Weiteren der Ansatz von Kleineidam, eine Beteiligungszuordnung mittels der Bestimmung der Sachzieldimension vorzunehmen. Kleineidam begründet eine tatsächliche Zugehörigkeit mittels einer Sachzielerfüllung von Wirtschaftsgütern zum wirtschaftlichen Betriebsstättenergebnis. Um eine gerechte Zuteilung der Betriebsstättenergebnisse zu erreichen, ist s.E. für eine verursachungsgerechte Zuordnungsentscheidung zu unterscheiden, ob ein Beitrag zur finanzwirtschaftlichen oder leistungswirtschaftlichen Komponente der Betriebsstättensachzieldimension erbracht werde. S.E. könne eine Zuordnung zur Betriebsstätte nur über einen Beitrag zur leistungswirtschaftlichen Komponente erfolgen, während ein Beitrag zur finanzwirtschaftlichen Komponente lediglich eine passive Einkunft begründe, deren Behandlung sich über den Subsidiaritätsgrundsatz nach den besonderen Verteilungsnormen richte. *Kleineidam*, IStR 2004, 1 (1 ff.) Die genannten Ansätze sind für eine Zuordnung einer Beteiligung im Sonderbetriebsvermögen nicht weiter zielführend.

617 Anders jedoch seit Einführung des Art. 23 Abs. 4 OECD MA bzw. für all jene DBA, in die eine entsprechende Norm Eingang gefunden hat. *Jankowiak*, Doppelte Nichtbesteuerung, S. 150.

Minderbesteuerung[618] durch Anwendung der Freistellungsmethode nach nationalem deutschen Ertragsteuerrecht, davon abhängig macht, dass der andere Vertragsstaat sein Besteuerungsrecht tatsächlich ausübt, § 50d Abs. 9 Satz 1 Nr. 2 EStG.[619]

1. *Bestimmung der tatsächlichen Zugehörigkeit durch das Kriterium der Funktionalität*

In der Rechtsprechung hat sich mit dem Urteil des *BFH vom 27.02.1991*[620] das Merkmal der *funktionalen Zugehörigkeit* zur Bestimmung des Kriteriums der tatsächlichen Zugehörigkeit herausgebildet. Mit diesem Urteil vollzog der BFH eine Kehrtwende in Hinblick auf seine ursprüngliche Beurteilung der tatsächlichen Zugehörigkeit. Ursprünglich nahm der BFH ein Durchbrechen der Eigenständigkeit des Abkommensrechts durch ein Abstellen auf die nationale Zuordnung von Wirtschaftsgütern zum Sonderbetriebsvermögen an.[621] In dem *Urteil vom 27.02.1991*[622] ging es um eine Darlehensforderung eines im Inland ansässigen Gesellschafters, die dieser gegen eine US-amerikanische Limited Partnership (LP) innehatte, mithin um eine Sonderbetriebsvergütung zugrunde liegende Forderung. Die Darlehensschuld hatte die LP in ihrer Jahresabschlussbilanz ausgewiesen.[623] Der BFH entschied gegen einer Zuordnung der Darlehnsforderung des Gesellschafters gegenüber der LP zur durch die LP vermittelten Betriebsstätte, weil eine Zuordnung nur angenommen werden könne, wenn das Wirtschaftsgut nach seiner Zweckbestimmung der Erreichung des Betriebsstättenergebnisses tatsächlich diene.[624] Von einer Dienlichkeit zum Betriebsstättenergebnisses sei auszugehen, wenn das Wirtschaftsgut gewährleiste Erträge zu generieren und zu steigern.[625] Ein dienender Beitrag könne angenommen werden, soweit ein funktionaler Zusammenhang zu der Betriebsstätte bestehe, u.a. wenn ein Aktivposten in der Bilanz aufgenommen werden könne.[626] Bei einer Sonderbetriebsvergütung liegt kein Aktivposten in der Gesamthandsbilanz der Mitunternehmerschaft vor. Viel eher ist hingegen eine Verbindlichkeit als Passivposten in der Gesamthandsbilanz zu passivieren.[627] Eine funktionale Zugehörigkeit der

618 Der Anwendungsbereich erfasst gleichfalls eine doppelte Nichtbesteuerung.

619 BMF vom 26.09.2014 IV B 5 – S 1300/09/10003, Tz. 4.1.1.2.4.; Gosch in: *Kirchhof*, EStG-Komm., § 50d, Rn. 40 f.; Loschelder in: *Schmidt*, EStG-Komm., § 50d, Rn. 55.

620 BFH, Urteil vom 27.02.1991 – I R 15/89.

621 Der funktionalen Zugehörigkeit folgte auch die Finanzverwaltung und schloß sich damit der Rspr. an. BMF vom 16.04.2010 IV B 2 – S 1300/09/10003; Seit dem BMF-Schreiben vom 26.09.2014 ordnet die Finanzverwaltung Wirtschaftsgüter jedoch nach den Grundsätzen des § 1 Abs. 5 AStG der Betriebsstätte bzw. dem Stammhaus zu. BMF vom 26.09.2014 IV B 5 – S 1300/09/10003.

622 BFH, Urteil vom 27.02.1991 – I R 15/89.

623 Vgl. *Schneider*, Qualifikationskonflikte, S. 128.

624 BFH, Urteil vom 27.02.1991 – I R 15/89.

625 BFH, Urteil vom 27.02.1991 – I R 15/89.

626 BFH, Urteil vom 27.02.1991 – I R 15/89.

627 Kempermann in: *Schnittker/Wassermeyer/Richter*, Personengesellschaften, Rn. 2.66.

Darlehnsforderung des Gesellschafters gegenüber der LP konnte damit nicht der Betriebsstätte zugerechnet werden, so dass der BFH die Einschlägigkeit des Betriebsstättenvorbehalts zu Recht ablehnte.

Werden die gefundenen Ergebnisse der funktionalen Zugehörigkeit auf eine Zuordnung von Kapitalgesellschaftsbeteiligungen zum Betriebsstättenvermögen übertragen, kommt aufgrund der Teilrechtsfähigkeit der Personengesellschaft eine Zuordnung in Betracht, wenn sie in eigener Person die Kapitalgesellschaftsbeteiligung erwirbt und in ihren Büchern ausweist.[628] Befindet sich eine Kapitalgesellschaftsbeteiligung im Gesamthandsvermögen der Mitunternehmerschaft, bildet sie einen Aktivposten in der Gesamthandsbilanz. Die Berücksichtigung mittels eines einfachen Bilanzpostens muss bei einer Beteiligung im Sonderbetriebsvermögen jedoch scheitern, weil sich die Beteiligung gerade nicht im Gesamthandsvermögen der Personengesellschaft bilanziell niederschlägt.[629] Sonderbetriebsvermögen ist lediglich in der jeweiligen Sonderbilanz des Gesellschafters als aktives Wirtschaftsgut des Sonderbetriebsvermögens zu berücksichtigen.[630]

Mit *Urteil vom 26.02.1992*[631] entschied sich der BFH für eine tatsächliche Zugehörigkeit der Beteiligung zur Betriebsstätte. In dem Urteil ging es um die Zuordnung einer Beteiligung einer schweizer Kommanditistin einer GmbH & Co. KG mit Sitz und Geschäftsleitung in der Schweiz an der deutschen Komplementär-GmbH zu einer Betriebsstätte im Sinne des Betriebsstättenvorbehalts in Art. 10 Abs. 5 DBA-Schweiz. Gehöre eine Beteiligung nicht zum Betriebsstättenvermögen, sei sie auf andere Weise der Betriebsstätte zuzuordnen, wenn eine funktionale Zugehörigkeit zur Betriebsstätte bestehe.[632] Eine funktionale Zugehörigkeit einer Beteiligung an einer Komplementär-GmbH sei anzunehmen, wenn die Komplementär-GmbH sich auf ihre wesentlichen Funktionen der Geschäftsführung und der Übernahme der Haftung beschränke und keiner anderen, nicht lediglich untergeordneten Geschäftstätigkeit nachgehe.[633] Der BFH legte für eine Zuordnung einer Beteiligung eines Kommanditisten an einer Komplementär-GmbH das vom OECD MK[634] aufgeworfene Merkmal der tatsächlichen Zugehörigkeit in Form der Zugehörigkeit *auf andere Weise* zur Betriebsstätte aus.

628 *Goebel/Boller/Ungemach*, IStR 2008, 643 (647).
629 Zur Differenzierung der bilanzrechtlichen Auswirkung von Sonderbetriebsvergütungen und sonstiger Sonderbetriebseinnahmen: S.Seite 10 f.
630 Petersen/Zwirner/Wohlgemuth in: *Pelka/Niemann/Beckmann*, Steuerberater-Handbuch, A. ABC der Buchführung, Bilanzierung und Bewertung, Rn. 773a K, 773b K.
631 Vgl. BFH, Urteil vom 26.02.1992 – I R 85/91.
632 BFH, Urteil vom 26.02.1992 – I R 85/91.
633 BFH, Urteil vom 26.02.1992 – I R 85/91.
634 Commentaries on the articles of the Model Tax Convention, Art. 10, Tz. 31.

a) Zugehörigkeit auf „andere Weise“ zu einer Betriebsstätte

Nach Ansicht des BFH im *Urteil vom 26.02.1992*[635] könne eine Beteiligung *auf andere Weise* tatsächlich zu einer Betriebsstätte gehören, soweit die Beteiligung in einem funktionalen Zusammenhang mit einer in der Betriebsstätte ausgeübten aktiven Tätigkeit stehe und sich deshalb die Beteiligungserträge bei funktionaler Betrachtungsweise als *Nebenerträge* der aktiven Betriebsstättentätigkeit darstellen würden.[636] Hiervon geht der BFH aus, wenn sich die Tätigkeit der Komplementär-GmbH ausschließlich oder fast ausschließlich auf die Geschäftsleitung der Personengesellschaft beschränke.[637] Begründet wird dies damit, dass nach ständiger Rechtsprechung eine Beteiligung an einer Komplementär-GmbH eines Kommanditisten, soweit diese keiner anderen nennenswerten Tätigkeit nachgeht, dem notwendigen Sonderbetriebsvermögen II auf nationaler Ebene zugeordnet werden könne.[638] Der BFH stellt damit für eine Konkretisierung der Zuordnung auf die Voraussetzungen der Zuordnung einer Beteiligung zum notwendigen Sonderbetriebsvermögen II ab. *Goebel/Boller/Ungemach* bemängeln in diesem Zusammenhang die grundlegende Missachtung der Bestimmung der Dienlichkeit der Beteiligung zum wirtschaftlichen Geschäftsbetrieb der Gesellschaft und nicht zur Stellung des Gesellschafters innerhalb der Gesellschaft.[639] Eine Trennung der Zuordnungskriterien auf nationaler Ebene und im Abkommensrecht ist zwar richtige und notwendige Schlussfolgerung der Abkommensauslegungssystematik, weil auf Abkommensebene eine nationale Wertung solange irrelevant ist, wie eine Auslegung nicht oder nicht hinreichend bestimmter Begriffe aus dem Abkommenszusammenhang vorgenommen werden kann (vgl. Art. 3 Abs. 2 OECD MA). Stellt der BFH allerdings in seinem Urteil auf eine abkommensautonome Auslegung zur Ermittlung der Qualifikation der Beteiligungseinkünfte ab, erscheint eine Konkretisierung des Betriebsstättenvorbehalts nach nationalen Kriterien der Zuordnung einer Beteiligung zum notwendigen Sonderbetriebsvermögen II widersprüchlich. Grundsätzlich könnte angenommen werden, dass es sich bei der konkreten Auslegung der funktionalen Zugehörigkeit um eine besondere Auslegung im konkreten Fall unter Rückgriff auf die Besonderheit des DBA-Schweiz handele, weil dieses in Art. 7 Abs. 7 DBA-Schweiz eine unternehmerische Sondernorm enthält. Die unternehmerische Sondernorm in Art. 7 Abs. 7 DBA-Schweiz soll Sonderbetriebsvergütungen abkommensrechtlich einheitlich als Unternehmensgewinne qualifizieren.[640] Für die Eröffnung des Anwendungsbereichs zieht der BFH im konkreten Fall jedoch einen *Zirkelschluss.* Zieht er zu Auslegungszwecken des Dividendenbetriebsstättenvorbehalts die Betriebsstättenvorbehalte der Verteilungsnormen für Zinsen und Lizenzgebühren

---

635 BFH, Urteil vom 26.02.1992 – I R 85/91.

636 BFH, Urteil vom 26.02.1992 – I R 85/91.

637 st. Rspr. BFH, Urteil vom 26.02.1992 – I R 85/91; vgl. aus neuerer Zeit: BFH, Urteil vom 21.01.2016 – I R 49/14.

638 BFH, Urteil vom 26.02.1992 – I R 85/91.

639 *Goebel/Boller/Ungemach*, IStR 2008, 643 (648).

640 Vgl. zum Regelungsgehalt der unternehmerischen Sondernormen: Seite 139 ff.

heran, ist problematisch, dass gerade die Überlassung von Darlehen und Lizenzen in der mitunternehmerischen Konzeption des nationalen Ertragsteuerrechts Sonderbetriebsvergütungen begründet, die von der unternehmerischen Sondernorm erfasst werden. Das Heranziehen der Grundsätze des Art. 7 Abs. 7 DBA-Schweiz innerhalb des Dividendenartikels Art. 10 DBA-Schweiz, stellt hingegen eine unzulässige Abkommensauslegung dar, weil es sich hierbei um *sonstige Sonderbetriebseinnahmen* und nicht um *Sonderbetriebsvergütungen* handelt. Sonderbetriebsvergütungen und sonstige Sonderbetriebseinnahmen weisen rechtlich erhebliche Unterschiede auf.[641] Liegt bei Sonderbetriebsvergütungen eine schuldrechtliche Leistungsbeziehung zwischen der Mitunternehmerschaft und dem Gesellschafter vor, ist bei sonstigen Sonderbetriebseinnahmen eine schuldrechtliche Leistungsbeziehung zwischen dem Gesellschafter und einem Dritten zu finden. Vom eigentlichen Wortlaut der unternehmerischen Sondernorm sind lediglich die Sonderbetriebsvergütungen als Leistungsbeziehung zwischen Mitunternehmerschaft und Gesellschafter erfasst, nicht die sonstigen Sonderbetriebseinnahmen.[642] Des Weiteren ist der bloße Verweis der Rechtsprechung auf den Satz 1 der unternehmerischen Sondernorm überraschend. Der BFH übersieht bei dem Verweis auf Satz 1 der Sondernorm in Art. 7 Abs. 7 DBA-Schweiz, dass dort Einkünfte aus einer Personengesellschaft ganz allgemein erfasst werden. Hieraus liest der BFH einen einheitlichen Gewinnbegriff aus dem Gewinnanteil an der Mitunternehmerschaft zzgl. Sonderbetriebseinnahmen und trägt damit den national ertragsteuerlichen Begriff der Mitunternehmereinkünfte in das Abkommen hinein um die Annahme einer tatsächlichen Zugehörigkeit einer Kapitalgesellschaftsbeteiligung zur Betriebsstätte zu bejahen. Diese rein rechtliche Wertung wurde nicht nur von der Rechtsprechung seit dem *Urteil vom 27.02.1991*[643] ausgeschlossen, noch dazu müsste im Umkehrschluss für alle DBA ohne unternehmerische Sondernorm die tatsächliche Zugehörigkeit einer Beteiligung an einer Komplementär-GmbH zur Betriebsstätte ausscheiden. Der BFH ist jedoch in ständiger Rechtsprechung[644] der Auffassung, dass der Grundsatz der Zugehörigkeit einer Beteiligung zu einer Betriebsstätte durch die unternehmerische Sondernorm lediglich gestützt würde,[645] die unternehmerische Sondernorm mithin deklaratorische Bedeutung hätte. Der allgemeine Grundsatz ergebe sich allerdings aus dem Abkommen als solchem, so dass die gebildeten Zuordnungskriterien auch auf DBA ohne entsprechende Sondernormen anzuwenden seien.[646]

641 Vgl. die Ausführungen zu den Unterschieden von Sonderbetriebsvergütungen und sonstigen Sonderbetriebseinnahmen: Seite 8.
642 Vgl. zum Anwendungsbereich der unternehmerischen Sondernormen: Seite 138 ff.
643 BFH, Urteil vom 27.02.1991 – I R 15/89.
644 st. Rspr. BFH, Urteil vom 26.02.1992 – I R 85/91; vgl. aus neuerer Zeit: BFH, Urteil vom 21.01.2016 – I R 49/14.
645 st. Rspr. BFH, Urteil vom 26.02.1992 – I R 85/91; vgl. aus neuerer Zeit: BFH, Urteil vom 21.01.2016 – I R 49/14.
646 Vgl. st. Rspr. BFH, Urteil vom 26.02.1992 – I R 85/91; vgl. aus neuerer Zeit: BFH, Urteil vom 21.01.2016 – I R 49/14.

b) Nebenertragsfähigkeit der Beteiligungsbezüge

Unter Außerachtlassen des Verweises des BFHs auf die Konkretisierung der funktionalen Zugehörigkeit durch die Merkmale der Zuordnung einer Beteiligung zum notwendigen Sonderbetriebsvermögen II, könnte die funktionale Zugehörigkeit eine eigenständige Auslegung der tatsächlichen Zugehörigkeit darstellen. Der BFH nimmt eine Auslegung der tatsächlichen Zugehörigkeit *auf andere Weise* zu einer Betriebsstätte durch eine funktionale Zugehörigkeit vor. Eine funktionale Zugehörigkeit sei anzunehmen, wenn das zuzuordnende Wirtschaftsgut einen *Nebenertrag* der Betriebsstätteneinkünfte generiere. Eine Definition der Nebenertragsfähigkeit fehlt jedoch. Mangels abkommensrechtlicher Begriffsbestimmung, nach Art. 3 Abs. 2 OECD MA ist der Begriff daher aus dem Abkommenszusammenhang heraus auszulegen. Der Begriff des *Nebenertrags* der eigentlichen geschäftlichen Tätigkeit der Betriebsstätte ist in Abgrenzung der besonderen Verteilungsnormen zueinander zu sehen. Als Ausnahme des in Art. 7 Abs. 4 OECD MA niedergelegten Spezialitätsgrundsatzes normiert der funktionale Zusammenhang eine Zuordnung anhand der stärksten Verknüpfung der Erträge mit einem Vertragsstaat aufgrund der Betriebsstättenzugehörigkeit.[647] Es wird die wirtschaftliche Funktionalität in den Vordergrund gestellt, die einen gerechten Ausgleich zwischen den Vertragsstaaten aufgrund einer besonderen lokalen Verwurzelung in der Betriebsstätte ermöglichen soll und welchem die Rechtsfolgen der besonderen Verteilungsnormen nicht gerecht werden könnten, weshalb eine Korrektur der Zuweisung des Besteuerungsrechts über die Zuordnung zum Betriebsstättenstaat erfolgt. Abstellend auf die Bedeutung des Begriffs der Nebenerträge ist zwischen einem Hauptertrag, der sich aus der überwiegenden Tätigkeit der Gesellschaft ergibt und einem Tätigkeitsertrag zu differenzieren, der lediglich beiläufig erzielt wird. Für Beteiligungen ist von einem Haupttätigkeitsertrag auszugehen, wenn es sich um eine sog. Beteiligungsgesellschaft handelt, deren Tätigkeit sich nicht in der reinen Vermögensverwaltung erschöpft, sondern eine Managementfunktion, im Sinne einer geschäftsleitenden Holding vorliegt.[648] Ein Nebenertrag ist damit anzunehmen, wenn es sich nicht um eine reine Beteiligungsgesellschaft handelt und die Beteiligung an der Kapitalgesellschaft für Zwecke der Betriebsstättengeschäftstätigkeit eine dienende Funktion aufweist.[649] Davon ist insbesondere auszugehen, wenn die Einkünfte aus der Beteiligung

---

647 Vgl. zum Argument des stärkeren territorialen Bezugs als innere Rechtfertigung des Betriebsstättenvorbehalts: Siegers, Betriebsstättenvorbehalte und funktionale Zuordnung von Wirtschaftsgütern, in: *Kaeser*, Festschrift Wassermeyer zum 75. Geburtstag, S. 319.

648 BFH, Urteil vom 15.04.1970 – I R 122/66; *Hruschka*, IStR 2016, 437 (439); Roth, Zuordnung von Wirtschaftsgütern bei Betriebsstätten und Personengesellschaften, in: *Lüdicke*, Zurechnung, S. 108.

649 Auf eine Dienlichkeit der Funktion der Kapitalgesellschaft abstellend: BFH, Urteil vom 21.01.2016 – I R 49/14; Hruschka stellt auf einen inneren Zusammenhang zwischen Wirtschaftsgut und Betriebsstätte ab, der über das bloße Fördern und Nützlich sein hinaus geht. *Hruschka*, IStR 2016, 437 (441).

auf das konkrete Betriebsstättenergebnis auswirken.[650] Auf die Höhe der Beteiligung kommt es abkommensrechtlich nicht an.[651] Die funktionale Zugehörigkeit schaut rein faktisch durch den Rechtsmantel der Beteiligung hindurch auf die Tätigkeit der Kapitalgesellschaft[652] und beurteilt ihre Dienlichkeit im Hinblick auf das Unternehmen der Mitunternehmerschaft. Ist als Betriebsstätte eine Geschäftsleitungsbetriebsstätte der Mitunternehmerschaft anzunehmen, stellt sich die Frage, welche Einkünfte dieser Betriebsstätte zuzurechnen sind. Einer Geschäftsleitungsbetriebsstätte sind grundsätzlich die Einkünfte zuzurechnen, die sie für die konkrete Geschäftsführung erhält. Durch eine Beteiligung an der geschäftsführenden Komplementär-GmbH kann der Mitunternehmer in der Gesellschafterversammlung der Komplementär-GmbH unmittelbar auf die Geschäftsführung des Unternehmens der Mitunternehmerschaft Einfluss nehmen. Ist diese Kapitalgesellschaft für das Unternehmen der Mitunternehmerschaft dienlich, wird eine Dienlichkeit der Beteiligung auch für die konkrete Geschäftsleitungstätigkeit als solcher angenommen. Beschränkt sich die Tätigkeit der Komplementär-GmbH daher ausschließlich oder fast ausschließlich auf die Geschäftsführung des Unternehmens ist eine Beteiligung eines Mitunternehmers an der Komplementär-GmbH für die Geschäftsführung das Unternehmen der Mitunternehmerschaft dienlich, so dass die Beteiligungserträge bei funktionaler Betrachtungsweise als Nebenertrag der eigentlichen Betriebsstättentätigkeit einzuordnen sind.[653]

2. *Einführung einer „Sonderbetrieb-Betriebsstätte“*

Wassermeyer führte in die fachliche Diskussion die Frage der Existenz einer *Mitunternehmer-Betriebsstätte*[654] ein, die sich in den letzten Jahren hin zu einer *Sonderbetriebs-Betriebsstätte*[655] konkretisiert hat. S.E. sollte das bloße Innehaben einer Beteiligung an einer Mitunternehmerschaft eine eigenständige Betriebsstätte des jeweiligen Mitunternehmers in Bezug auf dessen Sonderbetriebsvergütungen begründen.[656] Die Mitunternehmer-Betriebsstätte[657] umfasse all jene

650 Vgl. *Goebel/Boller/Ungemach*, IStR 2008, 643 (648).

651 Vgl. BFH, Urteil vom 21.01.2016 – I R 49/14.

652 Vgl. *Hruschka*, IStR 2016, 437 (441).

653 st. Rspr. seit: BFH, Urteil vom 26.02.1992 – I R 85/91; aus neuerer Zeit: BFH, Urteil vom 21.01.2016 – I R 49/14 m.w.N.

654 Wassermeyer in: *Schnittker/Wassermeyer/Richter*, Personengesellschaften, Rn. 2.11.

655 *Haase/Brändel*, StuW 2011, 49 (56); *Kahlenberg/Hagemann*, BB 2014, 215 (216).

656 Wassermeyer in: *Schnittker/Wassermeyer/Richter*, Personengesellschaften, Rn. 2.11; *Wassermeyer*, IStR 2011, 85 (89); ihm folgend: *Stemler*, Sonderbetriebsvergütungen, S. 149.

657 Während Rosenberg/Farle auf die Annahme einer Geschäftsleitungsbetriebsstätte abstellen, in der die tagesgeschäftlichen Entscheidungen betreffend des sonderbetrieblichen Bereichs getroffen werden, Rosenberg/Farle in: *Schnittker/Wassermeyer/Richter*, Personengesellschaften, Rn. 13.13; nehmen Haase/Brändle eine Betriebsstätte am Ort der tatsächlichen Verwaltung der Forderung an. *Haase/Brändel*, StuW 2011, 49 (56).

Wirtschaftsgüter, die kraft gesetzlicher Fiktion des § 15 Abs. 1 Satz 1 Nr. 2 EStG dem Sonderbetriebsvermögen zugeordnet und bei dem Gesellschafter zu Sonderbetriebsvermögen führen würden.[658] Damit wären grundsätzlich auch Beteiligungen im Sonderbetriebsvermögen erfasst. Der Annahme einer Sonderbetriebsvermögensbetriebsstätte liegt der Gedanke der Vermeidung betriebsstättenloser Einkünfte zugrunde (floating income).[659] Während der BFH in seinen *Urteilen vom 13.02.2008*[660] und *19.05.2010*[661] von der Unzulässigkeit betriebsstättenloser Einkünfte ausging,[662] wird überwiegend aufgrund der Anforderung einer tatsächlichen Erwirtschaftung durch die Betriebsstätte von der Existenz betriebsstättenloser Einkünfte ausgegangen. Allein das Vorliegen einer durch die Mitunternehmerschaft vermittelten Betriebsstätte, kann die Anforderungen der tatsächlichen Zugehörigkeit des Wirtschaftsgutes zu dieser Betriebsstätte nicht erfüllen. Es kommt vielmehr auf eine funktionale Zugehörigkeit der Einkünfte zu der konkreten Betriebsstätte an. Bestehe keine weitere Betriebsstätte, die die Sonderbetriebseinnahmen erwirtschafte, erfolge eine Zurechnung der Einkünfte regulär nach Art. 7 Abs. 1 OECD MA zum Stammhaus. Dies hat zur Folge, dass Gewinne aus Sonderbetriebseinnahmen im Ansässigkeitsstaat des Gesellschafters besteuert werden können.[663]

Der BFH entschied erstmals zu einer Mitunternehmerbetriebsstätte mit *Urteil vom 12.06.2013*[664] und konkretisierte diese dahingehend, dass die reine Vermögensverwaltung keine hinreichende Voraussetzung zur Begründung einer Betriebsstätte sei.[665] Vielmehr müsse die Tätigkeit die Voraussetzungen des Art. 5 OECD MA erfüllen und eine eigene unternehmerische Tätigkeit begründen.[666] Damit hat der BFH sowohl der Mitunternehmer-Betriebsstätte als auch der Sonderbetriebs-Betriebsstätte eine deutliche Absage erteilt. Die bloße Beteiligung an einer Kapitalgesellschaft, die nach nationalem Recht dem notwendigen Sonderbetriebsvermögen II zugeordnet werden kann, begründet mangels hinreichender Erfüllung der Anforderungen einer festen Geschäftseinrichtung im Sinne des Art. 5 Abs. 1 OECD MA keine Betriebsstätte.[667]

658 *Haase/Brändel*, StuW 2011, 49 (56); *Stemler*, Sonderbetriebsvergütungen, S. 148; *Wassermeyer*, IStR 2011, 85 (89).
659 *Haase/Brändel*, StuW 2011, 49 (54 f.).
660 BFH, Urteil vom 13.02.2008 – I R 63/06.
661 BFH, Urteil vom 19.05.2010 – I R 62/09.
662 Zustimmend: Ditz in: *Schönfeld/Ditz*, DBA-Komm., Art. 7 (2008), Rn. 84; *Schauhoff/Idler*, IStR 2008, 341 (342).
663 *Stemler*, Sonderbetriebsvergütungen, S. 149 ff.
664 BFH, Urteil vom 12.06.2013 – I R 47/12.
665 BFH, Urteil vom 12.06.2013 – I R 47/12.
666 BFH, Urteil vom 12.06.2013 – I R 47/12.
667 Vgl. Allgemein zur Verneinung der Begründung einer Betriebsstätte durch Sonderbetriebsvermögen: *Bresgen*, Qualifikationskonflikte, S. 138 ff.; Hruschka in: *Schönfeld/Ditz*, DBA-Komm., Art. 5, Rn. 69; Roth, Zurechnung von Wirtschaftsgütern bei Betriebsstätten und Personengesellschaften in: *Lüdicke*, Zurechnung, S. 110.

3. *Bestimmung der tatsächlichen Zugehörigkeit nach Art. 3 Abs. 2 OECD MA i.V.m. § 50d Abs. 10 Satz 3 EStG bzw. § 8 AStG*

Die inhaltliche Ausgestaltung der abkommensrechtlich unbestimmten tatsächlichen Zugehörigkeit des Betriebsstättenvorbehalts könnte durch nationale Regelungen bestimmt werden. Ein Rückgriff auf nationales Steuerrecht ist möglich, soweit eine Begriffsbestimmung im Abkommensrecht keinen Niederschlag gefunden hat und der Abkommenszusammenhang nichts anderes erfordert, Art. 3 Abs. 2 OECD MA.[668] Eine Zuordnungsregelung für Wirtschaftsgüter zu einer Betriebsstätte ist in § 50d Abs. 10 Satz 3 EStG zu finden und könnte in der Funktionalitätsprüfung des § 8 AStG zu finden sein.

a) Bestimmung der tatsächlichen Zugehörigkeit nach Art. 3 Abs. 2 OECD MA i.V.m. § 50d Abs. 10 Satz 3 EStG

§ 50d Abs. 10 Satz 3 EStG[669] normiert eine Zuordnung der von § 50d Abs. 10 EStG erfassten Vergütungen zur jener Betriebsstätte, die die tatsächlichen Aufwendungen der Vergütung getragen hat.[670] Richtig ist, dass die in Satz 3 gebildete

---

668 Die bisherigen Auslegungsrichtlinien der in den einzelnen Vertragsstaaten entwickelten Auslegungsgrundsätze scheitern damit an einer übergreifenden Verbindlichkeit über die Länderngrenzen hinaus. In der Vergangenheit wurde jedoch häufig zu Auslegungszwecken einer möglichen Zuordnung von Wirtschaftsgütern auf das Memorandum of Understanding BStBl. 1966 II S. 143 zum DBA-USA zurückgegriffen. Unabhängig davon, dass auch ein Memorandum keine allgemeine Gültigkeit zur Auslegung von völkerrechtlichen Verträgen hat und schon garnicht über die tätsächliche Länderbezogenheit hinaus herangezogen werden darf, sind die Mitte der sechziger Jahre normierten Kriterien mittlerweile veraltet und für eine Zuordnung von Beteiligungen nicht weiter zielführend.

669 Neu eingefügt durch das AmtshilfeRLUmsG vom 26.06.2013 BGBl. I, 1809. Die ursprüngliche Fassung des § 50d Abs. 10 EStG sah sich der Kritik ausgesetzt, dass sie zwar die Sonderbetriebsvergütungen in den Anwendungsbereich der Unternehmensgewinne integrierte, jedoch die Zugehörigkeit des der Zahlung zugrunde liegenden Stammrechts zum Betriebsstättenvermögen aber nicht regelte. Damit lief die ursprüngliche Fassung für eine Inboundkonstellation leer. Die Anwendbarkeit des Betriebsstättenvorbehaltes bestimmte sich weiterhin anhand der tatsächlichen Zugehörigkeit, die durch die Rspr. durch eine funktionale Zugehörigkeit konkretisiert wurde. *Boller/Eilinghoff/Schmidt*, IStR 2009, 109 (114); *Jacobs*, Internationale Unternehmensbesteuerung, S. 1307; Lüdicke in: Personengesellschaften im Internationalen Steuerrecht, *Schön*, Gedächnissymposium Knobbe-Keuk, S. 106; *Meretzki*, IStR 2009, 217 (224); *Schaumburg*, Internationales Steuerrecht, Rn. 18.74; Rosenberg/Farle in: *Schnittker/Wassermeyer/Richter*, Personengesellschaften, Rn. 13.51; *Hils*, DStR 2009, 888 (891); BFH, Urteil vom 08.09.2010 – I R 74/09; BFH, Urteil vom 08.011.2010 – I R 106/09; FG Baden-Württemberg, Urteil vom 09.10.2009 – 10 K 3312/08.

670 Eine Ergebniszurechnung erfolgt entsprechend des getragenen Aufwandes und nicht anhand des der Zahlung zugrundliegenden Stammrechtes. *Frotscher/Geurts*,

Zuordnungsfiktion für Sonderbetriebsvergütungen eine treffende Zuordnung ermöglicht, weil diese in einem unmittelbaren Zusammenhang mit dem getragenen Aufwand der Sonderbetriebsvergütungen gesehen werden können.[671] Für sonstige Sonderbetriebseinnahmen fehlt es jedoch an einem durch die Personengesellschaft getragenen Aufwand.[672] Existiert eine Aufwandsbuchung, ist diese allenfalls in der Sonderbetriebsbilanz oder der Bilanz eines Dritten zu finden, nicht jedoch in der Gesamthandsbilanz der Mitunternehmerschaft.[673] Eine Zuordnung zu einer Betriebsstätte ist damit von der Norm nicht gedeckt.

Als verfehlt muss die Anmerkung von *Rosenberg*[674] und *Hagemann/Kahlenberg*[675] angesehen werden, die eine Zuordnung von sonstigen Sonderbetriebseinnahmen über § 50d Abs. 10 Satz 3 EStG annehmen, soweit irgendeine noch so geringe Vergütung in Bezug auf eine Beteiligung im notwendigen Sonderbetriebsvermögen II, gezahlt wird. Die Verfasser gehen damit von einer (zufällig) neben den sonstigen Sonderbetriebseinnahmen bestehenden Sonderbetriebsvergütung aus. *Gebhard* weist zu Recht darauf hin, dass die Zuordnungsregelung des Satz 3 Halbsatz 2 auf *die Vergütungen* abstelle und damit rein begrifflich nur die konkrete Rechtsbeziehung für die Beantwortung der Zuordnungsfrage zu betrachten ist.[676] Vor dem Hintergrund, dass bei sonstigen Sonderbetriebseinnahmen im Gegensatz zu Sonderbetriebsvergütungen gerade keine entsprechenden Vergütungen, sondern lediglich Erträge durch die Dividenden ausschüttende Kapitalgesellschaft vorliegen, erscheint eine zusätzliche Vergütung durch die Personengesellschaft konstruiert. Außerdem wäre die Zuordnung von Zufälligkeiten des Zusammenfallens von sonstigen Sonderbetriebseinnahmen und Sonderbetriebsvergütungen abhängig, was der Eigenständigkeit der Rechtsbeziehungen entgegenstünde. Darüber hinaus ergäben sich Zuordnungsschwierigkeiten, wenn verschiedene Betriebsstätten bestünden und unterschiedlichen Betriebsstätten Sonderbetriebsvergütungen zugewiesen würden.[677]

EStG-Komm., § 50d, Rn. 293, 295, 180. Lfg., Stand: März 2014 ; Loschelder in: *Schmidt*, EStG-Komm., § 50d, Rn. 64.

671 Vgl. *Hagemann/Kahlenberg*, IStR 2015, 54 (58); Hahn-Joecks in: *Kirchhof*, EStG-Komm., § 50d, Rn. L 14, 246. Aktualisierung, Stand: März 2014.

672 Frotscher in: *Frotscher/Geurts*, EStG-Komm., § 50d, Rn. 296, 180. Lfg., Stand: März 2014; *Hagemann/Kahlenberg*, IStR 2015, 734 (735 f.); *Hagemann/Kahlenberg/Kudert*, Ubg 2014, 80 (83); *Kudert/Kahlenberg*, PIStB 2013, 94 (101 f.); Rosenberg in: *Schnittker/Wassermeyer/Richter*, Personengesellschaften, Rn. 11.55; *Schmitt-Homann*, DStR 2010, 2545 (2548).

673 Vgl. *Kudert/Kahlenberg*, IStR 2013, 801 (804).

674 Rosenberg in: *Schnittker/Wassermeyer/Richter*, Personengesellschaften, Rn. 11.53.

675 *Hagemann/Kahlenberg*, IStR 2015, 734 (736).

676 *Gebhardt*, IStR 2015, 808 (809).

677 *Gebhardt*, IStR 2015, 808 (810).

Frotscher[678] weist daraufhin, dass grundsätzlich eine Zuordnung von Wirtschaftsgütern des notwendigen Sonderbetriebsvermögens II zur Geschäftsleitungsbetriebsstätte der Personengesellschaft erfolgen müsse.[679] Allerdings stoße die Zuordnung s.E. an ihre Grenzen, wenn im Hinblick auf den 2. Halbsatz auf die gleiche Betriebsstätte abzustellen sei.[680] Die *gleiche* Betriebsstätte könne nur angenommen werden, soweit diese die Sonderbetriebseinnahmen auch selbst in persona getragen habe.[681] S.E. habe der Gesetzgeber hier *„nicht zu Ende gedacht"*.[682] *Frotscher* stellt auf eine teleologische Reduktion des Satz 3 Halbsatz 2 ab, mit der Schlussfolgerung, dass dieser für die Erträge aus dem Sonderbetriebsvermögen II keinen Anwendungsbereich eröffnet.[683]

Der Gesetzgeber zielte mit der Novellierung des § 50d Abs. 10 EStG, im Rahmen dessen der neue Satz 3 in den Normtext Eingang gefunden hat, auf einen anderen Zweck[684] als die Schaffung eines Anwendungsbereichs für sonstige Sonderbetriebseinnahmen.[685] Eine Zuordnungsmöglichkeit für sonstige Sonderbetriebseinnahmen und damit für Wirtschaftsgüter des Sonderbetriebsvermögens, die nicht einer Sonderbetriebsvergütung begründenden Leistungsbeziehung zugrunde liegen, war daher nicht intendiert und bietet § 50d Abs. 10 Satz 3 EStG auch nicht. Der Anwendungsbereich des § 50d Abs. 10 Satz 3 EStG ist damit lediglich für die Wirtschaftsgüter des Sonderbetriebsvermögens I eröffnet, die einer Sonderbetriebsvergütung begründenden Leistungsbeziehung zugrunde liegen.[686]

---

678 Frotscher wies ebenfalls ursprünglich jegliche abkommensautonom bestimmbaren Zuordnungskriterien von der Hand und zog zu Auslegungszwecken über Art. 3 Abs. 2 OECD MA die nationalen Bestimmungen des § 50d Abs. 10 i.V.m. § 15 Abs. 1 Satz 1 Nr. 2 EStG heran. Eine Zuordnungsmöglichkeit von Sonderbetriebsvermögen zur Personengesellschaft ließ sich s.E. unproblematisch schlussfolgern, zumal mittels einer Auslegung der Anforderungen über nationale Kriterien eine hinreichende Bestimmung der Zuordnungskriterien möglich sei. *Frotscher*, IStR 2009, 593 (596).

679 Frotscher in: *Frotscher/Geurts*, EStG-Komm., § 50d, Rn. 296. 180. Lfg., Stand: März 2014.

680 Frotscher in: *Frotscher/Geurts*, EStG-Komm., § 50d, Rn. 296. 180. Lfg., Stand: März 2014.

681 Frotscher in: *Frotscher/Geurts*, EStG-Komm., § 50d, Rn. 296. 180. Lfg., Stand: März 2014.

682 Frotscher in: *Frotscher/Geurts*, EStG-Komm., § 50d, Rn. 296. 180. Lfg., Stand: März 2014.

683 Frotscher in: *Frotscher/Geurts*, EStG-Komm., § 50d, Rn. 296. 180. Lfg., Stand: März 2014.

684 Vgl. Frotscher in: *Frotscher/Geurts*, EStG-Komm., § 50d, Rn. 290, 180. Lfg., Stand: März 2014; Wassermeyer in: *Wassermeyer*, DBA-Komm., Art. 7 (2000) MA, Rn. 106, 124. Lfg., Stand: Okt. 2013.

685 Vgl. zum Anwendungsbereich des § 50d Abs. 10 EStG: Seite 101 ff.

686 BFH, Urteil vom 16.05.1990 – I R 16/88; BFH, Urteil vom 30.08.1995 – I R 112/94.

b) Bestimmung der tatsächlichen Zugehörigkeit nach den Grundsätzen des § 8 AStG

Stellt die Rechtsprechung des BFH zur Konkretisierung der tatsächlichen Zugehörigkeit auf eine funktionale Betrachtung ab, läge es grundsätzlich nahe einen Rückgriff auf bereits kodifizierte Grundsätze des funktionalen Zusammenhangs in § 8 AStG vorzunehmen.[687] § 8 AStG begründet die sachlichen Voraussetzungen für die Hinzurechnungsbesteuerung und enthält eine enumerative Auflistung eines aktiven bzw. passiven Tätigkeitskatalogs,[688] der für die Annahme einer Zwischengesellschaft im Rahmen der Hinzurechnungsbesteuerung erforderlich ist. Im Gegensatz zum Ertragsteuerrecht, das eine Regelung der Verhältnisse der Steuertatbestände zueinander durch den Subsidiaritätsgrundsatz begründet, regelt § 8 AStG nicht in welcher Art und Weise Haupt-, Neben- und Folgetätigkeiten unter den Tätigkeitskatalog zu fassen sind.[689] Die Abgrenzung wird anhand einer *Funktionalitätsprüfung* vorgenommen, die auf den Sinn und Zweck der Positivliste des § 8 Abs. 1 Nr. 1 bis 9 AStG gestützt wird.[690] Danach sollen wirtschaftlich einheitliche Tätigkeiten auch steuerrechtlich einheitlich beurteilt werden. Dieser Zuordnungsmaßstab der Funktionalitätsprüfung könnte grundsätzlich der inhaltlichen Ausgestaltung der durch die Rechtsprechung entwickelten funktionalen Zugehörigkeit dienen.

Einen Rückgriff auf die Regelungen des § 8 AStG sieht auch das *BMF-Schreiben betreffend das Abkommen zwischen der BRD und der Schweizerischen Eidgenossenschaft zur Vermeidung der Doppelbesteuerung auf dem Gebiet der Steuern vom 26.03.1975*[691] vor. Zur Ermittlung des Betriebsstättengewinns einer schweizer Betriebsstätte wird für die Bestimmung einer aktiven Betriebsstättentätigkeit auf die in § 8 AStG niedergelegten Grundsätze der funktionalen Betrachtungsweise zurückgegriffen.[692] Das Heranziehen der Grundsätze der Funktionalität aus § 8 AStG zur Bestimmung der tatsächlichen Zugehörigkeit im Sinne des Betriebsstättenvorbehalts im DBA-Schweiz ist jedoch nicht gefordert. Anders beurteilt dies der BFH in seinem *Urteil vom 30.08.1995*[693] *und*

---

687 Vgl. Gosch, Über die Nichtanwendung höchstrichterlicher Rechtsprechung, in: *Mellinghoff/Schön/Viskorf*, Festschrift Spindler, S. 422; Neu in: *Prinz/Hoffmann*, Personengesellschaften, § 29, Rn. 132; *Schmitt-Homann*, DStR 2010, 2545 (2546); Strunk in: *Mössner*, Steuerrecht, Rn. 4.113.

688 Um die sachliche Voraussetzung einer Zwischengesellschaft zu begründen, darf diese nicht einer negativ enumerativ aufgelisteten aktiven bzw. bedingt aktiven Tätigkeit nachgehen. Sie muss mithin passive Einkünfte generieren. Rödel in: *Kraft*, AStG-Komm., § 8, Rn. 1–3.

689 Wassermeyer/Schönfeld in: *Flick/Wassermeyer/Baumhoff/Schönfeld*, AStG-Komm., § 8, Rn. 11, 73. Lfg., Stand: Aug. 2014.

690 Wassermeyer/Schönfeld in: *Flick/Wassermeyer/Baumhoff/Schönfeld*, AStG-Komm., § 8, Rn. 31, 73. Lfg., Stand: Aug. 2014.

691 BMF IV C 6-S 1301-Schweiz-3/75, Tz. 3.1.2.1.

692 BMF IV C 6-S 1301-Schweiz-3/75, Tz. 3.1.2.1.

693 BFH, Urteil vom 30.08.1995 – I R 112/94.

29.11.2000[694]. Er bestimmt die tatsächliche Zugehörigkeit unter Herziehen der funktionalen Betrachtungsweise des § 8 AStG über den in Art. 24 Abs. 1 Nr. 1 DBA-Schweiz normierten Aktivitätsvorbehalt und begründet eine Zugehörigkeit von Wirtschaftsgütern zur Betriebsstätte in den Fällen, in denen nach allgemeiner Verkehrsauffassung deren wirtschaftliches Ertragsergebnis Nebenerträge der *schwerpunktmäßig* erzielten Betriebsstättenergebnisse sind.[695] Als Indiz einer tatsächlichen Zugehörigkeit eines Vermögenswerts könne angeführt werden, dass die aus seiner Nutzung erzielten Einkünfte Einfluss auf die Höhe der Einkünfte der Betriebsstätte hätten, die aus der unternehmerischen Tätigkeit im engeren Sinne erzielt würden.[696]

Eine Zugehörigkeit einer Beteiligung im Sonderbetriebsvermögen zur Betriebsstätte nach Maßgabe von § 8 AStG, würde eine *schwerpunktmäßig ausgeübte aktive Betriebsstättengeschäftstätigkeit* voraussetzen. Welche Tätigkeit der Betriebsstätte die schwerpunktmäßig ausgeübte Tätigkeit darstellt, ist für eine lediglich mittelbar dienliche Beteiligung jedoch nicht relevant und kann die Zuordnungsentscheidung nicht begründen.[697] Dafür spricht auch, dass die eigentliche Zielrichtung von § 8 AStG eine vollkommen andere ist, als die des Betriebsstättenvorbehalts.[698] Während der Betriebsstättenvorbehalt eine Zuordnung des Besteuerungsrechts anhand der Verwurzelung der Einkünfte vornimmt, grenzt § 8 AStG aktive und passive Einkünfte für Zwecke der Hinzurechnungsbesteuerung voneinander ab. § 8 AStG wurde im Gesamtkonzept des AStG als Missbrauchsvermeidungsnorm geschaffen und beruht damit auf einer vollständig anderen Intention des Gesetzgebers.[699] In diesem Sinne ist auch die Bezugnahme des Art. 24 Abs. 1 Nr. 1 lit. b) DBA-Schweiz[700] und des *BMF-Schreibens vom 26.03.1975* zu sehen, die auf eine Abgrenzung der Betriebsstättengewinne als solche abstellen, nicht jedoch einen Bezug zum Betriebsstättenvorbehalt zieht. Weder der Wortlaut der Betriebsstättenvorbehalte fordert eine tatsächliche Zugehörigkeit zu einer aktiven Betriebsstättentätigkeit noch lässt sich aus der Systematik der Aktivklausel des DBA-Schweiz ein Rückschluss auf eine Verknüpfung ziehen.[701] Wie *Läufer* richtig feststellt, findet sich die Aktivklausel in

---

694 Im zweiten Rechtszug erneut an den BFH gelangtes Verfahren vom 30.08.1995. BFH, Urteil vom 29.11.2000 – I R 84/99.

695 BFH, Urteil vom 30.08.1995 – I R 112/94.

696 BFH, Urteil vom 30.08.1995 – I R 112/94.

697 Vgl. *Ehlermann/Petersen*, IStR 2011, 747 (750); s.a. *Nowotny*, Betriebstättengewinnermittlung, S. 151, Nowotny verweist darauf, dass bei einer Zuordnung zur rein schwerpunktmäßig betriebenen Geschäftstätigkeit übersehen werde, dass in einer Betriebsstätte eines Unternehmens mehrere Tätigkeiten ausübt werden könnten.

698 Häck in: *Flick/Wassermeyer/Kempermann*, DBA-Komm. Deutschland-Schweiz, Art. 10, Rn. 132, 42. Lfg., Stand: Mai 2015; *Häck*, ISR 2015, 113 (115); *Hansen*, Zuordnung von Wirtschaftsgütern, S. 159 ff.

699 *Hansen*, Zuordnung von Wirtschaftsgütern, S. 160 f.

700 *Liebchen*, Personengesellschaften, S. 209 f.; *Nowotny*, Betriebstättengewinnermittlung, S. 150.

701 Vgl. *Läufer*, Aktivitätsklauseln in deutschen DBA, S. 76 f.

den Methodenartikeln des DBA, während der Betriebsstättenvorbehalt einen Teil der besonderen Verteilungsnormen darstellt, was systematisch gegen eine Verzahnung der Normen ohne ausdrückliche Normierung spricht.[702] Der BFH hat damit in seinem Urteil vom *30.08.1995*[703] einen fehlgehenden, zu weiten und nicht verallgemeinerbaren Schluss auf den Betriebsstättenvorbehalt gezogen.[704] § 8 AStG findet für die Auslegung der funktionalen Zugehörigkeit keine Anwendung.

4. Bestimmung der tatsächlichen Zugehörigkeit nach den Grundsätzen des AOA

Eine Zugehörigkeit einer Beteiligung im Sonderbetriebsvermögen zur Betriebsstätte kommt nach Maßgabe des sog. Authorized OECD Approach (AOA) nach Art. 7 Abs. 2 OECD MA 2008[705] in Betracht.[706] Der OECD Betriebsstättenbericht 2008 vom 17.07.2008 veröffentlichte erstmals die Grundsätze der AOA, welche eine grenzüberschreitende Betriebsstättengewinnermittlung auf Basis einer Selbständigkeitsfiktion der Betriebsstätte normierte (sog. functionally separate entity approach).[707] Eine Abgrenzung der Leistungsbeziehungen und der Vermögenszuordnung zwischen Stammhaus und Betriebsstätte soll mittels Fremdvergleich vorgenommen werden. Die Gewinnabgrenzung zwischen Stammhaus und Betriebsstätte erfolgt demnach in zwei Schritten. In einem ersten Schritt ist eine Funktions- und Risikoanalyse des Stammhauses und der Betriebsstätte unter Berücksichtigung der

---

702 *Läufer*, Aktivitätsklauseln in deutschen DBA, S. 77.

703 BFH, Urteil vom 30.08.1995 – I R 112/94.

704 Vgl. *Hansen*, Zuordnung von Wirtschaftsgütern, S. 160 f.; *Läufer*, Aktivitätsklauseln in deutschen DBA, S. 77; *Nowotny*, Betriebstättengewinnermittlung, S. 155.

705 Stammhaus und Betriebsstätte bilden gemeinsam ein einheitliches Unternehmen, so dass der Gewinn einer Betriebsstätte rechtlich lediglich einheitlich mit dem Unternehmen entstehen kann. *Jacobs*, Internationale Unternehmensbesteuerung, S. 667 f.; 2010 wurde in Art. 7 Abs. 2 OCED MA der Authorized OECD Approach verankert. Danach wird die Betriebsstättengewinnermittlung auf Basis der absoluten (hypothetisch) rechtlichen Selbststandigkeit ermittelt. Kaeser/Wassermeyer in: *Wassermeyer*, DBA-Komm., Art. 10 MA, Rn. 163, 122. Lfg., Stand: März 2013. Dabei wird nicht nur die eigentliche Geschäftstätigkeit der Betriebsstätte fiktiv verselbstständigt, sondern das Unternehmen selbst als eigenständiges rechtlich selbstständiges Unternehmen aufgefasst. Das führt dazu, dass Innentransaktionen zwischen Stammhaus und Betriebsstätte anzuerkennen und fremdvergleichskonform zu verrechnen sind. Die Gewinne werden nach der direkten Methode ermittelt, was bedeutet, dass der Betriebsstättengewinn auf Grundlage einer eigenen Betriebsstätten-Buchführung zu ermitteln ist.

706 Vorbehalte in der Anwendung des geänderten Art. 7 Abs. 2 OECD MA 2010 haben u.a. Chile, Griechenland, Mexiko, Neuseeland gemeldet (vgl. Art. 7 Nr. 94 bis 97 MK). Vgl. Kaeser, Verfassungs- und EU-rechtl. Probleme der Umsetzung des AOA in dt. Recht, in: *Lüdicke/Schnitger/Spengel*, Festschrift Endres, S. 181.

707 Report on the attribution of profits to permanent establishments 2008 (OECD-Report 2008), Part I ff.

spezifischen Funktions- und Risikoallokation durchzuführen.[708] Grundlegender Zuordnungsmaßstab ist der „economic owner“, der sich im Sinne des AOA anhand von Personalfunktionen,[709] sog. significant peoples functions bestimmt.[710] In einem zweiten Schritt sind die Leistungsbeziehungen zwischen verbundenen Unternehmen anhand von Verrechnungspreisen zu betrachten.[711] Die Grundsätze der AOA sind sowohl für eine Gewinnabgrenzung im Sinne des Art. 7 Abs. 1 Satz 2 OECD MA, als auch aufgrund ausdrücklichen Verweises im MK in Art. 10 Tz. 32.1 für eine Wirtschaftsgüterzuordnung der Betriebsstättenvorbehalte anzuwenden.[712]

a) Zuordnung einer Beteiligung nach den Grundsätzen der AOA, Art. 7 Abs. 2 OECD MA

Ein Zuordnungsmaßstab für Beteiligungen ist nicht ausdrücklich geregelt. Die Kommentierung des Betriebsstättenvorbehalts in Art. 10 Tz. 32.1 verweist undifferenziert sowohl auf die Zuordnungsmaßstäbe der materiellen, als auch der immateriellen Wirtschaftsgüter.[713] Für materielle Wirtschaftsgüter wird auf den Ort der tatsächlichen Nutzung des Wirtschaftsguts abgestellt. Ein Ort der tatsächlichen Nutzung existiert bei einer Beteiligung nicht, so dass der Zuordnungsmaßstab auf Beteiligungen nicht übertragbar ist.[714] Es verbietet sich an die rechtliche Registrierung der Beteiligung anzuknüpfen, weil diese als Pendant zum zivilrechtlichen Eigentum an materiellen Wirtschaftsgütern immer auf den Gesellschafter als Rechtsträger lauten wird und damit gerade nicht die Zuordnung zum Stammhaus oder zu

---

708 Ditz, Umsetzung des „Authorised OECD Approach“ in deutsches Steuerrecht, in: *Lüdicke/Blumenberg*, Vermeidung der Doppelbesteuerung, S. 110.

709 Als Personalfunktion definiert § 2 Abs. 3 Satz 1 BsGaV Geschäftstätigkeiten, die vom eigenen Personal für das Unternehmen ausgeübt werden. Vom Begriff des Personals werden auch Gesellschafter des Unternehmens erfasst, § 2 Abs. 3 Satz 2, 3 BsGaV; mithin auch die Mitunternehmer.

710 Dabei darf kein Rückgriff auf eine Auslegung im Sinne des § 39 Abs. 2 AO vorgenommen werden. Häck in: *Flick/Wassermeyer/Kempermann*, DBA-Komm. Deutschland-Schweiz, Art. 10, Rn. 134, 42. Lfg., Stand: Mai 2015; *Häck*, ISR 2015, 113 (116); „Economic owner“ wird als „the equivalent of ownership for income tax purpose by a separate enterprise, with the attendant benefits and burdens“ definiert. Commentaries on the articles of the Model Tax Convention, Art. 10, Tz. 32.1 S. 2.

711 Ditz, Umsetzung des „Authorized OECD Approach“ in deutsches Steuerrecht in: *Lüdicke/Blumenberg*, Vermeidung der Doppelbesteuerung, S. 110.

712 Commentaries on the articles of the Model Tax Convention, Art. 10, Tz. 32.1.

713 Commentaries on the articles of the Model Tax Convention, Art. 10, Tz. 32.1; Häck in: *Flick/Wassermeyer/Kempermann*, DBA-Komm. Deutschland-Schweiz, Art. 10, Rn. 135, 42. Lfg., Stand: Mai 2015; *Häck*, ISR 2015, 113 (116).

714 Kaeser in: *Wassermeyer*, DBA-Komm., Art. 7 (2010) MA, Rn. 475, 124. Lfg., Stand: Okt. 2013; Wassermeyer in: *Wassermeyer/Baumhoff*, Verrechnungspreise, Rn. 2.173.

der Betriebsstätte ermöglicht.[715] Immaterielle Wirtschaftsgüter sollen anhand einer Chancen-Risiko-Analyse dem Unternehmensteil zugeordnet werden, der die Chancen und Risiken aus den Wertveränderungen des Wirtschaftsguts tatsächlich trägt.[716] In einer Chancen-Risiko-Analyse ist maßgeblich der Erwerb, eine gewinnbringende Veräußerung[717] sowie die Verwaltung des Wirtschaftsguts zu berücksichtigen.[718] Eine Beteiligung ist nach internationalem Verständnis[719] *ihrem Wesen nach* ein immaterielles Wirtschaftsgut,[720] so dass eine Beteiligungszuordnung anhand einer entsprechenden Anwendung der Chancen-Risiko-Analyse zu erfolgen hat. Sowohl der Erwerb, die Verwaltung, als auch die Veräußerung sind aufgrund des Verbleibs der Beteiligung im Alleineigentum des Gesellschafters seinem gewinnbringenden Nutzungs- und Ausfallrisiko zuzuordnen. Etwas anderes könnte gelten, wenn die Betriebsstätte in Bezug auf die Anschaffung, Verwaltung und anschließende Veräußerung ein Mitbestimmungsrecht hätte.[721] Liegt eine Ausrichtung des Geschäftsbetriebs der Kapitalgesellschaft auf den der Mitunternehmerschaft vor, sind bei der Wahrnehmung der Teilnahme- und Abstimmungsrechte in der Gesellschafterversammlung der Kapitalgesellschaft die Interessen und Belange der Mitunternehmerschaft im Rahmen gesellschaftsrechtlicher Treuepflichten zu berücksichtigen.[722] Treuepflichten sind jedoch in ihrer Ausgestaltung abstrakt und stellen lediglich eine gesellschaftsrechtliche Generalklausel dar.[723] Der Mitunternehmerschaft ist damit lediglich eine

---

715 Kaeser in: *Wassermeyer*, DBA-Komm., Art. 7 (2010) MA, Rn. 479, 124. Lfg., Stand: Okt. 2013.

716 Ditz in: *Schönfeld/Ditz*, DBA-Komm., Art. 7 (2010), Rn. 26; Häck in: *Flick/Wassermeyer/Kempermann*, DBA-Komm. Deutschland-Schweiz, Art. 10, Rn. 135, 42. Lfg., Stand: Mai 2015; *Häck*, ISR 2015, 113 (116); *Kahle/Mödinger*, IStR 2010, 757; *Kosch*, IStR 2010, 42 (43); Strunk in: *Mössner*, Steuerrecht, Rn. 4.77.

717 Ditz in: *Schönfeld/Ditz*, DBA-Komm., Art. 7 (2010), Rn. 25.

718 Häck in: *Flick/Wassermeyer/Kempermann*, DBA-Komm. Deutschland-Schweiz, Art. 10, Rn. 139, 42. Lfg., Stand: Mai 2015.

719 Nach deutschem Bilanzrecht ist eine Kapitalgesellschaftsbeteiligung kein immaterielles Wirtschaftsgut, vgl. § 266 Abs. 2, A, I HGB, sondern eine gesondert aufgeführte Finanzanlage, §§ 266 Abs. 2, A, Nr. 3 i.V.m. 271 Abs. 1 HGB. Die nationale Wertung ist jedoch abkommensrechtlich nicht nur unbeachtlich, für die Anwendung der Zuordnungskriterien der AOA ist außerdem festzuhalten, dass auch nach deutschem Verständnis für eine Zuordnung zur Kategorie materielles oder immaterielles Wirtschaftsgut die Beteiligung seinem Wesen nach, eher der Kategorie immaterielles Wirtschaftsgut zuzuordnen ist.

720 Häck in: *Flick/Wassermeyer/Kempermann*, DBA-Komm. Deutschland-Schweiz, Art. 10, Rn. 135, 42. Lfg., Stand: Mai 2015.

721 Vgl. Häck in: *Flick/Wassermeyer/Kempermann*, DBA-Komm. Deutschland-Schweiz, Art. 10, Rn. 135, 42. Lfg., Stand: Mai 2015; *Kaeser*, ISR 2012, 63 (67).

722 Vgl. zur Auswirkung der Treuepflichten in der Gesellschafterversammlung der Kapitalgesellschaft bei wesentlicher Ausrichtung von Mitunternehmerschaft und Kapitalgesellschaft aufeinander: Seite 34 ff.

723 Merkt in: *Fleischer/Goette*, GmbHG-MüKo., § 13, Rn. 88.

mittelbare Einflussnahme bei der Verwaltung der Beteiligung einzuräumen. Finanzielle Risiken und Lasten eines Erwerbs und der gewinnbringenden Veräußerung der Beteiligung liegen ausschließlich bei dem Gesellschafter. Obwohl auch in der Erwerbsentscheidung die Belange der Personengesellschaft aufgrund gesellschaftsrechtlicher Treuepflichten nicht außer Acht zu lassen sind, reichen sie nicht soweit, dass einem Gesellschafter eine Erwerbspflicht bzgl. einer mehrheitlichen Beteiligung auferlegen werden könnte.[724] Über die Einlageleistung hinaus kann eine finanzielle Leistung nicht verlangt werden. Gleiches muss bzgl. der Veräußerung einer Beteiligung gelten. Bei gleicher Gewichtung der Chancen und Risiken muss daher eine Zuordnung zum Stammhaus und damit zum Gesellschafter erfolgen.

Kaeser konkretisiert das zentrale Zuordnungsmerkmal in der Chancen-Risiko-Analyse einer rein strategischen Beteiligung als die maßgebliche Beeinflussungsmöglichkeit der Verwaltungsrechte.[725] Kann die Betriebsstätte die Verwaltungsrechte in ihrem Sinne beeinflussen, sei von einer Zuordnung zur Betriebsstätte auszugehen.[726] Der Begriff der strategischen Beteiligung ist unbestimmt. Werden unter ihn alle Beteiligung gefasst, die für die Mitunternehmerschaft einen wirtschaftlichen Nutzen bringen und sich daher auf den Mitunternehmerschaftsgewinn auswirken, ist eine Beteiligung im Sonderbetriebsvermögen als strategische Beteiligung erfasst, weil durch die Beteiligung eine engere Abstimmung der Geschäftsbereiche von Kapitalgesellschaft und Mitunternehmerschaft erreicht werden kann.[727] Abstellend auf die zu berücksichtigenden gesellschaftsrechtlichen Treuepflichten, wäre eine mittelbare Beeinflussung der Verwaltungsrechteausübung durch die Interessen und Belange der Mitunternehmerschaft anzunehmen.[728] Eine lediglich mittelbare Beeinflussungsmöglichkeit der Verwaltungsrechtsausübung, die auf abstrakte Treuepflichten als gesellschaftsrechtliche Generalklausel gestützt wird, kann jedoch allein nicht als ausschlaggebend angesehen werden. Ferner stellt diese Auslegung die Chancen aus der Beteiligung einseitig in den Vordergrund und lässt die Risiken aus der Beteiligung außer Acht. Basiert die Zuordnung einer Beteiligung auf einer Zuordnung aufgrund der Ausübungsmöglichkeit von Chancen *und* dem Tragen von Risiko muss beides gleich gewichtet werden.[729]

---

724 Anders im Rahmen der Leistung eines Nachschusses für Sanierungszwecke, vgl. Henze/Notz in: *Ebenroth/Boujong/Joost/Strohn*, HGB-Komm., § 177a Anhang A, Rn. 118.

725 *Kaeser*, ISR 2012, 63 (67 f.).

726 *Kaeser*, ISR 2012, 63 (67 f.).

727 Vgl. zur Auswirkung einer Beteiligung im Sonderbetriebsvermögen auf den Betriebsstättengewinn: Seite 167 ff.

728 Vgl. zur Beeinflussung von Gesellschafterbeschlüssen durch Wahrung von Treuepflichten gegenüber der Mitunternehmerschaft: Seite 119 f.

729 In Frage stellend: Häck, der aus dem „und" auch ein „oder" lesen könnte. Vgl. Häck in: *Flick/Wassermeyer/Kempermann*, DBA-Komm. Deutschland-Schweiz, Art. 10, Rn. 135, 42. Lfg., Stand: Mai 2015; Hansen stellt auf eine Übertragung der Beteiligungsrechte von der Personengesellschaft auf den Gesellschafter ab. Bei einer Beteiligung im notwendigen Sonderbetriebsvermögen ist die Situation in soweit anders, als dass nicht die Gesellschaftsrechte auf die Gesellschafter übertragen

Kessler/Huck stellen für eine Beteiligungszuordnung auf die Ausübung wesentlicher unternehmerischer Entscheidungen in der Bestimmung der Unternehmenspolitik der Beteiligungsgesellschaften und die Möglichkeit der Disposition über die Beteiligungen ab.[730] Sei diese dem Betriebsstättenpersonal vorbehalten, sei von einer Zuordnung zur Betriebsstätte auszugehen.[731] Anders als *Kaesers* Zuordnung, ist die Zuordnung *Kessler/Hucks* lediglich auf Holdinggesellschaften zugeschnitten und nicht grundsätzlich auf strategische Beteiligungen, so dass ein Anwendungsbereich für Beteiligungen im Sonderbetriebsvermögen ausscheiden muss.[732]

Die Normierung der AOA in Art. 7 Abs. 2 OECD MA kann jedoch nur insoweit Wirkung entfalten, als dass im entsprechend anzuwendenden Abkommen eine vergleichbare Vorschrift Eingang gefunden hat.[733] Ein Heranziehen für „Alt"-Abkommen ist aufgrund der statischen Verweisung von Abkommen auf eine Auslegung im Sinne des OECD MA und OECD MK im Zeitpunkt des Erlasses aus verfassungsrechtlichen Gründen nicht möglich.[734] Es fehlt an einem erforderlichen Beschluss des Bundestages und der Zustimmung des Bundesrates nach Art. 77, 78 GG zur Transformation in ein deutsches Gesetz.[735] Eine Umsetzung hat bisher lediglich in den DBA mit Liechtenstein, Luxemburg, USA, den Niederlanden, Norwegen, Großbritannien, Irland und Japan stattgefunden.[736] Für alle anderen DBA, die seit der Änderung des Art. 7 Abs. 2 OECD MA und der Anpassung des OECD MK vereinbart wurden, verweisen *Hemmelrath/*

werden, sondern sie sich bereits im Eigentum der Gesellschafter befinden und lediglich im Interesse der Gesellschaft ausgeübt werden. *Hansen*, Zuordnung von Wirtschaftsgütern, S. 270 f.

730 *Kessler/Huck*, IStR 2006, 433 (439).

731 *Kessler/Huck*, IStR 2006, 433 (439).

732 A.A. Hansen, der eine Differenzierung zwischen einer strategischen Beteiligung und einer Holdinggesellschaft nicht als relevantes Kriterium zulassen möchte. *Hansen*, Zuordnung von Wirtschaftsgütern, S. 270 f.

733 Brüninghaus in: *Vögele/Borstell/Engler*, Verrechnungspreise, Kapitel L, Rn. 76, 81; *Hemmelrath/Kepper*, IStR 2013, 37 (38 f.); *Schnitger*, IStR 2012, 633 (633); Prokisch in: *Vogel/Lehner*, DBA-Komm., Art. 1 OECD MA 2005, Rn. 50 a; a.A. Commentaries on the articles of the Model Tax Convention, Einleitung, Tz. 36.

734 Vgl. Urteil aus neuerer Zeit: BFH, Urteil vom 16.01.2014 – I R 30/12 m.w.N. *Hemmelrath/Kepper*, IStR 2013, 37 (39) Hemmelrath und Kepper weisen darauf hin, dass spätere Änderungen des MK auch nicht von Art. 31 Abs. 3 WÜRV erfasst werden, da sie weder vertraglichen Charakter im Sinne einer späteren Übereinkunft haben noch eine spätere Übung im Hinblick auf konkrete DBA begründen; Im Allgemeinen: Mellinghoff, Heranziehen von OECD-Musterabkommen und -Musterkommentar, in: *Kaeser*, Festschrift Wassermeyer zum 75. Geburtstag, S. 42 ff.; Wassermeyer in: *Wassermeyer*, DBA-Komm., Vor. Art. 1, Rn. 60, 103. Lfg., Stand: Jan. 2008.

735 *Schnitger*, IStR 2012, 633 (633 f.); *Wassermeyer*, IStR 2012, 277 (277).

736 Kahle/Kindich in: *Lübbehüsen/Kahle*, Betriebsstätten, Rn. 4.92; Andere kürzlich geschlossene DBA wie das DBA mit China, Taiwan, Philippien, Bulgarien und VAE enthalten keinen AOA. Brüninghaus in: *Vögele/Borstell/Engler*,

Kepper auf die Kenntnis der Änderung der Vertragsstaaten bei Abschluss hin, so dass diese bei ihrer Verhandlungen mit einbezogen worden sei.[737] Zwar zeigt die Praxis der OECD, die seit einigen Jahren neue Kommentierungen in den OECD MK einfügt, ohne Abkommensanpassungen vorzunehmen oder eine Einwilligung der Mitgliedstaaten einzuholen, dass Neuerungen vermehrt durch die Musterkommentierung des Abkommens eingefügt werden. Eine Bindungswirkung für Altabkommen kann daraus jedoch nicht geschlussfolgert werden. Eine Delegation von gesetzgebender Gewalt zugunsten der OECD hat weder stattgefunden noch wäre sie verfassungsrechtlich zulässig, so dass eine automatische Kopplung der Auslegung von DBA durch den jeweils aktualisierten OECD MK nicht sachgerecht und damit zu verneinen ist.[738] Auch der BFH hat einer dynamischen Verweisungstechnik des MK eine klare Absage erteilt,[739] so dass für alle vor dem Jahr 2010 abgeschlossenen DBA die entsprechend geltende Fassung des OECD MK zugrunde zu legen ist. Ohne vorherige Kenntnis der Grundsätze der AOA, kann keine entsprechende Heranziehung erfolgen.[740] Demnach kann von einer Anwendung des AOA lediglich für DBA geschlossen werden, die eine entsprechende Anpassung erfahren haben.[741]

b) Zuordnung einer Beteiligung nach § 1 Abs. 5 AStG i.V.m. § 7 BsGaV

Die Finanzverwaltung stellt in ihrem aktuellsten, Personengesellschaften im internationalen Steuerrecht betreffenden *BMF-Schreiben vom 26.09.2014*[742] auf eine Zuordnung einer Beteiligung nach Maßgabe des § 1 Abs. 5 AStG[743] ab.[744] § 1 Abs. 5

Verrechnungspreise, Kapitel L, Rn. 77; Wassermeyer in: *Wassermeyer/Baumhoff*, Verrechnungspreise, Rn. 2.173.

737 *Hemmelrath/Kepper*, IStR 2013, 37 (40); s.a. *Wassermeyer*, IStR 2012, 277 (278).

738 Brüninghaus in: *Vögele/Borstell/Engler*, Verrechnungspreise, Kapitel L, Rn. 76; Mellinghoff, Heranziehen von OECD-Musterabkommen und -Musterkommentar, in: *Kaeser*, Festschrift Wassermeyer zum 75. Geburtstag, S. 37.

739 BFH, Beschluss vom 08.012. 2010 – I R 92/09; BFH, Urteil vom 09.02.2011 – I R 54, 55/10; BFH, Urteil vom 25.05.2011 – I R 95/10.

740 Kaeser in: *Wassermeyer*, DBA-Komm., Art. 7 (2010) MA, Rn. 714, 124. Lfg., Stand: Okt. 2013.

741 Vgl. *Hansen*, Zuordnung von Wirtschaftsgütern, S. 261.

742 BMF vom 26.09.2014 IV B 5 – S 1300/09/10003, Tz. 2.2.4.1.

743 § 1 Abs. 5 AStG findet trotz vielfältiger Meinungen in der Literatur Anwendung auf Personengesellschaften. Zweck der Norm ist die Gewinnabgrenzung zwischen Stammhaus und Betriebsstätte. § 1 Abs. 5 Satz 7 AStG nimmt lediglich die Beziehung der Mitunternehmerschaft zu ihren Mitunternehmern aus dem Anwendungsbereich der deutschen AOA aus, so dass die AOA bei Personengesellschaft ausschießlich auf die Aufteilung von Wirtschaftsgütern und Einkünften Anwendung findet. *Hruschka*, IStR 2014, 785 (788 f.); Kahle/Kindich in: *Haun/Kahle/Goebel/Reiser*, AStG-Komm., § 1 AStG, Rn. 124, 34. Lfg., Stand: März 2016; *Rogall/Schwan*, DStR 2015, 2633 (2635).

744 Mit § 1 Abs. 5 AStG wurde durch das Amtshilferichtlinen-UmsetzungsG vom 26.06.2013 eingefügt und implemetiert den AOA frühzeitig in innerstaatliches

AStG soll im Wesentlichen die Grundsätze der Rechtsprechung zur funktionalen Zugehörigkeit enthalten und eine Umsetzung des AOA aus Art. 7 Abs. 2 OECD MA in nationales Recht vornehmen.[745] Die Umsetzung der AOA in § 1 Abs. 5 AStG ordnet eine Beteiligung dem Unternehmensteil zu, der diese zur Ausübung der ihr zugeordneten Personalfunktion benötigt, § 1 Abs. 5 Satz 3 Nr. 2 AStG.[746] Zur Konkretisierung des Zuordnungsmaßstabes hat das BMF von seiner Verordnungsermächtigung in § 1 Abs. 6 AStG Gebrauch gemacht und eine Betriebsstättengewinnaufteilungsverordnung (BsGaV) erlassen.[747] Eine eigenständige Zuordnungsregelung für die Zuordnung von Beteiligungen findet sich in § 7 BsGaV, der als maßgebliche Personalfunktion auf die Nutzung der Beteiligung abstellt.[748] Eine unmittelbare Nutzung einer Beteiligung kann regelmäßig nicht festgestellt werden, so dass § 7 Abs. 1 Satz 2 BsGaV die Personalfunktion der Nutzung bereichsspezifisch dahingehend fingiert, dass sich eine solche aus dem funktionalen Zusammenhang der Beteiligung zur Geschäftstätigkeit der Betriebsstätte ergebe.[749] § 7 Abs. 1 BsGaV geht von einer weiten Auslegung der Nutzung aus.[750] Eine Beteiligung könne demnach einer Betriebsstätte zugeordnet werden, soweit sie für eine Geschäftstätigkeit funktional von Nutzen ist bzw. sie der konkreten Geschäftstätigkeit dient.[751] Die Forderung einer Dienlichkeit einer Beteiligung zum Geschäftsbetrieb entspricht der Zuordnung einer Beteiligung zum Sonderbetriebsvermögen I. Eine Zuordnung einer Beteiligung zum Sonderbetriebsvermögen verlangt ebenfalls eine konkrete Dienlichkeit des Wirtschaftsgutes zum Geschäftsbetrieb der Mitunternehmerschaft.[752] Das Sonderbetriebsvermögen II hingegen verlangt für eine Zuordnung eines Wirtschaftsguts zwar eine Dienlichkeit des Wirtschaftsgutes in Bezug auf die Beteiligung

---

Steuerrecht. BStBl. I S. 1809; Häck in: *Flick/Wassermeyer/Kempermann*, DBA-Komm. Deutschland-Schweiz, Art. 10, Rn. 137, 42. Lfg., Stand: Mai 2015.

745 BMF vom 26.09.2014 IV B 5 – S 1300/09/10003, Tz. 2.2.3.; Kahle/Kindich in: *Haun/Kahle/Goebel/Reiser*, AStG-Komm., § 1 AStG, Rn. 257, 34. Lfg., Stand: März 2016; *Häck*, ISR 2015, 113 (119); Häck in: *Flick/Wassermeyer/Kempermann*, DBA-Komm. Deutschland-Schweiz, Art. 10, Rn. 137, 42. Lfg., Stand: Mai 2015.

746 *Hruschka*, IStR 2016, 437 (440); *Froitzheim*, Selbständigkeitsfiktion der Betriebsstätte, S. 188, 213.

747 BGBl. 2014, I Nr. 47, S. 1603.

748 *Ditz/Luckhaupt*, ISR 2015, 1 (5); *Delarber*, Betriebsstättenbesteuerung, S. 261; *Hruschka*, IStR 2016, 437 (441); Kahle/Kindich in: *Haun/Kahle/Goebel/Reiser*, AStG-Komm., § 1 AStG, Rn. 255, 34. Lfg., Stand: März 2016; Kaligin in: *Lademann/Kaligin*, AStG-Komm., § 1 AStG, Rn. 255.

749 BT-Drs. 401/14, 64; insofern soll der Gleichlauf der funktionalen Zuordnung der Rspr. aufrecht erhalten werden. Häck in: *Flick/Wassermeyer/Kempermann*, DBA-Komm. Deutschland-Schweiz, Art. 10, Rn. 139, 42. Lfg., Stand: Mai 2015; *Hruschka*, IStR 2016, 437 (441); Kaligin in: *Lademann/Kaligin*, AStG-Komm., § 1 AStG, Rn. 255.

750 BT-Drs. 401/14, 64.

751 BT-Drs. 401/14, 64; *Ditz/Luckhaupt*, ISR 2015, 1 (5); *Kraft/Dombrowski*, FR 2014, 1105 (1110).

752 Vgl. zu den Anforderungen an das Sonderbetriebsvermögen I: Seite 8 f.

des Gesellschafters an der Mitunternehmerschaft, allerdings liegt zumindest eine mittelbare Einflussnahmemöglichkeit auf die Geschäftspolitik der Kapitalgesellschaft durch die Mitunternehmerschaft vor.[753] Der Gesellschafter hat aufgrund der zu berücksichtigenden Treuepflichten gegenüber der Mitunternehmerschaft in der Beschlussfassung der Kapitalgesellschaftsgesellschafterversammlung auf eine enge Ausrichtung der Geschäftsbereich der Gesellschaften hinzuwirken, so dass auf einen funktionalen Nutzen der Beteiligung für die Geschäftstätigkeit des Unternehmens der Mitunternehmerschaft abgestellt werden kann.[754] Kann mittels der Beteiligung Einfluss auf die Geschäftsführung des Unternehmens der Mitunternehmerschaft genommen werden, ist die Beteiligung der Geschäftsführung dienlich, so dass bei funktionaler Betrachtungsweise eine tatsächliche Zugehörigkeit zur Geschäftsleitungsbetriebsstätte anzunehmen ist. Der weiten Anwendungsbereich der Dienlichkeit im Sinne des § 1 Abs. 5 AStG erfasst damit neben einer Kapitalgesellschaftsbeteiligung im notwendigen Sonderbetriebsvermögen I auch solche im notwendigen Sonderbetriebsvermögen II.

Hruschka hingegen stellt für eine Zuordnung von unentgeltlich überlassenen Wirtschaftsgütern des Sonderbetriebsvermögens I und allgemeinen Wirtschaftsgüter des Sonderbetriebsvermögens II im Rahmen des § 1 Abs. 5 AStG auf den zivilrechtlichen Eigentümer, mithin den Gesellschafter ab.[755] Er begründet dies einerseits mit dem Verweis auf den Anwendungsbereich des § 50d Abs. 10 EStG, der lediglich Sonderbetriebsvergütungen erfasse und mit dem Verweis in § 1 Abs. 5 Satz 7 AStG, der einen Korrekturmaßstab für Geschäftsbeziehungen zwischen Gesellschafter und Mitunternehmerschaft nach dem Fremdvergleichsmaßstab des § 1 Abs. 1 AStG normiere. S.E. werde für Sonderbetriebsvermögen außerhalb des Anwendungsbereichs des § 50d Abs. 10 EStG eine Zuordnung nach zivilrechtlichen Maßstäben vorgenommen, weil § 1 Abs. 1 AStG keine Zuordnungskriterien enthalte.[756] Dabei wird verkannt, dass § 1 Abs. 5 Satz 7 AStG eine Ausnahmeregelung nur für Sonderbetriebsvergütungen und deren Leistungsbeziehung zugrunde liegende Wirtschaftsgüter schafft. Sonstige Sonderbetriebseinnahmen begründen keine, vom Wortlaut des § 1 Abs. 5 Satz 7 AStG geforderte Geschäftsbeziehung zwischen einem Gesellschafter und seiner Personengesellschaft. Die Ausnahmeregelung des § 1 Abs. 5 Satz 7 AStG führt damit für sonstige Sonderbetriebseinnahmen und deren Leistungsbeziehungen zugrunde liegenden Wirtschaftsgütern nicht dazu, dass die Regelungen des Absatzes 1 Anwendung fänden, sondern dass es bei der Regelung des § 1 Abs. 5 AStG verbleibt. Damit ist die Zuordnung einer Beteiligung im Sonderbetriebsvermögen anhand einer funktionalen Betrachtungsweise im Sinne der

753 Vgl. zur Einflussnahme auf die Geschäftsführung: Seite 26 ff.

754 Im Ergebnis ebenso: Kaligin in: *Lademann/Kaligin*, AStG-Komm., § 1 AStG, Rn. 256; *Kraft/Dombrowski*, FR 2014, 1105 (1110).

755 *Hruschka*, IStR 2016, 437 (443); *Hruschka*, IStR 2014, 785 (791); *Hruschka*, IStR 2013, 830 (831).

756 *Hruschka*, IStR 2013, 830 (831).

Dienlichkeit der Beteiligung zum Geschäftsbetrieb der Mitunternehmerschaft nach § 1 Abs. 5 AStG i.V.m. § 7 BsGaV zu beurteilen.

c) Stellungnahme zur Zuordnung einer Beteiligung im Sinne des AOA

Die Implementierung des § 1 Abs. 5 AStG widersetzt sich dem abkommensrechtlichen Verbot eines Rückgriffs auf nationales Recht, soweit eine Auslegung des Abkommens aus dem Abkommenszusammenhang möglich ist, Art. 3 Abs. 2 OECD MA. Art. 7 Abs. 2 OECD MA enthält eine abkommensrechtliche Regelung, so dass eine inhaltliche Konkretisierung durch nationale Normen nach Art. 3 Abs. 2 OECD MA grundsätzlich nicht in Betracht kommt. Art. 7 OECD MA ist von seiner Wirkung her jedoch zumindest in Bezug auf die Gewinnermittlung nicht „self-executing",[757] so dass die getroffene Regelung in Art. 7 Abs. 2 OECD MA lediglich das dem Betriebsstättenstaat zugewiesene Besteuerungsrecht für die erzielten Betriebsstättengewinne bestimmt.[758] Art. 7 Abs. 2 OECD MA enthält zwar ein Konzept zur Ermittlung des zuzurechnenden Gewinns, allerdings obliegt es grundsätzlich den Vertragsstaaten in ihrer nationalen Besteuerungshoheit eine tatsächliche Gewinnermittlung umzusetzen.[759] Eine solche Umsetzung der Regelungen der AOA wurde mit den § 1 Abs. 5 AStG vorgenommen. Bei der Umsetzung der AOA in § 1 Abs. 5 AStG stellt sich jedoch die Frage, ob es sich bei dieser Norm um eine Gewinnermittlungsvorschrift handelt. Die Verortung im AStG, folglich im Rahmen von Korrekturvorschriften lässt auf eine gegenteilige Ansicht schließen.[760] Mit § 1 Abs. 5 Satz 6 AStG i.V.m. den Regelungen der BsGaV wurde ein ausgefeiltes System der Ermittlung der Betriebsstättenergebnisse gesetzlich normiert. Eine Verortung innerhalb der regulären Einkünfteermittlung (§§ 4 ff. EStG) ist aufgrund des speziellen Charakters der Betriebsstättengewinnermittlung fehlplatziert. Kennt das einfachgesetzliche Steuerrecht kein eigenes internationales Steuerrecht, sondern weist es vereinzelte Normen verstreut in den unterschiedlichen Steuergesetzen auf, ist die Verortung einer eigenen Gewinnermittlung für Betriebsstätten innerhalb der Regelungen des AStG kein Kriterium die Regelung als Gewinnermittlungsnorm nicht anzuerkennen. Vielmehr dient der Zusammenhang mit den Regelungen der

757 Ditz in: *Schönfeld/Ditz*, DBA-Komm., Art. 7 (2008), Rn. 38.

758 Vgl. Kahle/Kindich in: *Haun/Kahle/Goebel/Reiser*, AStG-Komm., § 1 AStG, Rn. 97, 34. Lfg., Stand: März 2016; Kaeser, Verfassungs- und EU-rechtl. Probleme der Umsetzung der AOA in dt. Recht, in: *Lüdicke/Schnitger/Spengel*, Festschrift Endres, S. 181; Hemmelrath in: *Vogel/Lehner*, DBA-Komm., Art. 7, Rn. 197.

759 Vgl. Kahle/Kindich in: *Haun/Kahle/Goebel/Reiser*, AStG-Komm., § 1 AStG, Rn. 97, 34. Lfg., Stand: März 2016; Kaeser, Verfassungs- und EU-rechtl. Probleme der Umsetzung der AOA in dt. Recht, in: *Lüdicke/Schnitger/Spengel*, Festschrift Endres, S. 181.

760 Gosch in: *Kirchhof*, EStG-Komm., § 50, Rn. 19a; *Schnitger*, IStR 2012, 633 (634 f.); Zuber/Ditsch, Gewinnabgrenzung bei Personengesellschaften im Inbound-Fall, in: *Lüdicke/Schnitger/Spengel*, Festschrift Endres, S. 451; Anders hingegen: *Ditz/Luckhaupt*, ISR 2015, 1 (2 f.).

Verrechnungspreise dazu, eine umfassende Beurteilung von Leistungsbeziehungen der Betriebsstätten nach Fremdvergleichsmaßstäben zu ermöglichen. Gemeinsam mit *Ditz/Luckhaupt*[761] ist daher § 1 Abs. 5 AStG i.V.m. den Regelungen des BsGaV als Gewinnermittlungsnorm anzuerkennen.

Allerdings weisen die AOA in Art. 7 Abs. 2 OECD MA und der Umsetzung in nationales deutsches Recht erhebliche Unterschiede in der Zurechnung der Wirtschaftsgüter zur Betriebsstätte auf, so dass die inhaltliche Ausgestaltung einen treaty override[762] darstellen könnte.[763] § 1 Abs. 5 AStG i.V.m. § 7 Abs. 1 Satz 2 BsGaV stellen auf eine Nutzungsfiktion ab, was der zugrundeliegenden Systematik des AOA in Art. 7 Abs. 2 OECD MA widerspricht,[764] der für eine Zuordnung von immateriellen Wirtschaftsgütern auf eine Chancen-Risiko-Verteilung abstellt.[765] Während § 1 Abs. 5 AStG auf die Zuordnungsfrage abstellt, welches Wirtschaftsgut für eine bestimmte Funktion relevant ist, stellt die Zuordnungsfrage des Art. 7 Abs. 2 OECD MA darauf ab welche Funktion für das betreffende Wirtschaftsgut relevant ist.[766] Wird eine self-executing Wirkung des Art. 7 Abs. 2 OECD MA und der Kriterien der Zuordnung von Wirtschaftsgütern im MK, auf die auch in der Auslegung des Betriebsstättenvorbehalts des Art. 10 Abs. 4 OECD MA verwiesen wird, verneint, muss ihren inhaltlichen Anordnungen jedoch aufgrund der Stellung der Regelungen als völkervertragsrechtliche Regelung dennoch in der nationalen Umsetzung Rechnung getragen werden. Kommt der andere Vertragsstaat bei der Anwendung des Art. 7 Abs. 2 OECD MA zu einem divergierenden Zuordnungsergebnis, kann es zu unterschiedlichen Beteiligungszuordnungen durch die Vertragsstaaten kommen und damit das eigentliche Ziel des Abkommens, der Vermeidung von doppelter Besteuerung verfehlt werden.[767] § 1 Abs. 5 Satz 8 AStG gewährt jedoch im Falle einer aus einer Zuordnung nach § 1 Abs. 5 Satz 3 Nr. 2 AStG im Gegensatz zu einer Zuordnung nach Art. 7 Abs. 2 OECD MA resultierenden Doppelbesteuerung,

---

761 *Ditz/Luckhaupt*, ISR 2015, 1 (2 ff.).

762 Vgl. die rechtlichen Folgen eines treaty override: Seite 231 ff.

763 *Hemmelrath/Kepper*, IStR 2013, 37 (41); *Nientimp/Schwarz/Stein*, IStR 2016, 487 (448).

764 S.Seite 128 ff.

765 *Delarber*, Betriebsstättenbesteuerung, S. 261; Häck in: *Flick/Wassermeyer/Kempermann*, DBA-Komm. Deutschland-Schweiz, Art. 10, Rn. 139, 42. Lfg., Stand: Mai 2015; *Häck*, ISR 2015, 113 (119); Kaeser in: *Wassermeyer*, DBA-Komm., Art. 7 MA, Rn. 705, 124. Lfg., Stand Okt. 2013; Kaligin in: *Lademann/Kaligin*, AStG-Komm., § 1 AStG, Rn. 256; *Kußmaul/Delarber/Müller*, IStR 2014, 466 (471).

766 Kaeser in: *Wassermeyer*, DBA-Komm., Art. 7 (2010) MA, Rn. 705, 124. Lfg., Stand: Okt. 2013.

767 Vgl. Kaeser in: *Wassermeyer*, DBA-Komm., Art. 7 (2010) MA, Rn. 712, 124. Lfg., Stand: Okt. 2013 in Bezug auf eine divergierende Besteuerung auf Grundlage des § 1 Abs. 5 AStG.

den Regelungen des DBA einen Vorrang.[768] Differenziert betrachtet ergibt sich für die DBA, die bereits eine Umsetzung der AOA in Art. 7 Abs. 2 OECD MA enthalten aufgrund des Anwendungsrücktritts des § 1 Abs. 5 Satz 8 AStG keine Durchbrechung der Rechtskreise. Für DBA, die bisher hingegen keine Umsetzung der AOA enthalten oder dessen Anwendung ablehnen,[769] wird regelnd in das Abkommensrecht durch die Zuordnungsregelungen des § 1 Abs. 5 AStG i.V.m. der BsGaV eingegriffen,[770] weil eine Auslegung abkommensrechtlicher unbestimmter Begriffe nach Art. 3 Abs. 2 OECD MA lediglich dann durch nationales einfaches Recht des Anwenderstaates möglich ist, wenn sich aus dem Abkommenszusammenhang nichts anderes ergibt. Die Rechtsprechung hat für DBA die keine AOA enthalten eine Konkretisierung der tatsächlichen Zuordnung eines Wirtschaftsgutes zu einer Betriebsstätte aus dem Abkommenszusammenhang durch die funktionale Zugehörigkeit vorgenommen.[771] Unabhängig davon, dass die durch die Rechtsprechung herausgebildete funktionale Zugehörigkeit regelmäßig zu identischen Zuordnungsergebnissen wie die Zuordnung nach § 1 Abs. 5 AStG kommt, bedarf es eines Rückgriffs auf nationales einfaches Recht nicht und begründet durch die von der abkommensrechtlich verankerten AOA abweichenden Zuordnungskriterien einen treaty override zur Sicherung von Steuersubstrat.[772]

---

768 A.A. *Froitzheim*, Selbständigkeitsfiktion der Betriebsstätte, S. 190, Froitzheim zufolge komme es bei einem DBA mit einer alten Fassung des Art. 7 zu einer möglichen Doppelbesteuerung durch die Anwendung des § 1 Abs. 5 AStG.

769 Vgl. zu DBAs die eine Anwendung der AOA ausschließen: Fn. 706.

770 Vgl. *Hruschka*, IStR 2016, 437 (439); Kaeser in: *Wassermeyer*, DBA-Komm., Art. 7 (2010) MA, Rn. 710, 124. Lfg., Stand: Okt. 2013.

771 Vgl. zur Konkretisierung der tatsächlichen Zugehörigkeit durch die Rechtsprechung: Seite 115 ff.

772 Daneben werden von § 1 Abs. 5 Satz 8 AStG hohe, nicht näher konkretisierte, praktische Anforderungen an einen Ausgleich einer möglicherweise entstehenden Doppelbesteuerung gestellt. Auch wenn das BVerfG mit seinem Urteil vom 15.12.2015 für einen ähnlich gelagerten Fall in § 50d Abs. 8 EStG von Nachweisforderungen einer tatsächlichen Besteuerung im ausländischen Staat für die Inanspruchnahmemöglichkeit einer Steuerfreistellung, eine Verfassungswidrigkeit der Norm verneinte, liegt in den von den Nachweisanforderungen unabhängigen gegenteiligen Zuordnungskriterien des § 1 Abs. 5 AStG i.V.m. § 7 BsGaV eine abkommensüberschreibende Regelung. In dem Urteil: BVerfG, Beschluss vom 15.12.2015 – 2 BvL 1/12, ging es um eine Ungleichbehandlung un- und beschränkt Steuerpflichtiger, die für eine Steuerfreistellung von Einkünften aus nichtselbständiger Tätigkeit einen Nachweis der tatsächlichen Besteuerung im ausländischen Staat erbringen mussten. Für eine Freistellung von Einkünften aus Unternehmensgewinnen hingegen bedurfte es eines solchen Nachweises nicht. Das BVerfG sah für die unterschiedliche Behandlung einen sachlichen Grund in der im Vergleich zu sonstigen Einkunftsarten erhöhten Gefahr des Missbrauchs der in einem Doppelbesteuerungsabkommen vorgesehenen Freistellung von Einkünften aus nichtselbständiger Tätigkeit.

§ 1 Abs. 5 AStG ist jedoch eine wirksam zustande gekommene, einfach gesetzliche Regelung, die bis zu Feststellung der Verfassungswidrigkeit durch das Bundesverfassungsgericht wirksam und anwendbar ist.[773] Aufgrund ihres weiten Anwendungsbereichs, der auch eine lediglich mittelbare Dienlichkeit der Beteiligung zur Betriebsstätte ausreichen lässt, ist auf Grundlage des § 1 Abs. 5 Satz 3 Nr. 2 AStG i.V.m. § 7 BsGaV eine Zuordnung einer Beteiligung im Sonderbetriebsvermögen zur Betriebsstätte anzunehmen.

5. *Stellungnahme zur tatsächlichen Zugehörigkeit einer Beteiligung an einer Komplementär-GmbH*

Von den erörterten Zuordnungskriterien bietet lediglich die funktionale Zugehörigkeit der Rechtsprechung, ebenso wie die auf abkommensrechtliche Grundpfeiler gestellte AOA in Art. 7 Abs. 2 OECD MA und deren Umsetzung in nationales Recht in § 1 Abs. 5 AStG i.V.m. § 7 BsGaV einen hinreichenden Zuordnungsmaßstab für eine Beteiligung im Sonderbetriebsvermögen. Ein Rückgriff auf nationale Zuordnungsregelungen muss neben dem eingeschränkten Anwendungsbereich für sonstige Sonderbetriebseinnahmen, aufgrund eines Verstoßes gegen den abkommensrechtlichen Auslegungsgrundsatz des Vorrangs der abkommensautonomen Auslegung nach Art. 3 Abs. 2 OECD MA ausscheiden.[774] Die Zuordnung einer Beteiligung im Sonderbetriebsvermögen zu einer Betriebsstätte hängt bis dato von einer Umsetzung der AOA in Art. 7 Abs. 2 OECD MA in deutsche Abkommen ab. Liegt eine Umsetzung vor, ist diese im Verhältnis zur durch die Rechtsprechung herausgebildeten funktionalen Zugehörigkeit und den Regelungen des § 1 Abs. 5 AStG i.V.m. § 7 BsGaV spezieller.

IV. DBA mit Regelungen zum sonderbetrieblichen Bereich – Schlussfolgerungen für sonstige Sonderbetriebseinnahmen

Die oben gefundene abkommensrechtliche Behandlung von sonstigen Sonderbetriebseinnahmen, könnte einer abweichenden abkommensrechtlichen Behandlung unterliegen, wenn das zugrunde liegende Abkommen eine Sondernorm für Personengesellschaften aufweist und die Norm sonstige Sonderbetriebseinnahmen von seinem Anwendungsbereich her erfasst. Personengesellschaften können abkommensrechtlich in zweierlei Hinsicht mit Sondernormen bedacht werden. Einerseits sind in einigen

---

773 Vgl. im Allgemeinen: Schwenke, DBA als Völkervertragsrecht und Treaty Override, in: *Kaeser*, Festschrift Wassermeyer zum 75. Geburtstag, S. 26.

774 Vgl. zum Rückgriff auf § 50d Abs. 10 EStG für eine abkommensrechtliche Vermögenszuordnung im Rahmen von Sonderbetriebsvergütungen: *Bresgen*, Qualifikationskonflikte, S. 128; Im Allgemeinen: Roth, Zurechnung von Wirtschaftsgütern bei Betriebsstätten und Personengesellschaften, in: *Lüdicke*, Zurechnung, S. 97; Strunk in: *Mössner*, Steuerrecht, Rn. 4.113.

DBA Regelungen in Bezug auf die Abkommensberechtigung zu finden,[775] andererseits gibt es eine Vielzahl von DBA mit *„unternehmerische Sondernormen"* im Unternehmensgewinnartikel. In diesem Fall enthalten die Sondernormen regelmäßig eine Definitionserweiterung für Unternehmensgewinne durch eine konkrete Bezugnahme auf Vorschriften der Mitunternehmerkonzeption.[776] Für die abkommensrechtliche Behandlung von Einkünften aus Kapitalvermögen sind lediglich die unternehmerischen Sondernormen bzgl. der Mitunternehmerkonzeption in Art. 7 OECD MA ausschlaggebend. Jüngere von Deutschland abgeschlossene DBA enthalten teilweise eine derartige Sonderregelungen für den sonderbetrieblichen Bereich in den Unternehmensgewinne, die keine Entsprechung im OECD MA gefunden haben. Solche Regelungen finden sich u.a. in den DBA mit Algerien (Art. 7 Abs. 7 DBA-Algerien), Belarus (Art. 7 Abs. 7 Satz 2 DBA-Belarus), Ghana (Art. 7 Abs. 7 Satz 2 DBA-Ghana), Frankreich (Art. 4 Abs. 3 DBA-Frankreich), Kasachstan (Art. 7 Abs. 6 Satz 2 DB A-Kasachstan), Lichtenstein (Art. 7 Abs. 4 DBA-Lichtenstein), Österreich (Art. 7 Abs. 7 Satz 2 DBA-Österreich), Schweiz (Art. 7 Abs. 7 Satz 2 DBA-Schweiz), Singapur (Art. 7 Abs. 7 Satz 2 DBA-Singapur), Syrien (Protokoll Nr. 4 lit d) DBA-Syrien), Tadschikistan (Art. 7 Abs. 7 Satz 2 DBA-Tadschikistan), Türkei (Protokoll Nr. 2 lit. b) DBA-Türkei), Usbekistan (Art. 7 Abs. 7 Satz 2 DBA-Usbekistan), Zypern (Protokoll Nr. 2 DBA-Zypern).[777] Unternehmerische Sondernormen sollen dazu beitragen, dass in den Fällen, in denen mangels tatsächlicher Zugehörigkeit eines Wirtschaftsgutes zu einer Betriebsstätte, das Besteuerungsrecht bei dem Staat verbleibt, in dem die die Vergütung zahlende Mitunternehmerschaft ihre tatsächliche Geschäftsleitung[778] hat. Als Rechtsfolge wird von den unternehmerischen Sondernormen eine Qualifikationsverkettung vorgesehen, die dazu führt, dass das nationale Steuerrecht des

775 Sondernormen zur persönlichen Abkommensberechtigung enthalten: u.a. Albanien, Algerien, Belgien, Chile, Finnland, Frankreich unter Ausübung des Optionsrechts, Griechenland, Island, Italien, Mexiko, Polen, Portugal, Slowakai, Spanien, Syrien, Türkei nach Ausübung des Optionsrechts und USA nach Ausübung des Optionsrechts. BMF vom 26.09.2014 IV B 5 – S 1300/09/10003, Anlage; *Schnittker/Wassermeyer/Richter*, Personengesellschaften, Rn. 2.26. Ziel der Implementierung einer konkreten Abkommensberechtigung der Personengesellschaft ist es, die Erstattung inländischer Quellensteuer geltend zu machen, die zulasten der Mitunternehmer der ausländischen Personengesellschaften erhoben wurde und einen subjektiven Qualifikationskonflikt zuvermeiden. Weggenmann, Personengesellschaften im Abkommensrecht und abkommensrechtliche Fiktionswirkung, in: *Kaeser*, Festschrift Wassermeyer zum 75. Geburtstag, S. 80 f.; Deutschland hat sich im MK daher extra einen Vorbehalt für die Implementierung einer persönlichen Abkommenberechtigung gesichert. Commentaries on the articles of the Model Tax Convention, Art. 4, Tz. 32.

776 Weggenmann/Rödl, Sonderregelungen für Personengesellschaften in deutschen Doppelbesteuerungsabkommen in: *Kirchhof/Nieskens*, Festschrift Reiß, S. 698.

777 BMF vom 20.06.2013 IV B 2 – S 1300/09/10006, Tz. 5.2; Rosenberg/Farle in *Schnittker/Wassermeyer/Richter*, Personengesellschaften, Rn. 13.25.

778 Im Folgenden wird der Staat in dem sich die tatsächliche Geschäftsleitung der Mitunternehmerschaft befindet, als Betriebsstättenstaat bezeichnet.

Betriebsstättenstaats die abkommensrechtliche Behandlung festschreibt. Ein Vertragsstaat wird sich regelmäßig nur dann auf eine solche Sondernorm im Abkommen einlassen, wenn er selbst ein Mitunternehmerkonzept im jeweiligen Ertragsteuerrecht vorsieht oder es als Verhandlungszugeständnis an Deutschland sehen.

Die unternehmerischen Sondernormen verwenden überwiegend einen identischen Wortlaut:

> „[1]*Dieser Artikel gilt auch für Einkünfte aus der Beteiligung an einer Personengesellschaft.*"[779]

Satz 1 der Sondernormen enthält lediglich eine Klarstellung für die abkommensrechtliche Behandlung von Einkünften aus einer Beteiligung an Personengesellschaften als Unternehmensgewinne im Sinne des Art. 7 Abs. 1 OECD MA.[780] Satz 2 hingegen enthält eine besondere Regelung für Vergütungen:

> „[2]*Er erstreckt sich auch auf Vergütungen, die ein Gesellschafter einer Personengesellschaft von der Gesellschaft für seine Tätigkeit im Dienst der Gesellschaft, für die Gewährung von Darlehen oder für die Überlassung von Wirtschaftsgütern bezieht, wenn diese Vergütungen nach dem Steuerrecht des Vertragsstaats, in dem die Betriebsstätte gelegen ist, den Einkünften des Gesellschafters aus dieser Betriebsstätte zugerechnet werden.*"[781]

1. Erfassen sonstiger Sonderbetriebseinnahmen von den unternehmerischen Sondernormen

Der Wortlaut des Satz 2 ist identisch mit dem Wortlaut des § 15 Abs. 1 Satz 1 Nr. 2 1 Halbsatz 2 und Nr. 3 EStG. Eine Wortlautidentität der unternehmerischen Sondernormen mit dem die Sondervergütungen normierenden Wortlaut des § 15 Abs. 1 Satz 1 Nr. 2 Halbsatz 2, Nr. 3 EStG, lässt noch keinen eindeutigen Rückschluss auf ein Erfassen von sonstigen Sonderbetriebseinnahmen zu. Ob auch sonstige Sonderbetriebseinnahmen vom Anwendungsbereich der unternehmerischen Sondernormen erfasst sind, soll im Folgenden geklärt werden.

a) Analyse der Normen

Unstreitig soll an dieser Stelle davon ausgegangen werden, dass es sich bei den unternehmerischen Sondernormen um eine Konkretisierung der Unternehmensgewinne in Art. 7 Abs. 1 OECD MA handelt. Dies lässt sich aus der Systematik

---

779 U.a. das DBA mit Zypern nimmt darüber hinaus unmittelbar Bezug auf das deutsche Steuerrecht, während in den DBA mit Algerien, Urugay und Mauritius ein Bezug auf nationales Ertragsteuerrecht beider Vertragsstaaten besteht.

780 Ditz in: *Schönfeld/Ditz*, DBA-Komm., Art. 7 (2008), Rn. 269; *Piltz*, IStR 1996, 457 (461); *Weggenmann*, Personengesellschaften, S. 372; Weggenmann/Röhl, Sonderregelungen für Personengesellschaften in deutschen Doppelbesteuerungsabkommen, in: *Kirchhof/Nieskens*, Festschrift Reiß, S. 711.

781 Vgl. Art. 7 Abs. 7 Satz 2 DBA-Balerus, Art. 7 Abs. 6 Satz 2 DBA-Kasachstan, Art. 7 Abs. 7 Satz 2 DBA-Österreich, Art. 7 Abs. 7 Satz 2 DBA-Schweiz, Art. 7 Abs. 7 Satz 2 DBA-Usbekistan.

des Art. 7 OECD MA entnehmen. Zunächst ist im ersten Absatz der Grundsatz der Unternehmensgewinne normiert. Im heutigen Abs. 4 des Art. 7 OECD MA 2010, ursprünglich jedoch im Abs. 8 der OECD MA bis 2008, ist der Spezialitätsgrundsatz normiert, wonach Einkünfte keine Unternehmensgewinne begründen, wenn sie nach abkommensrechtlicher autonomer Sichtweise einem speziellen Verteilungsartikel unterfallen. Die unternehmerische Sondernorm steht damit aufbausystematisch vor dem Spezialitätsgrundsatz. Damit ist die Sondernorm nicht nur eine Konkretisierung der jeweiligen Unternehmensgewinne, sondern darüber hinaus eine Ausnahme vom Spezialitätsgrundsatz.[782] Diese Ausnahme vom Spezialitätsgrundsatz ist zwingend für eine Einordnung als Unternehmensgewinne, zumal sonst eine Qualifikation der Einkünfte unter die spezielleren Verteilungsnormen stattfände.

Im letzten Halbsatz des zweiten Satzes nehmen die Normen ausdrücklich Bezug auf die jeweiligen nationalen Besteuerungsregelungen:

> „*(...) wenn diese Vergütungen nach dem Steuerrecht des Vertragsstaats, in dem die Betriebstätte gelegen ist, den Einkünften des Gesellschafters aus dieser Betriebstätte zugerechnet werden.*“

Damit liegt ein Verweis auf das Recht des Betriebsstättenstaats vor. Es handelt sich um eine Qualifikationsverkettung. Stellt der Einleitungssatz der unternehmerischen Sondernorm *auf Einkünfte aus einer Personengesellschaft* ab, sind diese nach dem Recht des Staates zu beurteilen, in dem die Gesellschaft ihre tatsächliche Geschäftsleitung hat. Ein deutsches Besteuerungsrecht wird damit nur in den Fällen begründet, in denen eine Personengesellschaft vorliegt, die ihre tatsächliche Geschäftsleitung in Deutschland hat. Aus deutscher Sicht als Betriebsstättenstaat wird auf § 15 Abs. 1 Satz 1 Nr. 2 und 3 EStG verwiesen.

Fraglich ist, wie weit der Einbezug nationaler Wertungen in das Abkommen in der unternehmerischen Sondernorm reicht. Einerseits könnte lediglich eine Begriffserweiterung der Unternehmensgewinne auf Sonderbetriebsvergütungen intendiert sein. Andererseits könnte auch das komplette Mitunternehmerkonzept einschließlich der gesamten Sonderbetriebsvermögenskonzeption inklusive der sonstigen Sonderbetriebseinnahmen in den Anwendungsbereich der Unternehmensgewinne mit einbezogen worden sein.

b) Umfassende Anwendbarkeit der Sondernormen auch für sonstige Sonderbetriebseinnahmen

Wäre eine vollständige Inkorporation des Mitunternehmerkonzepts vom Gesetzgeber gewollt, wäre neben einer Anwendung der Norm auf Sonderbetriebsvergütungen auch der Anwendungsbereich für sonstige Sonderbetriebseinnahmen eröffnet.[783]

---

782 BFH, Urteil vom 17.10.1990 – I R 16/89.

783 Vgl. *Piltz*, IStR 1996, 457 (461); Weggenmann/Rödl, Sonderregelungen für Personengesellschaften in deutschen Doppelbesteuerungsabkommen, in: *Kirchhof/Nieskens*, Festschrift Reiß, S. 712.

Dafür müsste über Art. 3 Abs. 2 OECD MA das Mitunternehmerkonzept in die unternehmerische Sondernorm Eingang gefunden haben.[784] Der Verweis im letzten Halbsatz des o.g. zweiten Satzes auf das jeweilige nationale Recht des Betriebsstättenstaats lässt nach *Piltz* und *Weggenmann/Rödl* den Schluss zu, dass das Mitunternehmerkonzept des Sitzstaates für die Personengesellschaft in das jeweilige Abkommen inkorporiert werden sollte.[785] Durch eine Bindung an die jeweilige steuerliche Beurteilung des Betriebsstättenstaats profitierten insbesondere solche Staaten von einer Sondernorm, deren Mitunternehmerkonzeption besonders weit gefasst sei.[786] Erfasst würden sonstige Sonderbetriebseinnahmen jedoch nur dann, wenn auch das jeweilige nationale Mitunternehmerkonzept diese entsprechend miterfasst.

Pohl verweist auf das Erfassen sonstiger Sonderbetriebseinnahmen von § 15 Abs. 1 Satz 1 Nr. 2 EStG, ohne dass diese dort ausdrücklich benannt würden.[787] Würden sonstige Sonderbetriebseinnahmen aus § 15 Abs. 1 Satz 1 Nr. 2 EStG hergeleitet werden, würden bei einer vollständigen Inkorporierung des Mitunternehmerkonzepts auch sonstige Sonderbetriebseinnahmen erfasst. Allerdings verweist *Pohl* auf eine identische Auslegung der unternehmerischen Sondernormen mit § 50d Abs. 10 EStG[788], was wie gesehen[789] bereits zu einem tatbestandlichen Ausschluss der sonstigen Sonderbetriebseinnahmen aus dem Anwendungsbereich der Norm führen müsste.

Der BFH wendet in seinem *Urteil vom 26.02.1992*[790] Art. 7 Abs. 7 Satz 2 DBA-Schweiz, die Sondernorm im schweizer Abkommensrecht, auch auf Gewinnausschüttungen an, die ein Kommanditist einer GmbH & Co.KG von der Komplementär-GmbH erhält. Dafür zieht der BFH die nationalen Wertungen des Mitunternehmerkonzepts heran, indem er die fehlende Definition für Einkünfte aus der Beteiligung an einer Personengesellschaft im Sinne des Art. 7 Abs. 7 Satz 1 DBA-Schweiz nach nationalem Recht als einen einheitlichen Gewinn bestehend aus Gewinnanteil am Gewinn der Mitunternehmerschaft zzgl. Sonderbetriebsvergütungen und sonstiger Sonderbetriebseinnahmen auslegt.[791] Weiterhin begründet er die Anwendbarkeit des Art. 7 Abs. 7 Satz 2 DBA-Schweiz mit der Vergleichbarkeit mit Einkünften aus Zinsen und Lizenzgebühren. Der BFH schlussfolgert aus dem Betriebsstättenvorbehalt in den Verteilungsartikeln für Zinsen und Lizenzen, Art. 11 Abs. 3 und 12 Abs. 3 DBA-Schweiz, dass diese gerade dazu dienen sollen, den Anwendungsbereich von Art. 7 Abs. 7 Satz 2

---

784 Vgl. *Pohl*, IWB 2012, 120 (121).

785 *Piltz*, IStR 1996, 457 (461); Weggenmann/Rödl in: Sonderregelungen für Personengesellschaften in deutschen Doppelbesteuerungsabkommen, *Kirchhof/Nieskens*, Festschrift Reiß, S. 712.

786 BFH, Urteil vom 14.07.1993 – I R 71/92.

787 *Pohl*, IWB 2012, 120 (124 f.).

788 *Pohl*, IWB 2012, 120 (125).

789 Vgl. zum Anwendungsbereich des § 50d Abs. 10 EStG: S. 101 ff.

790 BFH, Urteil vom 27.02.1991 – I R 15/89.

791 BFH, Urteil vom 27.02.1991 – I R 15/89.

DBA-Schweiz zu eröffnen. Für die tatsächliche Zugehörigkeit einer Beteiligung könne dann aus seiner Sicht nichts anderes gelten.[792]

c) Beschränkter Anwendungsbereich der Sondernormen lediglich für Sonderbetriebsvergütungen

Abstellend auf den Wortlaut lässt sich lediglich ein eingeschränkter Anwendungsbereich der Sondernormen begründen. *Einkünfte aus einer Personengesellschaft* können begriffsnotwendig nur die Vergütungen sein, deren Schuldner die Personengesellschaft ist. Damit werden nur solche Leistungsbeziehungen erfasst, die zwischen Personengesellschaft und Gesellschafter schuldrechtlich begründet werden. Dies sind Sonderbetriebsvergütungen.[793] Eine weitergehende Auslegung über den Wortlaut hinaus, um einen Einbezug der sonstigen Sonderbetriebseinnahmen zu ermöglichen, verstößt hingegen gegen eine abkommensautonome Auslegung.[794] Bei dem Abschluss der DBA war den Verfassern laut *Piltz* sehr wohl klar, dass es einen Unterschied zwischen Sonderbetriebsvergütungen und Sonderbetriebseinnahmen gibt und ein Zufluss von dritter Seite nicht von den Sondernormen erfasst werden soll.[795] Ansonsten hätte eine weitergehende Bestimmung in das Abkommen Eingang finden müssen.[796] Der übrige sonderbetriebliche Bereich sollte demnach nicht vom Anwendungsbereich der unternehmerischen Sondernorm erfasst werden.[797] Es kommt damit auf einen Finalitätszusammenhang an, der nur solche Zahlungen erfasst, deren Schuldner unmittelbar die Personengesellschafts-Betriebsstätte ist.[798] Zahlungen, die nur mittelbar unter Beeinflussung der Personengesellschaft stehen, und deren Schuldner sie nicht ist, können nicht zu den Einkünften des Gesellschafters aus der Personengesellschafts-Betriebsstätte gezählt werden. Dabei kommt es nicht darauf an, dass die Personengesellschaft keinen Einfluss auf die Gewinnausschüttung hat, wie *Weggenmann* fordert,[799] sondern auf die Schuldnerschaft der Vergütung. Schuldnerin der Auszahlung einer Gewinnausschüttung ist die ausschüttende Kapitalgesellschaft. Diese Auslegung gilt nach *Lüdicke* insbesondere für die DBA mit Zypern und Syrien, die ausschließlich auf die Sonderbetriebsvergütungen Bezug nehmen.[800] S.E. könne für andere unternehmerische Sondernormen nichts anderes gelten, wenn deren

792 BFH, Urteil vom 27.02.1991 – I R 15/89.

793 BFH, Urteil vom 23.10.1996 – I R 10/96; *Piltz*, IStR 1996, 457 (461); *Rogall/Schwan*, DStR 2015, 2633 (2640); Schänzle/Engel in: *Mössner*, Steuerrecht, Rn. 5.202.

794 *Franz/Voulon*, BB 2011, 1111 (1113).

795 *Piltz*, IStR 1996, 457 (461).

796 *Piltz*, IStR 1996, 457 (462).

797 Rosenberg/Farle in: *Schnittker/Wassermeyer/Richter*, Personengesellschaften, Rn. 13.25.

798 Vgl. *Weggenmann*, Personengesellschaften, S. 374.

799 *Weggenmann*, Personengesellschaften, S. 374.

800 Lüdicke in: *Brunsbach/Blumenwitz/Lüdicke/Schnitger*, IFSt-Schrift 2012, (59 f.).

Bestimmungen jeweils einleitend regeln, dass der Artikel über die Unternehmensgewinne *"auch für Einkünfte aus der Beteiligung an der Personengesellschaft"* gelte.[801] Würden jedoch in derselben Bestimmung anschließend ausschließlich die Sonderbetriebsvergütungen ausdrücklich erwähnt, könne s.A. nach ein weitergehender Anwendungsbereich für sonstige Sonderbetriebseinnahmen nicht geschlussfolgert werden.[802]

d) Stellungnahme zum Erfassen sonstiger Sonderbetriebseinnahmen

Werden keine Dividenden erfasst, deren Schuldner eine Kapitalgesellschaft ist, können nur Einkünfte aus Kapitalvermögen von Sondernormen erfasst werden, wenn Personenidentität zwischen ausschüttender Gesellschaft und Schuldner der Dividende besteht. Nach nationalem Recht können nur Kapitalgesellschaften Dividenden ausschütten, nicht hingegen Personengesellschaften. Daher kommt als spezieller Sonderfall, der von der unternehmerischen Sondernorm erfasst wird, nur eine hybride Gesellschaftsform in Betracht, deren Zahlungen an den Gesellschafter aus abkommensautonomer Sicht eigentlich Dividenden darstellen müssten und durch die unternehmerische Sondernorm den Unternehmensgewinnen unterworfen werden.

(1) Sonderfall der transparenten Einordnung der KGaA im Verhältnis zum persönlich haftenden Gesellschafter

Die KGaA stellt nach nationalem Recht eine hybride Gesellschaftsform dar. Als relevant zu betrachtendes Verhältnis könnte auf das *steuerrechtliche Verhältnis zwischen persönlich haftendem Gesellschafter und der KGaA* abgestellt werden.[803] Das Verhältnis zwischen Kommanditaktionär und ist daher für die vorliegende Betrachtung unerheblich. Erhält ein Komplementär von einer inländischen KGaA einen Gewinnanteil, stellt sich die Frage, ob dieser Anteil unter die entsprechende unternehmerische Sondernorm im abkommensrechtlichen Unternehmensartikel gefasst werden kann. Abkommensrechtlich ist eine abkommensautonome Sichtweise geboten. Zur Einordnung der Einkünfte des persönlich haftenden Gesellschafters muss ermittelt werden, ob die KGaA einer Personengesellschaft oder einer Kapitalgesellschaft gleicht. Ergebnis dieser Beurteilung ist die Einordnung der Einkünfte als Unternehmensgewinne oder Dividenden. Im Abkommen findet sich hinsichtlich der konkreten Ausgestaltung von Unternehmensformen keine Regelung, vgl. Art. 3 Abs. 1 lit. b) OECD MA. Soweit der abkommensrechtliche Zusammenhang nichts anderes erfordert, kommt es gemäß Art. 3 Abs. 2 OECD MA auf die Begriffsbedeutung an, die ihm nach dem Recht des Anwenderstaates zukommt.

---

801 Lüdicke in: *Brunsbach/Blumenwitz/Lüdicke/Schnitger*, IFSt-Schrift 2012, (59 f.).

802 Lüdicke in: *Brunsbach/Blumenwitz/Lüdicke/Schnitger*, IFSt-Schrift 2012, (59 f.).

803 Vgl. zur Differenzierung der Verhältnisse zwischen „Komplementär zur KGaA“ und „Kommanditaktionär zur KGaA“: Lieber in: *Kroppen/Rasch/Rehfeld*, Unternehmerische Tätigkeit, Art. 7, Rn. 370 ff.

Im *Urteil vom 17.10.1990*[804] stellt der BFH zur abkommensrechtlichen Einordung der KGaA auf die Beziehung zwischen persönlich haftenden Gesellschafter und KGaA ab. S.E. sei in der konkreten Konstellation von einem Verhältnis Gesellschafter zu Personengesellschaft auszugehen.[805] Dies folge aus der Abziehbarkeit des Gewinnanteils des persönlich haftenden Gesellschafters nach § 9 Abs. 1 Nr. 1 KStG vom zu versteuernden Einkommen der KGaA.[806] Eine entsprechende Berücksichtigung könne bei einer Kapitalgesellschaft nicht vorgenommen werden,[807] weil es sich bei einer Kapitalgesellschaft um eine Gewinnverwendung handeln würde, die den zu versteuernden Gewinn gerade nicht mindern dürfte, § 8 Abs. 3 Satz 1 KStG. Auch der Gewinnanteil des persönlich haftenden Gesellschafters stelle Einkünfte aus Gewerbebetrieb dar, § 15 Abs. 1 Nr. 3 EStG, was der Gewinnzurechnung zu den Gesellschaftern einer OHG bzw. KG nach § 15 Abs. 1 Satz 1 Nr. 2 EStG entspräche.[808] Dieser Auffassung folgt die sog. *„Wurzeltheorie"* nach der alle Einkünfte des persönlich haftenden Gesellschafters an der *„Wurzel"* der KGaA abgetrennt und einer transparenten Besteuerung unterworfen werden. *Hageböke* ergänzt, dass der persönlich haftende Gesellschafter steuerrechtlich gerade kein *„intransparenter Anteil an einer Kapitalgesellschaft"* sei, was die Gleichstellung des Veräußerungsgewinns eines KGaA-Komplementäranteils mit einem Mitunternehmeranteil in § 15 Abs. 1 Satz 1 Nr. 3 EStG belegen würde.[809] Bei der Gewerblichkeit des Gewinnanteils des persönlich haftenden Gesellschafters handele es sich daher um originär gewerbliche Einkünfte und nicht um *„fehletikettierte"* Dividendeneinkünfte.[810] Der Gewinnanteil würde gerade nicht von der KGaA ausgeschüttet, sondern dem Kapitalkonto des persönlich haftenden Gesellschafters zugeschrieben.[811] Für dieses gelte jedoch nach § 278 Abs. 2 AktG das Recht über Personengesellschaften, so dass begrifflich eine Entnahme vorläge.[812] Daraus würde folgen, dass der zugewiesene Gewinnanteil des persönlich haftenden Gesellschafters schlicht Einkünfte aus Gewerbebetrieb darstellen würde und diese von Art. 7 Abs. 1 OECD MA als Unternehmensgewinne erfasst würden.[813] Auf die unternehmerische Sondernorm käme es dann für den Gewinnanteil nicht an.

---

804 BFH, Urteil vom 17.10.1990 – I R 16/89.
805 BFH, Urteil vom 17.10.1990 – I R 16/89.
806 BFH, Urteil vom 17.10.1990 – I R 16/89.
807 BFH, Urteil vom 17.10.1990 – I R 16/89.
808 BFH, Urteil vom 17.10.1990 – I R 16/89.
809 *Hageböke*, IStR 2010, 59 (62).
810 *Hageböke*, IStR 2010, 59 (62).
811 *Hageböke*, IStR 2010, 59 (62).
812 *Hageböke*, IStR 2010, 59 (62).
813 Lieber in: *Kroppen/Rasch/Rehfeld*, Unternehmerische Tätigkeit, Art. 7, Rn. 370.

(2) Sonderfall der intransparenten Einordnung der KGaA im Verhältnis zum persönlich haftenden Gesellschafter

Eine andere Beurteilung könnte sich ergeben, wenn auf *eine intransparente Behandlung des Verhältnisses der KGaA zu dessen persönlich haftendem Gesellschafter* abgestellt würde. Der BFH hat jüngst mit *Urteil vom 19.05.2010*[814] zum sog. Schachtelprivileg seine Rechtsprechung zur Einordnung der KGaA im Verhältnis zu ihrem persönlich haftenden Gesellschafter als Personengesellschaft aufgegeben und die KGaA auch im Verhältnis zum persönlich haftenden Gesellschafter als Kapitalgesellschaft eingeordnet.[815] Insoweit wird in der Gewinnermittlung auf eine völlige steuerliche Gleichstellung mit einer Kapitalgesellschaft abgestellt und sich dadurch die gesellschaftsrechtliche Einordnung der KGaA als Kapitalgesellschaft auf die steuerliche Behandlung durchschlagen. Demnach wäre allein die KGaA auf der Stufe der Einkünfteermittlung heranzuziehen. § 9 Abs. 1 Nr. 1 KStG würde lediglich eine „Fiktion" von Aufwendungen darstellen, um Dividendeneinkünfte zu gewerblichen Einkünften umzuqualifizieren, so dass eine Doppelbesteuerung vermieden würde. Für eine solche Einordung spräche neben der monoistischen Gewinnermittlung die Stellung der KGaA als juristische Person und Körperschaftsteuersubjekt.[816] Eine intransparente Besteuerung hätte dann zur Folge, dass auch der Gewinnanteil des persönlich haftenden Gesellschafters aus abkommensautonomer Sicht eine Dividende darstellen würde. Diese könnte aufgrund des Verweises auf nationale Wertungen nach § 15 Abs. 1 Satz 1 Nr. 3 EStG der jeweiligen Sondernorm unterfallen und damit Unternehmensgewinne begründen.[817]

Problematisch an dieser Ansicht ist, dass keine Personengesellschaft im Sinne des Satz 1 der jeweiligen Sondernorm mehr vorliegt, wenn auf die KGaA als intransparentes Gebilde abgestellt wird. Liegt keine Qualifikation als Personengesellschaft vor, kann auch die unternehmerische Sondernorm nicht mehr einschlägig sein.[818] Damit scheitert eine abweichende Behandlung der Gewinnbeteiligung im Rahmen einer intransparenten Behandlung des Verhältnisses der KGaA zu dessen persönlich haftendem Gesellschafter als Sonderfall einer unternehmerischen Sondernorm.

---

814 BFH, Urteil vom 19.05.2010 – I R 62/09.

815 BFH, Urteil vom 19.05.2010 – I R 62/09.

816 *Drüen/Heek, van*, DStR 2012, 541 (544); *Kramer*, IStR 2010, 57 (58).

817 a.A. *Pohl*, IWB 2012, 120 (127) Er stellt darauf ab, dass auch abkommensrechtlich keinerlei Schnittmenge zwischen Personen- und Kapitalgesellschaft existiere, die eine Subsumtion der Einkünfte eines persönlich haftenden Gesellschafters unter die Sondernorm rechtfertigen würde.

818 Hamminger in: *Wassermeyer*, DBA-Komm., Art. 7 DBA-Schweiz, Rn. 390, 118. Lfg., Stand: Mai 2012.

(3) Sonderfall der Zuordnung von Anteilen am Grundkapital des persönlich haftenden Gesellschafters

Entgegen der neuen BFH Rechtsprechung[819] und damit ausgehend von der Annahme einer transparenten Besteuerung der KGaA in Bezug auf den persönlich haftenden Gesellschafter, könnte sich eine andere Schlussfolgerung ergeben, wenn der *persönlich haftende Gesellschafter zusätzlich eine Beteiligung an der KGaA in Form von Aktien hält und damit auch Kommanditaktionär der KGaA ist.* Erhält der persönlich haftende Gesellschafter dann eine Ausschüttung, wäre diese abkommensrechtlich als Dividende zu beurteilen, Art. 10 Abs. 3 OECD MA. Wird die Beteiligung nun seinem *notwendigen Sonderbetriebsvermögen II* zugeordnet, handelt es sich bei den Einkünften aus Kapitalvermögen um sonstige Sonderbetriebseinnahmen, die nach dem Verweis in den Sondernormen auf nationales Recht, nämlich § 15 Abs. 1 Satz 1 Nr. 3 EStG vom Anwendungsbereich der Sondernorm erfasst würden und damit Unternehmensgewinne nach Art. 7 Abs. 1 i.V.m. der Sondernorm (oftmals Abs. 7) begründen würden. Eine Zuordnung der Beteiligung zum notwendigen Sonderbetriebsvermögen II muss jedoch aufgrund der ausdrücklichen Ausnahme von Beteiligung am Grundkapital der Gesellschaft von einer Umqualifizierung in gewerbliche Einkünfte ausscheiden, so dass es bereits gar nicht erst zu einer Zuordnung der sonstigen Sonderbetriebseinnahmen zu den Einkünften nach § 15 Abs. 1 Satz 1 Nr. 3 EStG kommt.[820] Sind Gewinnausschüttungen bereits nach nationalem Recht nicht erfasst, kann der auf dieses Recht verweisende Abkommensartikel keinen weiteren Anwendungsbereich haben, als die nationale Norm als solche. Damit ist das Erfassen einer Dividende eines persönlich haftenden Gesellschafters als Kommanditaktionär bei einer transparenten Beurteilung des Verhältnisses KGaA zum persönlich haftenden Gesellschafter nicht möglich. Auch wäre damit nur ein Sonderfall im Sonderfall geschaffen und nicht die abkommensrechtliche Behandlung des Gewinnanteils zufriedenstellend geklärt. Ein Erfassen der Einkünfte aus dem Sonderbetriebsvermögen II von der unternehmerischen Sondernorm muss daher ausscheiden.[821]

e) Zusammenfassung: Kein Anwendungsbereich für sonstige Sonderbetriebseinnahmen

Die unternehmerischen Sondernomen führen zu einem Erfassen von Sonderbetriebsvergütungen als Unternehmensgewinne. Ein Erfassen von sonstigen Sonderbetriebseinnahmen muss aufgrund des eindeutigen Wortlautes der Sondernormen, der sich ausschließlich auf eine Leistungsbeziehung zwischen Gesellschaft und

819 BFH, Urteil vom 19.05.2010 – I R 62/09.

820 S.Seite 51 f.

821 Im Ergebnis übereinstimmend: *Eilers/Dann*, SteuK 2010, 245 (248); *Hagemann/Kahlenberg/Kudert*, Ubg 2014, 80 (83); *Kudert/Kahlenberg*, IStR 2013, 801 (807); Lieber in: *Kroppen/Rasch/Rehfeld*, Unternehmerische Tätigkeit, Art. 7, Rn. 370/1.

Gesellschafter bezieht und gerade keine Leistungs- bzw. Gesellschaftsbeziehung zu einem Dritten umfasst, ausscheiden. Damit handelt es sich nicht um eine vollständige Inkorporation des gesamten Mitunternehmerkonzepts in das jeweilige Abkommen, sondern lediglich um eine Begriffskonkretisierung der Unternehmensgewinne.

2. Sondernorm für Unternehmensgewinne im DBA-Singapur

Einen abweichenden Wortlaut enthält Art. 7 Abs. 7 Satz 1, 2 DBA-Singapur. Der abweichende Wortlaut könnte einen Anwendungsbereich für sonstige Sonderbetriebseinnahmen eröffnen.

> [1]*„Dieser Artikel ist auch auf Einkünfte einer in einem Vertragsstaat ansässigen Person anzuwenden, die im anderen Vertragsstaat als Gesellschafter einer Personengesellschaft eine Geschäftstätigkeit ausübt. [2]Er erstreckt sich auch auf Vergütungen, die ein Gesellschafter einer Personengesellschaft von der Gesellschaft für seine Tätigkeit im Dienst der Gesellschaft, für die Gewährung von Darlehen oder für die Überlassung von Wirtschaftsgütern an die Gesellschaft bezieht, wenn diese Vergütungen nach dem Steuerrecht des Vertragsstaates, in dem die Betriebsstätte gelegen ist, den Einkünften des Gesellschafters aus dieser Betriebsstätte zugerechnet werden."*

a) Abweichende Formulierung des Abstellens auf die Ausübung einer Geschäftstätigkeit

Art. 7 Abs. 7 Satz 1 DBA-Singapur stellt auf die *Ausübung einer Geschäftstätigkeit* im anderen Vertragsstaat ab. Was von der Ausübung einer Geschäftstätigkeit im Hinblick auf eine Beteiligung umfasst wird, ist nicht normiert. Dass die bloße Beteiligung an einer Personengesellschaft ausreichend sein kann, verneinen *Weggenmann/Röhl,*[822] weil es dann keiner abweichenden Formulierung bedurft hätte. Der Schlussfolgerung, dass es auf eine Geschäftstätigkeit ankomme, die konkret durch den Gesellschafter im anderen Staat ausgeübt werde, ist jedoch nicht zuzustimmen. Die Norm nimmt trotz ihrer Andersartigkeit im Vergleich zu den standardisierten unternehmerischen Sondernormen konkret Bezug auf Satz 2. Dieser ist wiederum wortlautidentisch mit den übrigen Sondernormen und damit gleichzeitig mit § 15 Abs. 1 Satz 1 Nr. 2 bzw. Nr. 3 EStG.[823] Die in Satz 2 normierten Sonderbetriebsvergütungen sind überwiegend passiver Art. Eine aktive Gesellschaftergeschäftstätigkeit, und sei sie auf eigene Rechnung außerhalb des Gesellschaftsverhältnisses, würde die Zuweisung des Besteuerungsrechts von Wertungen abhängig machen, die für die konkrete steuerliche Behandlung nicht *„sachgerecht"* sind. M.E. kann dies nicht die intendierte Rechtsfolge der abweichenden Formulierung des Satzes 1 sein.

---

822 Weggenmann/Rödl, Sonderregelungen für Personengesellschaften, in: *Kirchhof/ Nieskens*, Festschrift Reiß, S. 711.

823 Dörrfuß in: *Wassermeyer*, DBA-Komm., Art. 7 DBA-Singapur, Rn. 91, 102. Lfg., Stand: Okt. 2007.

Der Begriff der „*Geschäftstätigkeit*" ist dem OECD MA nicht unbekannt (s. Art. 3 Abs. 1 lit c) OECD MA). Das DBA-Singapur hat seinerseits die Bestimmung der Unternehmensgewinne *als Ausübung einer Geschäftstätigkeit* nicht übernommen. Allerdings ist das DBA in seiner sonstigen Struktur und vom sonstigen Inhalt her übereinstimmend mit dem OECD MA konzipiert, so dass mangels hinreichender Anhaltspunkte für ein bewusstes Abweichen vom OECD MA auf die Bestimmungen des OECD MA und des OECD MK zurückgegriffen werden kann.[824] In Art. 3 Abs. 1 lit c) OECD MA wird die Unternehmenstätigkeit als Ausübung einer Geschäftstätigkeit bestimmt, auch wenn sie nicht weiter definiert wird.[825]

b) Konkretisierung der Geschäftstätigkeit durch das Merkmal des Betreibers der Geschäftstätigkeit

Eine Geschäftstätigkeit erfasst vom Grundsatz her jegliche Beteiligung am allgemeinen wirtschaftlichen Verkehr. Zur Bestimmung der *Ausübung einer Geschäftstätigkeit* kommt es auf die Frage an, wer die Geschäftstätigkeit konkret in persona ausübt. Es könnte darauf abgestellt werden, dass die Personengesellschaft mangels Steuersubjekteigenschaft nicht als abkommensberechtige Person angesehen wird und daher die hinter ihr stehenden Gesellschafter als Betreiber des Unternehmens gesehen werden.[826] Abstellend auf den Begriff des *Betreibens einer Geschäftstätigkeit*, bringt *Vogel* an, dass bei der Bestimmung des *Betreibers* auf denjenigen abzustellen sei, der das wirtschaftliche Risiko des Unternehmens trage.[827] Bei einer Personengesellschaft ist dies klassischerweise der Gesellschafter, der unbeschränkt für die Verbindlichkeiten der Gesellschaft einzustehen hat. *Piltz* zieht mangels Bestimmung im Abkommen nationale Wertungen über Art. 3 Abs. 2 OECD MA heran.[828] Eine Definition des *Unternehmensbetreibers* hält zwar auch das nationale Recht nicht bereit, allerdings könne s.E. auf die Anforderungen an einen Mitunternehmer abgestellt werden.[829] S.A. nach sind

---

824 Vgl. im Allgemeinen: Lehner in: *Vogel/Lehner*, DBA-Komm., Grundlagen des Abkommensrechts, Rn. 141; Mellinghoff, Heranziehen von OECD-Musterabkommen und -Musterkommentar, in: *Kaeser*, Festschrift Wassermeyer zum 75. Geburtstag, S. 40; Wassermeyer in: *Wassermeyer*, DBA-Komm., Vor Art. 1 MA, Rn. 51, 103. Lfg., Stand: Jan. 2008.

825 Vgl. zur Definition der Unternehmensgewinne durch die Ausübung einer Geschäftstätigkeit: Seite 95 f.

826 Vgl. zur Annahme des Unternehmensbetreibers bei einer Personengesellschaft: Buciek in: *Flick/Wassermeyer/Kempermann*, DBA-Komm. Deutschland-Schweiz, Art. 7, Rn. 134, 25. Lfg., Stand: Juli 2003; *Bresgen*, Qualifikationskonflikte, S. 129; Wassermeyer in: *Wassermeyer*, DBA-Komm., Art. 7 (2000) MA, Rn. 64, 124. Lfg., Stand: Okt. 2013; Weggenmann in: *Schnittker/Wassermeyer/Richter*, Personengesellschaften, Rn. 6.8.

827 Vogel in: *Vogel/Lehner*, DBA-Komm., Art. 3, Rn. 43.

828 *Piltz*, Die Personengesellschaft im internationalen Steuerrecht, S. 153.

829 *Piltz*, Die Personengesellschaft im internationalen Steuerrecht, S. 153.

die Kriterien, die das Mitunternehmerrisiko und die Mitunternehmerinitiative ausgestalten, ausreichend verdichtet, um den Mitunternehmer als Betreiber des Unternehmens ansehen zu können.[830] *Weggenmann* ergänzt, dass § 5 Abs. 1 Satz 2 GewStG einen Rückschluss auf die Begriffsbestimmung des Betreibers zulasse.[831] Nach § 5 Abs. 1 Satz 2 GewStG gilt als Unternehmer derjenige, für dessen Rechnung das Gewerbe betrieben wird. S.E. könne nur derjenige Betreiber eines Unternehmens sein, der Mitunternehmerrisiko trage und -initiative entfalte.[832] Der Normverweis auf § 5 Abs. 1 Satz 2 GewStG scheint verfehlt, als dass § 5 Abs. 1 Satz 3 GewStG eine Steuerschuldnerschaft der Personengesellschaft eigens anordnet. Es handelt sich hierbei um eine Ausnahme zur Herstellung der Steuersubjektivität der Personengesellschaft. Allerdings bilden die Anforderungen an die Mitunternehmerschaft mangels abkommensrechtlicher Bestimmbarkeit des Unternehmensbetreibers die einzigen hinreichenden Kriterien. Betreiber einer Geschäftstätigkeit sind damit die Gesellschafter einen Personengesellschaft.

Unter Anwendung der gefundenen Ergebnisse auf Art. 7 Abs. 7 DBA-Singapur kann es daher, in Übereinstimmung mit der Begriffsauslegung der Geschäftstätigkeit aus Art. 3 Abs. 1 lit c) OECD MA, nur auf die Gesellschafter als Betreiber eines Unternehmens ankommen. An die konkrete Ausübung des Betreibens eines Unternehmens sind keine weiteren Anforderungen zu stellen, als die Voraussetzungen eines Mitunternehmers zu erfüllen. Ein weitergehender Anwendungsbereich als der der standardisierten unternehmerischen Sondernorm lässt sich damit nicht begründen.

Würde dennoch auf eine Geschäftstätigkeit der Gesellschaft abgestellt, ließe sich ein erweiterter Anwendungsbereich gegenüber den übrigen standardisierten unternehmerischen Sondernormen ebenfalls nicht annehmen. Denn die Einnahmen, die die Personengesellschaft durch ihre Geschäftstätigkeit im anderen Vertragsstaat generiert, wären nichts anderes als die Gewinneinkünfte, die die Gesellschafter von der Personengesellschaft nach dem standardisierten Satz 1 als Unternehmensgewinne zugewiesen bekämen. Etwas anderes könnte nur dann angenommen werden, wenn Personengesellschaften in Singapur nach dem Trennungsprinzip behandelt würden, bzw. es zumindest die Option zur steuerlichen Behandlung nach dem Trennungsprinzip gäbe. Würde eine Personengesellschaft als intransparentes Gebilde behandelt, wären die Einkünfte, die ein Gesellschafter aus ihr erhielte, gerade keine Unternehmensgewinne im Sinne des Art. 7 Abs. 1 DBA-Singapur, sondern Einkünfte nach Art. 10 Abs. 5 DBA-Singapur, mithin Dividendeneinkünfte. Die Sondernorm zur Erfassung von Sondervergütungen als Unternehmensgewinne würde dann dazu führen, dass die Einkünfte des Gesellschafters, die dieser von der Gesellschaft erhielte, nicht den Sondernormen zugeordnet würden, sondern als Unternehmensgewinne dem Vertragsstaat ein Besteuerungsrecht zuweisen würde,

---

830 *Piltz*, Die Personengesellschaft im internationalen Steuerrecht, S. 153.
831 *Weggenmann*, Personengesellschaften, S. 279.
832 *Weggenmann*, Personengesellschaften, S. 279.

in dem die Gesellschaft ihre tatsächliche Geschäftsleitung hätte. Widersprüchlich an dieser Schlussfolgerung ist, dass bei der Annahme einer intransparenten Besteuerung die Personengesellschaft als Kapitalgesellschaft anzusehen wäre und nicht mehr als Personengesellschaft. Damit würde Art. 7 Abs. 1 Satz 1 DBA-Singapur von seinem Wortlaut her keine Anwendung mehr finden. Weder in Deutschland noch in Singapur werden Personengesellschaften jedoch intransparent besteuert.[833] Damit verbleibt der Sondernorm des DBA Singapur kein eigenständiger, über den standardisierten Satz 2 hinausgehender Anwendungsbereich.

c) Zusammenfassung: Kein Erfassen von sonstigen Sonderbetriebseinnahmen

Diese unternehmerische Sondernorm dient der ausdrücklichen Erfassung von Sonderbetriebsvergütungen als Unternehmensgewinne und ist damit eine Klarstellung, dass das Betriebsstättenprinzip auch Einkünfte des Gesellschafters aus der Personengesellschaft erfasst.[834] Der abweichende Wortlaut des Art. 7 Abs. 7 Satz 1 DBA-Singapur enthält keinen darüber hinaus gehenden Anwendungsbereich für sonstige Sonderbetriebseinnahmen. Die Ausübung einer Geschäftstätigkeit ist nach Art. 3 Abs. 1 lit. c) OECD MA auszulegen. Eine Geschäftstätigkeit ist demnach jegliche Beteiligung am allgemeinen wirtschaftlichen Verkehr. Abstellend auf den Betreiber der Geschäftstätigkeit kommt es auf den Gesellschafter der Personengesellschaft bzw. nach nationalem Ertragsteuerrecht dem Mitunternehmer an, der eine Geschäftstätigkeit ausübt. Unabhängig davon, dass m.E. keine über die Beteiligung an der Personengesellschaft hinausgehende Tätigkeit gefordert werden kann, enthält Art. 7 Abs. 7 Satz 1 DBA-Singapur keinen weiteren Anwendungsbereich als die standardisierten unternehmerischen Sondernormen.

3. *Sondernorm für Unternehmensgewinne im DBA-Frankreich*

Das DBA-Frankreich enthält eine unternehmerische Sondernorm in Art. 4 Abs. 3 DBA-Frankreich.[835] Der abweichende Wortlaut könnte einen Anwendungsbereich für sonstige Sonderbetriebseinnahmen eröffnen.

> *„Anteile eines Mitunternehmers an den Gewinnen eines Unternehmens, das in Form einer Gesellschaft des bürgerlichen Rechts, einer offenen Handelsgesellschaft oder einer Kommanditgesellschaft betrieben wird, und Anteile an den Gewinnen einer „société de fait", einer „association en participation" oder einer „société civile" französischen Rechts können nur in dem Staate besteuert werden, in dem das Unternehmen eine Betriebstätte*

833 *Dölker*, Personengesellschaft im internationalen Steuerrecht, S. 222.

834 Dörrfuß in: *Wassermeyer*, DBA-Komm., Art. 7 DBA-Singapur, Rn. 92, 102. Lfg., Stand: Okt. 2007.

835 Darüber hinaus konkretisiert der Abs. 4, dass nicht nur die Gewinne aus einer unmittelbaren Verwaltung und Nutznießung als Unternehmensgewinne erfasst werden, sondern darüberhinaus auch die Einkünfte aus der Veräußerung eines Teils oder des Unternehmens im Ganzen.

hat, jedoch nur in Höhe des Anteils des Mitunternehmers an den auf die Betriebstätte entfallenden Gewinnen.“

Strukturell weicht das DBA-Frankreich insgesamt von den Vorgaben im OECD MA und damit von einem üblichen DBA-Aufbau in der deutschen DBA-Praxis ab.[836] Der Allgemeine Teil eines Abkommens findet sich für gewöhnlich in den Artikeln 1 bis 4 und im Anschluss daran sind die besonderen Verteilungsnormen normiert. Dass es sich bei Art. 4 Abs. 3 DBA-Frankreich abweichend zu den übrigen DBA strukturell um eine Verteilungsnorm handeln kann, ist in der Zusammenfassung des Allgemeinen Teils in Art. 1 und 2 DBA-Frankreich begründet. Die Verteilungsnormen finden sich im DBA-Frankreich bereits ausgehend von Art. 3. Die Platzierung der Norm ist daher vergleichbar mit Art. 7 Abs. 7 DBA-Schweiz in den Regelungen der Unternehmensgewinne. Der Art. 4 Abs. 3 DBA-Frankreich bestimmt eine Unternehmensgewinnbesteuerung für Einkünfte aus einer Personengesellschaft[837] und nimmt damit den allgemeinen Grundsatz des Betriebsstättenprinzips für Personengesellschaften explizit in den Abkommenstext auf.[838]

a) Anwendungsbereich für Sonderbetriebseinnahmen

Ob Art. 4 Abs. 3 DBA-Frankreich eine Sondernorm für Sonderbetriebseinnahmen darstellt, wird uneinheitlich beantwortet. Nach dem Wortlaut könnte ein Einbezug von Sonderbetriebseinnahmen im letzten Halbsatz der Norm gesehen werden, der auf die *Höhe des Anteils des Mitunternehmers an den auf die Betriebsstätte entfallenden Gewinn* abstellt. *Kramer* zufolge soll Art. 4 Abs. 3 DBA-Frankreich jedoch verdrängt werden können, soweit nach der Spezialitätsklausel des Art. 4 Abs. 9 DBA-Frankreich ein anderer Abkommensartikel anzuwenden ist und dieser nicht auf Art. 4 zurückverweist.[839]

b) Kein Anwendungsbereich für Sonderbetriebseinnahmen

Ein Anwendungsbereich für Sonderbetriebseinnahmen in Art. 4 Abs. 3 DBA-Frankreich ließe sich nur annehmen, wenn das nationale Begriffsverständnis des einheitlichen Gewinnbegriffs in das Abkommensrecht übertragen würde. In Frankreich, ebenso wie in Deutschland, ist das Transparenzprinzip für eine Personengesellschaftsbesteuerung anerkannt. Eine Mitunternehmerkonzeption als solches ist dem

---

836 Inhaltlich abweichende Regelungen vom OECD MA seien nicht normiert. Ditz in: *Schönfeld/Ditz*, DBA-Komm., Art 7 (2008), Rn. 241.

837 Kroppen in: *Gosch/Grotherr/Kroppen*, DBA-Komm., Art. 4 DBA-Frankreich, Rn. 4.

838 Vgl. *Kessler/Sinz/Achilles-Pujol*, DBA Frankreich-Deutschland, S. 46; Kramer in: *Wassermeyer*, DBA-Komm., Art. 4 DBA-Frankreich, Rn. 51, 126. Lfg., Stand: März 2014.

839 Kramer in: *Wassermeyer*, DBA-Komm., Art. 4 DBA-Frankreich, Rn. 65, 126. Lfg., Stand: März 2014.

französischen Ertragsteuerrecht jedoch fremd.[840] Dass mit Einfügen der Begrifflichkeit des *Mitunternehmers* im Abkommenstext die komplette Mitunternehmerkonzeption in das Abkommen implementiert werden sollte, ist vom Aufbau und der Struktur her nicht ersichtlich. Der Wortlaut normiert eindeutig, dass tatbestandlich ausschließlich auf den Gewinnanteil eines Gesellschafters an einer Personengesellschaft abzustellen ist. Dieser Gewinnanteil ist abkommensautonom und nicht ertragsteuerlich zu bestimmen.[841] Es handelt sich differenzierbar um einen Gewinnanteil aus der Gesellschaft, Vergütungszahlungen für Gesellschaft-Gesellschafter-Leistungen[842] und sonstigen Sonderbetriebseinnahmen aufgrund im Sonderbetriebsvermögen befindlicher Wirtschaftsgüter.

c) Stellungnahme zum Erfassen von sonstigen Sonderbetriebseinnahmen

Aus der konkreten Abkommenssystematik ergibt sich, dass ein Erfassen von Sonderbetriebseinnahmen vom Anwendungsbereich der Norm ausscheiden muss.[843] Für das Erfassen von Sonderbetriebseinnahmen als *„originärer Bestandteil"* der Unternehmensgewinne des ausländischen Betriebsstättengewinns fehlt es an einer abkommensrechtlichen Normierung. Der einheitliche Gewinnbegriff folgt der nationalen Einordnung des sonderbetrieblichen Bereichs in die gewerblichen Einkünfte eines Mitunternehmers nach § 15 Abs. 1 Satz 1 Nr. 2 EStG. Damit sind Sonderbetriebseinnahmen jedoch auch nach nationalem Recht keine originär gewerblichen Gewinnbestandteile, sondern werden erst aufgrund der Sondervorschrift diesen zugerechnet.[844] Die konkrete Normierung der gewerblichen Tätigkeit einer Betriebsstätte in Art. 4 Abs. 1 DBA-Frankreich ändert nichts am oben gefundenen Ergebnis. Selbst wenn die Gewerblichkeit als Begriff im Abkommen nicht definiert ist und auf das Recht des Anwenderstaates zu Auslegungszwecken zurückgegriffen wird, erfolgt ein Rückgriff auf § 15 Abs. 2 EStG und nicht auf § 15 EStG im Ganzen. Eine andere Auslegung wäre nur unter der Voraussetzung möglich gewesen, wenn sowohl im deutschen als auch im französischen Ertragsteuerrecht ein Mitunternehmerkonzept vorhanden wäre. Läge ein übereinstimmendes Mitunternehmerkonzept vor, wäre eine korrespondierende Entscheidung der Vertragsstaaten über den Gewinnbegriff sichergestellt gewesen.[845] Weichen die Ertragsteuersysteme jedoch voneinander ab, kann ein Erfassen ertragsteuerlicher Besonderheiten eines Vertragsstaates, ohne hinreichende Kenntlichmachung im Abkommen, nicht angenommen werden. In dem Zusammenhang stellt auch die Rechtsprechung zumindest

840 *Schneider*, Qualifikationskonflikte, S. 160.
841 BFH, Urteil vom 09.08.2006 – II R 59/05.
842 BFH, Urteil vom 09.08.2006 – II R 59/05.
843 Vgl. *Kessler/Sinz/Achilles-Pujol*, DBA Frankreich-Deutschland, S. 51; s.a. *Kudert/Kahlenberg*, IStR 2013, 801 (808).
844 BFH, Urteil vom 09.08.2006 – II R 59/05.
845 Vgl. zu den Besonderheiten im DBA-Österreich: BFH, Urteil vom 09.08.2006 – II R 59/05.

für *Sonderbetriebsvergütungen* mit Frankreichbezug bei einer Zuordnung des Besteuerungsrechts nicht auf Art. 4 Abs. 3 DBA-Frankreich ab, sondern ordnet sie einer abkommensautonomen Auslegung folgend den besonderen Verteilungsnormen zu.[846] Die abkommensrechtliche Behandlung der Sonderbetriebsvergütungen kann in diesem Zusammenhang zumindest Indizwirkung entfalten und legt einen Erstrechtschluss für die abkommensrechtliche Behandlung von sonstigen Sonderbetriebseinnahmen nahe. Die unternehmerische Sondernorm in Art. 4 Abs. 3 DBA-Frankreich erfasst damit keine sonstigen Sonderbetriebseinnahmen.

d) Zusammenfassung: Kein Erfassen des sonderbetrieblichen Bereichs von Art. 4 Abs. 3 DBA-Frankreich

Art. 4 Abs. 3 DBA-Frankreich enthält über eine reguläre Zuweisung des Gewinns einer Personengesellschaft zu ihren Gesellschaftern als Unternehmensgewinne hinaus keinen Anwendungsbereich für den sonderbetrieblichen Bereich. Die bloße Normierung des Erfassens des Gewinnanteils des Mitunternehmers führt nicht zur vollständigen Inkorporierung des Mitunternehmerkonzepts in das Abkommensrecht. Der Gewinnanteil ist abkommensrechtlich zu bestimmen. Der sonderbetriebliche Bereich ist abkommensrechtlich gerade kein Bestandteil des Mitunternehmergewinns. Die explizite Aufnahme der gewerblichen Tätigkeit ändert daran nichts.

4. Sondernorm für Unternehmensgewinne im DBA-USA

Das DBA-USA enthält in seiner Fassung von 2008 eine Sondernorm in Art. 1 Abs. 7 DBA-USA.[847] Der abweichende Wortlaut könnte einen Anwendungsbereich für sonstige Sonderbetriebseinnahmen eröffnen.

> *„Werden Einkünfte oder Gewinne von einer oder über eine Person erzielt, die nach dem Recht eines der Vertragsstaaten als solche nicht steuerpflichtig ist, gelten diese als von einer in einem Staat ansässigen Person erzielt, soweit sie im Sinne der Steuergesetze dieses Staates als Einkünfte oder Gewinne einer ansässigen Person gelten.“*

Es könnte sich hierbei um eine unternehmerische Sondernorm handeln, in deren Anwendungsbereich auch Sonderbetriebseinnahmen fallen könnten. Der Abs. 7 wurde zur Vermeidung von objektiven Qualifikationskonflikten und einer daraus resultierenden doppelten Nichtbesteuerung von Personengesellschaftseinkünften geschaffen, bei denen ein Abkommensschutz aufgrund der intransparenten Besteuerung der bezugsberechtigten Person scheitern müsste (vgl. Art. 10 Abs. 2, 11

846 BFH, Urteil vom 09.08.2006 – II R 59/05; FG Münster, 13.06.2013 – 13 K 3679/12.

847 Die Klausel findet sich darüber hinaus in drei weiteren aktuellen deutschen DBA: im Protokoll Nr. 1 lit b) zum DBA mit Mexico, in Art. 4 Abs. 3 DBA-Bulgarien und im Protokoll Nr. 1 Abs. 2 Satz 1 zum DBA-Niederlande.

Abs. 5, 12 Abs. 1 DBA-USA).[848] Ferner soll für solche Einkünfte eine Abkommensvergünstigung gewährt werden, wenn die Einkünfte im Sitzstaat der Gesellschaft einer Besteuerung unterliegen.[849] Nach Ansicht des BFH im *Urteil vom 26.06.2013* enthält Art. 1 Abs. 7 DBA-USA eine Zurechnungsfiktion der Einkünfte[850] zum Zwecke der Vermeidung objektiver Qualifikationskonflikte,[851] die durch die US-amerikanische Besonderheit des Besteuerungswahlrechts von Personengesellschaften („*check-the-box*"-Verfahren[852]) hervorgerufen werden, sowie eine Ansässigkeitsfiktion[853] der Personengesellschaft.[854] Würden Sonderbetriebseinnahmen vom Anwendungsbereich der Norm erfasst, würden sie der Personengesellschaft als Einkünfte fiktiv zugerechnet werden und die Personengesellschaft könnte abkommensrechtlich als Person Abkommensschutz für die konkreten Einkünfte in Anspruch nehmen.

a) Anwendungsbereich für Sonderbetriebsvergütungen

Zur Ermittlung des Anwendungsbereichs von Art. 1 Abs. 7 DBA-USA ist eine Aufteilung des sonderbetrieblichen Bereichs in Sonderbetriebsvergütungen und sonstige Sonderbetriebseinnahmen aufgrund der divergierenden Leistungsbeziehungen zweckmäßig. Der Wortlaut des Art. 1 Abs. 7 DBA-USA stellt die Person in den Vordergrund, die die Einkünfte tatsächlich erzielt. Dem Relativsatz zufolge muss die einkünftebeziehende Person auch diejenige sein, die einer transparenten Besteuerung unterliegt. Die den *Sondervergütungen* zugrunde liegende Vertragsgestaltung ist eine schuldrechtliche Beziehung aufgrund derer die Personengesellschaft eine Vergütung für empfangene Dienste zahlt. Stellt der Wortlaut der Norm auf ein Beziehen von Einkünften *von* der Person (in diesem Sinne die Personengesellschaft) oder *über* diese ab, muss ein Erfassen von Sonderbetriebsvergütungen ausscheiden. Eine Sonderbetriebsvergütung erzielt nicht die Mitunternehmerschaft, sondern ihr Gesellschafter. Die Personengesellschaft ist nicht Empfänger sondern Schuldner der

848 BT- Drs. 16/2708, 35; siehe auch Beispielsfall 5. bei: *Endres/Wolff*, IStR 2006, 721 (728).

849 Dremel in: *Schönfeld/Ditz*, DBA-Komm., Art. 1, Rn. 146; Wassermeyer/Kaeser in: *Wassermeyer*, DBA-Komm., Art. 4 MA, Rn. 120, 122. Lfg., Stand: März 2013.

850 Die Zurechnungsfiktion der Einkünfte zu einem transparenten Rechtsgebilde findet sich in der Fomulierung des Bezugs der Einkünfte *von* oder *über* das transparente Rechtsgebilde (*pass-through entity*).

851 a.A. Lüdicke in: *Brunsbach/Blumenwitz/Lüdicke/Schnitger*, IFSt-Schrift 2012, (56).

852 Das „check-the-box"-Verfahren ermöglicht es auch ausländischen Gesellschaften für eine Besteuerung in den USA als Körperschaftsteuersubjekt zu optieren oder sich einer transparenten Besteuerung zu unterwerfen. Vgl.Schnitger in: *Endres/Jacob/Gohr/Klein*, DBA-USA Komm., Art. 1, Rn. 55; s.a. *Schönfeld*, IStR 2007, 274 (275).

853 Eine Ansässigkeit der Personengesellschaft wird aus dem mittleren Satzteil gezogen, der darauf abstellt, dass die Einkünfte als *von einer in einem Vertragsstaat ansässigen Person* bezogen gelten (Hervorhebung durch den Verfasser).

854 BFH, Urteil vom 26.06.2013 – I R 48/12.

Zahlung. Ein Anwendungsbereich der Norm wäre für Sonderbetriebsvergütungen damit nicht eröffnet.

b) Anwendungsbereich für sonstige Sonderbetriebseinnahmen

Etwas anderes könnte sich für *sonstige Sonderbetriebseinnahmen* ergeben. Art. 1 Abs. 7 Halbsatz 1 DBA-USA stellt vom Wortlaut her auf Einkünfte und Gewinne ab, die (u.a.) *über* eine Person erzielt werden, die nach dem Recht eines der Vertragsstaaten nicht steuerpflichtig ist. Sonstige Sonderbetriebseinnahmen werden aufgrund der Beteiligung im Sonderbetriebsvermögen eines Gesellschafters *über* die transparent besteuerte Personengesellschaft erzielt. Unter Anwendung folgender Lesart des Wortlautes des zweiten Halbsatzes: *(…) gelten diese als von in einem der Vertragsstaaten ansässigen Person (der Personengesellschaft) erzielt, soweit sie im Sinne der Steuergesetze dieses Staates als Einkünfte und Gewinne einer ansässigen Person (einem Gesellschafter) gelten*[855] – ließe sich aus der offenen Formulierung *einer* Person und nicht *dieser* Person, ein Anwendungsbereich für sonstige Sonderbetriebseinnahmen begründen.

c) Stellungnahme zum Erfassen von Sonderbetriebseinnahmen von Art. 1 Abs. 7 DBA-USA

Ein Erfassen von Sonderbetriebseinnahmen unter Art. 1 Abs. 7 DBA-USA könnte grundsätzlich vom Anwendungsbereich gedeckt sein. So nimmt auch *Schnitger* einen weiten Anwendungsbereich für die Bestimmung der steuerpflichtigen Person aufgrund des unbestimmten Wortlautes an.[856] S.E. folgt aus dieser weiten Formulierung u.a. ein Erfassen von Drittstaatsfällen, also eines mittelbaren Bezugs von Einkünften über eine von Art. 1 Abs. 7 DBA-USA betroffene Person.[857] Wird der Anwendungsbereich der Norm über den eigentlichen Implementierungszweck hinaus auf Drittstaatseinkünfte für anwendbar erklärt, könnte er auch für weitere Sonderfälle eröffnet sein. Selbst der BFH räumt ein, dass der Abkommenstext ausnahmslos neutral von *einer* Person spricht und keinerlei Konkretisierung dieser Person enthalte.[858] Vom Wortlaut her ließe sich daher nicht eindeutig bestimmen, ob Personenidentität mit dieser einen Person vorliegen müsse.[859] Allerdings ist abstellend auf den Sinn und Zweck des Absatzes ein vollkommen anderer Regelungsinhalt intendiert. Ziel des Art. 1 Abs. 7 DBA-USA ist die Gewährleistung des Ausschlusses von abkommensrechtlichen Vorteilen, insbesondere von abkommensrechtlichen Quellensteuerreduzierungen, wenn der Ansässigkeitsstaat die (hybride) Gesellschaft

855 Hervorhebungen durch Unterstreichungen und Klammerzusätze wurden durch den Verfasser vorgenommen.

856 Schnitger in: *Endres/Jacob/Gohr/Klein*, DBA-USA Komm., Art. 1, Rn. 71.

857 Schnitger in: *Endres/Jacob/Gohr/Klein*, DBA-USA Komm., Art. 1, Rn. 71.

858 BFH, Urteil vom 26.06.2013 – I R 48/12.

859 BFH, Urteil vom 26.06.2013 – I R 48/12.

als steuerlich transparent behandelt und daher die bezogenen Einkünfte tatsächlich keiner Besteuerung unterliegen.[860] Der letzte Halbsatz stellt auf eine Steuersubjektqualität der einkünftebeziehenden Person ab. Eine Steuersubjektqualität eines hybriden Rechtsträgers lässt sich mit der steuerlichen Besonderheit des „check-the-box"-Verfahrens begründen, das es Gesellschaften, die in den USA steuerpflichtig sind, ermöglicht, zwischen transparenter und intransparenter Besteuerung zu wählen. Dafür spricht auch das in der Denkschrift zu Art. 1 Abs. 7 DBA-USA gegebene Beispiel.[861] Dort wird der Einkünftebezug einer deutschen GmbH aus US-Quellen angeführt, an der in Drittstaaten ansässige Gesellschafter beteiligt sind. Wird die GmbH aus Sicht der USA transparent besteuert, soll sie dennoch Abkommensschutz in Anspruch nehmen können.[862] Ausgehend davon, dass es sich um ein sehr bewusst gewähltes Beispiel handelt, verdeutlicht dies, dass der GmbH, die im konkreten Fall aus Sicht der USA nicht steuerpflichtig ist, erstens zum Zwecke des Abkommensschutzes eine Ansässigkeit zugesprochen wird und zweitens sie die Person darstellt, die im Sinne des nationalen Ertragsteuerrechts Steuersubjektqualität aufweist.

Dass es sich bei der Norm nicht um eine Sonderregelung für Sonderbetriebseinnahmen im Sinne einer besonderen Verteilungsnorm handeln kann, ist außerdem aus der Platzierung der Regelung am Anfang des Abkommens unter die allgemeinen Bestimmungen der persönlichen Abkommensberechtigung zu schlussfolgern. Hätte es sich um eine unternehmerische Sondernorm gehandelt, wäre eine Platzierung der Norm im Rahmen der *Besteuerung der Einkünfte* angebracht gewesen. Der Vergleich zu den unternehmerischen Sondernormen im Sinne des Art. 7 Abs. 7 DBA-Schweiz macht deutlich, dass es einen klareren Weg gibt, um Sonderkonstellationen offensichtlich in das Abkommensrecht zu implementieren. Ohne Kenntlichmachung des konkreten Anwendungsfalls käme es zu einem zufälligen Erfassen von länderspezifischen Sonderfällen und daraus möglicherweise resultierender divergierender Abkommensanwendung sowie der Gefahr einer Doppelbesteuerung.

Bedenkt man weiterhin die übliche Lesart eines Abkommenstexts, wird dort bspw. zur Bestimmung des Wohnsitz- bzw. Ansässigkeits- und Quellenstaates auf den *einen* bzw. den *anderen* Vertragsstaat abgestellt. Eine Durchmischung der Begrifflichkeiten führt zu einer fehlerhaften Bestimmung des Wohnsitz- bzw. Ansässigkeits- und Quellenstaates.[863] In diesem Sinne müsste eine einheitliche Wortlautanwendung erfolgen, so dass *eine* Person immer die gleiche Person, also der hybride Rechtsträger ist. Unter Anwendung des gefundenen Maßstabs ergibt

---

860 *Bahns/Keuthen*, IStR 2010, 750 (751); Wolff in: *Wassermeyer*, DBA-Komm., Art. 1 DBA-USA, Rn. 105, 114. Lfg., Stand: Mai 2011.

861 BT- Drs. 16/2708, S. 35.

862 BT- Drs. 16/2708, S. 35.

863 Vgl. dazu auch Schnitger in: *Endres/Jacob/Gohr/Klein*, DBA-USA Komm., Art. 1, Rn. 70, der für eine Auslegung des Begriffs „Staat" auf die übliche Verwendung des Begriffs in den Verteilungsnormen abstellt, um zu dem Ergebnis zu kommen, dass es nur eine einheitliche Auslegung gibt und keine Sonderkonstellationen unter den Wortlaut gefasst werden sollen.

sich im letzten Halbsatz das Problem, dass die transparent besteuerte Personengesellschaft keine Steuersubjektqualität in Deutschland aufweist. Damit wird der Anwendungsfall bereits tatbestandlich nicht erfasst. Klarstellend wäre es allerdings sinnvoll gewesen, zumindest im letzten Halbsatz anstelle *einer* Person, *diese* Person zu normieren.

d) Zusammenfassung: Kein Erfassen des sonderbetrieblichen Bereichs von Art. 1 Abs. 7 DBA-USA

Der Art. 1 Abs. 7 DBA-USA enthält keinen Anwendungsbereich für den sonderbetrieblichen Bereich. Auch wenn der Wortlaut der Norm einer Auslegung in Bezug auf ein Erfassen der sonstigen Sonderbetriebseinnahmen grundsätzlich zugänglich wäre, widerspricht dies der Intention des Normgebers einseitig ertragsteuerliche Sonderkonstellationen unter den Vertragstext zu subsumieren. Art. 1 Abs. 7 DBA-USA enthält eine Zuordnungsregelung der Eigenmittel zum fingierten Subjekt und keine Verteilungsregelung.

5. Sondernorm für Unternehmensgewinne im DBA-Spanien 1966

Das DBA mit Spanien enthielt in Art. 4 Abs. 4 DBA-Spanien 1966[864] eine Sondernorm, die eine Ansässigkeit der Gesellschafter einer Personengesellschaft am Ort der tatsächlichen Geschäftsleitung der Gesellschaft fingierte. Der abweichende Wortlaut könnte einen Anwendungsbereich für sonstige Sonderbetriebseinnahmen eröffnen.

> *„Im Sinne der Artikel 5 bis 22 wird ein Gesellschafter einer Personengesellschaft für die Besteuerung der Einkünfte, die er von der Gesellschaft bezieht, oder des Vermögens, das er durch die Gesellschaft besitzt, so behandelt, als sei er in dem Vertragsstaat ansässig, in dem sich der Ort der tatsächlichen Geschäftsleitung der Gesellschaft befindet. Diese Einkünfte und dieses Vermögen können, soweit sie nicht in diesem Staat der Steuer unterliegen, in dem anderen Staat besteuert werden.“*

Ob die Sondernorm einen Anwendungsbereich für Sonderbetriebseinnahmen enthält ist umstritten.

a) Anwendungsbereich für Einkünfte aus dem Sonderbetriebsvermögen II

Das *FG Münster* entschied mit *Urteil vom 02.07.2014*[865], dass Art. 4 Abs. 4 DBA-Spanien 1966 über eine reine Ansässigkeitsfiktion hinaus einen Anwendungsbereich für Erträge aus dem Sonderbetriebsvermögen innehabe. Das FG begründet eine Tatbestandsmäßigkeit der sonstigen Sonderbetriebseinnahmen und stellt in seiner

---

864 Am 18.10.2012 trat eine neue Fassung des DBA Spanien in Kraft, in der die Sondernorm für Personengesellschaften nicht mehr enthalten ist. Der Abs. 4 wurde ersatzlos gestrichen.

865 FG Münster, Urteil vom 02.07.2014 – 12 K 2707/10 F.

Entscheidung auf die Andersartigkeit der Norm zu Art. 4 Abs. 4 DBA-Portugal ab, die explizit solche Erträge aus dem Anwendungsbereich ausnehme, die auf eine Ausschüttung der Gesellschaft zurückzuführen seien. Obgleich eine vergleichbare Beschränkung für Art. 4 Abs. 4 DBA-Spanien 1966[866] nicht vorgesehen sei, müssten bereits vom Wortlaut her zu sonstigen Sonderbetriebseinnahmen führende Gewinnausschüttungen einer Komplementär-GmbH an den Kommanditisten vom Anwendungsbereich der Norm erfasst sein.[867] Auch *Schick* vertritt einen umfassenden Anwendungsbereich des Art. 4 Abs. 4 DBA-Spanien 1966.[868] Er sieht in der Norm eine für beide Vertragsstaaten geltende umfassende *Verteilungsnorm*, die die Anwendung der übrigen Verteilungsnormen und des Methodenartikels ausschließe.[869] S.E. werde durch diese Norm eine divergierende Einkünftequalifikation von Gesellschaftervergütungen aufgrund unterschiedlicher Besteuerungssysteme auf einfache, eindeutige Weise verhindert.[870]

b) Kein Anwendungsbereich über die Ansässigkeitsfiktion der Gesellschafter hinaus

Einem Erfassen von Sonderbetriebseinnahmen vom Anwendungsbereich des Art. 4 Abs. 4 DBA-Spanien 1966 werden inhaltliche und strukturelle Widersprüche entgegen gehalten.[871] Im Hinblick auf die abkommensrechtliche Behandlung von Sonderbetriebsvergütungen, sei *Raber* zufolge losgelöst von der Gewinnbeteiligung eine abkommensautonome Qualifikation vorzunehmen, wenn diese unter die besonderen Verteilungsnormen gefasst werden könnten. Art. 4 Abs. 4 DBA Spanien 1966 könne diese Betrachtungsweise nicht unterlaufen.[872] Eine andere Beurteilung ergäbe sich abkommensrechtlich auch nicht für die Qualifikation von Sonderbetriebseinnahmen.

Tatbestandlich soll nach *Behrenz* bereits der Abkommenswortlaut nicht einschlägig sein.[873] Während der deutsche Abkommenstext sprachlich auf ein Beziehen von Einkünften eines Gesellschafters *von* der Gesellschaft abstellt, lässt nach *Behrenz* der spanische Originalwortlaut eher auf ein Stammen der Einkünfte *aus* der Geschäftstätigkeit der Gesellschaft schließen („*rentas que procedan de dichas*

866 Sowohl in Portugal als auch in Spanien werden Personengesellschaften nach dem Trennungsprinzip gleich einer juristischen Person besteuert und unterliegen der jeweiligen Körperschaftsteuer. *Hey/Bauersfeld*, IStR 2005, 649 (650).

867 FG Münster, Urteil vom 02.07.2014 – 12 K 2707/10 F.

868 *Schick*, IWB 2011, 93 (94).

869 *Schick*, IWB 2011, 93 (94).

870 *Schick*, IWB 2011, 93 (94).

871 *Behrenz*, IStR 2014, 773 (781 f.); *Schulz-Trieglaff*, IStR 2015, 155 (157); *Hagemann/Kahlenberg*, IStR 2015, 54 (54 ff.); Raber in: *Wassermeyer*, DBA-Komm., Art. 4 DBA-Portugal, Rn. 23, 109. Lfg., Stand: Okt. 2009.

872 Raber in: *Wassermeyer*, DBA-Komm., Art. 4 DBA-Portugal, Rn. 23, 109. Lfg., Stand: Okt. 2009.

873 *Behrenz*, IStR 2014, 773 (782).

sociedades").[874] Der BFH entschied mit *Urteil vom 21.01.2016*[875] dem entsprechend, dass einer Anwendbarkeit der Norm für *Sonderbetriebseinnahmen* entgegen stehe, dass Bezüge aus Kapitalgesellschaftsanteilen nicht *„von"* der Personengesellschaft bezogen werden. Schuldner der Dividenden sei nicht die Personengesellschaft, der die Beteiligung des jeweiligen Gesellschafters zugeordnet würde, sondern die ausschüttende Kapitalgesellschaft.[876] Die Personengesellschaft sei weder aus abkommensrechtlicher Sicht Nutzungsberechtigte, noch als Zahlungsempfänger der Dividende anzusehen.[877]

Behrenz verweist ferner auf den Sinn und Zweck des Art. 4 Abs. 4 DBA-Spaniens, der nach der *Denkschrift zum Entwurf des Gesetzes zu dem Abkommen zur Vermeidung der Doppelbesteuerung Deutschland Spanien*[878] in der Gewährung eines möglichst weiten Abkommensschutzes von Personengesellschaften liegen soll.[879] In dem Begehren eines umfassenden Abkommensschutzes für Personengesellschaften wird überwiegend das Bedürfnis der Vermeidung unterschiedlicher abkommensrechtlicher Auslegung der persönlichen Abkommensberechtigung gesehen, die aus einer divergierenden Einordnung der spanischen Personengesellschaft als transparentes oder intransparentes Steuersubjekt entstehen könne.[880] Die intransparente Besteuerung der spanischen Personengesellschaft gleich einer Körperschaft nach spanischem Ertragsteuerrecht sollte auch im Abkommen mit Deutschland umfassend gewahrt werden und das spanische Besteuerungsrecht bzgl. aller Einkünfte der Personengesellschaft sicherstellen.[881]

Darüber hinaus verweist *Raber* auf den Wortlautunterschied des Art. 4 Abs. 4 DBA-Spanien zum Art. 4 Abs. 4 DBA-Portugal.[882] Der Unterschied liege im Einschub des Art. 4 Abs. 4 DBA-Portugal, der Ausschüttungen der Personengesellschaft an den Gesellschafter vom Anwendungsbereich der Norm ausnehme.[883] Der Wortlautunterschied ist *Raber* zufolge strukturbedingt auf das nationale Steuerrecht

874 *Behrenz*, IStR 2014, 773 (782).
875 BFH, Urteil vom 21.01.2016 – I R 49/14.
876 BFH, Urteil vom 21.01.2016 – I R 49/14.
877 BFH, Urteil vom 21.01.2016 – I R 49/14.
878 BT-Drs. V/1782 vom 18.05.1967, 21.
879 *Behrenz*, IStR 2014, 773 (782); s.a. Lehner in: *Vogel/Lehner*, DBA-Komm., Art. 4, Rn. 141.
880 *Hagemann/Kahlenberg*, IStR 2015, 54 (56); Lehner in: *Vogel/Lehner*, DBA-Komm., Art. 4, Rn. 141.
881 *Behrenz*, IStR 2014, 773 (782); Wilke in: *Gosch/Grotherr/Kroppen*, DBA-Komm., Art. 4 DBA-Spanien, Rn. 4.
882 Raber in: *Wassermeyer*, DBA-Komm., Art. 4 DBA-Portugal, Rn. 22, 109. Lfg., Stand: Okt. 2009.
883 Raber in: *Wassermeyer*, DBA-Komm., Art. 4 DBA-Portugal, Rn. 22, 109. Lfg., Stand: Okt. 2009.

Portugals zurückzuführen.[884] Im DBA-Spanien 1966 ist im Gegensatz zum DBA-Portugal in Art. 10 Abs. 4 DBA-Spanien 1966 die Gewinnbeteiligung an einer Personengesellschaft als Dividende erfasst und Art. 23 Abs. 1 lit. a) lit. bb) DBA-Spanien 1966 normiert korrespondierend die Anwendung der Freistellungsmethode.[885] Abstellend auf die Besonderheit der intransparenten Besteuerung von Personengesellschaften nach spanischem Recht, ergibt sich damit lediglich, dass im Fall der Gewinnausschüttung, die Ansässigkeitsfiktion der Gesellschafter am Ort der Geschäftsleitung der Personengesellschaft ebenfalls einschlägig sein soll. *Raber* stellt klar, dass es sich bei Art. 4 Abs. 4 DBA-Portugal um eine Ansässigkeitsfiktion des Gesellschafters am Ort der tatsächlichen Geschäftsleitung der Gesellschaft und keine Ansässigkeitsfiktion der Gesellschaft handele.[886]

c) Stellungnahme zum Anwendungsbereich des Art. 4 Abs. 4 DBA-Spanien 1966 als Ansässigkeitsfiktion

Bei der Auslegung des Anwendungsbereichs des Art. 4 Abs. 4 DBA-Spanien 1966 ist zwischen einer Ansässigkeitsfiktion, einem Verteilungsartikel und einer Rechtsfolgenmodifizierung des Ausschlusses bzw. der Beschränkung des Besteuerungsrechts eines der Vertragsstaaten zu differenzieren. Die Einordnung der Fiktion lässt für sich genommen noch keine Schlussfolgerung über den Umfang ihres Anwendungsbereichs zu, so dass die Frage des Umfassens der Sonderbetriebseinnahmen wiederum von der Einordnung der Fiktion getrennt zu beantworten ist.

(1) Art. 4 Abs. 4 DBA-Spanien 1966 begründet keine Ansässigkeitsfiktion der Personengesellschaften

Die Vertragsstaaten Deutschland und Spanien hielten sich bei Vertragsschluss stringent an die Vorgaben des OECD MA und wählten einen entsprechenden Aufbau, so dass die grundlegenden Bestimmungen wie die persönliche Abkommensberechtigung einleitend in den Art. 1, 3 und 4 DBA-Spanien 1966 geregelt wurde.[887] In Art. 4 handelt es sich bei den DBA, die dem OECD MA entsprechen, um *Begriffsbestimmungsartikel*, die die *persönliche Abkommensberechtigung* und damit erst die Anwendbarkeit eines Abkommens eröffnen. Gegen einen weitergehenden Anwendungsbereich des Art. 4 Abs. 4 DBA-Spanien, über eine Ansässigkeitsfiktion hinaus, spricht damit die Stellung der Norm innerhalb des Abkommens. Ein Vergleich

---

884 Wilke in: *Gosch/Grotherr/Kroppen*, DBA-Komm., Art. 4 DBA-Spanien, Rn. 2; Art. 4 DBA-Portugal, Rn. 2.

885 Raber in: *Wassermeyer*, DBA-Komm., Art. 4 DBA-Portugal, Rn. 22, 109. Lfg., Stand: Okt. 2009.

886 Raber in: *Wassermeyer*, DBA-Komm., Art. 4 DBA-Portugal, Rn. 15, 109. Lfg., Stand: Okt. 2009.

887 BT-Drs. V/1782, S. 21.

mit ähnlichen Normen[888] zeigt, dass Sondernormen für Personengesellschaften im Allgemeinen Teil der Abkommen grundsätzlich eine Ansässigkeit der Personengesellschaft normieren, um einen umfassenden Abkommensschutz zu gewährleisten. Hintergrund dieser Normen ist es, subjektive Qualifikationskonflikte aufgrund länderspezifisch divergierender Besteuerung des Steuersubjekts zu vermeiden.[889] Dass aus diesen Normen ein weiterer Anwendungsbereich über die Ansässigkeitsfiktion hinaus geschlussfolgert werden könnte, lässt sich weder aus der Denkschrift[890] noch aus einem Vergleich zu entsprechend konzipierten Normen entnehmen. Art. 4 Abs. 4 DBA-Spanien 1966 weicht jedoch von den Normen, die eine Ansässigkeit der Personengesellschaften fingieren, inhaltlich ab. Nicht die Ansässigkeit der Gesellschaft, sondern die der Gesellschafter wird im Staat der Personengesellschaft fingiert.[891] Im Abkommensrecht bedarf es einer Ansässigkeit einer Person, um den jeweiligen Abkommensschutz in Anspruch nehmen zu können. Diese Ansässigkeit bestimmt sich entsprechend Art. 4 Abs. 1 OECD MA nach der Steuersubjektqualität der Person in einem Vertragsstaat. Eine Fiktion der Ansässigkeit aufgrund mangelnder Steuersubjektfähigkeit in einem Vertragsstaat, macht grundsätzlich für einen Gesellschafter nur dann Sinn, wenn er weder eine natürliche noch eine juristische Person ist und deshalb eine Ansässigkeit scheitern würde.

Mit der Kodifizierung des Art. 4 Abs. 4 DBA-Spanien 1966 intendierte Spanien eine Berücksichtigung der rechtformneutralen Besteuerung seiner Gesellschaften.[892] Spanien hat sich im Ergebnis das Recht sichern wollen, Erträge von Personengesellschaften, die ihren Ort der Geschäftsleitung in Spanien haben, entsprechend der spanischen Kapitalgesellschaften besteuern zu können.[893] Dies sollte dadurch erreicht werden, dass ein rein spanischer Sachverhalt durch die Ansässigkeitsfiktion des Gesellschafters im Sitzstaat der Personengesellschaft geschaffen wird. Eines Rückgriffs auf die Methodenartikel zum Ausgleich einer Doppelbesteuerung bedürfte es nicht, weil es dann an einer Ansässigkeit im Wohnsitzstaat des Gesellschafters fehlt.[894] Durch die Schaffung eines rein inländischen Sachverhalts wurde das Besteuerungsrecht Spaniens für die Fallkonstellationen der Beteiligung eines inländischen Gesellschafters an einer spanischen Personengesellschaft zwar gesichert, zu

888 Art. 4 DBA-Albanien, Protokoll Nr. 2 zu Art. 4 DBA-Azerbaijan, Art. 4 Abs. 4 DBA-Island, Art. 4 Abs. 4 DBA-Kroatien, Art. 4 Abs. 4 DBA-Polen, Art. 4 Abs. 4 DBA-Slowenien, Art. 4 Abs. 4 DBA-Uruguay.

889 Wassermeyer/Kaeser in: *Wassermeyer*, DBA-Komm., Art. 4 MA, Rn. 119, 122. Lfg., Stand: März 2013.

890 BT-Drs. V/1782, S. 21.

891 BFH, Urteil vom 21.01.2016 – I R 49/14; *Behrenz*, IStR 2014, 773 (783).

892 *Behrenz*, IStR 2014, 773 (783).

893 *Behrenz*, IStR 2014, 773 (783).

894 Der BFH verweist darauf, dass Art. 4 Abs. 4 DBA-Spanien 1966 eine Ansässigkeitsfiktion lediglich für die Verteilungsartikel: Art. 5 bis 22 statuiere, nicht jedoch auch eine Ansässigkeit im Sinne von Art. 23 DBA-Spanien 1966 regele. BFH, Urteil vom 21.01.2016 – I R 49/14; *Schulz-Trieglaff*, IStR 2015, 717 (159).

beachten ist jedoch, dass die Ansässigkeitsfiktion des Gesellschafters zu einer weitergehenden Vereinnahmung des Besteuerungsrechts führt, als eine vergleichbare Besteuerung einer Kapitalgesellschaft und damit das eigentliche Ziel überschritten wurde. Für den an dieser Stelle interessierenden Fall der Outboundfallkonstellation eines inländischen Gesellschafters, der an einer spanischen Kapitalgesellschaft beteiligt ist und dessen Beteiligung sich in der spanischen Personengesellschaft befindet, ergäbe sich grundsätzlich ein Besteuerungsrecht Deutschlands und ein reduziertes Quellenbesteuerungsrecht Spaniens. Deutschland würde als Wohnsitz- bzw. Ansässigkeitsstaat die spanische Steuer anrechnen. Ist der Betriebsstättenvorbehalt in Art. 10 Abs. 5 DBA-Spanien 1966 nicht anzuwenden, weil es an einer tatsächlichen Zugehörigkeit der Beteiligung zu einer Betriebsstätte fehlt, wäre die Verteilung des Besteuerungsrechts identisch wie bei einer Kapitalgesellschaft, die Dividenden an einen Gesellschafter ausschüttet.[895] Fundamentaler Unterschied zwischen der Fallgestaltung mit und ohne Anwendung der Ansässigkeitsfiktion in Art. 4 Abs. 4 DBA-Spanien 1966 ist, dass durch die Anwendung des Art. 4 Abs. 4 DBA-Spanien 1966 der Betriebsstättenstaat, der gleichzeitig sowohl Quellen- als auch Ansässigkeitsstaat darstellt, das vollständige Besteuerungsrecht ausüben dürfte, während der andere Staat, mithin Deutschland, gar nicht besteuern dürfte. Es entsteht das zweckwidrige Ergebnis, dass aus der Ansässigkeitsfiktion ein wesentlich weiterer Anwendungsbereich geschaffen würde, als bei einer vergleichbaren rechtlichen Gestaltung einer Kapitalgesellschaft.

(2) Art. 4 Abs. 4 DBA-Spanien 1966 stellt keine Verteilungsnorm dar

Die Annahme *Schicks*, Art. 4 Abs. 4 DBA-Spanien 1966 stelle eine für beide Vertragsstaaten umfassend geltende Verteilungsnorm dar, die die Anwendung der übrigen Verteilungsnormen und des Methodenartikels ausschließe,[896] ist strukturell nicht schlüssig. Die Norm befindet sich, wie oben dargestellt, im Kapitel der Begriffsbestimmungen. Verteilungsnormen hingegen sind im Abschnitt: *Besteuerung des Einkommens* zu finden.

Darüber hinaus weicht Art. 4 Abs. 4 DBA-Spanien inhaltlich von den Regelungen der besonderen Verteilungsnormen insofern ab, als dass weder ein Tatbestand normiert, noch ein Besteuerungsrecht verteilt wird.

Des Weiteren zeigt die unter *Zweiter Teil, § 1, B.*[897] aufgeführte systematische Aufgliederung der Schuldnerinhaberschaft für Sondervergütungen und für sonstige Sonderbetriebseinnahmen, dass ein tatbestandliches Erfassen der sonstigen Sonderbetriebseinnahmen von Art. 4 Abs. 4 DBA-Spanien 1966 ausscheiden muss. Der Wortlaut

895 Läge hingegen eine tatsächliche Zugehörigkeit der Beteiligung zu einem Betriebsstättenvermögen vor, wäre der Betriebsstättenvorbehalt einschlägig und das Besteuerungsrecht würde vollständig dem Betriebsstättenstaat zugewiesen werden, Art. 10 Abs. 5 i.V.m Art. 7 Abs. 1 Satz 1 Halbsatz 2, Abs. 2 DBA-Spanien.

896 *Schick*, IWB 2011, 93 (94).

897 S.Seite 10 ff.

der Norm erfasst Bezüge, die der Gesellschafter *von* der Gesellschaft bezieht. Differenzierend zwischen Sonderbetriebsvergütungen und sonstigen Sonderbetriebseinnahmen ergäbe sich daraus, dass Sonderbetriebsvergütungen, nach Auslegung streng anhand des Wortlautes, neben dem Gewinnanteil grundsätzlich ebenfalls erfasst würden.[898] *Raber* stellt jedoch zutreffend auf den Gesellschafter als Adressaten der Norm ab.[899] Dieser wird für Einkünfte aus der Gesellschaft als im Staat der Personengesellschaft ansässig behandelt.[900] Einkünfte in diesem Sinne können s.E. nach lediglich jene sein, die auf Ebene der Gesellschaft erzielt und dem Gesellschafter zugerechnet würden,[901] nicht hingegen solche, die der Gesellschafter von der Gesellschaft bezieht.[902] Damit nimmt *Rader* eine deutliche Differenzierung zwischen Gewinnanteil, Sonderbetriebsvergütungen und sonstigen Sonderbetriebseinnahmen vor. Sonstige Sonderbetriebseinnahmen werden darüber hinaus gerade nicht von der Personengesellschaft bezogen. Dieser Auffassung hat sich der BFH mit *Urteil vom 21.01.2016*[903] angeschlossen.

Auch der Vergleich mit den unternehmerischen Sondernormen wie sie in Art. 7 Abs. 7 DBA-Schweiz enthalten sind, zeigt die fehlende inhaltliche Konkretisierung des Art. 4 Abs. 4 DBA-Spanien 1966. Aus der Nichtkodifizierung einer Sondernorm entsprechend Art. 7 Abs. 7 DBA-Uruguay[904] folgert *Behrenz* damit zu Recht, dass Sonderbetriebsvergütungen bewusst von der Ansässigkeitsfiktion nicht erfasst werden sollten und damit im Einklang mit der BFH-Rechtsprechung eine abkommensautonome Einordnung der Einkünfte intendiert war.[905] Auch *Hagemann/Kahlenberg* weisen darauf hin, dass eine Fiktion nicht weiter gehen könne als der sie begründende Zweck, der Vermeidung subjektiver Qualifikationskonflikte.[906] Erst die indirekte Implementierung des nationalen Mitunternehmerkonzepts über Art. 4 Abs. 4 DBA-Spanien 1966 in das Abkommen führe zu einer divergierenden Besteuerung, die ohne Beachtung nationalertragsteuerlicher Besonderheiten im Abkommensrecht rein abkommensautonom ausgeblieben wäre.[907] Anhaltspunkte dafür, dass die Verhandlungsparteien mit Art. 4 Abs. 4 DBA-Spanien 1966 das deutsch-rechtliche Konzept der Besteuerung von Personengesellschaften einschließlich der Qualifizierung von Betriebsvermögen als

---

898 Vgl. BFH, Urteil vom 21.01.2016 – I R 49/14.

899 Raber in: *Wassermeyer*, DBA-Komm., Art. 7 DBA-Portugal, Rn. 20, 109. Lfg., Stand: Okt. 2009.

900 Raber in: *Wassermeyer*, DBA-Komm., Art. 7 DBA-Portugal, Rn. 20, 109. Lfg., Stand: Okt. 2009.

901 Raber in: *Wassermeyer*, DBA-Komm., Art. 7 DBA-Portugal, Rn. 20, 109. Lfg., Stand: Okt. 2009.

902 Rader in: *Wassermeyer*, DBA-Komm., Art. 7 DBA-Portugal, Rn. 20, 109. Lfg., Stand: Okt. 2009; so wohl im Ergebnis auch: *Behrenz*, IStR 2014, 773 (782); *Hagemann/Kahlenberg*, IStR 2015, 54 (56); *Schulz-Trieglaff*, IStR 2015, 155 (159).

903 BFH, Urteil vom 21.01.2016 – I R 49/14.

904 Vgl. entsprechender Wortlaut wie Art. 7 Abs. 7 DBA Schweiz, Seite 138 ff.

905 *Behrenz*, IStR 2014, 773 (783).

906 *Hagemann/Kahlenberg*, IStR 2015, 54 (56).

907 *Hagemann/Kahlenberg*, IStR 2015, 54 (56).

Sonderbetriebsvermögen hätten regeln wollen, ist auch nach Ansicht der BFH mit *Urteil vom 21.01.2016* schlechterdings ausgeschlossen.[908] Eine Verteilungsnorm für den sonderbetrieblichen Bereich wird damit gerade nicht begründet.

d) Zusammenfassung des Anwendungsbereichs des Art. 4 Abs. 4 DBA-Spanien

Art. 4 Abs. 4 DBA-Spanien 1966 enthält eine Fiktion der Ansässigkeit des Gesellschafters einer Personengesellschaft im Vertragsstaat der tatsächlichen Geschäftsleitung der Personengesellschaft. Ein weitergehender Anwendungsbereich der Norm über die Ansässigkeitsfiktion hinaus ist nicht ersichtlich. Es handelt sich gerade nicht um eine Verteilungsnorm, sondern eine Rechtsfolgenmodifikation, um der spanischen rechtsformneutralen Besteuerung auch auf Abkommensebene gerecht zu werden. Ein Erfassen des sonderbetrieblichen Bereichs kommt damit nicht in Betracht.

6. Zusammenfassung des Anwendungsbereichs abkommensrechtlicher unternehmerischer Sondernormen

Die unternehmerischen Sondernormen sind ausschließlich auf ein Erfassen von Sonderbetriebsvergütungen als abkommensrechtliche Unternehmensgewinne gerichtet. Ein darüber hinausgehender Anwendungsbereich, der sonstige Sonderbetriebseinnahmen erfasst, ist weder in der standardisierten Vertragsklausel noch in den vom Wortlaut her abweichenden unternehmerischen Sondernormen der DBA mit Singapur, Frankreich, den USA oder Spanien zu sehen.

V. Zusammenfassung der abkommensrechtlichen Behandlung einer Beteiligung an der Komplementär-GmbH

Eine unmittelbare Gewinnzuordnung der Mitunternehmerschaft zu ihren Mitunternehmern begründet abkommensrechtlich Unternehmensgewinne. Unabhängig davon ist eine abkommensrechtliche Qualifikation sonstiger Sonderbetriebseinnahmen abkommensautonom vorzunehmen. Eine Einordnung der Einkünfte aus einer Beteiligung an einer Komplementär-GmbH im Sonderbetriebsvermögen erfolgt unter die besondere Verteilungsnorm der Dividendeneinkünfte in Art. 10 OECD MA. Die Verteilung des Besteuerungsrechts erfolgt abweichend von den Rechtsfolgen des Dividendenartikels nach den Rechtsfolgen der Unternehmensgewinne nach Art. 10 Abs. 4 i.V.m. Art. 7 Abs. 1 Satz 1, Halbsatz 2, Satz 2 OECD MA, unter Annahme der Einschlägigkeit des Betriebsstättenvorbehalts. Eine Einschlägigkeit des Betriebsstättenvorbehalts ergibt sich auf Grundlage der funktionalen Zugehörigkeit. Zu einer entsprechenden Zuordnung gelangt § 1 Abs. 5 AStG i.V.m. § 7 BsGaV, der eine Umsetzung der AOA in nationales Recht darstellt und anknüpfend an einen funktionalen Zusammenhang der Beteiligung für die Betriebsstättengeschäftstätigkeit

908 BFH, Urteil vom 21.01.2016 – I R 49/14.

auf eine Dienlichkeit der Beteiligung zur wirtschaftlichen Geschäftstätigkeit der Geschäftsleitungsbetriebsstätte abstellt. Nach den Grundsätzen der AOA in Art. 7 Abs. 2 OECD MA hingegen muss eine Zuordnung zur Betriebsstätte ausscheiden, wenn bei einer gleichen Gewichtung von Chancen und Risiken der Beteiligung eine Zuordnung zum Gesellschafter vorzunehmen ist. Das Vorliegen unternehmerischer Sondernormen ändert, mangels Eröffnung des Anwendungsbereichs für sonstige Sonderbetriebseinnahmen, nichts an den gefundenen Zuordnungen.

C. Fallgruppe im Abkommensrecht: Wirtschaftliche Verflechtung

Sind eine Kapitalgesellschaft und eine Mitunternehmerschaft aufgrund enger Abstimmung der Geschäftsbereiche in einer Wertschöpfungskette durch Übernahme von Funktionseinheiten miteinander wirtschaftlich verflochten, wird eine Beteiligung an der Kapitalgesellschaft durch die Rechtsprechung dem notwendigen Sonderbetriebsvermögen II des Mitunternehmers zugeordnet.[909] Unter exakter Anwendung der Zuordnungskriterien des Sonderbetriebsvermögens liegt jedoch eine Zuordnung zum notwendigen Sonderbetriebsvermögen I vor, weil eine Dienlichkeit der Beteiligung an der wirtschaftlich verflochtenen Kapitalgesellschaft in Bezug auf den Geschäftsbetrieb der Mitunternehmerschaft besteht, nicht hingegen in Bezug auf die Beteiligung des Mitunternehmers.[910] Erfolgt eine Gewinnausschüttung der wirtschaftlich verflochtenen Kapitalgesellschaft an den Mitunternehmer stellt diese einkommensteuerrechtlich eine gewerbliche Dividende dar.[911] Wie Einkünfte aus einer Beteiligung an einer wirtschaftlich verflochtenen Gesellschaft abkommensrechtlich zu beurteilen sind, ist jedoch höchstrichterlich bisher ungeklärt.

I. Behandlung der sonstigen Sonderbetriebseinnahmen

Eine abkommensrechtliche Qualifikation der Einkünfte aus einer Beteiligung an einer wirtschaftlich verflochtenen Kapitalgesellschaft ist in folgerichtiger Anwendung der abkommensautonomen Auslegung im Sinne des Dividendenartikels vorzunehmen, Art. 10 Abs. 2 OECD MA. Die Einkünfte aus der Beteiligung stellen Einkünfte aus sonstigen Gesellschaftsanteilen dar, die nach dem Recht des Staates, in dem die ausschüttende Gesellschaft ansässig ist, Einkünften aus Aktien gleichgestellt

909 Vgl. die Zuordnung der Rechtsprechung zum notwendigen Sonderbetriebsvermögen II: Seite 26.

910 Vgl. zur Begründung der Zuordnung einer Beteiligung an einer wirtschaftlich verflochtenen Kapitalgesellschaft eines Kommanditisten: Seite 34 ff. Eine Rechtsfolgenänderung tritt durch die Zuordnung zum Sonderbetriebsvermögen I oder II nicht ein.

911 Vgl. zur ertragsteuerlichen Behandlung einer gewerblichen Dividende: Seite 12 f.

werden.[912] Das Besteuerungsrecht ist damit regelmäßig dem Wohnsitzstaat des Gesellschafters zugewiesen, Art. 10 Abs. 1 OECD MA. Der Quellenstaat erhält jedoch ein reduziertes Quellenbesteuerungsrecht nach Art. 10 Abs. 2 OECD MA in Höhe von 5 % bzw. 15 %. Aufgrund der beidseitigen Zuweisung eines, wenn auch der Höhe nach reduzierten Besteuerungsrechts, ist die aufrechterhaltene Doppelbesteuerung mittels eines Ausgleichs durch den Ansässigkeitsstaat durch eine Anrechnung der im Quellenstaat zu zahlenden Steuer nach Art. 23A Abs. 2 OECD MA zu beseitigen.[913] Eine von den Rechtsfolgen des Dividendenartikels abweichende Zuordnung des Besteuerungsrechts über die Rechtfolgen des Art. 7 OECD MA käme in Betracht, soweit die Beteiligung tatsächlich der Betriebsstätte zugehörig und damit die Voraussetzungen des Betriebsstättenvorbehalts erfüllt wären, Art. 10 Abs. 4 OECD MA. Die Annahme einer den Betriebsstättenvorbehalt begründenden tatsächlichen Zugehörigkeit setzt nach hiesiger Auffassung eine funktional Zugehörigkeit der Beteiligung zur Betriebsstätte voraus bzw. die Erfüllung der Zuordnungskriterien der AOA nach Art. 7 Abs. 2 OECD MA bzw. § 1 Abs. 5 AStG i.V.m. § 7 BsGaV.

1. *Anwendbarkeit der funktionalen Betrachtungsweise auf die wirtschaftliche Verflechtung*

Die Kriterien für eine tatsächliche Zugehörigkeit einer Beteiligung zu einer Betriebsstätte[914] wurden zur Zuordnung einer Beteiligung an einer geschäftsführenden Komplementär-GmbH im Rahmen einer GmbH & Co. KG aufgestellt.[915] Bei einer wirtschaftlichen Verflechtung ist von einem divergierend ausgestalteten Grundsachverhalt, als bei einer gesellschaftsrechtlichen Verflechtung der GmbH & Co. KG auszugehen. Es stellt sich daher die Frage, ob die gefundenen Zuordnungskriterien der funktionalen Zugehörigkeit auf eine Beteiligung eines Mitunternehmers an einer wirtschaftlich verflochtenen Kapitalgesellschaft übertragbar sind. Während bei einer GmbH & Co. KG, die Beteiligung an einer geschäftsführenden Komplementär-GmbH und damit eine gesellschaftsrechtliche Verknüpfung im Fokus der Betrachtung steht, handelt es sich bei einer wirtschaftlichen Verflechtung um eine enge Verknüpfung der Geschäftstätigkeit von Mitunternehmerschaft und der Kapitalgesellschaft, die durch eine mehrheitliche Beteiligung an der Kapitalgesellschaft

912 Vgl. zur abkommensrechtlichen Einordnung einer Gewinnausschüttung: Seite 110 f.

913 Begründet Deutschland, wie im Outboundfall üblich, den Wohnsitz- bzw. Ansässigkeitsstaat, hat Deutschland einen Ausgleich der doppelten Besteuerung nach nationalem Recht vorzunehmen. Eine ausführliche Darstellung der Anrechnung einer im Ausland gezahlten Steuer nach nationalem Recht sowohl für einen natürliche Person als Gesellschafter, als auch für eine juristische Person als Gesellschafter der Personengesellschaft s.Seite 81 ff.

914 Eine Betriebsstätte ist für die Mitunternehmerschaft am Ort der tatsächlichen Geschäftsleitung anzunehmen, vgl. Seite 112.

915 Vgl. BFH, Urteil vom 26.02.1992 – I R 85/91.

eine personelle Verknüpfung erfährt. *Liebchen* wirft an dieser Stelle ein, dass es sich bei der Übernahme der Kriterien zur Begründung einer tatsächlichen Zugehörigkeit auf die Fallkonstellationen der wirtschaftlichen Verflechtung um eine Vermengung von streng voneinander zu trennenden Fallgruppen handele.[916] *Strunk/Kaminski*, ebenso wie *Eilers/Dann* hingegen weisen darauf hin, dass ein funktionaler Zusammenhang zur Tätigkeit der Betriebsstätte sehr wohl angenommen werden könne, wenn eine besonders enge wirtschaftliche Verflechtung zwischen Personen- und Kapitalgesellschaft vorliege und die Kapitalgesellschaft eine wesentliche wirtschaftliche Funktion der Mitunternehmerschaft erfülle.[917] Gegenteilig urteilte das FG Baden-Württemberg mit *Urteil vom 21.06.2006*.[918] Das FG entschied, dass die Voraussetzungen einer wirtschaftlichen Verflechtung für eine Zuordnung einer Beteiligung zwar auf nationaler Ebene für die Begründung von notwendigem Sonderbetriebsvermögen II ausreichend seien, eine abkommensrechtliche tatsächliche Zuordnung im Rahmen eines Betriebsstättenvorbehalts jedoch ausscheiden müsse.[919] *Eilers/Dann* schlussfolgern, dass eine untergeordnete Rolle der wirtschaftlichen Geschäftstätigkeit der Kapitalgesellschaft dann nicht mehr angenommen werden könne, wenn die ausländische Beteiligung aufgrund der Erstarkung zu einem eigenen Geschäftsbereich mit eigenen Kunden und einer selbstständigen Tätigkeit aus dem Anwendungsbereich des Sonderbetriebsvermögens hinauswachse.[920] Damit werde die Adhäsionskraft des Sonderbetriebsvermögens aufgelöst, was regelmäßig auch der wirtschaftlichen Realität im Hinblick auf die wirtschaftliche Verflechtung von typischen mittelständischen Unternehmen über die Grenze hinaus entspreche.[921]

Wird auf eine funktionale Zugehörigkeit abgestellt, ist eine Zuordnung der Beteiligung zur Betriebsstätte jedoch anhand der *Nebenertragsfähigkeit* der Beteiligung zum Betriebsstättengewinn zu beurteilen.[922] Beteiligungserträge sind Nebenerträge, wenn keine reine Beteiligungsgesellschaft vorliegt und die Beteiligung an der Kapitalgesellschaft für die Betriebsstättengeschäftstätigkeit dienlich ist.[923] Davon ist insbesondere auszugehen, wenn sich die Beteiligungserträge auf das konkrete Betriebsstättenergebnis auswirken.[924] Als gemeinsame Betriebsstätte der Mitunternehmer ist zumindest die Stätte der Geschäftsleitung anzusehen.[925] Ihr zugeordnet werden zumindest die Einnahmen, die durch die Geschäftsführung als solche generiert werden. Allerdings blickt die funktionale Zugehörigkeit rein faktisch durch den

916 *Liebchen*, Personengesellschaften, S. 374.
917 *Eilers/Dann*, SteuK 2010, 245 (246); *Strunk/Kaminski*, IStR 2003, 181 (648).
918 FG Baden-Württemberg, Urteil vom 21. 6. 2006 – 7 K 228/02.
919 FG Baden-Württemberg, Urteil vom 21.06.2006 – 7 K 228/02.
920 *Eilers/Dann*, SteuK 2010, 245 (249).
921 *Eilers/Dann*, SteuK 2010, 245 (249).
922 Vgl. zu den Anforderungen der funktionalen Zugehörigkeit: Seite 115 ff.
923 Vgl. zur Begriffsbestimmung des Nebenertrags: Seite 119 ff.
924 Vgl. *Goebel/Boller/Ungemach*, IStR 2008, 643 (648).
925 Vgl. zur Annahme einer Betriebsstätte: Seite 112 ff.

Rechtsmantel der Beteiligung hindurch auf die Tätigkeit der Kapitalgesellschaft,[926] so dass für eine Zuordnung einer Beteiligung eine funktionale Betrachtungsweise im Hinblick auf die Dienlichkeit der Kapitalgesellschaft für den Geschäftsbetrieb des Unternehmens der Mitunternehmerschaft zu beurteilen ist. Die wirtschaftliche Verflechtung basiert auf dem Gedanken der Sicherung der Einflussnahme auf die Geschäftspolitik der Mitunternehmerschaft und der Kapitalgesellschaft, so dass beide Gesellschaften nach einem einheitlichen wirtschaftlichen Gesamtkonzept aufgrund der Durchsetzungsmöglichkeit eines einheitlichen Geschäftswillen geführt werden. Durch die Beteiligung kann der Gesellschafter die Geschäftspolitik der wirtschaftlich verflochtenen Kapitalgesellschaft dergestalt beeinflussen, dass die Geschäftsbereiche so eng auf einander ausgerichtet werden, dass durch ein geschicktes Wirtschaften eine Steigerung der Erträge zumindest möglich ist. Damit ist, wie *Hruschka* und *Schönfeld* richtig feststellen, auch von einem funktionalen Zusammenhang der Kapitalgesellschaftsbeteiligung für das Unternehmen der Mitunternehmerschaft auszugehen, wenn die Kapitalgesellschaft durch ihre Tätigkeit die Tätigkeit des Unternehmens der Mitunternehmerschaft aktiv fördert.[927] Ein solches Fördern liegt vor, wenn die beiden Unternehmen sich ergänzende Leistungsbeiträge innerhalb einer Wertschöpfungskette erbringen.[928] Folglich ist bei funktionaler Betrachtungsweise den Beteiligungserträgen eine Nebenertragsfähigkeit zuzusprechen und damit eine Zuordnung der Beteiligung an der wirtschaftlich verflochtenen Kapitalgesellschaft auch zur Geschäftsleitungsbetriebsstätte anzunehmen.[929]

2. *Anwendbarkeit der Zuordnungskriterien der AOA*

Neben dem, durch die Rechtsprechung heraus gebildeten Merkmal der funktionalen Zugehörigkeit zur Bestimmung der tatsächlichen Zugehörigkeit einer Beteiligung zu einer Betriebsstätte, lässt sich die tatsächliche Zugehörigkeit durch die Zuordnungskriterien der AOA bestimmen. Die AOA findet sich sowohl in Art. 7 Abs. 2 OECD MA, als auch durch Umsetzung in nationales Recht in § 1 Abs. 5 AStG i.V.m. § 7 BsGaV.

Abstellend auf eine Zuordnung nach den Grundsätzen des AOA in Art. 7 Abs. 2 OECD MA muss eine Zuordnung zum Stammhaus, mithin zum Gesellschafter erfolgen. Der AOA in Art. 7 Abs. 2 OECD MA ordnet eine Beteiligung anhand einer Chancen-Risiko-Analyse dem Unternehmensteil zu, der diese auch tatsächlich trägt.[930] In einer Chancen-Risiko-Analyse ist maßgeblich der Erwerb, eine

---

926 Vgl. *Hruschka*, IStR 2016, 437 (441).

927 *Hruschka*, IStR 2016, 437 (441); Schönfeld in: *Schönfeld/Ditz*, DBA-Komm., Art. 10, Rn. 203.

928 *Hruschka*, IStR 2016, 437 (441); Schönfeld in: *Schönfeld/Ditz*, DBA-Komm., Art. 10, Rn. 203.

929 Im Ergebnis zustimmend: Ditz in: *Schönfeld/Ditz*, DBA-Komm., Art. 7 (2008), Rn. 81; *Hruschka*, IStR 2016, 437 (441).

930 Vgl. die Anforderungen der Zuordnung der AOA in Art. 7 Abs. 2 OECD MA: Seite 128 ff.

gewinnbringende Veräußerung sowie die Verwaltung der Beteiligung zu berücksichtigen.[931] Sowohl der Erwerb, die Verwaltung, als auch die Veräußerung sind aufgrund des Alleineigentums des Gesellschafters an der Beteiligung allein seinem gewinnbringenden Nutzungs- aber auch Ausfallrisiko zuzuordnen. Obwohl auch in der Erwerbsentscheidung der Beteiligung aufgrund gesellschaftsrechtlicher Treuepflichten die Interessen und Belange der Mitunternehmerschaft zugrunde zu legen sind, reichen diese nicht um eine Erwerbspflicht bzgl. einer mehrheitlichen Beteiligung zu begründen. Über die Einlageleistung hinaus kann eine finanzielle Leistung nicht verlangt werden. Gleiches muss bzgl. der Veräußerung einer Beteiligung gelten. Auch die aus der Beteiligung fließenden Verwaltungsrechte kann die Mitunternehmerschaft nicht unmittelbar ausüben. Allerdings hat der Mitunternehmer diese Rechte aufgrund gesellschaftsrechtlicher Treuepflichten im Interesse der Mitunternehmerschaft in der Gesellschafterversammlung der Kapitalgesellschaft auszuüben. Bei einer hier präferierten gleichen Gewichtung der Anforderungen an die Chancen und Risiken[932] muss damit eine Zuordnung der Beteiligung zur Betriebsstätte ausscheiden.

§ 1 Abs. 5 AStG i.V.m. § 7 BsGaV hingegen stellt für eine Zuordnung einer Beteiligung auf eine Nutzung der Beteiligung ab. Mangels Bestimmungsmöglichkeit der tatsächlichen Nutzung einer Beteiligung, fingiert § 7 Abs. 1 Satz 2 BsGaV eine Nutzung bei Vorliegen eines funktionalen Zusammenhangs der Beteiligung zur Geschäftstätigkeit der Betriebsstätte. Ein funktionaler Zusammenhang zur Betriebsstättengeschäftstätigkeit liegt vor, wenn eine Dienlichkeit zur Geschäftstätigkeit der Betriebsstätte angenommen werden kann.[933] Von einer Dienlichkeit kann auch dann ausgegangen werden, wenn es sich lediglich um eine mittelbare Dienlichkeit zum Geschäftsbetrieb der Betriebsstätte handelt.[934] Eine unmittelbare Dienlichkeit einer Beteiligung läge in der Nutzungsmöglichkeit der Rechte und Pflichten einer Beteiligung. Ist die Beteiligung im Alleineigentum des Gesellschafters, käme lediglich eine mittelbare Dienlichkeit für den Geschäftsbetrieb der Betriebsstätte in Betracht, wenn der Gesellschafter in der Stimmrechtsausübung die Interessen der Betriebsstätte zu wahren hätte. Der Gesellschafter hat aufgrund zu berücksichtigender Treuepflichten gegenüber der Mitunternehmerschaft in der Beschlussfassung der Kapitalgesellschaftsgesellschafterversammlung auf eine enge Ausrichtung der Geschäftsbereich der Gesellschaften hinzuwirken.[935] Die Beteiligung ist damit geeignet eine Ertragsteigerung durch bessere Abstimmung der Geschäftsbereiche der Gesellschaften zu erreichen.[936] Bei funktionaler Betrachtungsweise ist die Beteiligung eines Mitunternehmers an einer wirtschaftlich verflochtenen Kapitalgesellschaft daher der Geschäftstätigkeit des Unternehmens

---

931 Vgl. die konkreten Zuordnungskriterien einer Beteiligung: Seite 128 ff.

932 Vgl. zu der Gewichtung der einzelnen Zuordnungsmerkmale: Seite 128 ff.

933 Vgl. die Zuordnungskriterien des § 1 Abs. 5 AStG i.V.m. § 7 BsGaV: Seite 132 ff.

934 Vgl. zum Anwendungsbereich des § 1 Abs. 5 AStG i.V.m. § 7 BsGaV: Seite 132 ff.

935 Vgl. zur Einflussnahme auf die Geschäftsführung: Seite 26 ff.

936 Vgl. die Dienlichkeit einer Beteiligung eines Mitunternehmers zum Geschäftsbetrieb der Mitunternehmerschaft: S.Seite 34 ff.

der Mitunternehmerschaft dienlich und damit nach § 1 Abs. 5 AStG i.V.m. § 7 BsGaV der Geschäftsleitungsbetriebsstätte zuzuordnen.

II. Zusammenfassende Behandlung der wirtschaftlichen Verflechtung im Abkommensrecht

Erträge einer im Sonderbetriebsvermögen befindlichen Beteiligung einer wirtschaftlich verflochtenen Kapitalgesellschaft sind abkommensautonom als Dividende nach Art. 10 Abs. 3 OECD MA zu qualifizieren. Die Verteilung des Besteuerungsrechts zwischen den Vertragsstaaten richtet sich jedoch abweichend von den Rechtsfolgen des Dividendenartikels nach den Rechtsfolgen der Unternehmensgewinne, wenn eine Einschlägigkeit des Betriebsstättenvorbehalts aufgrund funktionaler Zugehörigkeit der Beteiligung zur Betriebsstätte oder eine entsprechende Zuordnung der Beteiligung zur Betriebsstätte nach § 1 Abs. 5 AStG i.V.m. § 7 BsGaV angenommen wird. Eine Zuweisung des Besteuerungsrecht richtet sich hingegen nach den Rechtfolgen des Dividendenartikels, wenn die Zuordnungskriterien der AOA in Art. 7 Abs. 2 OECD MA als Maßstab der tatsächlichen Zugehörigkeit im Sinne des Betriebsstättenvorbehalts zugrunde gelegt werden.

D. Fallgruppe im Abkommensrecht: Atypisch stille Gesellschaft

National ertragsteuerlich ist eine Beteiligung des atypisch still Beteiligten an der GmbH seinem notwendigen Sonderbetriebsvermögen II zuzuordnen.[937] Lediglich in Sonderkonstellationen kommt eine Zuordnung der Beteiligung zum notwendigen Sonderbetriebsvermögen I in Betracht.[938] Abkommensrechtlichen Herausforderungen sieht sich die atypisch stille Gesellschaft allerdings insofern ausgesetzt, als eine ertragsteuerlich vergleichbare Behandlung in anderen Ländern als Mitunternehmerschaft wenig verbreitet ist. Die atypisch stille Gesellschaft könnte theoretisch als eigenes Steuersubjekt anerkannt und damit intransparent besteuert werden oder es kann sich um eine besondere Form der Überlassung von Fremdkapital handeln.[939] Bestehen Divergenzen in der Besteuerung der atypisch stillen Gesellschaft, liegt regelmäßig neben einem subjektiven Qualifikationskonflikt ein objektiver vor.

937 Vgl. die Zuordnung einer Beteiligung eines atypisch stillen Gesellschafter zum notwendigen Sonderbetriebsvermögen II: Seite 64 ff.

938 Vgl. eine Zuordnung die Begründung einer atypisch stillen Gesellschaft an einem Teilgeschäftsbereich der GmbH: Seite 66 ff.

939 *Geuenich*, Qualifikationskonflikte, S. 71.

I. *Abkommensrechtliche Einordnung des Gewinnanteils aus der GmbH & atypisch still*

Vor einer abkommensrechtlichen Einordnung der sonstigen Sonderbetriebseinnahmen ist, als möglicher Vergleichsmaßstab die reguläre Gewinnbeteiligung des atypisch still Beteiligten bei übereinstimmender bzw. divergierender abkommensrechtlicher Einordnung zu betrachten.

1. *Übereinstimmende Behandlung der GmbH & atypisch still als Mitunternehmerschaft*

Stimmen die Vertragsstaaten in der Behandlung der GmbH & atypisch still als Mitunternehmerschaft überein, wird der Gewinnanteil, den der atypisch still Beteiligte aus der Gesellschaft erzielt, nach heute h.M. als Unternehmensgewinn nach Art. 7 Abs. 1 OECD MA qualifiziert.[940] Der atypisch still Beteiligte wird entsprechend jedem anderen Mitunternehmer, abkommensrechtlich als Betreiber eines Unternehmens aufgrund seiner Gesellschaftsbeteiligung angesehen.[941] Damit wird ihm regelmäßig eine Geschäftsleitungsbetriebsstätte durch die Geschäftsleitung der Mitunternehmerschaft vermittelt, Art. 5 Abs. 2 lit a) OECD MA.[942]

Ob es sich jedoch tatsächlich um Unternehmensgewinne handelt, ist nicht unumstritten und hängt von der Erfüllung der tatbestandlichen Voraussetzungen des Art. 7 Abs. 1 OECD MA ab. Mangels hinreichender abkommensrechtlicher Definition ist auf die aus dem Abkommenszusammenhang herausgebildete Begriffsbestimmung der Unternehmergewinne zurückzugreifen, so dass Unternehmensgewinne anhand einer Abgrenzung zu den besonderen Verteilungsnormen zu bestimmen sind.[943] Demnach müsste es sich bei den Einkünften des atypisch stillen Gesellschafters aus der Gesellschaft um aktive Einkünfte handeln, die nicht in passiver Fruchtziehung aus Kapitalüberlassung bestehen. Die ursprüngliche Annahme *Wassermeyers*,[944] es könne sich bei den Gewinnbezügen um eine Forderung im Sinne des Art. 11 Abs. 3 OECD MA handeln und damit Zinseinkünfte, mithin

---

940 BFH, Urteil vom 23.10.1996 – I R 10/96; BFH, Urteil vom 21.07.1999 – I R 110/98; BMF vom 26.09.2014 IV B 5 – S 1300/09/10003, Tz. 2.2.1.2.; *Geuenich*, Qualifikationskonflikte, S. 76; Hemmelrath in: *Vogel/Lehner*, DBA-Komm., Art. 7, Rn. 53 ; *Schaumburg*, Internationales Steuerrecht, Rn. 16.234; *Schmidt*, IStR 1996, 213 (216); *Schnieder*, IStR 1999, 392 (393 f.).

941 *Schmidt*, IStR 1996, 213 (222).

942 Vgl. BFH, Urteil vom 21.07.1999 – I R 110/98; Burmester, Ausgewählte international steuerrechtliche Probleme der stillen Gesellschaft, in: *Haarmann*, Unternehmensstrukturen und Rechtsformen, S. 130; *Geuenich*, Qualifikationskonflikte, S. 87; *Schmidt*, IStR 1996, 213 (222).

943 Vgl. zur Bestimmung des Begriffs der abkommensrechtlichen Unternehmensgewinne: Seite 108.

944 ursprüngliche Auffassung: *Wassermeyer*, IStR 1995, 49 (51); neue Auffassung: *Wassermeyer*, DBA-Komm., Art. 21 MA, Rn. 26, 124. Lfg., Stand: Okt. 2013.

passive Einkünfte, begründen, ist in der Literatur massiv auf Kritik gestoßen.[945] *Wassermeyer* stellte anknüpfend an die abkommensrechtliche Zinsdefinition auf die Eignung der Einlage des atypisch still Beteiligten ab, eine *Forderung jeder Art* nach Art. 11 Abs. 3 OECD MA zu begründen.[946] Der atypisch still Beteiligte habe lediglich einen schuldrechtlichen Anspruch gegen den Inhaber des Handelsgewerbes und damit eine Forderung jeder Art nach Art. 11 Abs. 3 OECD MA.[947] Mit dem *Urteil des BFH vom 21.07.1999*[948] nahm *Wassermeyer* eine Kehrtwende im Hinblick auf seine ursprüngliche Auffassung vor.[949] Bei der Beteiligung des atypisch still Beteiligten handele es sich zwar um eine schuldrechtliche Beziehung, allerdings repräsentiere diese gerade seine mitunternehmerische Stellung.[950] Er müsse den Gesellschaftsgewinn, der ihm unmittelbar zugerechnet werde und nicht einen schuldrechtlichen Anspruch versteuern.[951] Zinsen wären daher lediglich dann anzunehmen, wenn eine reine Kapitalüberlassung vorläge und keine weiteren Mitspracherechte im Sinne einer Unternehmensinitiative bestünden.[952] Bei einem atypisch still Beteiligten handelt es sich bei der überlassenen Einlage nicht lediglich um eine Eigenkapitalgabe. Er hat vielmehr ein Risiko durch die Beteiligung in Bezug auf Wertveränderungen. Auch die konkrete Ausgestaltung des Gesellschaftsvertrages spricht ihm Unternehmerinitiative zu, so dass er sich vom reinen Kapitalgeber unterscheidet.[953] Einkünfte aus passiver Fruchtziehung scheiden damit aus.

Ein Rückschluss aus einer expliziten abkommensrechtlichen Einordnung der Bezüge als Unternehmensgewinne[954] kann nicht gezogen werden. Ein Schluss von speziellen Regelungen auf eine grundsätzliche Einordnung ist nicht möglich.

---

945 *Becker*, Die atypisch stille Gesellschaft, S. 112 f.; *Breuninger/München/Prinz*, DStR 1995, 927 (929); *Müller*, IStR 1996, 266 (274); Schmidt in: *Grotherr/Herfort/Strunk*, Internationales Steuerrecht, S. 1804.

946 *Wassermeyer*, IStR 1995, 49 (51).

947 *Wassermeyer*, IStR 1995, 49 (51).

948 BFH, Urteil vom 21.07.1999 – I R 110/98.

949 Wassermeyer/Kaeser in: *Wassermeyer*, DBA-Komm., Art. 7 MA, Rn. 93, 124. Lfg., Stand: Okt. 2013; Art. 11 MA, Rn. 88, 112. Lfg., Stand: Okt. 2010; Art. 21 MA, Rn. 26, 124. Lfg., Stand: Okt. 2013.

950 *Becker*, Die atypisch stille Gesellschaft, S. 112 f.; *Müller*, IStR 1996, 266 (274); Schmidt in: *Grotherr/Herfort/Strunk*, Internationales Steuerrecht, S. 1804.

951 Schmidt in: *Grotherr/Herfort/Strunk*, Internationales Steuerrecht, S. 1804.

952 *Schmidt*, IStR 1996, 213 (219); ihm folgend: *Gschwandtner*, Unternehmensgewinne, S. 242 f.

953 *Müller*, IStR 1996, 266 (274); *Schmidt*, IStR 1996, 213 (219); ihm folgend: *Gschwandtner*, Unternehmensgewinne, S. 255.

954 Eine explizite abkommensrechtliche Einordnung der Gewinnbezüge eines atypisch stillen Gesellschafters als Unternehmensgewinne ist u.a. in den Doppelbesteuerungsabkommen mit Österreich in Art. 7 Abs. 7 DBA-Österreich, mit Luxemburg in Art. 5 Abs. 1 DBA-Luxemburg, mit den Niederlanden in Art. 5 Abs. 1 DBA-Niederlande und mit Tunesien in Art. 7 Abs. 6 DBA-Tunesien festgelegt. Lieber in: *Kroppen/Rasch/Rehfeld*, Unternehmerische Tätigkeit, Art. 7, Rn. 363; *Schmidt*, IStR 1996, 213 (223).

Allerdings können Sondernormen in konkret abgeschlossenen DBA für eine Einordnung als Unternehmensgewinne als stützendes Beispiel herangezogen werden. Liegt eine abkommensrechtliche Regelung für die Einordnung der Einkünfte eines *typisch stillen Gesellschafters*[955] als Dividenden nach Art. 10 OECD MA vor,[956] kommt darin allerdings zum Ausdruck, dass die Einkünfte des *atypisch still Beteiligten* im Umkehrschluss gerade nicht als Dividende behandelt werden.[957] Eine Differenzierung der Einkünfte des atypischen und des typisch stillen Gesellschafters ergebe sich laut *Gschwandtner* bereits aus dem Wortlaut der abkommensrechtlichen Dividendendefinition in Art. 10 Abs. 3 OECD MA.[958] Wird abkommensrechtlich eine Beteiligung an einer Gesellschaft gefordert, konkretisiert Art. 3 Abs. 1 lit b) OECD MA, dass es sich bei Gesellschaften nur um juristische Personen oder Personenvereinigungen handeln könne, die der Besteuerung einer juristischen Person gleichgestellt werden.[959] Handelt es sich jedoch bei der atypisch stillen Gesellschaft um eine Mitunternehmerschaft, handele es sich gerade nicht um eine Gesellschaft im Sinne des Art. 3 Abs. 1 lit b) OECD MA.[960] *Burmester* weist ferner darauf hin, dass die atypisch stille Gesellschaft als reine Innengesellschaft, in der lediglich schuldrechtliche Ansprüche begründet werden, schon zivilrechtlich keine abkommensrechtliche Gesellschaft sein könne.[961] Bei übereinstimmender Einordnung als Mitunternehmerschaft sind die Einkünfte aus einer atypisch stillen Beteiligung demnach als Unternehmensgewinne nach Art. 7 OECD MA einzuordnen.

---

955 Der Begriff der stillen und atypisch stillen Gesellschaft sei mangels abkommensrechtlicher Bestimmung nach dem Recht des Anwenderstaates auszulegen, Art. 3 Abs. 2 OECD MA. So dass es bei Anwendung des deutschen Steuerrechts zu einer Einordnung nach § 20 Abs. 1 Nr. 4 EStG, mithin den Kapitaleinkünften komme. Schmidt folgert daraus, dass ein Dividendenartikel, der ausschließlich auf den typisch still Beteiligten abstelle, auch strukturell lediglich den typisch still Beteiligten erfasse. *Schmidt*, IStR 1996, 213 (219); ihm folgend: *Gschwandtner*, Unternehmensgewinne, S. 242 f.

956 So beispielsweise: Dänemark, Israel, Marokko, Norwegen und Spanien *Schmidt*, IStR 1996, 213 (223); Tischbirek/Specker in: *Vogel/Lehner*, DBA-Komm., Art. 10, Rn. 204 statt aller: Argentinien Art. 10 Abs. 3 DBA-Argenitinien, Australien Art. 10 Abs. 3 DBA-Australien, Belgien Art. 10 Abs. 5 DBA-Belgien, China Art. 10 Abs. 3 DBA-China, Dänemark Art. 10 Abs. 4 DBA-Dänemark, Ecuador Art. 10 Abs. 3 DBA-Ecuador, Finnland Art. 10 Abs. 4 DBA-Finnland, Frankreich Art. 9 Abs. 6, 7 DBA-Frankreich usw.

957 Vgl. *Jankowiak*, Doppelte Nichtbesteuerung, S. 207; Kaeser/Wassermeyer in: *Wassermeyer*, DBA-Komm., Art. 10 MA, Rn. 143, 122. Lfg., Stand: März 2013; *Schaumburg*, Internationales Steuerrecht, Rn 16.334; Tischbirek/Specker in: *Vogel/Lehner*, DBA-Komm., Art. 10, Rn. 231.

958 Vgl. *Gschwandtner*, Unternehmensgewinne, S. 242.

959 Vgl. *Gschwandtner*, Unternehmensgewinne, S. 242.

960 Vgl. *Gschwandtner*, Unternehmensgewinne, S. 242.

961 Burmester, Ausgewählte international-steuerrechtliche Probleme der stillen Gesellschaft, in: *Haarmann*, Unternehmensstrukturen und Rechtsformen, S. 122, 132.

2. *Abweichende Behandlung der GmbH & atypisch still als transparente bzw. als intransparente Gesellschaft*

Wird die atypisch stille Gesellschaft in einem Vertragsstaat als transparentes Rechtssubjekt qualifiziert, im anderen hingegen als intransparentes Rechtsgebilde werden die Einkünfte des atypisch still Beteiligten aus der GmbH & atypisch still in einem Vertragsstaat als Unternehmensgewinne einordnet, im anderen jedoch als Zins- oder Dividenden. Es käme zu einer Einordnungsdivergenz der Gesellschaft als solchen, mithin zu einem subjektiven Qualifikationskonflikt aus dem ein objektiver Qualifikationskonflikt resultieren würde.

a) Abweichende Behandlung der atypisch stillen Gesellschaft bei Inboundinvestitionen

Im Fall der *Inbound-Investition*, in dem der Ansässigkeitsstaat des Gesellschafters intransparent besteuert und der Quellenstaat transparent, käme es zu einer Doppelbesteuerung, wenn der Ansässigkeitsstaat das Recht zur Besteuerung der Dividenden in Anspruch nimmt und der Quellenstaat seinerseits das Besteuerungsrecht für die Betriebsstättengewinne inne hätte.[962] *Burmester* begründet einen Vorrang der abkommensrechtlichen Qualifikation des Quellenstaates für eine Einkünftequalifikation aus dem abkommensrechtlichen Zusammenhang von Quellen- und Methodenartikel, soweit der Quellenartikel den zugehörigen Methodenartikel beeinflusse.[963] Eine solche Beeinflussung liege im Abkommensrecht nur beim Zins-, sowie beim Dividendenartikel vor, zumal für diese Art. 23A Abs. 2 OECD MA ausdrücklich eine Steueranrechnung durch den Ansässigkeitsstaat vorsehe und damit ein wechselseitiger Abkommensmechanismus vorläge.[964] Werden die Einkünfte eines atypisch still Beteiligten im Quellenstaat als Dividenden bzw. Zinsen qualifiziert, sei der Ansässigkeitsstaat an diese Qualifikation gebunden.[965] Eine umgekehrte Bindung an die Wertung des Ansässigkeitsstaates komme i.E. nicht in Betracht und würde ohne abkommensrechtliche Begriffsverkettung das nationale Mitunternehmerschaftskonzept des Ansässigkeitsstaates auf die Abkommensebene projizieren und damit unzulässigerweise nationale und abkommensrechtliche Wertungen verwischen.[966]

---

962 Burmester, Ausgewählte international-steuerrechtliche Probleme der stillen Gesellschaft, in: *Haarmann*, Unternehmensstrukturen und Rechtsformen, S. 131.

963 Burmester, Ausgewählte international-steuerrechtliche Probleme der stillen Gesellschaft, in: *Haarmann*, Unternehmensstrukturen und Rechtsformen, S. 133 f.

964 Burmester, Ausgewählte international-steuerrechtliche Probleme der stillen Gesellschaft, in: *Haarmann*, Unternehmensstrukturen und Rechtsformen, S. 133 f.

965 Burmester, Ausgewählte international-steuerrechtliche Probleme der stillen Gesellschaft, in: *Haarmann*, Unternehmensstrukturen und Rechtsformen, S. 133 f.

966 Burmester, Ausgewählte international-steuerrechtliche Probleme der stillen Gesellschaft, in: *Haarmann*, Unternehmensstrukturen und Rechtsformen, S. 133 f.

Liegt ein objektiver Qualifikationskonflikt und damit eine divergierende abkommensrechtliche Einordnung der Einkünfte in den Vertragsstaaten vor, darf nicht mit Sonderkonstruktionen gearbeitet werden, die sich nur auf eine Fallkonstellation anwenden lassen, wie bspw. dem Herauslesen eines Vorrangs der abkommensrechtlichen Qualifikation des Quellenstaates aus dem Zins- bzw. Dividendenartikel. Der Ansatz ist zwar durchaus begrüßenswert, allerdings ist ihm sein eingeschränkter Anwendungsbereich ebenso entgegenzuhalten, wie die nicht hinreichende ausdrückliche Normierung im Abkommenstext. Die Bindungswirkung funktioniert nur in Fällen, in denen der Quellenstaat die Einkünfte des atypisch still Beteiligten als Dividende oder Zinseinkünfte behandelt. Werden im Quellenstaat die Einkünfte als Unternehmensgewinne eingeordnet und vom Ansässigkeitsstaat als Dividenden angesehen, scheitert die Qualifikationsverkettung.[967] Damit hängt die Frage, welcher Staat letztendlich das Besteuerungsrecht ausüben darf, von Zufälligkeiten ab. *Gschwandtner* zufolge verbliebe es mangels Lösungsansatzes zumindest bei der aus der *Inboundkonstellation* resultierenden Doppelbesteuerung lediglich beim Verständigungsverfahren.[968]

b) Abweichende Behandlung der atypisch stillen Gesellschaft in Outboundinvestitionen

Bei *Outbound-Investitionen*, bei denen Deutschland als Ansässigkeitsstaat des atypisch still Beteiligten eine transparente Einordnung der Gesellschaft und der ausländische Staat eine intransparente Einordnung vornimmt, müsste als Rechtfolge aus deutscher Sicht eine Einkünftefreistellung vorgenommen werden. Gleichzeitig müsste der intransparent besteuernde Quellenstaat die Einkünfte als Dividenden nach Art. 10 Abs. 2 lit. a) bzw. b) OECD MA einer reduzierten Quellenbesteuerung unterwerfen und würde eine Anrechnung der reduzierten Quellensteuer durch den Ansässigkeitsstaat Deutschland erwarten. Hierdurch entstünde eine Minderbesteuerung.[969]

Bisher verblieb zur Vermeidung einer doppelten Nicht- oder Minderbesteuerung im Rahmen der *Outboundkonstellation* lediglich die Möglichkeit eines Verständigungsverfahrens.[970] Mittlerweile wird die Aufrechterhaltung einer doppelten Nicht- oder Minderbesteuerung durch Anwendung der Freistellungsmethode bei Outbound-Investitionen, davon abhängig macht, dass der andere Vertragsstaat

967 Zu Sonderbetriebsvergütungen: *Stemler*, Sonderbetriebsvergütungen, S. 207.

968 *Gschwandtner*, Unternehmensgewinne, S. 253.

969 Burmester, Ausgewählte international-steuerrechtliche Probleme der stillen Gesellschaft, in: *Haarmann*, Unternehmensstrukturen und Rechtsformen, S. 131; *Jankowiak*, Doppelte Nichtbesteuerung, S. 44 f.

970 Anders jedoch seit Einführung des Art. 23 Abs. 4 OECD MA bzw. für all jene DBA, in die eine entsprechende Norm Eingang gefunden hat. *Jankowiak*, Doppelte Nichtbesteuerung, S. 150.

sein Besteuerungsrecht tatsächlich ausübt, § 50d Abs. 9 Satz 1 Nr. 2 EStG.[971] Das durch eine Zuweisung des Besteuerungsrechts resultierende Ergebnis wird somit national und auf Rechtsfolgenseite korrigiert. Die Regelung des § 50d Abs. 9 Satz 1 Nr. 2 EStG ist in enger Anlehnung an die durch die OECD im Rahmen des Partnership-Reports[972] ausgearbeitete Vermeidung doppelter Nichtbesteuerung in Art. 23 Abs. 4 OECD MA zu sehen.[973] Weder hat jedoch bisher der Art. 23A Abs. 4 OECD MA Eingang in viele deutsche DBA[974] gefunden, noch sollte mittels einfach gesetzlicher Norm in den völkervertraglichen Regelungszusammenhang eingegriffen und einseitig Rechtsfolgen modifiziert werden. Auch wenn nach h.M. zum Zweck der Missbrauchsvermeidung eine Durchbrechung vorrangig zu beachtenden Völkervertragsrechts durch einfach gesetzliches Bundesrecht als zulässig erachten wird, handelt es sich um eine unzulässige Durchbrechung von eigenständigen Regelungskreisen und um einen Verstoß gegen den verfassungsrechtlichen Grundsatz der Völkerrechtsfreundlichkeit des Grundgesetzes.[975] Der Steuerpflichtige ist auf die nationalen Ausgleichs- und Anrechnungsnormen angewiesen und darauf, dass eine Anrechnung auch dann vorgenommen wird, wenn auf unterschiedliche Personen und/oder Einkünfte abgestellt wird. Einen Ansatz zur Lösung des unbefriedigenden Ergebnisses für eine übereinstimmende Behandlung des In- und Outboundfalls böte einzig eine konkrete Festschreibung der Einordnung im Abkommen.

3. *Schlussfolgerungen aus der abkommensrechtlichen Behandlung des Gewinns für die sonstigen Sonderbetriebseinnahmen*

Eine einheitliche Behandlung von Unternehmensgewinnen und sonstigen Sonderbetriebseinnahmen ist ertragsteuerlich intendiert. Abkommensrechtlich ist jedoch eine abkommensautonomen Auslegung nach dem Spezialitätsgrundsatz vorzunehmen, der einen Vorrang der Qualifikation der Einkünfte im Sinne der besonderen Verteilungsnormen begründet, Art. 7 Abs. 4 OECD MA. Eine Schlussfolgerung aus der abkommensrechtlichen Behandlung der Gewinne einer Personengesellschaft als Unternehmensgewinne für die abkommensrechtliche Behandlung sonstiger ist damit nicht möglich. Es sind abkommensautonome Maßstäbe an die einzelnen Einkünfte anzulegen und gerade keine national ertragsteuerlichen Besteuerungskonzepte in die Abkommensauslegung hinein zu lesen.

---

971 BMF vom 26.09.2014 IV B 5 – S 1300/09/10003, Tz. 4.1.1.2.4.

972 The Application of the OECD Model Tax Convention to Partnerships, 36 ff. Bsp. 14.

973 Lieber in: *Kroppen/Rasch/Rehfeld*, Unternehmerische Tätigkeit, Art. 7, Rn. 365.

974 Vgl. Art. 23 Abs. 4 lit b) DBA-USA 2006.

975 Vgl. zum Verhältnis des Völkervertragsrechts zu einfachgesetzlichen nationalen Normen: Seite 232 ff.

II. Behandlung der sonstigen Sonderbetriebseinnahmen

Schüttet die GmbH Gewinn an ihren atypisch still Beteiligten aus, der seine Beteiligung im Sonderbetriebsvermögen hält, begründet diese Gewinnausschüttung nach der abkommensautonomen Auslegung Dividendeneinkünfte nach Art. 10 Abs. 3 OECD MA. Beteiligungserträge einer in Deutschland ansässigen GmbH stellen Einkünfte aus sonstigen Gesellschaftsanteilen dar.[976] Damit wird das Besteuerungsrecht grundsätzlich dem Wohnsitzstaat des atypisch still Beteiligten zugewiesen, Art. 10 Abs. 1 OECD MA. Der Quellenstaat erhält ein reduziertes Quellenbesteuerungsrecht nach Art. 10 Abs. 2 OECD MA. Zur Vermeidung der durch die beidseitige Zuweisung des Besteuerungsrechts aufrecht erhaltenen Doppelbesteuerung ist ein Ausgleich durch den Wohnsitzstaat durch eine Anrechnung der im Quellenstaat zu zahlenden Steuer nach Art. 23A Abs. 2 OECD MA vorzunehmen. Das Besteuerungsrecht wird jedoch abweichend der Rechtsfolgen des Dividendenartikels über die Rechtsfolgen des Art. 7 Abs. 1 Satz 1 Halbsatz 2, Satz 2 OECD MA verteilt, wenn der Betriebsstättenvorbehalt im Sinne des Art. 10 Abs. 4 OECD MA einschlägig ist. Die Annahme einer, den Betriebsstättenvorbehalt begründenden, tatsächlichen Zugehörigkeit setzt eine funktionale Zugehörigkeit der Beteiligung zur Betriebsstätte bzw. eine Zuordnungsmöglichkeit nach den Grundsätzen der AOA im Sinne des Art. 7 Abs. 2 OECD MA oder § 1 Abs. 5 AStG i.V.m. § 7 BsGaV voraus.[977]

1. Betriebsstättenvorbehalt: Anwendung der funktionalen Zugehörigkeit

Eine Anwendung der Rechtsfolgen der Unternehmensgewinne für die Beteiligungserträge wäre anzunehmen, soweit der Betriebsstättenvorbehalt einschlägig wäre, Art. 10 Abs. 4 OECD MA. Die Annahme einer den Betriebsstättenvorbehalt begründenden tatsächlichen Zugehörigkeit setzt eine funktionale Zugehörigkeit der Beteiligung zur Betriebsstätte, bzw. die Anwendbarkeit der Zuordnungskriterien der AOA nach Art. 7 Abs. 2 OECD MA bzw. § 1 Abs. 5 AStG i.V.m. § 7 BsGaV voraus. Eine Beteiligung im Sonderbetriebsvermögen gehört nicht zum Betriebsstättenvermögen, so dass eine tatsächliche Zuordnung zur Betriebsstätte nach der funktionalen Zugehörigkeit nur *auf andere Weise* angenommen werden kann, wenn die Beteiligung in einem funktionalen Zusammenhang mit einer in der Betriebsstätte ausgeübten aktiven Tätigkeit steht, so dass die Beteiligungserträge *Nebenerträge* der Betriebsstättentätigkeit begründen.[978] Für die Ermittlung der *Nebenertragsfähigkeit* der Beteiligung zum Betriebsstättengewinn ist festzustellen, ob die Beteiligung durch die Geschäftstätigkeit der Betriebsstätte veranlasste, dem

976 Vgl. Seite 110 f. und die dort dargestellte konkrete Subsumtion unter die abkommensrechtliche Definition der Dividenden im Sinne des Art. 10 Abs. 3 OECD MA, wenn die ausschüttende Gesellschaft in Deutschland ansässig ist.

977 Vgl. die Kriterien der Zuordnung einer Beteiligung zur Betriebsstätte: Seite 112 ff.

978 Vgl. die Anforderungen der funktionalen Zugehörigkeit: Seite 115 ff.

Betriebsstättengewinn untergeordnete Einkünfte generiert.[979] Ein Nebenertrag einer Beteiligung im Hinblick auf die Betriebsstättengeschäftstätigkeit ist anzunehmen, wenn die Betriebsstätte keine Beteiligungsgesellschaft darstellt und die Beteiligung an der Kapitalgesellschaft für die Betriebsstättengeschäftstätigkeit dienlich ist. Eine Dienlichkeit einer Beteiligung wird insbesondere dann angenommen, wenn sich die Einkünfte aus der Beteiligung auf das konkrete Betriebsstättenergebnis auswirken.[980] Geht die GmbH insgesamt in der GmbH & atypisch still auf, betreibt sie keinen eigenen Geschäftsbetrieb[981] neben der atypisch stillen Gesellschaft. Sie selbst ist damit das prägende Element der atypisch stillen Gesellschaft. Die GmbH ist als quasi Geschäftsführer der atypisch stillen Gesellschaft diejenige, die die Gesellschaft nach außen hin präsentiert und vertritt. Eine Beteiligung an der GmbH begründet damit eine Einflussnahmemöglichkeit auf die Geschäftsführung der atypisch stillen Gesellschaft.[982] Die Möglichkeit der Einflussnahme auf die Geschäftsführung der atypisch stillen Gesellschaft steht damit in einem funktionalen Zusammenhang mit der Geschäftsleitungstätigkeit, so dass eine Beteiligung bei funktionaler Betrachtungsweise zur Geschäftsleitungsbetriebsstätte zuzuordnen ist.[983]

2. *Anwendbarkeit der Zuordnungskriterien der AOA*

Neben dem Zuordnungsmerkmal der funktionalen Zugehörigkeit, enthält die AOA Regelungen zur Zuordnung von Wirtschaftsgütern zu einer Betriebsstätte. Zuordnungkriterien der AOA sind abkommensrechtlich in Art. 7 Abs. 2 OECD MA normiert. Eine Umsetzung der AOA in nationales Recht ist in § 1 Abs. 5 AStG i.V.m. § 7 BsGaV erfolgt. Die abkommensrechtliche AOA in Art. 7 Abs. 2 OECD MA zieht für die Zuordnung einer Beteiligung zu einer eine Chancen-Risiko-Analyse heran. Durch die Chancen-Risiko-Analyse wird festgestellt, wem die Nutzungsmöglichkeit der aus der Beteiligung fließenden Stimm- und Widerspruchsrechte,

979 Vgl. zum Begriff der Nebenertragsfähigkeit: Seite 119 ff.

980 Vgl. *Goebel/Boller/Ungemach*, IStR 2008, 643 (648).

981 Einschränkend ist anzumerken, dass eine atypisch stille Beteiligung auch an einem Teilgeschäftsbereich einer Gesellschaft bestehen kann.

982 Vgl. zur Möglichkeit der Einflussnahme auf die Geschäftsführung im Rahmen der atypisch stillen Beteiligung: Seite 64 ff.

983 Der BFH ging davon aus, dass wenn bei einer Mitunternehmerschaft sogar die Beteiligung an einer der Mitunternehmerschaft dienenden anderen Gesellschaft„ tatsächlich“ zu der Betriebsstätte des Mitunternehmers gehört, müsse erst recht die Beteiligung an der Mitunternehmerschaft selbst als dieser Betriebsstätte zugehörig angesehen werden. Bezug genommen wird an dieser Stelle auf die Beteiligungen an wirtschaftlich verflochtenen Kapitalgesellschaften. Eine derartige Zuordnung ist im Ergebnis richtig, bis dato vom BFH jedoch für die Abkommensebene noch nicht entschieden. Ferner muss mit der Beteiligung an der Mitunternehmerschaft, die Beteiligung an der GmbH der GmbH & atypisch still gemeint sein. BFH, Urteil vom 21.07.1999 – I R 110/98; Vgl. *Bron*, IStR 2016, 26 (28 f.); *Kollruss*, IStR 2007, 870 (873).

sowie der Risiken des Erwerbs und einer anschließenden gewinnbringenden Veräußerung dem Stammhaus oder der Betriebsstätte zuzuordnen sind. Eine Zuordnung ist danach vorzunehmen, wer die Rechte maßgeblich beeinflussen kann und wer die Risiken maßgeblich trägt. Die unmittelbare Nutzung der aus der Beteiligung folgenden Rechte, ebenso wie die unmittelbare Last der Beteiligung ist aufgrund des Alleineigentums des Gesellschafters an der Beteiligung dem Gesellschafter zuzuordnen. Eine mittelbare Berücksichtigung der Interessen der Personengesellschaft im Rahmen der Ausübung der Verwaltungsrechte in der Gesellschafterversammlung der GmbH, bedingt durch die gesellschaftsrechtlichen Treuepflichten des Gesellschafters gegenüber der GmbH & atypisch still kann nicht als ausreichender Beeinflussung und damit als hinreichend zu gewichtende Chance der Betriebsstätte gewertet werden. Bei einer gleichen Gewichtung von Chancen und Risiken ist eine Zuordnung der Beteiligung zum Stammhaus, mithin zum Gesellschafter vorzunehmen.

§ 1 Abs. 5 AStG i.V.m. § 7 BsGaV stellt für eine Zuordnung einer Beteiligung auf eine Nutzung der Beteiligung ab. Mangels hinreichender Bestimmbarkeit einer Nutzung einer Beteiligung wird nach § 7 Abs. 1 Satz 2 BsGaV die Nutzung dahin gehend fingiert, dass es auf einen funktionalen Zusammenhang der Beteiligung mit der Betriebsstättengeschäftstätigkeit ankomme. Ein funktionaler Zusammenhang mit der Geschäftstätigkeit der Betriebsstätte ist in einer Dienlichkeit der Beteiligung zur Geschäftstätigkeit der Betriebsstätte zu sehen. Ist die Kapitalgesellschaft für das Unternehmen der Mitunternehmerschaft dienlich, ist von einer Dienlichkeit der Beteiligung für die Geschäftsleitungsbetriebsstätte auszugehen, wobei eine mittelbare Dienlichkeit als ausreichend anzusehen ist.[984] Eine mittelbare Dienlichkeit der Beteiligung für das Unternehmen der Mitunternehmerschaft ist im Rahmen der Interessenberücksichtigung der Personengesellschaft bei der Ausübung der Verwaltungsrechte in der Gesellschafterversammlung der GmbH, bedingt durch die gesellschaftsrechtlichen Treuepflichten des atypisch still Beteiligten gegenüber der GmbH & atypisch still zu sehen. Der Gesellschafter hat aufgrund der zu berücksichtigenden Treuepflichten gegenüber der Mitunternehmerschaft in der Beschlussfassung der Kapitalgesellschaftsgesellschafterversammlung auf eine enge Ausrichtung der Geschäftsbereich der Gesellschaften hinzuwirken.[985] Kann mittels der Beteiligung Einfluss auf die Geschäftsführung des Unternehmens der Mitunternehmerschaft genommen werden, ist die Beteiligung der Geschäftsführung dienlich, so dass bei funktionaler Betrachtungsweise eine tatsächliche Zugehörigkeit zur Geschäftsleitungsbetriebsstätte anzunehmen ist. Mit der Beteiligung an der GmbH kann Einfluss auf die Geschäftsführung der atypisch stillen Gesellschafter genommen werden, so dass bei funktionaler

984 Vgl. die Anforderungen der Zuordnung nach § 1 Abs. 5 AStG i.V.m. § 7 BsGaV: Seite 132 ff.

985 Vgl. zur Einflussnahme auf die Geschäftsführung: Seite 26 ff.

Betrachtungsweise eine tatsächliche Zugehörigkeit zur Geschäftsleitungsbetriebsstätte anzunehmen ist.

III. Zusammenfassung der abkommensrechtlichen Behandlung einer Beteiligung an einer GmbH & atypisch still

Schüttet die GmbH Gewinne an ihren atypisch still Beteiligten aus, der seine Beteiligung im Sonderbetriebsvermögen hält, begründet diese Gewinnausschüttung abkommensrechtlich Dividenden nach Art. 10 Abs. 3 OECD MA. Aufgrund der Zuordnung der Beteiligung zur Betriebsstätte im Rahmen des Betriebsstättenvorbehalts nach der funktionalen Zugehörigkeit im Sinne der Rechtsprechung bzw. einer funktionalen Zugehörigkeit im Sinne des § 1 Abs. 5 AStG i.V.m. § 7 BsGaV, richtet sich die Verteilung des Besteuerungsrechts nach den Rechtsfolgen der Unternehmensgewinne, Art. 7 OECD MA. Eine Einschlägigkeit des Betriebsstättenvorbehalts wäre hingegen zu ausgeschlossen, wenn es sich um ein DBA handelt, in das die Grundsätze der AOA nach Art. 7 Abs. 2 OECD MA 2010 bereits Eingang gefunden hätten.

E. Fallgruppe im Abkommensrecht: Betriebsaufspaltung

Die Betriebsaufspaltung findet seit der Grundsatzentscheidung des *FG Düsseldorf vom 22.05.1979*[986] auch auf grenzüberschreitende Unternehmensverflechtungen[987] Anwendung.[988] Dass eine Einordnung der Einkünfte aus der Besitzgesellschaft einschließlich sonstiger Sonderbetriebseinnahmen als gewerbliche Einkünfte in gleicher Weise im anderen Vertragsstaat erfolgt, ist jedoch aufgrund der Herleitung der Betriebsaufspaltung als richterrechtliche Rechtsfortbildung zweifelhaft.[989] Divergiert die Einordnung der Einkünfte aus der Besitzgesellschaft bzw. der sonstigen Sonderbetriebseinnahmen kann es zu doppelter Besteuerung bzw. einer Minderbesteuerung der Einkünfte kommen.

---

986 FG Düsseldorf, Urteil vom 22.05.1979 – IX 694/77 G.

987 Von einer Betriebsaufspaltung über die Grenze lässt sich sprechen, wenn die sachliche Verflechtung grenzüberschreitend verwirklicht wurde, d.h. es befindet sich entweder das Besitzunternehmen oder das Betriebsunternehmen im Ausland oder es befinden sich Besitz- und Betriebsunternehmen im Ausland. *Dehmer*, Betriebsaufspaltung, § 9, Rn. 1.

988 Vgl. BFH, Urteil vom 28.07.1983 – IV R 219/80; aus neuerer Zeit: BFH, Urteil vom 21.01.2016 – I R 22/14 m.w.N.

989 So sieht entgegen der Auffassung von Jarzynska/Klipstein, *Jarzynska/Klipstein*, StB 2009, 239 (242, Fn. 20); noch nicht mal das DBA-Schweiz eine mit der deutschen Betriebsaufspaltung vergleichbare Regelung vor. Vgl. Buciek in: *Flick/Wassermeyer/Kempermann*, DBA-Komm. Deutschland-Schweiz, Art. 7, Rn. 60, 25. Lfg., Stand: Juli 2003.

I. Nationales Besteuerungsrecht bei unterschiedlichen Ansässigkeitsstaaten der Betriebs- und Besitzgesellschaft

Vor einer abkommensrechtlichen Einordnung der sonstigen Sonderbetriebseinnahmen wird als möglicher Vergleichsmaßstab die reguläre, den Mitunternehmern unmittelbar zuzurechnende Gewinnbeteiligung aus der Besitzgesellschaft betrachtet. Neben der abkommensrechtlichen Qualifikation der Einkünfte aus einer Betriebsaufspaltung wirft die Begründung eines Besteuerungsrechts bei unterschiedlichen Ansässigkeitsstaaten der Besitz- und Betriebsgesellschaft nach nationalem Recht bereits Schwierigkeiten auf.

1. Betriebsgesellschaft mit Sitz und Geschäftsleitung im Inland – Besitzgesellschaft mit Geschäftsleitung im Ausland

Befindet sich die Betriebsgesellschaft, die originär gewerbliche Einkünfte erzielt, mit Sitz und/oder tatsächlicher Geschäftsleitung im Inland, während die Besitzgesellschaft ihre Geschäftsleitung im Ausland hat, kommt in Deutschland eine Besteuerungsmöglichkeit der Einkünfte der Besitzgesellschaft lediglich dann in Betracht, wenn die wesentliche Betriebsgrundlage im Inland belegen ist bzw. im Inland verwertet wird oder bei Belegenheit im Ausland, wenn ein inländischer unbeschränkt steuerpflichtiger Gesellschafter vorhanden ist.[990] Problematisch erscheint die Einkünftequalifikation der Besitzgesellschaft. Aus nationaler Sicht begründet die Betriebsaufspaltung gewerbliche Einkünfte, § 15 Abs. 2 EStG bzw. §§ 49 Abs. 1 Nr. 2 i.V.m. 15 Abs. 2 EStG. Objektiv-isoliert betrachtet handelt es sich um Einkünfte aus Vermietung und Verpachtung einer wesentlichen Betriebsgrundlage, § 21 Abs. 1 EStG bzw. §§ 49 Abs. 1 Nr. 6 oder 9 i.V.m. 21 Abs. 1 EStG.[991]

Während für einen Steuerinländer eine objektive Betrachtung der Einkünfte unerheblich ist, könnte für einen ausländischen Gesellschafter die isolierende Betrachtungsweise nach § 49 Abs. 2 EStG einschlägig sein, soweit die Betriebsaufspaltung ein *„im Ausland gegebenes Besteuerungsmerkmal“*[992] darstellt. Dies würde dazu

---

990 Bei einer Belegenheit im Ausland muss eine Steuerpflicht nach § 49 Abs. 2 EStG scheitern, zumal das Merkmal der wesentlichen Verflechtung als ein im Ausland gegebenes Merkmal außer Acht gelassen werden muss. Vgl. für die Outboundfallkonstellation: *Dehmer*, Betriebsaufspaltung, § 9, Rn. 11. Nichts anderes kann jedoch für die Inboundfallkonstellation gelten, weil es an einem inländischen Anknüpfungsmerkmal für eine beschränkte Besteuerung fehlt. Unbeachtlichkeit besteht nur dann, wenn ein unbeschränkt Steuerpflichtiger vorhanden ist.

991 Vgl. *Haverkamp*, IStR 2008, 165 (166).

992 Ein im Ausland gegebenes Merkmal kann angenommen werden, wenn es „nicht auch im Inland“ verwirklicht wurde, sondern ausschließlich im Ausland. Als Besteuerungsmerkmal soll in Abgrenzung zu einer Besteuerungsgrundlage nicht der gesamte zu verwirklichende Tatbestand zu sehen sein, sondern lediglich solche Merkmale, die helfen, eine Besteuerungsgrundlage näher zu konkretisieren. *Bachmann*, Die Betriebsaufspaltung, S. 165 ff.

führen, dass die Betriebsaufspaltung außer Betracht bleiben müsste.[993] Nach *Piltz* und *Ruf* war das Merkmal der *persönlichen Verflechtung* im Ausland *ein im Ausland gegebenes Merkmal.*[994] Dies hätte sich aus der notwendigen Selbstbeschränkung des deutschen Besteuerungsrechts ergeben, das gewerbliche Einkünfte nur dann einer Besteuerung unterworfen hätte, wenn diese mittels einer inländischen Betriebsstätte erzielt worden wären.[995] Vor der Jahressteuerreform 2009 war dies ein intensiv diskutiertes Steuersparmodell, denn bis dahin scheiterte eine beschränkte Steuerpflicht regelmäßig an der von § 49 Abs. 1 Nr. 2 lit. a) EStG geforderten Betriebsstätte.[996] Auf die isolierende Betrachtungsweise kommt es jedoch nicht mehr an, wenn entweder eine Betriebsstätte nach § 49 Abs. 1 Nr. 2 lit. a) EStG i.V.m. § 12 AO im Inland vorliegt oder der durch die Jahressteuerreform 2009 eingefügte § 49 Abs. 1 Nr. 2 lit. f) lit. aa) EStG einschlägig ist. Die bloße Vermietung eines im Inland belegenen Grundstücks begründet mangels Erfüllung der Voraussetzungen einer festen Geschäftseinrichtung durch die eine unternehmerische Tätigkeit ausgeübt werden könnte nach § 12 AO keine Betriebsstätte.[997] Ein Abstellen auf die Besitzgesellschaft als mögliche Betriebsstätte muss von vornherein an dem mangelnden inländischen Ort der tatsächlichen Geschäftsleitung der Besitzgesellschaft scheitern. In Betracht käme jedoch die Begründung einer Betriebsstätte am Sitz bzw. am Ort der Geschäftsleitung der Betriebsgesellschaft, mithin eine Geschäftsleitungsbetriebsstätte im Sinne des § 12 Satz 2 Nr. 3 AO. *Schießl* lehnt dies mit dem Argument ab, dass eine solche Unterstellung mit der Annahme zweier eigenständiger Unternehmen nicht zu vereinbaren sei.[998] *Haverkamp* weist darauf hin, dass für eine Annahme, die Betriebsgesellschaft ein wirtschaftliches Interesse hinsichtlich der Erhaltung, Erneuerung oder Erweiterung der angemieteten Vermögensgegenstände wahrnehmen müsse.[999] Auch müsse eine Zurechnung der Betriebsstätten des Betriebsunternehmens zur Besitzgesellschaft mangels notwendiger Verfügungsmacht ausscheiden.[1000] Von einer Betriebsstätte am Verwaltungssitz der Betriebsgesellschaft kann jedoch dann ausgegangen werden, wenn es sich um eine typische mitunternehmerische Betriebsaufspaltung[1001] handelt. Ist die Besitzgesellschaft eine GmbH & Co. KG und die Betriebsgesellschaft in der geschäftsführenden Komplementär-GmbH zu finden, ist am Verwaltungssitz der geschäftsführenden Komplementär-GmbH eine Geschäftsleitungsbetriebsstätte anzunehmen, § 12 Satz 2 Nr. 1 AO, weil sich dort

993 *Ruf*, IStR 2006, 232 (234).
994 *Ruf*, IStR 2006, 232 (234).
995 *Ruf*, IStR 2006, 232 (234).
996 Vgl. *Haverkamp*, IStR 2008, 165 (167).
997 BFH, Urteil vom 06.07.1978 – IV R 24/73; vgl. Urteil aus neuerer Zeit: BFH, Urteil vom 04.07.2012 – II R 38/10 m.w.N. *Günkel/Kussel*, FR 1980, 553 (554); *Haverkamp*, IStR 2008, 165 (167); Loschelder in: *Schmidt*, EStG-Komm., § 49, Rn. 25.
998 *Schießl*, StW 2006, 43 (44).
999 *Haverkamp*, IStR 2008, 165 (167).
1000 *Schießl*, StW 2006, 43 (44).
1001 Zum Begriff der mitunternehmerischen Betriebsaufspaltung: Seite 67 f.

der Mittelpunkt der geschäftlichen Oberleitung nach § 10 AO befindet.[1002] Eine Besteuerung von Betriebsstätteneinkünften kann nach *Loschelder* jedoch nur in Bezug auf die Einkünfte erfolgen, die dieser Betriebsstätte konkret zugeordnet werden können.[1003] Gegen die Ansicht spricht jedoch der Wortlaut des § 49 Abs. 1 Nr. 2 lit. a) EStG, der auf *Einkünfte aus Gewerbebetrieb* abstellt, *für den (u.a.) eine Betriebsstätte unterhalten* wird. Der weitgefasste Wortlaut der Norm, ebenso wie die Intention des Gesetzgebers die Besteuerung inländischer Einkünfte weit zu fassen, lässt es genügen, dass eine Betriebsstätte aus nationaler Sicht vorliegt und diese für die gewerbliche Tätigkeit im Allgemeinen unterhalten wird. § 34d Abs. 1 Nr. 2 lit. a) EStG hingegen, der den unilateralen Ausgleich einer Doppelbesteuerung regelt, ist vom Wortlautvergleich her wesentlich enger gefasst und verlangt ein Erzielen der Einkünfte durch die Betriebsstätte. Der eng gefasste Wortlaut entspricht ebenfalls der Normintention des Gesetzgebers einen Ausgleich einer Doppelbesteuerung nur in einem eng beschränkten Anwendungsbereich vorzunehmen. In Abgrenzung der Normen zueinander kann daher ein beschränktes Besteuerungsrecht bereits begründet werden, wenn für die Unternehmenstätigkeit eine Betriebsstätte unterhalten wird und ein Zusammenhang mit den in Frage stehenden Einkünften bejaht werden kann. Ein Zusammenhang der Einkünfte zur Betriebsstättentätigkeit ist in der Entscheidungsgewalt über die wesentliche Betriebsgrundlage der Geschäftsleitungsbetriebsstätte zu sehen.

Würde die Annahme einer Betriebsstätte ausscheiden, würde ferner eine beschränkte Steuerpflicht über § 49 Abs. 1 Nr. 2 lit. f) lit. aa) EStG begründet werden können. § 49 Abs. 1 Nr. 2 lit. f) lit. aa) EStG hebelt die in § 49 Abs. 2 EStG niedergelegten Grundsätze der isolierenden Betrachtungsweise[1004] aus und begründet seit

---

1002 Darüber hinaus könnte die Betriebsgesellschaft einen ständigen Vertreter der Besitzgesellschaft nach § 13 AO begründen. Günkel und Kussel legen dar, dass die Betriebsgesellschaft dann als Betriebsstätte der Besitzgesellschaft in Betracht kommt, wenn diese als ständiger Vertreter der Besitzgesellschaft angesehen werden kann, § 13 AO. Dafür müssten allerdings konkrete vertragliche Abreden getroffen worden sein, z.B. dass die Betriebsgesellschaft damit beauftragt werde, die Vertretung der Besitzgesellschaft vorzunehmen. Vgl. *Günkel/Kussel*, FR 1980, 553 (554 f.). Auch der BFH entschied in seinem Urteil vom 28.06.1972, dass zwar ein ständiger Vertreter durch einen selbstständigen Gewerbetreibenden begründet werden könne, soweit dessen Vertretertätigkeit außerhalb des eignen Geschäftsbetriebs liegen würde. Allerdings müsste ein eigenes wirtschaftliches Interesse hinsichtlich der Erhaltung, Erneuerung oder Erweiterung der gemieteten Vermögensgegenstände wahrgenommen worden sein. BFH, Urteil vom 28.06.1972 – I R 35/70. Solange hierfür jedoch keine hinreichenden Anhaltspunkte gegeben sind, ist nicht von einem ständigen Vertreter durch die Betriebsgesellschaft auszugehen.

1003 Vgl. Loschelder in: *Schmidt*, EStG-Komm., § 49, Rn. 28, der auf eine Erwirtschaftung der Einkünfte durch die Betriebsstätte abstellt.

1004 Die isolierende Betrachtungsweise ist in § 49 Abs. 2 EStG niedergelegt. Ihr zufolge werden im Ausland gegebene Merkmale der Gewerblichkeit außer Acht gelassen und isoliert nur die Einkünfte objektiv isoliert betrachtet.

der Jahressteuerreform 2009 eine beschränkte Steuerpflicht für Einkünfte aus gewerblicher Vermietung bei Belegenheit einer wesentlichen Betriebsgrundlage oder deren Verwertung im Inland, unabhängig vom Vorliegen einer Betriebsstätte.[1005]

2. *Besitzgesellschaft mit Geschäftsleitung im Inland – Betriebsgesellschaft mit Sitz und Geschäftsleitung im Ausland*

Hat die Besitzgesellschaft ihre Geschäftsleitung im Inland und die Betriebsgesellschaft ihren Sitz und/oder ihre Geschäftsleitung hingegen im Ausland, stellt sich die Frage der Besteuerungsmöglichkeit der Einkünfte der Besitzgesellschaft in Deutschland. Eine Besteuerungsmöglichkeit der Einkünfte kommt in Betracht, wenn die wesentliche, der Betriebsgesellschaft zur Nutzung überlassene Betriebsgrundlage im Inland belegen ist, die Besitzgesellschaft für einen ausländischen Gesellschafter eine Betriebsstätte begründet, oder ein inländischer Gesellschafter vorliegt[1006] auf den die Grundsätze der Betriebsaufspaltung angewendet werden können.[1007]

Fraglich ist, ob die richterrechtlich entwickelte Konstruktion der Betriebsaufspaltung zur Begründung von gewerblichen Einkünften einer an sich vermögensverwaltenden Personengesellschaft auch auf diese Konstellationen der Betriebsaufspaltung Anwendung findet. In der Literatur wird dem weitestgehend entsprochen.[1008] *Haverkamp* und *Ruf* zufolge könne es schließlich nicht darauf ankommen, ob die Voraussetzungen der Betriebsaufspaltung dies- oder jenseits der Grenzen realisiert

---

1005 *Dehmer*, Betriebsaufspaltung, § 9, Rn. 3; *Huschke/Hartwig*, IStR 2008, 745 (746); Kempermann in: *Hennrichs/Kleindiek/Watrin*, BilR-Muko., § 247, Anhang Steuerbilanz der Personenhandelsgesellschaft, Rn. 109; *Schneider*, Qualifikationskonflikte, S. 77; Schnittker, Anwendung von DBA auf Personengesellschaften, in: *Baumhoff/Schönfeld/Müller-Gatermann*, DBA, S. 58; a.A. *Söffing/Söffing/Micker*, Die Betriebsaufspaltung, Rn. 693; Söffing hingegen verneint dennoch die gewerbliche Vermietung und damit die Einschlägigkeit von § 49 Abs. 1 Nr. 2 lit f) lit aa) EStG, zumal der einheitliche und geschäftliche Betätigungswille im Ausland gebildet werde, dort wo das Besitzunternehmen ansässig sei. Er wendet weiterhin die isolierende Betrachtungsweise nach § 49 Abs. 2 EStG an und begründet ein außer Acht lassen des Besteuerungsmerkmals des einheitlichen geschäftlichen Willens, um eine Erfassung von § 49 Abs. 1 Nr. 6 EStG zu begründen. Vgl. ferner: Wied in: *Blümich*, EStG/KStG/GewStG-Komm., § 49 EStG, Rn. 202, 128. Lfg., Stand: 2015.

1006 *Ruf*, IStR 2006, 232 (234); Schnittker, Anwendung von DBA auf Personengesellschaften, in: *Baumhoff/Schönfeld/Müller-Gatermann*, DBA, S. 59.

1007 Ausscheiden muss ein Besteuerungsrecht immer dann, wenn weder eine unbeschränkte Steuerpflicht besteht, noch die überlassene wesentliche Betriebsgrundlage im Inland belegen ist und damit kein inländisches Anknüpfungsmerkmal für die beschränkte Steuerpflicht angenommen werden kann. Vgl. *Dehmer*, Betriebsaufspaltung, § 9, Rn. 12.

1008 statt aller: *Günkel/Kussel*, FR 1980, 553 (555); *Haverkamp*, IStR 2008, 165 (169); Kempermann in: *Schnittker/Wassermeyer/Richter*, Personengesellschaften, Rn. 2.99; *Ruf*, IStR 2006, 232 (234); *Schießl*, StW 2006, 43 (47).

wurden und es sei an dieser Stelle irrelevant, ob eine entsprechende Gewerblichkeitsfiktion im Ausland ebenfalls angenommen werde.[1009] Der Sachverhalt sei aus nationaler, ertragsteuerrechtlicher Sicht in den Einkünftekatalog der Einkommensteuer, § 2 Abs. 1 EStG, einzuordnen.[1010] Die Unterstellung im Inland gewerblich tätig werden zu wollen werde aus der tatsächlichen Handlung interpretiert.[1011] *Söffing* wendet dagegen ein, dass eine Betriebsaufspaltung im Outboundfall nur dann in Betracht käme, wenn die Betriebsgesellschaft im Inland eine Betriebsstätte aufweise.[1012] Er begründet dies mit § 2 Abs. 1 Satz 1 GewStG, der nur Gewerbebetriebe einer Steuerpflicht unterwirft, die im Inland zumindest eine Betriebsstätte betreiben, § 2 Abs. 1 Satz 3 GewSt.[1013] S.E. verfolge die Betriebsaufspaltung den wesentlichen Zweck, eine Minderung der Gewerbesteuer zu vermeiden. Daher könne eine Betriebsaufspaltung nur angenommen werden, wenn eine Gewerbesteuerpflicht begründet werden könne.[1014] Der fiskalisch orientierten Ansicht *Söffings*, der Sicherung des Gewerbesteueraufkommens kann entgegengesetzt werden, dass eine Betriebsaufspaltung grundsätzlich im außersteuerlichen Interesse des Steuerpflichtigen vorgenommen wird. So wird durch die Verlagerung der wesentlichen Betriebsgrundlage in das Betriebsvermögen der Besitzgesellschaft das Haftungsrisiko und das Risiko, in einer Insolvenz der Betriebsgesellschaft die Betriebsgrundlage einem Zugriff der Gläubiger zu entziehen, (in gewissen Grenzen) ermöglicht.[1015] Allerdings muss *Söffing* zugestanden werden, dass die wesentlichen für den Steuerpflichtigen günstigen steuerlichen Aspekte im Laufe der Reformen abgenommen haben. Mit Wegfall der Vermögensteuer und einer pauschalen Anrechnungsmöglichkeit der Gewerbesteuer auf die Einkommensteuer in § 35 EStG, sind die steuerlich motivierten Betriebsaufspaltungen weitestgehend entfallen.[1016] Eine Verlustnutzung der Betriebsgesellschaft durch die Besitzgesellschaft kommt nur für Fälle in Betracht, in denen eine ertragsteuerliche Organschaft installiert wird.[1017] Die einstigen Vorteile im Erbschaftsteuerrecht sind durch die rechtsformunabhängige Bewertung des Betriebsvermögens ebenfalls, bis auf die Begünstigung des Verwaltungsvermögens in § 13b Abs. 2 Nr. 1 ErbStG, entfallen. Allerdings sieht sich die Betriebsaufspaltung

---

1009 *Haverkamp*, IStR 2008, 165 (166); *Ruf*, IStR 2006, 232 (234).
1010 Loschelder in: *Schmidt*, EStG-Komm., § 49, Rn. 11.
1011 *Haverkamp*, IStR 2008, 165 (169).
1012 *Söffing/Söffing/Micker*, Die Betriebsaufspaltung, Rn. 942; s.a. *Jacobs*, Internationale Unternehmensbesteuerung, S. 260 ff.
1013 *Söffing/Söffing/Micker*, Die Betriebsaufspaltung, Rn. 942.
1014 *Söffing/Söffing/Micker*, Die Betriebsaufspaltung, Rn. 942.
1015 Eine Durchbrechung der Haftungsbeschränkung ist allerdings häufig bereits durch das Sicherungsinteresse der Kapitalgeber gegeben, ebenso wie durch Regelungen des GmbHG und der InsO. Rieck in: *Prinz/Hoffmann*, Personengesellschaften, § 24, Rn. 18.
1016 Rieck in: *Prinz/Hoffmann*, Personengesellschaften, § 24, Rn. 30.
1017 Rieck in: *Prinz/Hoffmann*, Personengesellschaften, § 24, Rn. 32.

stets dem Risiko ausgesetzt, bei einer unbeabsichtigten Beendigung zu entfallen und damit eine Realisierung der stillen Reserven zu begründen.[1018]

Dehmer differenziert in dieser Fallgestaltung anhand der Belegenheit der wesentlichen, an die Betriebsgesellschaft überlassenen, Betriebsgrundlage.[1019] Liege eine Belegenheit der wesentlichen Betriebsgrundlage im Inland vor und bestehe eine unbeschränkte Steuerpflicht, werde das Merkmal der personellen Verflechtung im Inland erfüllt.[1020] Die personelle Verflechtung scheitere s.E. jedoch, wenn die überlassene wesentliche Betriebsgrundlage im Ausland belegen sei.[1021] Es würde dann jedoch wiederum von Zufälligkeiten des jeweiligen Sitzes oder der Geschäftsleitung der Betriebsgesellschaft abhängen, ob eine Betriebsaufspaltung begründet wird. Darüber hinaus würde eine Ungleichbehandlung eines Outboundfalls mit einem Inboundfall zu einem Verstoß gegen die europarechtlichen Grundfreiheiten insbesondere des Kapitalverkehrs, Art. 63 AEUV, und der Niederlassungsfreiheit, Art. 49 AEUV, führen, weil eine potenzielle Benachteiligung ausländischer Investoren erfolgt.[1022] Für eine unzulässige Beschränkung der Kapitalverkehrsfreiheit ist es nach dem *Urteil des EuGH vom 08.03.2001*[1023] bereits ausreichend, dass ein Liquidationsnachteil für beschränkt Steuerpflichtige bestehe.[1024] Werden die Einkünfte im Inboundfall als gewerbliche Einkünfte eingestuft, im Outboundfall allerdings als solche aus vermögensverwaltender Tätigkeit, mit der Folge, dass im ersten Fall eine Gewinn- im zweiten Fall eine Überschussermittlung vorzunehmen ist, ergeben sich unterschiedliche steuerliche Berücksichtigungsmöglichkeiten von Wertveränderungen, Gewinnen und Verlusten.[1025] Dieselbe Ungleichbehandlung würde bei einem Vergleich eines rein innerstaatlichen Sachverhalts mit dem Outboundfall erfolgen.[1026] Eine mögliche Rechtfertigung einer ungleichen Behandlung aufgrund der Wahrung der Aufteilung der

---

1018 Rieck in: *Prinz/Hoffmann*, Personengesellschaften, § 24, Rn. 36.

1019 *Dehmer*, Betriebsaufspaltung, § 9, Rn. 13.

1020 *Dehmer*, Betriebsaufspaltung, § 9, Rn. 13.

1021 S.E. scheitert eine personelle Verflechtung auch dann, wenn sowohl Betriebs- als auch Besitzunternehmen im Ausland belegen sind und das Grundstück im Inland, ohne jedoch einen Gesellschafter im Inland anässig zu haben. S.E. fehlt es auch dann an einer personellen Verflechtung im Inland. *Dehmer*, Betriebsaufspaltung, § 9, Rn. 14.

1022 Vgl. [RL 1988/361/EG], Anhang I (Nomenklatur für den Kapitalverkehr gemäß Art. 1 der Richtline) II. A.

1023 EuGH, Urteil vom 08.03.2001 – C-397/98.

1024 EuGH, Urteil vom 08.03.2001 – C-397/98.

1025 Dies hatte zur Folge, dass weder Teilwertabschreibungen bei voraussichtlich dauernder Wertminderung (§ 6 Abs. 1 Nr. 1 Satz 2 EStG), eine Übertragung stiller Reserven (§ 6b Abs. 1, 6c EStG), die Bildung von Rücklagen (§§ 6b Abs. 3, 6c EStG) noch die gleichen Prozentsätze im Rahmen der AfA in Bezug auf Immobilien geltend gemacht werden können. Vgl. *Huschke/Hartwig*, IStR 2008, 745 (746 f.); *Jarzynska/Klipstein*, StB 2009, 239 (241); *Schnitger/Fischer*, DB 2007, 598 (599 f.).

1026 Vgl. *Huschke/Hartwig*, IStR 2008, 745 (746).

Besteuerungsbefugnisse oder einer Verhinderung doppelter Verlustnutzung[1027] muss an dieser Stelle ausscheiden, ebenso eine Rechtfertigung aufgrund einer möglichen Kohärenz der beschriebenen Nachteile mit möglichen, im Zusammenhang stehenden steuerlichen Vorteilen.[1028] Eine solche Benachteiligung ließe sich nur dann vermeiden, wenn eine einheitliche Behandlung der Fallkonstellation erfolgen würde. Dies ließe sich über eine Abschaffung der Betriebsaufspaltung ebenso realisieren wie über eine einheitliche Anerkennung. Damit ist die Betriebsaufspaltung sowohl im Inbound- als auch im Outboundfall anzuerkennen.

Es kommt daher nicht auf eine Differenzierung der Erfüllung der Voraussetzungen der Betriebsaufspaltung dies oder jenseits der Grenze an, sondern auf eine Besteuerungsmöglichkeit der Einkünfte der Besitzgesellschaft.

Eine Besteuerung ist unproblematisch möglich, wenn die Besitzgesellschaft ihre Geschäftsleitung im Inland hat und die Betriebsgesellschaft ihren Sitz und/ oder ihre Geschäftsleitung im Ausland, so dass die Besitzgesellschaft einem unbeschränkt Steuerpflichtigen gewerbliche Einkünfte aufgrund der Annahme einer Betriebsaufspaltung vermittelt. Eine Besteuerung in Deutschland ist des Weiteren unproblematisch möglich, wenn ein ausländischer Gesellschafter der Besitzgesellschaft mit Geschäftsleitung im Inland vorliegt und die wesentliche, der ausländischen Betriebsgesellschaft zur Nutzung überlassene Betriebsgrundlage im Inland belegen ist, so dass nach § 49 Abs. 1 Nr. 2 lit. f) lit. aa) EStG eine beschränkte Steuerpflicht des ausländischen Gesellschafters bejaht werden kann. Ist die wesentliche, der Betriebsgesellschaft zur Nutzung überlassene Betriebsgrundlage hingegen nicht im Inland belegen und der Gesellschafter im Ausland wohnhaft oder ansässig, käme eine beschränkte Steuerpflicht des Gesellschafters mit den Einkünften der Besitzgesellschaft in Deutschland lediglich dann in Betracht, wenn die Besitzgesellschaft dem Gesellschafter eine Betriebsstätte vermitteln würde, § 49 Abs. 1 Nr. 2 lit a) EStG i.V.m. § 12 AO. Die Besitzgesellschaft könnte eine Betriebsstätte nach § 49 Abs. 1 Nr. 2 lit. a) EStG i.V.m. § 12 AO begründen, soweit sie eine feste Geschäftseinrichtung darstellt, die dem Unternehmen mit ihrer Tätigkeit dient. Die Annahme einer Unternehmenstätigkeit folgt aus der Annahme der Voraussetzungen der Betriebsaufspaltung über die Grenze, so dass ein Unternehmen als solches begründet wird. Fraglich ist jedoch, ob eine feste Geschäftseinrichtung vorliegt, durch die die Unternehmenstätigkeit tatsächlich ausgeübt wird. Die Vermietung eines Grundstücks einer ausländischen Besitzgesellschaft genügt nicht als ausreichende Betriebshandlung, um ein *„Dienen“* im Sinne des § 49 Abs. 1 Nr. 2 lit. a) EStG zu begründen.[1029] In diesem Fall scheitert ein deutsches Besteuerungsrecht der Einkünfte aus der Besitzgesellschaft.

1027 EuGH, Urteil vom 13.12.2005 – C-446/03.

1028 Vgl. EuGH, Urteil vom 28.01.1992 – C-204/90.

1029 Vgl. die unterschiedlichen Betriebsstättenbegründungsansätze: Seite 182 ff.

II. *Abkommensrechtliche Behandlung der Einkünfte der Besitzgesellschaft*

Einkünfte aus der Besitzgesellschaft könnten sowohl Unternehmensgewinne nach Art. 7 OECD MA als auch Einkünfte aus unbeweglichem Vermögen nach Art. 6 OECD MA bzw. sonstige Einkünfte nach Art. 21 OECD MA darstellen. Die Qualifikation der Einkünfte der Besitzgesellschaft als Unternehmensgewinne[1030] würde voraussetzen, dass entweder die Besitzgesellschaft einer eigenen unternehmerischen Tätigkeit im Sinne des Art. 7 Abs. 1 OECD MA nach ginge oder die nationale Wertung der Gewerblichkeitsfiktion der Betriebsaufspaltung im Abkommensrecht Anklang gefunden hätte.

Überlässt die Besitzgesellschaft ausschließlich der Betriebsgesellschaft die wesentliche Betriebsgrundlage zur Nutzung, handelt es sich um passive Einkünften. Eine Einordnung als Unternehmensgewinne nach Art. 7 Abs. 1 OECD MA muss damit tatbestandlich ausscheiden, weil es an einer aktiven unternehmerischen Tätigkeit fehlt.[1031] Geht die Tätigkeit des Besitzunternehmens über die reine Vermögensverwaltung nicht hinaus, schlägt die Gewerblichkeitsfiktion der Betriebsaufspaltung nach dem nationalen deutschen Einkommensteuerrecht damit nicht auf die Anwendung des Art. 7 OECD MA durch.[1032] Eine Einordnung als Unternehmensgewinne käme damit nur dann in Betracht, wenn die Übernahme der nationalen Wertung durch eine ausdrückliche Implementierung im Abkommensrecht stattgefunden hätte.[1033] Eine derartige abkommensrechtliche Normierung der Berücksichtigung von Einkünften aus einer Besitzgesellschaft als Unternehmensgewinne ist bisher, abgesehen von unternehmerischen Sondernormen zur Regelung der abkommensrechtlichen Qualifikation von Sonderbetriebsvergütungen,[1034] in keinem DBA zu finden.

Handelt es sich bei der überlassenen wesentlichen Betriebsgrundlage an die Betriebsgesellschaft um *unbewegliches Vermögen* im Sinne des Art. 6 Abs. 2 OECD MA,

1030 Zum Begriff der Unternehmensgewinne S. Seite 108.

1031 BFH, Urteil vom 25.05.2011 – I R 95/10; BMF vom 26.09.2014 IV B 5 – S 1300/09/10003, Tz. 2.2.1.; Vgl. zum DBA-Schweiz: Buciek in: *Flick/Wassermeyer/Kempermann*, DBA-Komm. Deutschland-Schweiz, Art. 7, Rn. 57, 25. Lfg., Stand: Juli 2003; Baumhoff/Bodenmüller in: *Grotherr/Herfort/Strunk*, Internationales Steuerrecht, S. 577; Vgl. zum DBA-Frankreich: *Schneider*, Qualifikationskonflikte, S. 104 f.; *Schulze zur Wiesche*, BB 2013, 2463 (2464); *Söffing/Söffing/Micker*, Die Betriebsaufspaltung, Rn. 694.

1032 BFH, Urteil vom 25.05.2011 – I R 95/10; Ditz in: *Schönfeld/Ditz*, DBA-Komm., Art. 7 (2008), Rn. 56; *Jacobs*, Internationale Unternehmensbesteuerung, S. 262 ff.; *Prinz*, FR 2012, 381 (383).

1033 Vgl. *Haverkamp*, IStR 2008, 165 (170).

1034 Vgl. zur Ausgestaltung der unternehmerischen Sondernormen: Seite 158 f.

sind die Einkünfte den Einkünften aus unbeweglichem Vermögen zuzurechnen.[1035] Das Besteuerungsrecht wird dem Belegenheitsstaat zugewiesen. Diese Zuweisung des Besteuerungsrechts ist auch dann vorrangig, wenn eine Betriebsstätte vorhanden ist und das Grundstück tatsächlich zu ihr gehört.[1036] Das Belegenheitsprinzip erfährt angesichts seiner besonderen Verwurzelung im Quellenstaat an dieser Stelle eine höhere Relevanz als das Betriebsstättenprinzip.[1037]

Eine von Art. 6 OECD MA abweichende Einordnung unter die besonderen Verteilungsnormen ist hingegen vorzunehmen, wenn das unbewegliche Vermögen im Wohnsitzstaat des Gesellschafters oder in einem Drittstaat belegen ist.[1038] Die Einkünfte werden in diesen Fällen nicht von Art. 6 OECD MA erfasst, sondern von Art. 21 OECD MA,[1039] der das Besteuerungsrecht ausschließlich dem Ansässigkeitsstaat des Gesellschafters zuweist.[1040] Eine entsprechende abkommensrechtliche Qualifikation im Sinne des Art. 21 OECD MA ist anzunehmen, soweit es sich bei der überlassenen wesentlichen Betriebsgrundlage um ein *bewegliches Wirtschaftsgut*[1041] handelt.[1042] Art. 21 OECD MA stellt eine Auffangnorm für die Einkünfte dar, die nicht von einer speziellen Verteilungsnorm erfasst werden und ist von seinem Anwendungsbereich her damit gegenüber den besonderen Verteilungsartikeln subsidiär.[1043] Eine Subsidiarität ist grundsätzlich auch im Verhältnis zu Art. 7 Abs. 1 OECD MA anzunehmen.[1044] Einkünfte aus der Überlassung der beweglichen Betriebsgrundlage zur Nutzung, begründen jedoch lediglich passive Einkünfte, so dass bereits tatbestandlich keine Unternehmensgewinne angenommen werden können.[1045] Einkünfte einer

---

1035 BFH, Urteil vom 25.05.2011 – I R 95/10; Ditz in: *Schönfeld/Ditz*, DBA-Komm., Art. 7 (2008), Rn. 56; *Jacobs*, Internationale Unternehmensbesteuerung, S. 255; *Micker*, DStR 2012, 589 (593).

1036 *Jacobs*, Internationale Unternehmensbesteuerung, S. 255.

1037 *Bachmann*, Die Betriebsaufspaltung, S. 78.

1038 Tcherveniachki in: *Schönfeld/Ditz*, DBA-Komm., Art. 21, Rn. 1.

1039 *Bachmann*, Die Betriebsaufspaltung, S. 80; zum DBA-Schweiz: Buciek in: *Flick/ Wassermeyer/Kempermann*, DBA-Komm. Deutschland-Schweiz, Art. 7, Rn. 57, 25. Lfg., Stand: Juli 2003; Fischer-Zernin in: *Gosch/ Grotherr/Kroppen*, DBA-Komm., Art. 21, Rn. 21.

1040 *Micker*, DStR 2012, 589 (593).

1041 Das bewegliche Vermögen kann in Abgrenzung zum unbeweglichen Vermögen bestimmt werden, Art. 6 Abs. 2 OECD MA. Damit sind all jene Wirtschaftsgüter beweglich, die nicht als unbewegliche von Art. 6 Abs. 2 OECD MA erfasst sind.

1042 Tcherveniachki in: *Schönfeld/Ditz*, DBA-Komm., Art. 21, Rn. 35.

1043 Rust in: *Vogel/Lehner*, DBA-Komm., Art. 21, Rn. 3; Tcherveniachki in: *Schönfeld/ Ditz*, DBA-Komm., Art. 21. Rn. 1.

1044 Rust in: *Vogel/Lehner*, DBA-Komm., Art. 21, Rn. 13; Wassermeyer/Kaeser in: *Wassermeyer*, DBA-Komm., Art. 21, Rn. 63, 121. Lfg., Stand: Jan. 2013.

1045 Vgl. BFH, Urteil vom 25.05.2011 – I R 95/10; *Bachmann*, Die Betriebsaufspaltung, S. 83; Weggenmann in: *Schaumburg*, Internationales Steuerrecht, Rn. 6.122.

Besitzgesellschaft sind daher als Einkünfte aus unbeweglichem Vermögen, bzw. als sonstige Einkünfte zu qualifizieren.

III. Behandlung der sonstigen Sonderbetriebseinnahmen

Liegt aus nationaler Sicht eine Zuordnung der Kapitalgesellschaftsbeteiligung des Gesellschafters zum Sonderbetriebsvermögen vor, kommt abkommensrechtlich eine Einordnung der Beteiligungserträge als Dividenden nach Art. 10 Abs. 3 OECD MA in Betracht.

1. Einordnung der Einkünfte unter den Dividendenartikel, Art. 10 Abs. 3 OECD MA

Beteiligungserträge begründen aus sonstigen Gesellschaftsanteilen stammende Einkünfte, die nach dem Recht des Staates, in dem die ausschüttende Gesellschaft ansässig ist, den Einkünften aus Aktien steuerlich gleichgestellt werden.[1046] Es handelt sich damit abkommensrechtlich um Dividenden im Sinne des Art. 10 Abs. 3 OECD MA.[1047] Dem Quellenstaat wird nach Art. 10 Abs. 2 OECD MA ein reduziertes Quellenbesteuerungsrecht zugesprochen, welches der Ansässigkeitsstaat grundsätzlich anzurechnen hat, Art. 23A Abs. 2 OECD MA.[1048]

2. Einordnung der Einkünfte unter den Betriebsstättenvorbehalt des Dividendenartikels, Art. 10 Abs. 4 OECD MA

Eine Zuweisung des Besteuerungsrechts über die Rechtsfolge der Unternehmensgewinne nach Art. 7 OECD MA wäre allerdings dann vorzunehmen, wenn der Betriebsstättenvorbehalt in Art. 10 Abs. 4 OECD MA eingreifen würde. Ist die grundsätzliche Tätigkeit der Besitzgesellschaft in der Überlassung von Vermögen zur Nutzung durch die Betriebsgesellschaft zu sehen, stellt sich die Frage, ob überhaupt eine Betriebsstätte angenommen werden kann. Eine Betriebsstätte setzt eine unternehmerische Tätigkeit voraus, die durch die Betriebsstätte ausgeübt wird.[1049] Der Begriff der Betriebsstätte steht damit in einem unmittelbaren Zusammenhang mit den Unternehmensgewinnen in Art. 7 OECD MA. Die Besitzgesellschaft als solche übt jedoch mangels aktiver Geschäftstätigkeit keine unternehmerische Tätigkeit aus. Die bloße Vermögensverwaltung reicht weder für die Annahme einer Unternehmenstätigkeit noch zur Begründung einer festen

---

1046 Vgl. zur Erfüllung der Tatbestandsmerkmale des Art. 10 Abs. 3 OECD MA in Bezug auf eine Dividende, die für eine Beteiligung an einer GmbH ausgeschüttet wird: Seite 110.

1047 *Bachmann*, Die Betriebsaufspaltung, S. 139.

1048 Vgl. die Ausführungen der Rechtsfolgen der Besteuerungszuweisung: Seite 110 ff.

1049 Görl in: *Vogel/Lehner*, DBA-Komm., Art. 5, Rn. 11; Hruschka in: *Schönfeld/Ditz*, DBA-Komm., Art. 5, Rn. 2; Wassermeyer in: *Wassermeyer*, DBA-Komm., Art. 5 MA, Rn. 52, 108. Lfg., Stand: Juli 2008.

Geschäftseinrichtung aus.[1050] *Bachmann* stellt zur Begründung einer Betriebsstätte auf die, durch die Besitz- und Betriebsgesellschaft begründete wirtschaftliche Einheit ab, so dass bei wirtschaftlicher Betrachtungsweise auf die Aktivitätsmerkmale der Betriebsgesellschaft zurückgegriffen werden könne.[1051] Dass es sich um zwei selbstständige Unternehmen handelt, wird an dieser Stelle ebenso außer Acht gelassen, wie das Erfordernis der Erfüllung der Tatbestandsvoraussetzungen der festen Geschäftseinrichtung, durch die die Tätigkeit des Unternehmens ausgeübt wird. Liegt hingegen eine mitunternehmerische Betriebsaufspaltung in Form der GmbH & Co. KG vor, kann am Ort der tatsächlichen Geschäftsführung bspw. am Sitz der Komplementär-GmbH eine Geschäftsleitungsbetriebsstätte nach Art. 5 Abs. 2 lit. a) OECD MA angenommen werden, weil die Geschäftsleitung dann in den Händen der Komplementärin liegt.[1052] Dass die unternehmerische Tätigkeit der Besitzgesellschaft abkommensrechtlich in diesem Fall nicht vorliegt, wird nach *Görl* für die Anwendung im Rahmen der Betriebsstättenvorbehalte der besonderen Verteilungsartikel als unproblematisch erachtet.[1053] Knüpft das Abkommensrecht für die Annahme einer Betriebsstätte jedoch konkret an das Vorliegen einer unternehmerischen Tätigkeit an, kann trotz der Erfüllung der Voraussetzungen einer tatsächlichen Geschäftsleitung nicht von einer Betriebsstätte der Besitzgesellschaft im abkommensrechtlichen Sinne ausgegangen werden.[1054] Eine abkommensrechtliche Betriebsstätte wird damit weder durch die Besitzgesellschaft vermittelt, noch kann die Besitzgesellschaft, mangels eigener unternehmerischer Tätigkeit eigene Betriebsstätten inne haben, so dass die Annahme eines Betriebsstättenvorbehalts bereits am Fehlen einer Betriebsstätte ausscheiden muss.[1055]

1050 Wassermeyer in: *Wassermeyer*, DBA-Komm., Art. 7 (2000) MA, Rn. 32, 124. Lfg., Stand: Okt. 2013.

1051 *Bachmann*, Die Betriebsaufspaltung, S. 143.

1052 Maier in: *Löwenstein/Looks/Heinsen*, Betriebsstättenbesteuerung, Rn. 184; *Schneider*, Qualifikationskonflikte, S. 126; Bächle/Rupp/Ott/Knies hingegen stellen auf den Ort der tatsächlichen Ausübung, mithin den Sitz des Besitzunternehmens ab. *Bächle/Rupp/Ott/Knies*, Internationales Steuerrecht, S. 220, der Sitz der Besitzgesellschaft hat jedoch ausschließlich rechtlichen Charakter, an die die Voraussetzungen der Betriebsstätte nicht anknüpfen.

1053 Görl in: *Vogel/Lehner*, DBA-Komm., Art. 5, Rn. 11.

1054 Für eine mitunternehmerische Betriebsaufspaltung über die Grenze zu Frankreich nimmt Schneider aus deutscher Sicht eine Geschäftsleitungsbetriebsstätte an, verneint sie jedoch aus französischer Sicht mangels unternehmerischer Tätigkeit der Besitzgesellschaft. *Schneider*, Qualifikationskonflikte, S. 110 ff., 136.

1055 Eine Betriebsstätte kann allerdings dann vorliegen, wenn der Mitunternehmer eine eigene Betriebsstätte unterhielte und dieser Betriebsstätte die Beteiligung an der Betriebsgesellschaft tatsächlich zuzuordnen wäre. Vgl. *Jacobs*, Internationale Unternehmensbesteuerung, S. 255.

IV. *Zusammenfassung der abkommensrechtlichen Behandlung einer Beteiligung an einer Betriebsgesellschaft*

Die abkommensrechtliche Qualifikation der Gewinne einer Besitzgesellschaft, die einem Gesellschafter zugerechnet werden, ebenso wie die Erträge aus der Beteiligung an der Betriebsgesellschaft, hat abkommensautonom zu erfolgen. Entsprechend der tatsächlich überlassenen wesentlichen Betriebsgrundlage, handelt es sich abkommensrechtlich um Einkünfte aus unbeweglichem Vermögen oder um sonstige Einnahmen. Beteiligungserträge begründen, davon unabhängig, entsprechend ihres objektiven Charakters eine Dividende. Die Verteilung des Besteuerungsrechts richtet sich mangels Vorliegens einer Betriebsstätte nach den Rechtsfolgen des Dividendenartikels.

F. Schlussfolgerung aus der abkommensrechtlichen Betrachtung

Sonstige Sonderbetriebseinnahmen sind abkommensrechtlich unabhängig von ihrer national ertragsteuerlichen Qualifikation als gewerbliche Einkünfte aus der Mitunternehmerschaft einzuordnen. Beteiligungserträge einer gesellschaftsrechtlich oder wirtschaftlich mit der Mitunternehmerschaft verflochtenen Kapitalgesellschaft begründen daher abkommensrechtlich Einkünfte aus Dividenden nach Art. 10 Abs. 3 OECD MA. Das Besteuerungsrecht für Dividendeneinkünfte wird dem Grunde nach dem Ansässigkeitsstaat nach Art. 10 Abs. 1 OECD MA zugewiesen. Art. 10 Abs. 2 OECD MA gewährt dem Quellenstaat jedoch ein reduziertes Quellenbesteuerungsrecht und lässt den Ansässigkeitsstaat die reduzierte Quellensteuer anrechnen, Art. 23A Abs. 2 OECD MA. Zu einer abweichenden Zuweisung des Besteuerungsrechts kommt es bei Einschlägigkeit des Betriebsstättenvorbehalts nach Art. 10 Abs. 4 OECD MA. Voraussetzungen hierfür ist neben dem Bestehen einer Betriebsstätte, die tatsächliche Zugehörigkeit der den Beteiligungserträgen zugrunde liegenden Beteiligung zur Betriebsstätte.

Welche der herausgearbeiteten Kriterien einer tatsächliche Zugehörigkeit der Beteiligung zu der Geschäftsleitungsbetriebsstätte abkommensgerechte Maßstäbe bieten wird nachfolgend zusammenfassend dargestellt und ein Vergleich mit nationalen Zuordnungsmaßstäbe des Sonderbetriebsvermögen vorgenommen.

I. *Zusammenfassung der Zuordnungsmöglichkeit einer Kapitalgesellschaftsbeteiligung zur Betriebsstätte*

Grundlegend für eine Zuordnung einer Beteiligung im Sonderbetriebsvermögen zu einer Betriebsstätte ist im Abkommensrecht das Merkmal der tatsächlichen Zugehörigkeit. Mangels hinreichender Konkretisierung der tatsächlichen Zugehörigkeit im Abkommen ist neben der, durch die Rechtsprechung herausgebildeten funktionalen Zuordnung, für DBA in denen eine Implementierung des AOA im Sinne des Art. 7 Abs. 2 OECD MA bereits stattgefunden hat, eine Zuordnung anhand einer

Chancen-Risiko-Analyse vorzunehmen. Nicht außer Acht gelassen wird, trotz verfassungsrechtlicher Bedenken, der Zuordnungsmaßstab der Umsetzung der AOA in nationales Recht in § 1 Abs. 5 AStG i.V.m. § 7 BsGaV. Während es für eine funktionale Zuordnung auf eine Nebenertragsfähigkeit der Erträge aus der Beteiligung zum Geschäftsbetrieb der Betriebsstätte ankommt, stellt eine Chancen-Risiko-Analyse auf die tatsächliche Beeinflussungsmöglichkeit der Nutzungs- und Verwertungsrechte durch die Betriebsstätte bzw. das Tragen der aus der Beteiligung folgenden Risiken ab. Eine Zuordnung der Beteiligung anhand des § 1 Abs. 5 AStG i.V.m. § 7 BsGaV erfolgt hingegen in Anlehnung an die durch die Rechtsprechung des BFH herausgebildete funktionale Zugehörigkeit durch die Prüfung eines funktionalen Zusammenhangs der Beteiligung mit der Betriebsstättengeschäftstätigkeit. Die Zuordnungsgrundsätze kommen regelmäßig nicht zu übereinstimmenden Ergebnissen, was dem unterschiedlichen Ansatz der Zuordnungskriterien geschuldet ist. Die funktionale Zugehörigkeit im Sinne der Rechtsprechung geht für eine Zuordnung von Wirtschaftsgütern von einer Ergebnisbetrachtung, mithin einer tatsächlichen Gewinnauswirkung aus. Die Chancen-Risiko-Analyse der AOA stellt auf das Innehaben der Nutzungs- und Verwertungsmöglichkeit der Beteiligung ab. Die Umsetzung der AOA in § 1 Abs. 5 AStG i.V.m. § 7 BsGaV hingegen begründet eine Zuordnung im Hinblick auf eine Dienlichkeit des Wirtschaftsguts in Bezug auf die Geschäftstätigkeit der Betriebsstätte.

Für die Fallgruppen ergibt sich abkommensrechtlich damit ein differenziertes Bild. Während bei einer gesellschaftsrechtlichen Verstrickung der Gesellschaften durch Übernahme der Komplementärfunktion bzw. quasi Geschäftsführungsfunktion der GmbH einer GmbH & atypisch still oder bei einer wirtschaftlichen Verflechtung der Geschäftsbereiche eine Zurechnung aufgrund einer mittelbaren Dienlichkeit der Beteiligung für die Betriebsstättengeschäftstätigkeit im funktionalen Sinne anzunehmen ist, scheitert eine Zuordnung nach den Grundsätzen der AOA im Sinne des Art. 7 Abs. 2 OECD MA. Das Risiko des Erwerbs und einer gewinnbringenden Veräußerung einer Beteiligung im Sonderbetriebsvermögen liegt beim Gesellschafter, so dass bei gleicher Gewichtung der aus der Beteiligung folgenden Chancen und Risiken, eine Zuordnung zum Gesellschafter als Stammhaus erfolgt. Eine rein mittelbare Dienlichkeit der Beteiligung zur Betriebsstättengeschäftstätigkeit lässt hingegen die Umsetzung der AOA in § 1 Abs. 5 AStG i.V.m. § 7 BsGaV als ausreichendes Zuordnungskriterium genügen und schließt sich damit dem Zuordnungsmaßstab der Rechtsprechung an.

Übereinstimmend ausscheiden muss eine Zuordnung einer Beteiligung eines Besitzgesellschafters an der Betriebsgesellschaft nach den Zuordnungskriterien der funktionalen Zugehörigkeit bzw. der Zuordnungskriterien der AOA im Sinne des Art. 7 Abs. 2 OECD MA in der Betriebsaufspaltung. Die Besitzgesellschaft begründet keine Betriebsstätte aufgrund ihrer rein passiven vermögensverwaltenden Tätigkeit. Als Betriebsstätte, der eine Beteiligung eines Gesellschafters an der Betriebsgesellschaft zugeordnet werden könnte, käme lediglich in der Konstellation einer mitunternehmerischen Betriebsaufspaltung eine Geschäftsleitungsbetriebsstätte am Sitz bzw. am Ort der tatsächlichen Geschäftsleitung der Komplementär-GmbH in Betracht. Die Betriebsstätteneigenschaft der Geschäftsleitungsbetriebsstätte der Besitzgesellschaft scheitert jedoch an der aus abkommensrechtlicher Sicht nicht vorliegenden Unternehmenstätigkeit. Eine Unternehmenstätigkeit ist zwingende Voraussetzung der Begründung einer Betriebsstätte, weil die Betriebsstätte als rechtlich grundsätzlich unselbständiger Bestandteil des Gesamtunternehmens, einen Teil der Geschäftstätigkeit des Unternehmens ausübt.

Während die Schnittmenge der Zuordnungsmaßstäbe der Kriterien der funktionalen Zugehörigkeit der Rechtsprechung und der funktionalen Betrachtung im Sinne des § 1 Abs. 5 AStG i.V.m. § 7 BsGaV bewusste Intention des Gesetzgebers war, um die gefundenen Zuordnungskriterien der Rechtsprechung gesetzlich zu verankern, divergiert die abkommensrechtlichen Zuordnungskriterien der AOA im Sinne des Art. 7 Abs. 2 OECD MA. Findet die AOA im Sinne des Art. 7 Abs. 2 OECD MA in den kommenden Jahren vermehrt Eingang in DBAs, wird die, durch die Rechtsprechung begründete funktionale Zugehörigkeit ebenso verdrängt werden, wie die funktionale Betrachtungsweise nach § 1 Abs. 5 AStG i.V.m. § 7 BsGaV, vgl. § 1 Abs. 5 Satz 8 BsGaV. Einhergehend mit der Umstellung der Zuordnungskriterien auf eine Chancen-Risiko-Analyse wird damit voraussichtlich eine Zuordnung einer Beteiligung im Sonderbetriebsvermögen zu einer Betriebsstätte ausscheiden. Kommt eine Zuordnung nach Art. 7 Abs. 2 OECD MA zu einem unterschiedlichen Zuordnungsergebnis als die Zuordnungskriterien im Sinne des § 1 Abs. 5 AStG i.V.m. § 7 BsGaV treten die nationalen Zuordnungskriterien hinter den abkommensrechtlichen zurück. Zur Vermeidung einer Doppelbesteuerung bzw. einer Minderbesteuerung ist die Nichtzuordnung unter den Betriebsstättenvorbehalt der Dividenden in Art. 10 Abs. 4 OECD MA günstig, weil die meisten Staaten einen objektiven Maßstab an eine Zuordnung der Beteiligungen legen und damit nationale Besonderheiten wie das Mitunternehmerkonzept außer Acht lassen. Die Chancen-Risiko-Analyse ist daher zur Lösung objektiver Qualifikationskonflikte, resultierend aus einer divergierenden Zuordnung einer Beteiligung im Sonderbetriebsvermögen zur Geschäftsleitungsbetriebsstätte geeignet. Eine Beteiligung im Eigentum eines Gesellschafters muss von den Vertragsstaaten übereinstimmend in allen analysierten Fallgruppen dem Gesellschafter als Stammhaus zugeordnet werden. Die Anwendbarkeit des Betriebsstättenvorbehalts ist damit zu verneinen.

II. Vergleichbarkeit der Zuordnungskriterien des notwendigen Sonderbetriebsvermögens II mit der tatsächlichen Zugehörigkeit

Die Merkmale für eine Zuordnung zum notwendigen Sonderbetriebsvermögen II könnten aufgrund ihrer besonderen gesellschaftsrechtlichen oder wirtschaftlichen Verflechtung eine strukturbedingte Vergleichbarkeit mit dem Merkmal der tatsächlichen Zugehörigkeit aufweisen. Eine ungeprüfte Übernahme der Kriterien der Zugehörigkeit zum notwendigen Sonderbetriebsvermögen II für eine Annahme des Betriebsstättenvorbehalts wäre an dieser Stelle jedoch schlicht falsch. Inwieweit tatsächlich Überschneidungen bestehen und eine Vergleichbarkeit angenommen werden kann, ist anhand der einzelnen Kriterien der Sonderbetriebsvermögensbegründung dargelegt.

Notwendiges Sonderbetriebsvermögen II kann angenommen werden, soweit eine Beteiligung die Stellung des Gesellschafters innerhalb der Personengesellschaft stärkt oder eine Mitunternehmerstellung begründet.[1056] Nach Auffassung der Rechtsprechung liegt darüber hinaus eine Zuordnung einer Kapitalgesellschaftsbeteiligung zum notwendigen Sonderbetriebsvermögen II vor, wenn eine wirtschaftliche Verflechtung der Geschäftsbereiche von Personen- und Kapitalgesellschaft angenommen werden kann.[1057] Eine tatsächliche Zugehörigkeit zur Betriebsstätte wird hingegen angenommen, soweit eine Beteiligung der Betriebsstätte funktional zugehörig ist, mithin die Erträge aus der Beteiligung Nebenerträge der eigentlichen Betriebsstättengeschäftstätigkeit darstellen. Eine tatsächliche Zugehörigkeit kommt weiterhin in Betracht, wenn eine Chancen-Risiko-Analyse eine Zugehörigkeit nach den Grundsätzen der AOA begründet, Art. 7 Abs. 2 OECD MA oder nach § 1 Abs. 5 AStG i.V.m. § 7 BsGaV, soweit die Beteiligung der Geschäftstätigkeit der Betriebsstätte dienlich ist.

Eine mögliche Überschneidung der Zuordnungsergebnisse einer Beteiligung sowohl zum notwendigen Sonderbetriebsvermögen II als auch zur Betriebsstätte ist vor dem unterschiedlichen Zuordnungsziel und im Hinblick auf die divergierenden Zuordnungsanforderungen zu sehen. Eine ertragsteuerliche Zuordnung eines Wirtschaftguts zum Sonderbetriebsvermögen wurde ursprünglich vor dem Hintergrund des Erfassens von Gesellschaft-Gesellschafter-Leistung im Rahmen der Gewerbesteuer eingefügt und ist, vor dem Hintergrund der Gleichstellung der Besteuerung eines Mit- mit einem Einzelunternehmer, aufrechterhalten worden.[1058] Eine Zuordnung eines Wirtschaftsgutes zu einer Betriebsstätte beruht hingegen auf einer Zuordnung eines Besteuerungsrechts anhand der engsten Verknüpfung einer aus dem konkreten Wirtschaftsgut fließenden Einnahme mit einem Vertragsstaat. Die Voraussetzungen an eine Sonderbetriebsvermögenseigenschaft knüpfen für das notwendige Sonderbetriebsvermögen II an eine Stärkung der Stellung des Gesellschafters an der Mitunternehmerschaft an. Eine Dienlichkeit der Beteiligung im Sinne der abkommensrechtlichen tatsächlichen Zugehörigkeit wird hingegen in Bezug auf die Mitunternehmerschaftsgeschäftstätigkeit bestimmt. Eine Dienlichkeit einer Beteiligung in Bezug auf die Geschäftstätigkeit der Mitunternehmerschaft ist im nationalen Ertragsteuerrecht explizit im Rahmen der Zuordnung von Wirtschaftsgütern des Sonderbetriebsvermögens I zu finden. Aus der unmittelbaren Dienlichkeit der Beteiligung zur Stellung des Gesellschafters an der Gesellschaft im Sinne

---

1056 Vgl. die Kriterien des notwendigen Sonderbetriebsvermögen: Seite 13 ff.

1057 Vgl. die Zuordnungsvoraussetzungen des Sonderbetriebsvermögens: Seite 29 ff.

1058 Vgl. zu den Hintergründen der Einführung des sonderbetrieblichen Bereichs: Seite 217 ff.

der Zuordnungskriterien des notwendigen Sonderbetriebsvermögens II folgt jedoch regelmäßig eine zumindest mittelbare Dienlichkeit zur Geschäftstätigkeit der Betriebsstätte. Denn die aus der Beteiligung resultierenden Stimm- und Verwaltungsrechte in der Kapitalgesellschaftsgesellschafterversammlung sind im Interesse und unter Berücksichtigung der Belange der Mitunternehmerschaft durch den Gesellschafter auszuüben. Aus dieser mittelbaren Dienlichkeit folgt eine Berücksichtigung der Erträge aus der Beteiligung als Nebenerträge der Betriebsstättengeschäftstätigkeit, so dass aus der Sicht Deutschlands als Anwenderstaat eine Zuordnung zur Betriebsstätte vorzunehmen ist. Im Ergebnis führt eine Zuordnung einer Beteiligung im notwendigen Sonderbetriebsvermögen II daher zu einer Zuordnung einer Beteiligung zur Betriebsstätte nach den funktionalen Zugehörigkeitskriterien der Rechtsprechung bzw. einer funktionalen Betrachtungsweise, die ebenfalls auf eine Dienlichkeitsbeurteilung nach § 1 Abs. 5 AStG i.V.m. § 7 BsGaV abstellt.

Eine abkommensrechtliche Zuordnung einer Beteiligung zu einer Betriebsstätte auf Grundlage der Zuordnungskriterien der AOA in Art. 7 Abs. 2 OECD MA hat hingegen keine Schnittmengen mit der Zuordnung einer Beteiligung zum notwendigen Sonderbetriebsvermögen II. Eine Chancen-Risiko-Analyse im Sinne des Art. 7 Abs. 2 OECD MA ist losgelöst von der geschäftlichen Betätigung der Betriebsstätte nur in Hinblick auf das konkrete Wirtschaftsgut vorzunehmen. Eine Ergebnisbetrachtung im Hinblick auf den Betriebsstättengewinn, der durch die Beteiligung beeinflusst sein könnte, wird an dieser Stelle außer Acht gelassen. In der Zuordnungsbeurteilung wird lediglich auf die Möglichkeit der Beeinflussung der aus der Beteiligung resultierenden Stimm- und Verwaltungsrechte, ebenso wie das Risiko des Erwerbs und einer gewinnbringenden Veräußerung der Beteiligung abgestellt. Aufgrund des Verbleibs der Beteiligung im Alleineigentum des Gesellschafters, kommt eine Zuordnung zur Betriebsstätte im Sinne des Betriebsstättenvorbehalts nicht in Betracht.

III. Vergleichbarkeit der Zuordnungskriterien des notwendigen Sonderbetriebsvermögen I mit der tatsächlichen Zugehörigkeit

Die Zuordnungskriterien des notwendigen Sonderbetriebsvermögens I weisen eine ähnliche Regelungsrichtung der Zuordnung einer Beteiligung auf, wie die Zuordnung einer Beteiligung zu einer Betriebsstätte im Sinne der tatsächlichen Zugehörigkeit, so dass ein Vergleich der Voraussetzungen nahe liegt. Im Gegensatz zu der Zuordnung einer Beteiligung zum notwendigen Sonderbetriebsvermögen II, richtet sich eine Zuordnung zum notwendigen Sonderbetriebsvermögen I nach einer Dienlichkeit der Beteiligung zum Geschäftsbetrieb der Mitunternehmerschaft. Die Kriterien der funktionalen Zugehörigkeit der Rechtsprechung für eine Zuordnung eine Beteiligung zur Betriebsstätte ebenso wie die funktionale Betrachtungsweise im Sinne des § 1 Abs. 5 AStG i.V.m. § 7 BsGaV sind gleichfalls auf eine Dienlichkeitsprüfung der Beteiligung in Bezug auf die Betriebsstättengeschäftstätigkeit ausgerichtet. Weil die Mitunternehmerschaft nicht automatisch die

Voraussetzungen einer Betriebsstätte erfüllt, schaut die funktionale Zugehörigkeit durch die Beteiligung hindurch auf die Geschäftstätigkeit der Kapitalgesellschaft deren Beteiligung gehalten wird und beurteilt eine Dienlichkeit in Hinblick auf die Geschäftstätigkeit der Kapitalgesellschaft für das Unternehmen der Mitunternehmerschaft. Wird eine Beteiligung dem notwendigen Sonderbetriebsvermögen I aufgrund einer Dienlichkeit zum Geschäftsbetrieb der Mitunternehmerschaft zugerechnet, ist damit regelmäßig auch eine funktionale Zugehörigkeit im Sinne der Rechtsprechung und der funktionalen Zugehörigkeit im Sinne des § 1 Abs. 5 AStG i.V.m. § 7 BsGaV einschlägig.

Abweichend davon weist hingegen eine abkommensrechtliche Zuordnung einer Beteiligung zu einer Betriebsstätte auf Grundlage der Zuordnungskriterien der AOA in Art. 7 Abs. 2 OECD MA keine Schnittmengen mit einer Zuordnung einer Beteiligung zum notwendigen Sonderbetriebsvermögen I auf. Eine Chancen-Risiko-Analyse im Sinne des Art. 7 Abs. 2 OECD MA ist losgelöst von der geschäftlichen Betätigung der Betriebsstätte nur in Hinblick auf das konkrete Wirtschaftsgut vorzunehmen und stellt auf die Inanspruchnahmemöglichkeit der aus der Beteiligung resultierenden Chancen und Risiken ab. An dieser Stelle gilt für eine Beteiligung im notwendigen Sonderbetriebsvermögen I nichts anderes als für eine Beteiligung im notwendigen Sonderbetriebsvermögen II, weil die Beteiligung im Alleineigentum des Gesellschafters diesem die aus der Beteiligung resultierenden Chancen und Risiken zu weist, so dass eine abkommensrechtliche Zuordnung zu ihm zu erfolgen hat.

IV. Ergebnis der Überschneidung von Zuordnungskriterien im nationalen Ertragsteuerrecht und Abkommensrecht

Schnittmengen der Zuordnung einer Beteiligung sowohl zum notwendigen Sonderbetriebsvermögen I bzw. II, als auch zur Betriebsstätte entstehen bei einer Zuordnung einer Beteiligung zur Betriebsstätten nach den Zuordnungskriterien der funktionalen Zugehörigkeit im Sinne der Rechtsprechung und im Sinne des § 1 Abs. 5 AStG i.V.m. § 7 BsGaV. Wird hingegen auf eine Chancen-Risiko-Analyse nach Art. 7 Abs. 2 OECD MA der aus der Beteiligung fließenden Rechte und Pflichten abgestellt, kommt eine Übereinstimmung der Zuordnung zum notwendigen Sonderbetriebsvermögen und zur Betriebsstätte nicht in Betracht.

Dritter Teil: Ableitung eines idealtypischen Abkommensartikels zur Behandlung von Sonderbetriebsvermögen

Unterschiedliche Vertragsauslegungen durch die Vertragsparteien führen zu einer Störung der Regelungshomogenität der DBA und sind geeignet, das eigentliche Ziel, die Vermeidung der Doppelbesteuerung, zu vereiteln.[1059] Eine einheitliche Abkommensauslegung für sonstige Sonderbetriebseinnahmen im internationalen Steuerrecht könnte sich aus völkerrechtlichen Verträgen, Europarecht oder innerstaatlichen Normen herleiten lassen.

§ 1: Sicherstellung einer einheitlichen Anwendung eines DBA durch die Regelungen des OECD Musterabkommens

Die einheitliche Anwendung eines DBA durch die Vertragsstaaten ließe sich durch eine Bindung an das Gebot der Entscheidungsharmonie oder einer Bindung eines Vertragsstaates an die Rechtsauffassung des anderen Vertragsstaates in Bezug auf dessen Anwendung der Regelungen des DBA erreichen.

A. Gebot der Entscheidungsharmonie

Eine Bindung an eine einheitliche Abkommensauslegung ließe sich unter der Annahme der Entscheidungsharmonie[1060] erreichen, soweit beide Vertragsstaaten an dieses Gebot gebunden wären. Das Gebot der Entscheidungsharmonie verfolgt das Ziel der Erweiterung der Interpretationsinstrumente des Rechtsanwenders im nationalen Recht um die Methode, die als *funktionale rechtsvergleichende Auslegung* bezeichnet wird. Diese Ansicht stützt sich auf den Abkommenszweck, die Besteuerungsbefugnisse zwischen den Vertragsstaaten gleichmäßig zu verteilen.[1061] Ziel und Zweck der DBA ist eine Vermeidung der Doppelbesteuerung, welche nur durch das Gebot der größtmöglichen Entscheidungsharmonie erreicht werden könne.[1062] Eine

1059 *Schaumburg*, Internationales Steuerrecht, Rn. 16.88.

1060 Unter Entscheidungsharmonie wird die Abkommensauslegung verstanden, die am ehesten geeignet ist in beiden Vertragsstaaten akzeptiert zu werden. Vgl. *Gschwandtner*, Unternehmensgewinne, S. 69.

1061 Schönfeld/Häck in: *Schönfeld/Ditz*, DBA-Komm., Systematik, Rn. 92.

1062 *Klebau*, RIW 1985, 125 (134); Schönfeld/Häck in: *Schönfeld/Ditz*, DBA-Komm., Systematik, Rn. 92.

Bindungswirkung beider Vertragsstaaten an die Qualifikationskonflikte vermeidende Auslegung setzt jedoch eine gesetzliche Grundlage voraus, welche weder im innerstaatlichen Recht noch im Völkerrecht gefunden werden kann. Ist keine konkret normierte gesetzliche Grundlage vorhanden, kann eine Bindungswirkung lediglich aus einer systematischen oder teleologischen Auslegung geschlossen werden.[1063] Ein Rückgriff auf eine Auslegung mittels nationalen Rechts darf dann nur in Ausnahmefälle vorgenommen und der Begriff des Zusammenhangserfordernisses in Art. 3 Abs. 2 OECD MA müsste soweit wie möglich ausgelegt werden.[1064] Abstellend auf den Sinn und Zweck, der nach Art. 31 Abs. 1 WÜRV bei einer völkervertragsrechtlichen Auslegung zu berücksichtigen ist, ist die Vermeidung einer Doppelbesteuerung das grundlegende, im Abkommen verankerte Ziel.[1065] Als oberstes Auslegungsgebot müsste daher diejenige Auslegung von den Vertragsstaaten gefordert werden, die am ehesten geeignet ist, einen Qualifikationskonflikt zu vermeiden. Entsprechend entschied der BFH mit *Urteil vom 04.05.2011*, dass *ein anderes Verständnis ohne hinreichenden Grund die Gefahr fördern* würde, *dass DBA in den einzelnen Vertragsstaaten unterschiedlich ausgelegt würden und damit der im Grundsatz angestrebten Entscheidungsharmonie entgegen* gewirkt würde.[1066] In Bezug auf die abkommensrechtliche Qualifikation von sonstigen Sonderbetriebseinnahmen müsste im Sinne der abkommensautonomen Auslegung eine Einordnung unter die besonderen Verteilungsartikel ohne Annahme der Einschlägigkeit des Betriebsstättenvorbehalts erfolgen, weil die Mehrzahl der Staaten keine, dem deutschen Mitunternehmerkonzept folgende Einkünfteumqualifizierung vornimmt. Eine derartige Auslegung würde bedeuten, dass Deutschland seine Auffassung der Umqualifizierung von Einkünften nur dann anwenden dürfte, wenn der andere Vertragsstaat ein entsprechendes Besteuerungskonzept aufweisen würde.

Für die Annahme einer Entscheidungsharmonie mangelt jedoch an hinreichenden Anhaltspunkten im Abkommen.[1067] *Gschwandtner* zufolge könne aus dem Sinn- und Zweckzusammenhang des MA kein verallgemeinerungsfähiger Schluss gezogen werden.[1068] Dies zeigt sich auch in der gängigen Praxis der Gesetzgebung[1069]

1063 *Gschwandtner*, Unternehmensgewinne, S. 69.

1064 *Klebau*, RIW 1985, 125 (134).

1065 Schönfeld/Häck in: *Schönfeld/Ditz*, DBA-Komm., Systematik, Rn. 1. Verweisend auf den Titel der OECD MA, als „OECD-Musterabkommen zur Vermeidung der Doppelbesteuerung auf dem Gebiet der Steuern vom Einkommen und vom Vermögen".

1066 BFH, Urteil vom 04.05.2011 – II R 51/09.

1067 *Gschwandtner*, Unternehmensgewinne, S. 70; Schönfeld/Häck in: *Schönfeld/Ditz*, DBA-Komm., Systematik, Rn. 92.

1068 *Gschwandtner*, Unternehmensgewinne, S. 70.

1069 Vgl. § 50d Abs. 9 EStG, der bei einer lediglich teilweisen Besteuerung von Einkünften eine Einkünftefreistellung nicht gewährt.

und Finanzverwaltung,[1070] die Qualifikationskonflikte und daraus resultierende Doppelbesteuerung in Kauf nehmen bzw. nachträglich abmildern, anstatt eine einheitliche mehrheitskonforme Auslegung anzuwenden. *Lehner* sieht die verfahrensrechtlichen Voraussetzungen der Umsetzung der Entscheidungsharmonie auf Ebene der Abkommensanwendung durch die zuständigen Behörden der Vertragsstaaten umgesetzt.[1071] Die Grundlage dafür sei in Art. 25 OECD MA, im Verständigungsverfahren niedergelegt.[1072] Das abkommensrechtliche Verständigungsverfahren bildet jedoch den letztmöglichen Einigungsmechanismus zur Lösung divergierender Abkommensauslegung. Die Entscheidungsharmonie müsste für eine stringente Verwirklichung der autonomen Abkommensauslegung bereits bei der einheitlichen Abkommensanwendung ansetzten und nicht erst bei einer Lösung, die Anwendung findet wenn kein anderer Ausweg aus der Doppelbesteuerung mehr möglich ist. Mangels rechtlich normierter Bindungswirkung an eine für den Steuerpflichtigen günstige Auslegung des Abkommens durch die Vertragsstaaten, führt das Gebot der Entscheidungsharmonie daher keine Lösung objektiver Qualifikationskonflikte herbei.

B. Bindungswirkung der Methodenartikel

Eine konkrete Bindungswirkung abkommensrechtlicher Regelungen für beide Vertragsstaaten an die Auslegung eines Begriffs eines Vertragsstaates könnte aus Art. 3 Abs. 2 bzw. Art. 23A Abs. 1 oder Abs. 2, Art. 23B Abs. 1 oder Abs. 2 OECD MA hergeleitet werden. Einerseits könnte aus Art. 3 Abs. 1 OECD MA auf eine Bindungswirkung für den Quellenstaat an das Recht des Ansässigkeitsstaates geschlossen werden, andererseits könnte der Wortlaut des Art. 23A Abs. 1, Art. 23B Abs. 1 OECD MA für eine Bindungswirkung des Ansässigkeitsstaates an das Recht des Quellenstaates sprechen.[1073] Ist auf das nationale Ertragsteuerrecht Deutschlands im konkreten Fall abzustellen, weil es sich bei Deutschland, je nach Annahmemöglichkeit einer Bindungswirkung, um den Anwenderstaat, Ansässigkeitsstaat oder Quellenstaat handelt, könnte damit das Sonderbetriebsvermögenskonzept abkommensrechtlich Berücksichtigung finden.

1070 U.A. BMF vom 26.09.2014 IV B 5 – S 1300/09/10003, Tz. 4.1.1.2.4., 4.1.1.2.5., 4.1.3.3.1., 5.1.3.1.

1071 Lehner, Abkommensauslegung zwischen Autonomie und Bindung an das innerstaatliche Recht, in: *Kaeser*, Festschrift Wassermeyer zum 75. Geburtstag, S. 17.

1072 Lehner, Abkommensauslegung zwischen Autonomie und Bindung an das innerstaatliche Recht, in: *Kaeser*, Festschrift Wassermeyer zum 75. Geburtstag, S. 17.

1073 Vgl. *Meretzki*, IStR 2011, 213 (214).

I. *Qualifikationsverkettung in Art. 23A Abs. 1, Art. 23B Abs. 1 OECD MA*

Die *OECD* stellt auf eine Bindung[1074] des Ansässigkeitsstaates an die Auslegung des Quellenstaates im Rahmen des Anwendungsbereichs der Methodenartikel in Art. 23A Abs. 1, Art. 23B Abs. 1 OECD MA in den Fällen ab, in denen ein Qualifikationskonflikt aus der unterschiedlichen Abkommensauslegung nach nationalem Recht entsteht (*sog. new approach*).[1075] Dies ist *Lehner* zufolge aus dem Wortlaut des Art. 23A Abs. 1 und Art. 23B Abs. 1 OECD MA zu entnehmen, der auf eine Anrechnung der Steuer bzw. Freistellung der Einkünfte durch den Ansässigkeitsstaat abstelle, soweit nach diesem Abkommen im anderen Staat (*Quellenstaat*) besteuert werden *könne*.[1076] Umgekehrt könne der Ansässigkeitsstaat auf eine Freistellung der Einkünfte verzichten, soweit der Quellenstaat infolge der zulässigen Auslegung nach innerstaatlichem Recht über Art. 3 Abs. 2 OECD MA aufgrund seines innerstaatlichen Rechts keinen Besteuerungsanspruch erhebe.[1077] Zu differenzieren sei jedoch zwischen Auslegungskonflikten aufgrund unterschiedlicher Beurteilung von Tatsachen oder unterschiedlicher Auslegung von Abkommensbestimmungen und solcher, die auf unterschiedlichen Bestimmungen des nationalen Rechts beruhen würden.[1078] Es würden nur solche Qualifikationskonflikte erfasst, die auf einer divergierenden nationalen Rechtslage beruhen, weil es sich bei solchen Konflikten um originär über Art. 3 Abs. 2 OECD MA in das Abkommen hineingetragene Konflikte

1074 In Frage steht die Reichweite der Bindungswirkung der Regelungen des OECD MA und des MK. Als bloße Erstellungs- und Auslegungshilfe kommt ihr grundsätzlich keine unmittelbare Verbindlichkeit zu. Eine Bindungswirkung lässt sich auch nicht über die Normen des WÜRV begründen. Das OECD MA stellt weder eine durch die Vertragsparteien verabschiedete Urkunde im Sinne des Art. 31 Abs. 2 lit. b WÜRV dar, noch eine spätere Übereinkunft oder eine Übung der Anwendung nach Art. 31 Abs. 3 lit. b) WÜRV oder eine vorbereitende Arbeit nach Art. 32 WÜRV. Allerdings lässt sich über die gewöhnliche Bedeutung im Sinne des Art. 31 Abs. 1 WÜRV eine Bindung verwendeter Begriffe im Sinne einer internationalen Steuersprache für DBA annehmen, die wesentlich an das MA angelehnt sind. Vgl. Mellinghoff, Heranziehen von OECD-Musterabkommen und -Musterkommentar, in: *Kaeser*, Festschrift Wassermeyer zum 75. Geburtstag, S. 35 f.

1075 Commentaries on the articles of the Model Tax Convention, Art. 23, Tz. 32.5; The Application of the OECD Model Tax Convention to Partnerships, Tz. 94 ff.; s.a. Lehner in: *Vogel/Lehner*, DBA-Komm., Grundlagen des Abkommensrechts, Rn. 158a.

1076 Lehner in: *Vogel/Lehner*, DBA-Komm., Grundlagen des Abkommensrechts, Rn. 158a.

1077 Lehner in: *Vogel/Lehner*, DBA-Komm., Grundlagen des Abkommensrechts, Rn. 158a.

1078 Commentaries on the articles of the Model Tax Convention, Art. 23, Tz. 32.5; *Jankowiak*, Doppelte Nichtbesteuerung, S. 137.

handele und nicht lediglich um eine fehlerhafte Abkommensanwendung aufgrund unterschiedlicher Auslegung.[1079]

Eine Qualifikationsverkettung durch die Übernahme der abkommensrechtlichen Einordnung von sonstigen Sonderbetriebseinnahmen wäre damit nur dann hilfreich, wenn zum Zweck der Abkommensauslegung auf innerstaatliches Recht zurückgegriffen würde.[1080] Eines Rückgriffs zur Bestimmung der Unternehmensgewinne und deren Erfassen der sonstigen Sonderbetriebseinnahmen bedarf es jedoch nach hier vertretener Auffassung gerade nicht, weil eine abkommensautonome Auslegung möglich ist. Demgegenüber hat sich die Finanzverwaltung mit *Schreiben vom 26.09.2014* der Auffassung der Qualifikationsverkettung für Sonderbetriebseinnahmen angeschlossen.[1081] Damit würde nach i.E. für den Fall, dass die Personengesellschaft in Deutschland den Ort ihrer tatsächlichen Geschäftsleitung inne hat, aufgrund des Rückgriffs zur Auslegung der Sonderbetriebseinnahmen als Unternehmensgewinne auf nationales Recht über Art. 3 Abs. 2 OECD MA, die Übernahme der Quellenstaatsansicht durchschlagen und Unternehmensgewinne begründen.[1082]

II. Qualifikationsverkettung in Art. 3 Abs. 2 OECD MA

Eine allgemeine Qualifikationsverkettung wurde auf Vorschlag der *Internationalen Tax Group* unter Leitung von *John Avery Jones* auf Art. 3 Abs. 2 OECD MA gestützt.[1083] I.E. nach käme es auf eine richtige Anwendung des Begriffs der *Anwendung (application)* an, wobei eine derartige Anwendung der Norm ausschließlich durch den Quellenstaat erfolge, wenn er einen Ausgleich der Doppelbesteuerung durch Freistellung oder lediglich begrenzte Besteuerung der Einkünfte vornehme.[1084] Der Ansässigkeitsstaat seinerseits prüfe hingegen lediglich, ob eine Besteuerung im anderen Vertragsstaat vorgenommen werde, ohne jedoch eine eigene Abkommensanwendung vorzunehmen.[1085] Aufgrund des Verweises in Art. 3 Abs. 2 OECD MA

1079 Lehner in: *Vogel/Lehner*, DBA-Komm., Grundlagen des Abkommensrechts, Rn. 158e; s.a. *Meretzki*, IStR 2011, 213 (216).

1080 Weitere Kritikpunkte sind u.a., dass die Annahme einer Qualifikationsverkettung in Art. 3 Abs. 2 bzw. Art. 23A und Art. 23B OECD MA gegen das Prinzip der autonomen Abkommensanwendung verstoße und Subjekt-to-tax-Klauseln in das Abkommen hineinlese, wo keine ausdrücklich normiert wurden. Es würde tatsächlich verhandelte Klauseln entbehrlich machen. *Gündisch*, IStR 2005, 829 (829).

1081 BMF vom 26.09.2014 IV B 5 – S 1300/09/10003, Tz. 4.1.3.3.1.

1082 Vgl. *Gschwandtner*, Unternehmensgewinne, S. 230.

1083 Jones, Qualification Conflicts: The Meaning of Application in Article 3 (2) of the OECD Model, in: *Beisse*, Festschrift Beusch, S. 43.

1084 Jones, Qualification Conflicts: The Meaning of Application in Article 3 (2) of the OECD Model, in: *Beisse*, Festschrift Beusch, S. 43.

1085 *Jankowiak*, Doppelte Nichtbesteuerung, S. 131.

auf das innerstaatliche Recht *„dieses Staates“* sei der Ansässigkeitsstaat dann an die Auslegung des Begriffs des Quellenstaates gebunden.[1086]

Eine Anwendbarkeit einer Qualifikationsverkettung für Sonderbetriebseinnahmen ergäbe sich aus Art. 3 Abs. 2 OECD MA damit ebenfalls nur, wenn das deutsche Mitunternehmerkonzept in das Abkommensrecht hinein gelesen würde. Einer derartigen Auslegung steht jedoch die abkommensautonome Auslegung der Doppelbesteuerungsabkommen entgegen.

III. Qualifikationsverkettung in Art. 10 und 11 i.V.m. Art. 23A Abs. 2 OECD MA

Eine Qualifikationsverkettung könne nach Burmester[1087] aus dem Zusammenspiel der besonderen Verteilungsartikel und der auf sie Bezug nehmenden Methodenartikel geschlussfolgert werden, mithin aus dem Zusammenspiel der Art. 10, 11 und 23A Abs. 2 OECD MA.[1088] Eine derartige Qualifikationsverkettung ist jedoch aufgrund seines eng eingeschränkten Anwendungsbereichs abzulehnen.

IV. Stellungnahme zur Qualifikationsverkettung im OECD MA

Eine Qualifikationsverkettung ist ein geeignetes Mittel um Qualifikationskonflikte zu beseitigen. Durch eine grundsätzliche, beide Vertragsstaaten bindende Regelung werden für beide Vertragsstaaten gerechte Besteuerungsfolgen herbeigeführt. Den derzeit in Diskussion stehenden abkommensrechtlichen Anknüpfungen für eine Qualifikationsverkettung fehlt es jedoch an einem hinreichenden dogmatischen Fundament. Sie begründen Einzelfalllösungen, die nicht für die Vermeidung von objektiven Qualifikationskonflikten, resultierenden aus einer divergierenden abkommensrechtlichen Behandlung von sonstigen Sonderbetriebseinnahmen zielführend sind.[1089]

Der Annahme einer Qualifikationsverkettung aus den Methodenartikeln des MA steht neben dem eindeutigen Wortlaut der Verteilungsartikel ihr eingeschränkter Anwendungsbereich entgegen. Eine Grenzziehung zwischen Qualifikationskonflikten, die auf einer divergierenden Auslegung abkommensrechtlicher Vorschriften beruhen und solcher, die auf unterschiedlicher Sachverhaltswürdigung oder Unterschieden im nationalen Steuerrecht der Vertragsstaaten beruhen, ist weder ausreichend trennscharf um eine Qualifikationsverkettung zu bejahen, noch lässt sich eine derartige Auslegung in der Praxis für den Abkommensanwender, wie *Lieber* richtig feststellt,

---

1086 Jones, Qualification Conflicts: The Meaning of Application in Article 3 (2) of the OECD Model, in: *Beisse*, Festschrift Beusch, S. 43.

1087 Burmester, Ausgewählte international-steuerrechtliche Probleme der stillen Gesellschaft in: *Haarmann*, Unternehmensstrukturen und Rechtsformen, S. 132 f.

1088 Vgl. zur Diskussion zur Qualifikationsverkettung in Art. 10 i.V.m. Art. 23A Abs. 2 OECD MA: Seite 175 ff.

1089 Vgl. *Jankowiak*, Doppelte Nichtbesteuerung, S. 146 f.

hinreichend bewältigen.[1090] Der BFH entschied mit *Urteil vom 25.05.2011,*[1091] dass dem Methodenartikel nicht entnommen werden könne, welcher Staat mit Bindungswirkung für den anderen Staat darüber zu entscheiden habe, ob ein Besteuerungsrecht des Quellenstaates bestehe.[1092] Auch *Geuenich* weist darauf hin, dass sich der Anwendungsbereich des Methodenartikels in der Bestimmung der Methode zur Vermeidung der Doppelbesteuerung im Wohnsitzstaat beschränke.[1093] *Wassermeyer* stellt klar, dass der Methodenartikel zwangsläufig auf die Qualifikation des Quellenstaates aufbaue, allerdings könne daraus, mangels hinreichender abkommensrechtlicher Normierung einer Bindungswirkung, noch keine Qualifikationsverkettung interpretiert werden.[1094] Aus dem Abkommenswortlaut werde nicht ersichtlich, dass eine der Rechtsordnungen der Vertragsstaaten für maßgeblich erklärt werden solle.[1095] Aus den Methodenartikeln kann daher weder vom Wortlaut noch vom Sinn und Zweck her eine Qualifikationsverkettung geschlussfolgert werden.

Das gleiche gilt für die Schlussfolgerung einer allgemeinen Bindungswirkung aus Art. 3 Abs. 2 OECD MA. Eine derart *„gekünzelte"* Auslegung des Begriffs der *Anwendung* hat sich zu Recht in der Literatur nicht durchsetzen können; auch weil nach einhelliger Auffassung eine Anwendung durch den Ansässigkeitsstaat durch Anwendung der Methodenartikel sehr wohl vorliegt.[1096] Ferner kann aus dem Wortlaut des Art. 3 Abs. 2 OECD MA keine verbindliche Auslegung durch einen Vertragsstaat und deren Bindungswirkung auch für den anderen Vertragsstaat geschlussfolgert werden. Die Einordnung, wer im konkreten Fall Anwendungsstaat ist, hängt vom Standpunkt des betrachtenden Vertragsstaates ab. *Jankowiak* verweist darüber hinaus auf das OECD MA, das von seinem überwiegend verwendeten Wortlaut her ebenfalls davon ausginge, dass die Vertragsstaaten das jeweilige Abkommen eigenständig anwenden würden.[1097] Neben dem fehlenden Anwendungsbereich für Sonderbetriebseinnahmen, muss eine allgemeine Qualifikationsverkettung aus

---

1090 Lieber in: *Kroppen/Rasch/Rehfeld*, Unternehmerische Tätigkeit, Art. 7, Rn. 345.

1091 BFH, Urteil vom 25.05.2011 – I R 95/10. Der BFH hat mit seinem Urteil vom 25.05.2011 der grundsätzlichen Annahme einer abkommensrechtlichen Qualifikationsverkettung eine Absage erteilt. Das Urteil erging in Hinblick auf eine Gewerblichkeitsfiktion i.R. einer Betriebsaufspaltung über die Grenze, wobei die im Ausland ansässige Personengesellschaft dort einer intransparenten Besteuerung unterlag. Der BFH entschied, dass Deutschland als Anwenderstaat die im Ausland gegebene Qualifikation der Gesellschaft nicht übernehmen müsse.

1092 BFH, Urteil vom 25.05.2011 – I R 95/10.

1093 *Geuenich*, Qualifikationskonflikte, S. 113.

1094 *Kluge*, Internationales Steuerrecht, Kapitel S, Rn. 324; *Wassermeyer*, IStR 2011, 85 (89).

1095 *Wassermeyer*, IStR 2011, 85 (89).

1096 Vgl. *Jankowiak*, Doppelte Nichtbesteuerung, S. 133; Vogel in: *Vogel/Lehner*, DBA-Komm., Art. 3, Rn. 111; *Weggenmann*, IStR 2002, 614 (617); Wassermeyer in: *Wassermeyer*, DBA-Komm., Art. 3 MA, Rn. 73, 109. Lfg., Stand: Okt. 2009.

1097 *Jankowiak*, Doppelte Nichtbesteuerung, S. 133.

Art. 3 Abs. 2 OECD MA, sowie Art. 23A Abs. 1, 2 und Art. 23B Abs. 1, 2 OECD MA damit ausscheiden.

V. *Zusammenfassung einer einheitlichen Abkommensanwendung durch Regelungen des OECD MA*

Eine einheitliche Abkommensanwendung lässt sich weder aus dem Gebot der Entscheidungsharmonie, noch aus einer den Regelungen des Art. 3 Abs. 2, Art. 23A Abs. 1, 2, Art. 23B Abs. 1, 2 OECD MA immanenten Qualifikationsverkettung entnehmen. Das Gebot der Entscheidungsharmonie fehlt es an einer hinreichend bestimmbaren gesetzlichen Grundlage. Für die Annahmemöglichkeit einer Qualifikationsverkettung ist der Wortlaut der Normen zu unbestimmt und der Zweck der Norm auf den Ausgleich der Doppelbesteuerung ausgerichtet.

§ 2: Reformansätze auf Ebene der Europäischen Union

Deutschland als Gründungsmitglied der Europäischen Union (EU) unterliegt heute mehr denn je europarechtlichen Einflüssen. Während der 2009 durch den Vertrag von Lissabon abgelöste EG-Vertrag in Art. 293 EGV (ex Art. 220 EWG-Vertrag) eine primärvertragliche Verpflichtung zur Beseitigung von Doppelbesteuerung enthielt,[1098] hat eine entsprechende Norm in den Vertrag von Lissabon keinen Eingang gefunden.[1099] Dessen ungeachtet ergibt sich die Pflicht der Beseitigung der Doppelbesteuerung innerhalb der Gemeinschaft grundsätzlich aus dem Gedanken eines einheitlichen Binnenmarktes nach Art. 26 AEUV und den Grundfreiheiten,[1100] so dass die Streichung des Art. 293 EGV in der Praxis keine Auswirkung hat.[1101] Ein Verbot der Doppelbesteuerung wird allerdings nicht begründet.[1102] Für eine doppelte Besteuerung sonstiger Sonderbetriebseinnahmen ist insbesondere auf das Verbot der Diskriminierung hinsichtlich der Beteiligung am Kapital von Gesellschaften in anderen Mitgliedstaaten aus Art. 55 AEUV zu achten. Der Bereich

1098 *Schaumburg*, Internationales Steuerrecht, Rn. 14.4; Wigger, Rechtsentwicklung in Europa – Zur Einführung einer EU-Steuer: mehr Kontra als Pro, in: *Kirchhof/Nieskens*, Festschrift Reiß, S. 518.

1099 *Lehner*, FR 2011, 1087 (1087); Schön, Doppelbesteuerung und EU-Recht, in: *Kaeser*, Festschrift Wassermeyer zum 75. Geburtstag, S. 7; Wassermeyer in: *Wassermeyer*, DBA-Komm., Vor. Art. 1 MA, Rn. 90, 129. Lfg., Stand: Jan. 2015.

1100 Zu den europäischen Grundfreiheiten zählen die Freiheit des Warenverkehrs (Art. 28 ff. AEUV), die Arbeitnehmerfreizügigkeit (Art. 39 ff. AEUV), die Niederlassungs- und Dienstleistungsfreiheit (Art. 49 ff. AEUV) sowie die Kapitalverkehrsfreiheit (Art. 56 ff. AEUV). Menck in: *Mössner*, Steuerrecht, Rn. 1.50.

1101 *Gebhardt*, Tax Treaty Override, S. 62; *Schaumburg*, Internationales Steuerrecht, Rn. 14.4 f.; Schön, Doppelbesteuerung und EU-Recht, in: *Kaeser*, Festschrift Wassermeyer zum 75. Geburtstag, S. 7.

1102 *Schaumburg*, Internationales Steuerrecht, Rn. 14.4.

der direkten Steuern, zu denen die Ertragsteuern gehören, wird nicht unmittelbar durch die europäische Gesetzgebung geregelt. Dennoch tragen Richtlinien und die Rechtsprechung des EuGH dazu bei, harmonisierte Standards für die Unternehmensbesteuerung festzulegen.[1103] Dies ist jedoch insoweit problematisch, als dass es an einer spezifischen Rechtsangleichungskompetenz fehlt, und hat zur Folge, dass Regelungen auf dem Gebiet der Unternehmensbesteuerung auf die Generalklausel in Art. 115 AEUV gestützt werden.[1104] Dennoch ist eine europarechtliche Regelung, sofern vorhanden, vorrangig vor den abkommensrechtlichen Regelungen völkerrechtlicher Verträge.[1105]

Für eine einheitliche Einordnung der sonstigen Sonderbetriebseinnahmen kämen als Reformvorschläge ein multilaterales Abkommen aller Mitgliedstaaten, eine fakultative einheitliche konsolidierte Bemessungsgrundlage oder eine europäische Körperschaftsteuer in Betracht.[1106] Alle Reformansätze zielen in erster Linie auf eine Erfassung von Unternehmen in Form von Kapitalgesellschaften ab. Ob Personengesellschaften von derartigen Ansätzen erfasst werden, ist fraglich. Reformansätze auf Ebene der EU führen immer einem weitreichenden Eingriff in die Steuersouveränität der Mitgliedstaaten. Die Einkommensteuersysteme sind in ihrer jeweiligen Ausgestaltung wesentlicher Ausdruck nationaler Steuergerechtigkeit und damit einem Einfluss der EU weitestgehend entzogen.[1107] Anders ist dies hingegen bei der Unternehmensbesteuerung im Sinne der Körperschaftsteuer, die einer Harmonisierung nach h.M. zugänglich ist.[1108] Aufgrund der uneinheitlichen Besteuerung von Personengesellschaften innerhalb der Mitgliedstaaten der EU, als transparentes oder intransparentes Rechtsgebilde, kann nicht von vornherein ausgeschlossen werden, dass auch Personengesellschaften von einer europäischen einheitlichen Bemessungsgrundlage oder einer europäischen Körperschaftsteuer erfasst werden. Schließlich wird auch seit einigen Jahren in der deutschen Steuerpolitik eine rechtsformneutrale Unternehmensbesteuerung diskutiert und hätte fast Eingang in die Unternehmensteuerreform 2008 gefunden.[1109] Eine Annäherung der Besteuerung von Mitunternehmern und Kapitalgesellschaften ist bereits im Rahmen der Thesaurierungsbesteuerung nach § 34a EStG[1110] für Mitunternehmer von Personengesellschaften zu sehen, die es ertragsstarken und im internationalen Wettbewerb stehenden Personengesellschaften ermöglichen soll, die Belastung für

1103 Anders als auf dem Gebiet der indirekten Steuern, s. Art. 113 AEUV.

1104 *Lehner*, FR 2011, 1087 (1087).

1105 Schwenke in: *Wassermeyer*, DBA-Komm., Vor Art. 1 MA, Rn. 89, 129. Lfg., Stand: Jan. 2015; Oellerich in: *Schaumburg/Englisch*, Europäisches Steuerrecht, Rn. 8.155 ff.

1106 Vgl. *Europäische Kommission*, KOM (2001) 582 endg.

1107 *Jacobs*, Internationale Unternehmensbesteuerung, S. 232.

1108 Fehling in: *Schaumburg/Englisch*, Europäisches Steuerrecht, Rn. 18.8; *Jacobs*, Internationale Unternehmensbesteuerung, S. 231 ff.

1109 *Müller-Gatermann*, Ubg 2013, 510 (515 f.).

1110 BT-Drs. 16/5377, S. 2.

thesaurierte Gewinne derjenigen von Kapitalgesellschaften anzugleichen.[1111] Vor dem Hintergrund eines möglichen Erfassens der Einkünfte einer Personengesellschaft, werden europarechtliche Lösungen zur Vermeidung von Qualifikationskonflikten dargestellt.

A. Multilaterale Abkommen zur Vereinheitlichung der Besteuerung von Personengesellschaften

Ein einheitliches multilaterales Abkommen der EU könnte objektive Qualifikationskonflikte durch eine einheitliche bindend festgelegte Personengesellschaftsbesteuerung vermeiden. Ein wesentlicher Vorteil multilateraler Abkommen liegt in der einheitlichen Auslegungsmöglichkeit und der erleichterten Rechts- und Planungssicherheit für den Steuerpflichtigen.[1112] Bereits 1986 wurde ein multilaterales DBA auf EU-Ebene entwickelt. Allerdings wurde es nie umgesetzt.[1113] Dessen ungeachtet wird die Schaffung einer EU-Version des OECD MA und eines dazu gehörigen Musterkommentars immer wieder als Ziel formuliert.[1114] Schwierigkeiten eines multilateralen Abkommens liegen jedoch in den unterschiedlichen wirtschaftlichen und steuerlichen Rahmenbedingungen der Vertragsstaaten.[1115] Je mehr Vertragsstaaten koordiniert werden müssen, desto mehr unterschiedliche Interessen sind miteinander in Einklang zu bringen und in der Vertragsgestaltung und -auslegung zu berücksichtigen.[1116] Eine Umsetzung ist aufgrund der mangelnden Harmonisierungsbereitschaft der Mitgliedstaaten im Bereich des Ertragsteuerrechts, dem Erfordernis einer Einstimmigkeit der Mitgliedstaaten zur Verabschiedung eines

1111 Thesaurierte Kapitalgesellschaftsgewinne unterliegen einer Besteuerung (einschließlich GewSt und SoliZ) von 29,83 %. § 34a EStG regelt eine Tarifermäßigung für nicht entnommene Gewinne eines Mitunternehmers von 28,25 % zzgl. SolZ in Höhe von 5,5 % = 29,8 %. Auf den Steuersatz von 28,25 % käme allerdings noch GewSt, so dass die Thesaurierungsbelastung bei 32,28 % läge. Im Hinblick auf die Gesamtbelastung der Gewinn der Kapitalgesellschaft nach Gewinnausschüttung in das Privatvermögen der Gesellschafter (unter Annahme eines 45 % igen Steuersatzes) käme es zu einer steuerlichen Gesamtbelastung des Gewinns in Höhe von 48,33 %. Bei einer Gewinnausschüttung in das Betriebsvermögen des Gesellschafters (unter Annahme eines 45 % igen Steuersatzes) käme es zu einer steuerlichen Gesamtbelastung des Gewinns in Höhe von 49,81 %. Bei einer Regelbesteuerung eines Mitunternehmers ohne vorheriger Thesaurierung (unter Annahme eines 45 % igen Steuersatzes) käme es zu einer steuerlichen Gesamtbelastung des Gewinns von 47,44 % und im Rahmen einer Thesaurierung mit anschließender Entnahme (unter Annahme eines 45 % igen Steuersatzes) von 48,20 %. Wacker in: *Schmidt*, EStG-Komm., § 34a, Rn. 5, 6.

1112 Lehner in: *Vogel/Lehner*, DBA-Komm., Grundlagen des Abkommensrechts, Rn. 41.

1113 Menck in: *Mössner*, Steuerrecht, Rn. 1.49.

1114 *Europäische Kommission*, KOM (2001) 582 endg., 17.

1115 Lehner in: *Vogel/Lehner*, DBA-Komm., Grundlagen des Abkommensrechts, Rn. 41.

1116 Lehner in: *Vogel/Lehner*, DBA-Komm., Grundlagen des Abkommensrechts, Rn. 41.

solchen Abkommens sowie der mangelnden Kompetenz zur Durchsetzung auf EU-Ebene daher unwahrscheinlich.

B. Fakultativ einheitliche konsolidierte Bemessungsgrundlage oder vollständig harmonisierte Bemessungsgrundlage

Die meisten Probleme von Unternehmen im internationalen Verkehr beruhen darauf, dass sie sich im Binnenmarkt der EU auf verschiedene nationale Regelwerke einstellen müssen. Die effektive steuerliche Belastung variiert teils erheblich zwischen -4,1 % und 33,2 %, mithin um etwa 37 Prozentpunkte.[1117] Würde eine einheitliche Gewinnermittlung auf EU-Ebene für Unternehmen festgeschrieben werden, könnten nationale Besteuerungsbesonderheiten wie das Mitunternehmerkonzept unberücksichtigt bleiben. Mit der Schaffung einer gemeinsamen konsolidierten Bemessungsgrundlage für multinationale Unternehmen in der EU würde ein einheitlicher Rahmen für die Unternehmensbesteuerung geschaffen.[1118] Dies würde die innerhalb der Mitgliedstaaten tätigen Unternehmen künftig verpflichtet, das Einkommen des gesamten Konzerns anhand eines einzigen Regelwerkes zu berechnen und für steuerliche Zwecke konsolidierte Bilanzen zu erstellen.[1119] Unangetastet bliebe der Körperschaftsteuersatz als solcher. Lediglich die Bemessungsgrundlage würde anhand eines festgelegten Schlüssels aufgeteilt werden.[1120]

Zum Zweck der Angleichung der Unternehmensbesteuerung in der EU wurde u.a. die *sog. Common Consolidated Corporate Tax Base* (CCCTB) ausgearbeitet, nach der EU-Konzerne nach harmonisierten Regeln konsolidiert werden. Ein erster Richtlinienentwurf auf Grundlage des Art. 115 AEUV[1121] wurde am 16.03.2011 veröffentlicht.[1122] Ein weitergehender Fortschritt steht jedoch aus. Eine daraus resultierende einheitliche Gruppenbesteuerung soll in einem dreistufigen Verfahren erfolgen. Danach soll auf der ersten Stufe eine Gewinnermittlung mittels einheitlicher Ermittlungsvorschriften vorgenommen werden, auf der zweiten Stufe sollen die Gewinne konsolidiert und auf der dritten Stufe soll der konsolidierte

---

1117 *Europäische Kommission*, KOM (2001) 582 endg., S. 8, 27, Tabelle 2.

1118 Gröpl in: *Dauses*, EU-Wirtschaftsrechts, Kapitel J, Rn. 369, 37. Lfg., Stand: Apr. 2015.

1119 Es würde eine einheitliche steuerliche Gewinnermittlung eingeführt, eine umfassende Verlustverrechnung möglich gemacht, Verrechnungspreisformalitäten und selbst eine Doppelbesteuerung ließen sich vermeiden. Kellersmann/Treisch in: *Kellersmann/Treisch/Lampert/Heinemann*, Europäische Unternehmensbesteuerung II, S. 146.

1120 *Europäische Kommission*, KOM (2001) 582 endg., S. 18.

1121 Insbesondere die Voraussetzungen der Subsidiarität (Art. 5 Abs. 3 EUV) sind als erfüllt anzusehen, da das mit der Richtlinie verfolgte Ziel auf Unionsebene besser erreicht werden kann, als auf nationaler Ebene. Fehling in: *Schaumburg/Englisch*, Europäisches Steuerrecht, Rn. 18.16.

1122 *Europäische Kommission*, KOM (2011), 121.

Konzerngewinn über einen Zuteilungsschlüssel auf die Mitgliedstaaten verteilt[1123] und ein jeweils individueller Steuersatz angewendet werden.[1124]

Im Richtlinienentwurf ist eine Optierung zu einer konsolidierten Körperschaftsteuerbemessungsgrundlage lediglich für begünstigte, enumerativ aufgelistete Unternehmen vorgesehen. Voraussetzung der Optierungsmöglichkeit wäre das Vorliegen von körperschaftsteuerpflichtigen Unternehmen, wobei sich die Steuerpflicht nach dem nationalen Recht der einzelnen Mitgliedstaaten richten würde.[1125] Mangels körperschaftsteuerpflichtiger Personengesellschaften im deutschen Recht müsste der Anwendungsbereich damit für deutsche Personengesellschaften grundsätzlich ausscheiden. Vom Anwendungsbereich sollen jedoch auch assoziierte Betriebsstätten der Unternehmen erfasst werden. Sie würden aufgrund der zivilrechtlichen Zugehörigkeit das Schicksal des Stammhauses teilen.[1126] Grundsätzlich vermitteln die Personengesellschaften ihren Gesellschaftern zwar eine Betriebsstätte,[1127] ein Erfassen transparent besteuerter Personengesellschaften wird jedoch ausdrücklich vom Wortlaut der Richtlinie verneint.[1128] Ohne rechtsformneutrale Besteuerung würde ein Erfassen der Personengesellschaften von der konsolidierten Körperschaftsteuerbemessungsgrundlage damit von vornherein ausscheiden.[1129]

Scheffler/Krebs schlagen vor, einen Fokus auf die Harmonisierung der Vorschriften zur Ermittlung der Einkünfte zu legen und damit auf die Konsolidierung zu verzichten.[1130] Dies habe den Vorteil eines Einbezugs der Personengesellschaften aufgrund rechtsformunabhängiger Gewinnermittlungsvorschriften.[1131] Damit wäre eine erhebliche Einschränkung der nationalen Steuersouveränität verbunden, so dass Sondertatbestände, die gezielt auf die Absaugung des Steuersubstrats anderer Mitgliedstaaten ausgerichtet oder aus anderen Gründen als unfairer Steuerwettbewerb anzusehen sind, vermieden würden.[1132] Würde eine einheitliche

---

1123 *Krauß*, Gruppenbesteuerung, S. 35.

1124 *Europäische Kommission*, KOM (2001) 582 endg., S. 18; Fehling in: *Schaumburg/Englisch*, Europäisches Steuerrecht, Rn. 18.18; *Spengel/Oestreicher*, DStR 2009, 773 (776); *Jacobs*, Internationale Unternehmensbesteuerung, S. 238.

1125 *Europäische Kommission*, KOM (2011), 121, 72 ff., Anhang I; Kellersmann/Treisch in: *Kellersmann/Treisch/ Lampert/Heinemann*, Europäische Unternehmensbesteuerung II, S. 153; *Krauß*, Gruppenbesteuerung, S. 37.

1126 *Krauß*, Gruppenbesteuerung, S. 37.

1127 S. Seite 79 ff.

1128 *Europäische Kommission*, KOM (2011), 121, 51; *Europäische Kommission*, CCCTB\WP\053\doc\de, Rn. 20; Kellersmann/Treisch in: *Kellersmann/Treisch/Lampert/Heinemann*, Europäische Unternehmensbesteuerung II, S. 153; *Krauß*, Gruppenbesteuerung, S. 38.

1129 Vgl. *Krauß*, Gruppenbesteuerung, S. 38.

1130 *Scheffler/Krebs*, Beihefter zu DStR 17 2011, 13 (14).

1131 *Scheffler/Krebs*, Beihefter zu DStR 17 2011, 13 (14).

1132 Fehling in: *Schaumburg/Englisch*, Europäisches Steuerrecht, Rn. 18.80.

Bemessungsgrundlage mit entsprechender Anwendung auch für Personengesellschaften geschaffen werden, müssten nationale Besonderheiten wie u.a. das Mitunternehmerkonzept außen vor bleiben. Allerdings müsste im ersten Schritt vorgesehen werden, dass Personengesellschaften in den Anwendungsbereich der Richtlinie mit einbezogen würden. Hierfür bedürfte es einer Anpassung der Richtlinie.

C. Schaffung einer europäischen Körperschaftsteuer

Eine Möglichkeit der Vermeidung von objektiven Qualifikationskonflikten resultierend aus der unterschiedlichen abkommensrechtlichen Einordnung der sonstigen Sonderbetriebseinnahmen durch die Vertragsstaaten, könnte in einer einheitlichen Personengesellschaftsbesteuerung auf Grundlage einer europäischen Ertragsbesteuerung zu finden sein. Hierfür bedürfte es einer originären Steuerhoheit der EU, so dass die Gesetzgebungshoheit nicht mehr bei den Mitgliedstaaten verbliebe, sondern auf die EU überginge. Eine ausdrückliche Ermächtigung zum Erlass von Steuern auf europäischer Ebene ist nicht vorhanden. Eine Ermächtigungsgrundlage für den Erlass einer europäischen Ertragsteuer in Form einer Körperschaftsteuer könnte jedoch in Art. 311 Abs. 2 AEUV, Art. 113–115 AEUV oder Art. 352 AEUV zu finden sein.

I. Ermächtigungsgrundlage in Art. 311 Abs. 2 AEUV

Nach Art. 311 Abs. 2 AEUV bestreitet die Union ihren Haushalt unbeschadet sonstiger Ausgaben vollständig aus Eigenmitteln. Mittel in diesem Sinne sind lediglich finanzielle Mittel. Eigenmittel sind als erste Einnahmequelle der Union Agrarabgaben und Zölle, und als zweite Einnahmequelle Mehrwertsteuereinnahmen.[1133] Eine Ausweitung der Ermächtigung, aus Art. 311 Abs. 2 AEUV würde im Widerspruch zu dem Gebot der begrenzten Einzelermächtigung aus Art. 5 Abs. 1 EUV stehen.[1134] Art. 311 Abs. 2 AEUV begründet gerade keine Kompetenz-Kompetenz der EU zur Schaffung einer eigenen Ermächtigungsgrundlage,[1135] auf deren Grundlage Steuergesetze erlassen werden könnten.

1133 Niedobitek in: *Streinz,* EUV/AEUV-Komm., Art. 311 AEUV, Rn. 19, 23, 25, 27, als subsidiäre dritte Einnahmequelle sind BNE-Einnahmen eingeführt worden. Weitere Eigenmittel sind der Union bisher nicht zugewiesen worden.

1134 Nach dem Gebot der begrenzten Einzelermächtigung kann die EU nur in dem Rahmen der Kompetenztitel tätig werden, in dem die Mitgliedstaaten bewusst Souveränitätsrechte auf die EU übertragen. Streinz in: *Streinz,* EUV/AEUV-Komm., Art. 5 EUV, Rn. 8.

1135 Niedobitek in: *Streinz,* EUV/AEUV-Komm., Art. 311 AEUV, Rn. 3; Waldhoff in: *Calliess/Ruffert,* EUV/AEUV-Komm., Art. 311 AEUV, Rn. 16.

II. Ermächtigungsgrundlage in Art. 113 AEUV

Soweit ein Erfordernis der Harmonisierung von Rechtsvorschriften vorliegt, könnte Art. 113 AEUV Kompetenzgrundlage zum Erlass einer europäischen Körperschaftsteuer sein.[1136] Art. 113 AEUV knüpft an bereits bestehende mitgliedschaftliche Rechtsvorschriften an[1137] und ermächtigt zu einer Angleichung bestehender Systeme. Ein anzugleichendes System könnte in den Körperschaftsteuersystemen der Mitgliedstaaten bestehen. Eine Angleichung und die Einführung neuer Steuern stehen jedoch in einem Exklusivitätsverhältnis, weil eine Angleichung ein Aliud zur Einführung neuer Steuern darstellt.[1138] Dies muss schon deshalb gelten, weil ansonsten der EU eine Steuergesetzgebungskompetenz zugesprochen würde, die ohne nationale Ermächtigungsgrundlage durch das Parlament ergangen wäre.[1139] Hierin läge eine massive Beschneidung der Souveränitätsrechte der Mitgliedstaaten und ein Verstoß gegen die begrenzte Einzelermächtigung nach Art. 5 Abs. 2 EUV.

Darüber hinaus ermächtigt Art. 113 AEUV nicht zur Harmonisierung aller Steuern, sondern lediglich zur Harmonisierung der indirekten[1140] Steuern.[1141] Davon sind die Ertragsteuern jedoch gerade nicht erfasst, so dass Art. 113 AEUV als Ermächtigungsgrundlage zum Erlass einer europäischen Körperschaftsteuer ausscheidet.

III. Ermächtigungsgrundlage in Art. 114 AEUV

Art. 114 Abs. 2 AEUV enthält einen Regelungsvorbehalt, wonach gerade keine Regelungen in Bezug auf Steuern auf eine Kompetenz aus Art. 114 AEUV gestützt werden können. Als Ermächtigungsgrundlage muss Art. 114 AEUV damit bereits tatbestandlich ausscheiden.

IV. Ermächtigungsgrundlage in Art. 115 AEUV

In Betracht könnte eine Kompetenz der EU zum Erlass einer europäischen Körperschaftsteuer aus Art. 115 AEUV kommen. Art. 115 AEUV hat keine steuerspezifische Ausrichtung und ist daher lediglich eine Generalklausel,[1142] die bisher keine grundlegende

---

1136 Harmonisierung in diesem Sinne bedeutet eine Angleichung bestehender Steuersysteme der Mitgliedstaaten. *Wernsmann/Zirkl*, EuZW 2014, 167 (168).

1137 *Wernsmann/Zirkl*, EuZW 2014, 167 (168).

1138 *Wernsmann/Zirkl*, EuZW 2014, 167 (168).

1139 *Wernsmann/Zirkl*, EuZW 2014, 167 (168).

1140 Erfasste Steuern sind damit neben der angeführten Umsatzsteuer und den Verbrauchsabgaben bspw. die Kapitalverkehr-, Beförderungs- oder Versicherungsteuer. Waldhoff in: *Calliess/Ruffert*, EUV/AEUV-Komm., Art. 113 AEUV, Rn. 4.

1141 *Fehrenbacher*, Steuerrecht, § 1, Rn. 46; Kamann in: *Streinz*, EUV/AEUV-Komm., Art. 113 AEUV, Rn. 4.

1142 Kahl in: *Calliess/Ruffert*, EUV/AEUV-Komm., Art. 115, Rn. 3.

Harmonisierung direkter Steuern herbeiführen konnte.[1143] Art. 115 AEUV zielt auf die Errichtung und die Funktionsfähigkeit des Binnenmarktes ab.[1144] Dabei geht es um eine Ausrichtung auf die Verbesserung der Arbeitsweise auf EU-Ebene, so dass insbesondere Grundfreiheiten effektiviert werden.[1145] Die Schaffung einer europäischen Körperschaftsteuer könnte durchaus zur Verbesserung der Funktionsfähigkeit des Binnenmarktes beitragen. Art. 115 AEUV sieht sich jedoch den Schranken der Subsidiarität und Verhältnismäßigkeit ausgesetzt, Art. 5 Abs. 3, 4 EUV, so dass eine Kompetenz zum Erlass einer Körperschaftsteuer lediglich dann in Betracht käme, wenn die Ziele auf Ebene der Mitgliedstaaten nicht ausreichend besser als auf der Unionsebene erreicht werden könnten. Darüber hinaus wäre diejenige Maßnahme zu wählen, die zur Zweckerreichung geeignet und erforderlich wäre, so dass von mehreren geeigneten Maßnahmen die am wenigsten belastende gewählt werden müsste.[1146] Der Binnenmarkt wird durch die unterschiedlichen mitgliedstaatlichen Steuerrechtsordnungen beeinträchtigt,[1147] wodurch grenzüberschreitende Wirtschaftstätigkeiten behindert werden. Allerdings ermächtigt Art. 115 AEUV lediglich zum Erlass von Richtlinien nach Art. 288 Abs. 3 AEUV. Richtlinien sind für die Mitgliedstaaten ihrer Art nach nicht bindend, sondern weisen einen gewissen Gestaltungspielraum in Bezug auf die inhaltliche Umsetzung in nationales Recht auf. Würde eine einheitliche bindende Regelung durch die EU für eine EU-Steuer angestrebt, müsste dies in Form einer Verordnung nach Art. 288 Abs. 2 AEUV erlassen werden können. Dazu ermächtigt jedoch Art. 115 AEUV gerade nicht.[1148] Darüber hinaus bedarf es einer einstimmigen Entscheidung der Mitgliedstaaten. Einer Durchsetzung dürfte jedoch wegen des bei direkten Steuern ausgeprägten *Fiskalegoismus* der Mitgliedstaaten scheitern.[1149]

V. Ermächtigungsgrundlage in Art. 352 AEUV

Ist keine speziellere Grundlage für den Erlass einer europäischen Körperschaftsteuer einschlägig, könnte Art. 352 AEUV als Kompetenzgrundlage herangezogen werden.[1150] Die Anwendung von Art. 352 AEUV untersteht jedoch genau wie die spezielleren Kompetenzgrundlagen der Einschränkung der begrenzten

---

1143 *Fehrenbacher*, Steuerrecht, § 1, Rn. 47; Schaumburg in: *Schaumburg/Englisch*, Europäisches Steuerrecht, Rn. 1.18; Leible/Schröder in: *Streinz*, EUV/AEUV-Komm., Art. 115 AEUV, Rn. 4.

1144 Leible/Schröder in: *Streinz*, EUV/AEUV-Komm., Art. 115 AEUV, Rn. 2.

1145 Gröpl in: *Dauses*, EU-Wirtschaftsrechts, Kapitel J, Rn. 58, 37. Lfg., Stand: Apr. 2015.

1146 Schaumburg in: *Schaumburg/Englisch*, Europäisches Steuerrecht, Rn. 1.18.

1147 Gröpl in: *Dauses*, EU-Wirtschaftsrechts, Kapitel J, Rn. 3, 37. Lfg., Stand: Apr. 2015.

1148 Vgl. *Mayer/Heidfeld*, EuZW 2011, 373 (374); Leible/Schröder in: *Streinz*, EUV/AEUV-Komm., Art. 115 AEUV, Rn. 15.

1149 Schaumburg in: *Schaumburg/Englisch*, Europäisches Steuerrecht, Rn. 1.18; *Fehrenbacher*, Steuerrecht, § 2, Rn. 10.

1150 Vgl. zur Subsidiarität der Norm: Rossi in: *Calliess/Ruffert*, EUV/AEUV-Komm., Art. 352 AEUV, Rn. 58 ff.; Streinz in: *Streinz*, EUV/AEUV-Komm., Art. 352 AEUV, Rn. 8.

Einzelermächtigung.[1151] Demnach darf eine Anwendung des Kompetenztitels nicht dazu führen, dass dieser derart ausgedehnt wird, dass die Grenzen der Gesamtheit der Verträge überschritten werden. Es darf mithin gerade nicht auf Umwegen zu einer Vertragsänderung durch Ausweitung der Kompetenzen über Art. 352 AEUV gelangt werden. Seit dem Lissabon-Urteil des Bundesverfassungsgerichts bedarf es jedenfalls für Deutschland einer wirksamen bundesgesetzlichen Regelung im Sinne eines Gesetzes nach Art. 23 Abs. 1 GG, aufgrund derer der deutsche Vertreter im Rat dem auf Art. 352 AEUV gestützten Rechtsakt zustimmen muss.[1152] Eine Durchsetzung ohne gesetzliche Grundlage ist nach nationalem Recht damit ausgeschlossen.

VI. Stellungnahme zur Schaffung einer europäischen Körperschaftsteuer

Eine wirksame Kompetenz der EU zur Schaffung einer europäischen Körperschaftsteuer könnte entweder durch eine Änderung der Primärverträge oder -in Bezug auf Deutschland- durch Erlass eines entsprechenden Ermächtigungsgesetzes im Sinne des Art. 23 Abs. 1 GG geschaffen werden. Eine Vertragsänderung ist jedoch nicht ohne Weiteres möglich. Es bedarf dazu der Übertragung weiterer Souveränitätsrechte der Mitgliedstaaten auf die EU. Auf deutscher Seite bedürfte es eines Gesetzes im Sinne des Art. 23 Abs. 1 GG, welches die materiellen Grenzen der Hoheitsrechtsübertragung nicht überschreiten dürfte. Durch die Übertragung von Souveränitätsrechten dürfte dem deutschen Parlament nicht sein substanzielles Bestimmungsrecht in Bezug auf das Budgetrecht des Bundestages entzogen werden.[1153] Von einer Übertragung wesentlicher Bestandteile des Budgetrechts ist auszugehen, wenn die Festlegung über Art und Höhe der den Bürger treffenden Abgaben in wesentlichem Umfang supranationalisiert und damit der Dispositionsbefugnis des Bundestages entzogen würde.[1154] Der Ertragsanteil der Einkommensteuer sowie der Körperschaftsteuer machen einen wesentlichen Prozentsatz der Sicherung der Haushaltsmittel des Bundes aus.[1155] Selbst wenn ein europäisches Ertragsteuerkonzept lediglich den Abzug eines gewissen Prozentsatzes zum Zweck der Sicherung des EU-Haushaltes vorsehen würde, wäre dennoch von einem Einschnitt in das Budgetrecht des Bundestages auszugehen. Dies gilt insbesondere vor dem Hintergrund, dass künftige Änderungen des Ertragsteuerrechts nicht mehr

1151 Rossi in: *Calliess/Ruffert*, EUV/AEUV-Komm., Art. 352 AEUV, Rn. 58.

1152 BVerfG Urteil vom 30. Juni 2009, 2 BvE 2/08, 2 BvE 5/08, 2 BvR 1010/08, 2 BvR 1022/08, 2 BvR 1259/08, 2 BvR 182/09, sog. Lissabon-Urteil des BVerfG.

1153 BVerfG Urteil vom 30. Juni 2009, 2 BvE 2/08, 2 BvE 5/08, 2 BvR 1010/08, 2 BvR 1022/08, 2 BvR 1259/08, 2 BvR 182/09, sog. Lissabon-Urteil des BVerfG.

1154 BVerfG, Urteil vom 07.09.2011 – 2 BvR 987/10.

1155 Steuereinnahmen des Bundes nach ausgewählten Arten im Jahr 2015 (in Millionen Euro). http://de.statista.com/statistik/daten/studie/74052/umfrage/steuereinnahmen-des-bundes/ (zugegriffen am 14. April 2016).

von der nationalen parlamentarischen Zustimmung abhingen, sondern einzig durch die EU entschieden werden könnten.

Die Schaffung eines originären Kompetenztitels in den Primärverträgen könnte einerseits in einer Ergänzung bzw. Konkretisierung des Katalogs der Eigenmittelfinanzierung der EU aus Art. 311 Abs. 3 AEUV,[1156] andererseits in einer grundlegenden Ergänzung eines Kompetenztitels im Bereich der europäischen Körperschaftsteuer liegen. Im Hinblick auf die dafür relevante einschneidende Übertragung von Souveränitätsrechten auf die EU durch die Mitgliedstaaten und einer daraus möglicherweise resultierenden limitierten Haushaltssouveränität wird eine derartige Lösung vermutlich am Widerstand der Mitgliedstaaten scheitern.[1157] Eine Steuerharmonisierung sieht sich darüber hinaus aus makroökonomischer Sicht dem Einwand der Aufrechterhaltung des Wettbewerbs der Steuersysteme ausgesetzt.[1158] Darüber hinaus sind die Ertragsteuersysteme in den unterschiedlichen Mitgliedstaaten verschieden eingebettet und generieren damit einen divergierenden Anteil am Gesamtaufkommen der jeweiligen Haushalte. Eine Vereinheitlichung würde konsequenterweise eine Anpassung der nationalen Besteuerungskonzepte insgesamt erfordern, was einer Vereinfachung und transparenteren Gestaltung der Finanzierungssysteme wiederum entgegen stünde.[1159] Auch die Körperschaftsteuersysteme greifen aufgrund der Verknüpfung zwischen Unternehmensbesteuerung und Einkommensteuer in die nationalen Einkommensteuersysteme und die damit verbundene Vorstellung über Steuergerechtigkeit zumindest mittelbar ein.[1160] Darüber hinaus liegt das Hauptaugenmerk der Unternehmensbesteuerung auf einer Besteuerung der Kapitalgesellschaften und nicht auf den der Einkommensteuer unterliegenden Personengesellschaften.[1161] Ein solches Unterfangen wird daher zu Recht bisher als Utopie abgetan.[1162]

D. Zusammenfassung der Reformansätze auf EU-Ebene

Reformansätze auf EU-Ebene zur Vermeidung von objektiven Qualifikationskonflikten sind bisher kein gangbarer Weg. Es mangelt neben einer hinreichenden Kompetenzgrundlage zur Schaffung einer Vereinheitlichungsmöglichkeit, an einem Erfassen der Personengesellschaftsbesteuerung in ihrer derzeitigen Form als intransparent besteuertes Rechtsgebilde.

1156 Vgl. *Mayer/Heidfeld*, EuZW 2011, 373 (377).
1157 *Traub*, Einkommensteuerhoheit der EU, S. 272.
1158 Gröpl in: *Dauses*, EU-Wirtschaftsrechts, Kapitel J, Rn. 13, 37. Lfg., Stand: Apr. 2015.
1159 *Traub*, Einkommensteuerhoheit der EU, S. 272 f.
1160 *Jacobs*, Internationale Unternehmensbesteuerung, S. 233.
1161 *Jacobs*, Internationale Unternehmensbesteuerung, S. 233.
1162 Vgl. *Jacobs*, Internationale Unternehmensbesteuerung, S. 233.

§ 3: Nationale Reformansätze

Eine Vermeidung abkommensrechtlicher objektiver Qualifikationskonflikte und daraus resultierender Doppelbesteuerung bzw. doppelter Nichtbesteuerung könnte durch nationale Reformansätze vermieden werden. Die Beibehaltung des Sonderbetriebsvermögens begünstigt abkommensrechtlich die Entstehung von Doppelbesteuerung und hält die Rechtsunsicherheit für den Steuerpflichtigen aufrecht.[1163] In Betracht könnte daher eine nationale Reform des sonderbetrieblichen Bereichs kommen, ebenso wie die Festlegung einer Abkommensauslegung durch einfach gesetzliche Normen.

A. Abschaffung des sonderbetrieblichen Bereichs

Um ein Entstehen von objektiven Qualifikationskonflikten, die auf dem national ertragsteuerlichen Mitunternehmerkonzept basieren zu vermeiden, könnte eine Abschaffung des sonderbetrieblichen Bereichs im nationalen Ertragsteuerrecht in Betracht kommen.

I. Gründe für die Schaffung und Beibehaltung des sonderbetrieblichen Bereichs im nationalen Ertragsteuerrecht

Im Hinblick auf die Frage einer Reform im Sinne einer Abschaffung oder Einschränkung des sonderbetrieblichen Bereichs ist Grundlage der Diskussion die ursprüngliche Schaffung und Etablierung des sonderbetrieblichen Bereichs im nationalen Ertragsteuerrecht sowie die Frage nach seiner verbleibenden Relevanz.

II. Gleichstellung der Besteuerung eines Einzel- mit einem Mitunternehmer im Ertragsteuerrecht

Das Konstrukt des Sonderbetriebsvermögens basiert nach h.M. auf dem Gedanken, die Mitunternehmerbesteuerung der Einzelunternehmerbesteuerung gleichzustellen.[1164] Allgemein wird aus der mangelnden Eingehungsmöglichkeit einer vertraglichen Beziehung eines Einzelunternehmers mit sich selbst geschlossen, dass gleiches für das Verhältnis des Mitunternehmers zur Personengesellschaft gelten müsse.[1165]

1163 Vgl. *Müller-Gatermann*, IStR 2015, 387 (390).

1164 BVerfG, Urteil vom 15.07.1969 – 1 BvR 457/66; grundlegend dazu der Vorlagebeschluss des IV. Senats: BFH, Beschluss vom 12.10.1989 – IV R 5/86.

1165 Grundlegend dazu der Vorlagebeschluss des IV. Senats: BFH, Beschluss vom 12.10.1989 – IV R 5/86; Wacker in: *Schmidt*, EStG-Komm., § 15, Rn. 161; Kruse, Gewinnanteil und Sondervergütungen in: *Kruse*, Personengesellschaft im Steuerrecht, S. 49; S.E. galt die Gleichstellung von 1920 bis 1934 als Ausprägung der Bilanzbündeltheorie. Seitdem sei eine Gleichstellung vom möglichen Wortsinn des Wortlautes § 15 Abs. 1 Satz 1 Nr. 2 EStG nicht mehr erfasst.

Damit einhergehend soll das Besteuerungsergebnis unabhängig davon ausgestaltet sein, ob Leistungen eines Gesellschafters als Gewinnvorab oder in Form eines besonderen Entgeltes für schuldrechtliche Leistungen gezahlt werde.[1166] Ferner dient das Konstrukt des Sonderbetriebsvermögens einer Aufteilung und Zuordnungsdifferenzierung von Wirtschaftsgütern, die der Gesellschafter als Eigentümer der Gesellschaft zur Nutzung überlässt. Ein Wirtschaftsgut, das ein Einzelunternehmer seinem Einzelunternehmen zu betrieblichen Nutzungszwecken überlässt, stellt, soweit die betriebliche Nutzung überwiegt, Betriebsvermögen dar. Ein Mitunternehmer würde grundsätzlich das der Mitunternehmerschaft zur Nutzung überlassene Wirtschaftsgut seinem Privatvermögen zuordnen. Um eine derartige Zuordnungsdifferenz zu vermeiden, ist ein der Mitunternehmerschaft zur Nutzung überlassenes Wirtschaftsgut dem Sonderbetriebsvermögen des Gesellschafters zuzurechnen.[1167] Es findet keine Besteuerung des Einzelunternehmens als solchen statt, sondern des Einzelunternehmers. Entsprechendes gilt für die Mitunternehmerschaft, bei der die hinter der Mitunternehmerschaft stehenden Gesellschafter zur Besteuerung des Mitunternehmerschaftsgewinns heranzuziehen sind.[1168] Die Rechtfertigung finde sich in dem Gebot der steuerlichen Behandlungsgleichheit steuerlich vergleichbarer Sachverhalte als unmittelbare Ausprägung des Gleichheitssatzes in Art. 3 Abs. 1 GG.[1169]

Knobbe-Keuk und *Schön* differenzieren an dieser Stelle zwischen Gleichstellungsthese der Besteuerung eines Einzelunternehmers mit einem Mitunternehmer und einer Zurechnungsthese in Bezug auf die Zurechnung der Einkünfte der Mitunternehmerschaft zu ihren Gesellschaftern im Vergleich zur Besteuerung eines Einzelunternehmers.[1170] I.E. sei im Rahmen der unmittelbaren Gewinnzurechnung der Mitunternehmerschaftsgewinne zu den Gesellschaftern eine Gleichstellung mit einem Einzelunternehmer abzulehnen, weil lediglich ein tatsächliches Erfassen des erzielten Gewinns im entsprechenden Veranlagungszeitraum ermöglicht werden solle.[1171] Daraus folge, dass nicht der Mitunternehmer dem Einzelunternehmer angenähert, sondern lediglich die steuerliche Erfassung des Gewinns der Personengesellschaft im Entstehungsjahr sichergestellt würde.[1172] Die Differenzierung dabei beziehe sich jedoch auf die Zurechnung des Gewinnanteils und nicht auf die konkrete Ausgestaltung der Sonderbetriebsvermögenskonstruktion.[1173]

1166 Hennrichs in: *Tipke/Lang*, Steuerrecht, § 10, Rn. 103; *Jacobs*, Unternehmensbesteuerung und Rechtsform, S. 104 f.; *Schön*, DStR 1993, 185 (192).

1167 *Prinz*, FR 2010, 736 (742); *Schön*, DStR 1993, 185 (187).

1168 *Woerner*, DStZ 1980, 203 (204).

1169 *Menkel*, Sonderbetriebsvermögen, S. 11.

1170 *Knobbe-Keuk*, DB 1990, 905 (907); *Schön*, DStR 1993, 185 (190 ff.).

1171 *Knobbe-Keuk*, DB 1990, 905 (907); *Kratzsch*, INF 2005, 378 (379, 381); *Schön*, DStR 1993, 185 (191).

1172 *Knobbe-Keuk*, DB 1990, 905 (907); *Kratzsch*, INF 2005, 378 (379, 381); *Schön*, DStR 1993, 185 (191).

1173 *Knobbe-Keuk*, DB 1990, 905 (907); *Kratzsch*, INF 2005, 378 (379, 381); *Schön*, DStR 1993, 185 (191).

Kratzsch lehnt eine Gleichstellung eines Mit- mit einem Einzelunternehmer unter Hinweis auf eine intendierte Gleichstellung einer Personengesellschaft mit anderen Unternehmensträgern ab.[1174] Dies ließe sich aus einem Rückschluss des Gewerbeertrages schließen, der Sonderbetriebseinnahmen erfasse, hingegen die Gesellschafter als Subjekte der Gewerbesteuer außer Betracht ließe, wenn lediglich auf ihre Personengesellschaftsbeteiligung abgestellt werde.[1175] Darüber hinaus ließe sich auch keinerlei Vergleichbarkeit in Bezug auf die Initiativrechte des Mitunternehmers begründen. Dieser müsse sich Mehrheiten unterordnen und habe als Kommanditist Kontroll- und Mitwirkungsrechte nur bei außergewöhnlichen Geschäften, wohingegen ein Einzelunternehmer allein bestimmen könne.[1176]

Die Rechtsprechung ist von einer strikten Gleichstellung des Mitunternehmers mit einem Einzelunternehmer aufgrund der Kritik zu Recht abgerückt und verlangt nunmehr lediglich eine Annäherung im Bereich der Sonderbetriebsvergütungen.[1177] Mit *Urteil vom 25.02.1991*[1178] gab der BFH insoweit seine Einzelunternehmer*ideologie* auf und nimmt eine Gleichstellung nur noch an, wenn das Gesetz dies zulässt.[1179]

III. Gleichstellung der Besteuerung eines Einzel- mit einem Mitunternehmer im Abkommensrecht

Fraglich ist, ob eine Gleichstellung der Einzelunternehmerbesteuerung und der Mitunternehmerbesteuerung auf Abkommensebene ebenfalls Niederschlag gefunden hat. Eine Normierung der Gleichstellung der Besteuerung eines Einzel- und eines Mitunternehmer kann im Abkommensrecht nicht gefunden werden.[1180] Auch § 50d Abs. 10 EStG oder die Regelungen der unternehmerischen Sondernormen führen von ihrem Regelungsgehalt her nicht zu einer Annäherung der Besteuerung des Mitunternehmers mit einem Einzelunternehmer.[1181] § 50d Abs. 10 EStG bzw. die unternehmerischen Sondernormen, ordnen an, dass Sonderbetriebsvergütungen als Unternehmensgewinne im Sinne des Art. 7 Abs. 1 OECD MA zu behandeln sind[1182] und führt zu einem Außerachtlassen des Spezialitätsgrundsatz aus Art. 7 Abs. 4 OECD MA. Bei einem Einzelunternehmer hingegen würden die Einkünfte maßgeblich anhand der Abkommenssystematik des Subsidiaritätsgrundsatzes eingeordnet werden.[1183]

1174 *Kratzsch*, INF 2005, 378 (381).
1175 *Kratzsch*, INF 2005, 378 (381).
1176 *Kratzsch*, INF 2005, 378 (381).
1177 BFH, Beschluss vom 25.02.1991 – GrS 7/89.
1178 BFH, Beschluss vom 25.02.1991 – GrS 7/89.
1179 *Söffing*, Besteuerung der Mitunternehmer, Rn. 542, 598; *Söffing*, DStR 2003, 1105 (1107).
1180 Vgl. Gosch in: *Gosch/Grotherr/Kroppen*, DBA-Komm., Art. 13 MA, Rn. 69; 22. Lfg., Stand: 2009.
1181 a.A. *Vogel*, JZ 1997, 161 (182).
1182 Vgl. zum Anwendungsbereich des § 50d Abs. 10 EStG: Seite 101 ff.
1183 *Stemler*, Sonderbetriebsvergütungen, S. 182.

Mit der Selbständigkeitsfiktion der Betriebsstätte aus Art. 7 Abs. 2 OECD MA wird das Gegenteil einer abkommensrechtlichen Gleichstellung bzw. Annäherung der Besteuerung des Einzel- mit dem Mitunternehmer bezweckt. Schuldrechtliche Beziehungen zwischen Gesellschaft und Betriebsstätte sind, soweit sie den Grundsätzen des Fremdvergleiches entsprächen, im Gegensatz zu Leistungsbeziehungen des Einzelunternehmers mit sich selbst anzuerkennen.[1184] Eine Gleichstellung der Besteuerung des Einzelunternehmers mit dem Mitunternehmer muss auf Abkommensebene daher grundsätzlich ausscheiden.

IV. Begründung des Gewerbesteueraufkommens

Mit der Steuerreform des Einkommensteuergesetzes 1934 wurde in § 15 EStG die Regelung der Gewerblichkeitsqualifikation von Einkünften aus schuldrechtlichen Leistungsbeziehungen zwischen Gesellschaft und Gesellschafter eingeführt.[1185] Diese fand ihren Anlass in dem damals in Planung befindlichen Gewerbesteuergesetz, welches unmittelbar an den damaligen § 15 EStG und damit auch an die Sonderbetriebskonzeption anknüpfen sollte.[1186] Auch wenn *Knobbe-Keuk* 1974 noch monierte, dass ein Erfassen der Sonderbetriebskonzeption im anschließend erlassenen Gewerbesteuergesetz keinen Niederschlag gefunden habe,[1187] ist zumindest heute die Personengesellschaft als eigenständiges Steuersubjekt der Gewerbesteuer nach § 2 Abs. 1 Satz 1 GewStG anerkannt und ihr Gesamtgewinn, mithin der Gewinn der Personengesellschaft zzgl. der Ergebnisse der Ergänzungsbilanzen sowie die Ergebnisse der Sonderbilanzen, als Gewerbesteuerertrag zu versteuern.[1188]

V. Stellungnahme zu den Gründen der Schaffung des sonderbetrieblichen Bereichs

Entstanden ist der sonderbetriebliche Bereich vor dem Hintergrund des Erfassens von betrieblich genutzten Wirtschaftsgütern und betrieblich veranlasster Gesellschaft-Gesellschafter-Leistungsvergütungen vom gewerblichen Gewinn.[1189] Das Rechtsinstitut des Sonderbetriebsvermögens ist jedoch neben einer gewerbesteuerlichen Berücksichtigung von Sonderbetriebsvergütungen als gewerbliche Einkünfte als Kompromiss im Rahmen der Aufgabe der Bilanzbündeltheorie zu Beginn der

---

1184 Gosch in: *Kirchhof*, EStG-Komm., § 50d, Rn. 44b; *Lüdicke*, IStR-Beihefter 2013, 26 (44); a.A. *Krabbe*, FR 2001, 129 (130); s.a. *Schmidt*, IStR 2008, 290 (292).

1185 RStBl. 1935, 33, 42.

1186 RStBl. 1935, 33, 42; Hennrichs in: *Tipke/Lang*, Steuerrecht, § 10, Rn. 103; *Knobbe-Keuk*, StuW 1974, 1 (34); *Knobbe-Keuk*, DB 1990, 905 (907); *Kruse*, Personengesellschaft im Steuerrecht, S. 48 f.

1187 *Knobbe-Keuk*, StuW 1974, 1 (37).

1188 Kotyrba in: *Lüdicke/Sistermann*, Unternehmensteuerrecht, § 5, Rn. 8.

1189 RStBl. 1935, 33, 42.

siebziger Jahre eingeführt worden.[1190] Es sollte verhindert werden, dass ein Wirtschaftsgut, das ein Gesellschafter der Gesellschaft zur Nutzung überließ dessen Privatvermögen zugerechnet würde. Gleichzeitig sollte eine Trennung von Gesellschafts- und Gesellschaftervermögen aufrecht erhalten bleiben.[1191]

Die Schaffung des § 15 Abs. 1 Satz 1 Nr. 2 EStG ist damit nicht ausschließlich vor dem Hintergrund der Sicherung des Gewerbesteueraufkommens entstanden. Wie *Schneider* richtig feststellt, zeigt u.a. die Einbeziehung des sonderbetrieblichen Bereichs in die freiberufliche und land- und forstwirtschaftliche Mitunternehmerschaft in §§ 18 Abs. 4 und 13 Abs. 5 EStG, deren Einkünfte keiner Gewerbesteuer unterliegen, dass ertragsteuerliche Gründe für Schaffung der Norm zu berücksichtigen sind.[1192] Ein ertragsteuerlicher Grund war vor allem das Ziel die Besteuerung eines Mitunternehmers der Besteuerung eines Einzelunternehmers anzupassen.

Eine gesetzlich ausdrückliche Anordnung der Gleichbehandlung eines Einzel- mit einem Mitunternehmer findet sich in § 16 Abs. 1 Satz 1 Nr. 2 EStG, der als gewerblichen Veräußerungsgewinn auch den gesamten Anteil eines Gesellschafters erfasst, der als Mitunternehmer anzusehen ist. Bei der Veräußerung eines Mitunternehmeranteils, einschließlich des Sonderbetriebsvermögens sind die Tarifbegünstigung der §§ 16, 34 EStG auch auf die durch die Veräußerung des Sonderbetriebsvermögens aufgedeckten stillen Reserven anzuwenden.[1193] Auch findet sich eine begünstigte Übertragung von Betriebs- bzw. Sonderbetriebsvermögen zu Buchwerten in § 6 Abs. 5 EStG,[1194] sowie der Versuch die Mitunternehmerbesteuerung auf Abkommensebene zu übertragen in § 50d Abs. 10 EStG. Die Annäherung der Besteuerung von Einzel- und Mitunternehmer ist ferner grundlegend in der Bilanzierung der Sonderbetriebsvergütungen zu sehen.[1195] Wurde ursprünglich u.a. von *Knobbe-Keuk* der Ansatz vertreten, die in § 15 Abs. 1 Satz 1 Nr. 2 EStG normierten Sonderbetriebsvergütungen auf Gesellschafterebene entsprechend ihres objektiven Charakters gemäß § 2 Abs. 2 Nr. 2 EStG als Überschusseinkünfte zu ermitteln,[1196] hat sich heute der Ansatz einer korrespondierenden Gewinnermittlung auf Personengesellschafts- und Gesellschafterebene herausgebildet.

1190 *Prinz*, FR 2010, 736 (742); *Schön*, DStR 1993, 185 (187).
1191 *Prinz*, FR 2010, 736 (742); *Schön*, DStR 1993, 185 (187).
1192 Vgl. *Schneider*, Sonderbetriebsvermögen, S. 155.
1193 *Schuhmann*, Sonderbetriebsvermögen, Rn. 180.
1194 § 6 Abs. 5 EStG normiert eine Buchwertverknüpfung für die Fälle der Überführung eines Wirtschaftsgutes aus privilegiertem Betriebsvermögen in ein anderes privilegiertes Betriebsvermögen. Erfasst wird auch die Überführung eines Wirtschaftsgutes aus dem Betriebsvermögen eines Steuerpflichtigen in dessen Sonderbetriebsvermögen, bzw. die Überführung von einem Sonderbetriebsvermögen in ein anderes Sonderbetriebsvermögen desselben Steuerpflichtigen. Ehmcke in: *Blümich*, EStG/KStG/GewStG-Komm., § 6, Rn. 1295.
1195 Vgl. Hennrichs in: *Tipke/Lang*, Steuerrecht, § 10, Rn. 103; *Jacobs*, Unternehmensbesteuerung und Rechtsform, S. 104 f.; *Söffing*, Besteuerung der Mitunternehmer, Rn. 594; Wacker in: *Schmidt*, EStG-Komm., § 15, Rn. 404.
1196 *Knobbe-Keuk*, StuW 1974, 1 (33).

Verhindert wird damit die Möglichkeit einer Gewinnauswirkung von Gesellschaftervergütungen auf Basis schuldrechtlicher Verträge. Dies ist vor dem Hintergrund der Annäherung der Besteuerung des Mitunternehmers zu der Besteuerung des Einzelunternehmers konsequent und findet heute in der zweistufigen additiven Gewinnermittlung entsprechende Berücksichtigung. Eine schuldrechtliche Leistungsbeziehung im Sinne des § 15 Abs. 1 Satz 1 Nr. 2 EStG begründet auf Ebene der Mitunternehmerschaft, mithin der Personengesellschaft eine Betriebsausgabe, die grundsätzlich ihren Gewinn mindern würde. Aufgrund der ertragsteuerlichen Qualifikation der Vergütung der schuldrechtlichen Leistung als Sonderbetriebsvergütung und damit als gewerbliche Einnahme des Mitunternehmers, handelt es sich um eine gewerbliche Einnahme des Gesellschafters, die seinem Gewinn aus der Mitunternehmerschaft hinzuzurechnen ist. Im ertragsteuerlichen Gesamtgewinn der Mitunternehmerschaft wirkt sich damit die schuldrechtliche Leistungsbeziehung, genau wie bei Einzelunternehmer, nicht aus.[1197] Wirtschaftsgüter, dessen Erträge nach § 15 Abs. 1 Satz 1 Nr. 2 EStG Einkünfte aus Gewerbebetrieb begründen, sind damit im Rahmen des Betriebsvermögens in der besonderen Ausgestaltung des Sonderbetriebsvermögens zu erfassen, womit sowohl dem Verbleib des Eigentums beim Gesellschafter, als auch der Förderlichkeit des Wirtschaftsguts zum Geschäftszweck der Personengesellschaft Rechnung getragen wird.

Daraus folgt, dass die Gleichstellung des Einzelunternehmers mit einem Mitunternehmer als grundsätzliches ertragsteuerliches Prinzip mittlerweile vollständig in der ertragsteuerlichen Systematik der Besteuerung einer gewerblichen Personengesellschaft aufgegangen und im Ertragsteuerrecht fundiert ist.[1198] Ein Fundament für eine abkommensrechtliche Gleichstellung der Besteuerung des Einzelunternehmers mit dem Mitunternehmer ist hingegen aufgrund der abkommensautonomen Ausgestaltung der abkommensrechtlichen Regelungen nicht zu finden.

B. Abschaffung des Sonderbetriebsvermögens II

Ungeachtet der Gründe der ursprünglichen Einführung des sonderbetrieblichen Bereichs könnte seine Einführung verfassungsrechtlich bedenklich sein, wenn das Sonderbetriebsvermögen II einer gesetzlichen Grundlage entbehrt. Dann wäre nicht nur seine Annahme, sondern insbesondere die daraus folgende Umqualifizierung in sonstige Sonderbetriebseinnahmen als direkter Eingriff in Rechte der Steuerpflichtigen[1199] ohne Rechtfertigung verfassungswidrig. § 3 AO stellt klar, dass Steuern

1197 Hennrichs in: *Tipke/Lang*, Steuerrecht, § 10, Rn. 103; *Jacobs*, Unternehmensbesteuerung und Rechtsform, S. 104 f.; *Söffing*, Besteuerung der Mitunternehmer, Rn. 594.

1198 Hennrichs in: *Tipke/Lang*, Steuerrecht, § 10, Rn. 131.

1199 Aus der allgemeinen Handlungsfreiheit, Art. 2 Abs. 1 GG, folgt auch das Grundrecht des Bürgers, nur aufgrund solcher Rechtsvorschriften zu Steuern herangezogen zu werden, die formell und materiell verfassungsgemäß sind und daher zur verfassungsmäßigen Ordnung gerechnet werden können. *Schaumburg*, Internationales Steuerrecht, Rn. 3.2.

nur erhoben werden dürfen, wenn der Tatbestand erfüllt ist, an den das Gesetz die Leistungsfähigkeit knüpft.[1200] In Verbindung mit dem Rechtsstaatsprinzip aus Art. 20 Abs. 3 GG erhält der daraus folgende *Grundsatz der Tatbestandsmäßigkeit der Besteuerung* unmittelbaren Verfassungsrang.[1201] Fehlt dem Sonderbetriebsvermögen II und der daraus resultierenden sonstigen Sonderbetriebseinnahmen einer hinreichende gesetzliche Grundlage, ließe sich die Konzeption des Sonderbetriebsvermögens grundlegend in Frage stellen. U.a. *Binz/Sörg*[1202] ebenso wie *Knobbe-Keuk*[1203], *Söffing*[1204], *Schön*[1205] und *Tiedtke/Hils*[1206] verneinen eine hinreichende gesetzliche Grundlage für das Sonderbetriebsvermögen. Inhaltlich legt § 15 Abs. 1 Satz 1 Nr. 2 EStG einerseits fest, dass der Gewinn der Mitunternehmerschaft den Gesellschaftern unmittelbar zugerechnet wird. Andererseits enthält § 15 Abs. 1 Satz 1 Nr. 2 EStG eine Umqualifizierung von Gesellschafts-Gesellschafter-Leistungen in gewerbliche Einkünfte. § 15 Abs. 1 Satz 1 Nr. 2 EStG lege damit jedoch lediglich das Steuerobjekt fest, eine Vermögenszuordnung enthalte die Vorschrift nicht.[1207] Der Anwendungsbereich der Norm sei ausschließlich auf die Qualifikation der Sonderbetriebsvergütungen beschränkt,[1208] was sich in der ursprünglichen Schaffung der Norm zur Erfassung der Sonderbetriebsvergütungen in der Gewerbesteuer widerspiegle.[1209] *Lehmann* merkt an, dass das Sonderbetriebsvermögen eine Konstruktion der Rechtsprechung darstelle, mit welcher ein bestimmter (hier: fiskalischer) Zweck realisiert werden solle.[1210] Da es sich bei dem Sonderbetriebsvermögen um eine Konstruktion der Rechtsprechung handele, liege die Vermutung nahe, dass das Gesetz für ihre Existenz wenig hergebe.[1211] Welcher Schluss aus diesem Befund im Hinblick auf die Tatbestandsmäßigkeit der Besetzung gezogen werde, hänge s.E. davon ab, wie weit die Rechtsprechungskonstruktion als Existenzgrundlage Geltung entfalten könne.[1212]

1200 *Tiedtke/Hils*, DStZ 2004, 482 (486); Gersch in: *Klein*, AO-Komm., § 3, Rn. 11.

1201 Der Grundsatz der Tatbestandsmäßigkeit der Besteuerung ist eine unmittelbare Konkretisierung des Grundsatzes der Gesetzmäßigkeit der Besteuerung als allgemeiner Gesetzesvorbehalt. Er leitet sich aus Art. 2 Abs. 1, 20 Abs. 3 GG und ergänzend aus Art. 14 Abs. 1 Satz 2, Abs. 3 Satz 2 GG ab. Einfachgesetzliche Normierungen finden sich in § 3 Abs. 1 AO und § 38 AO. Vgl. Koenig in: *Koenig*, AO-Komm., § 3, Rn. 52 f.; *Sparrer*, Sonderbetriebsvermögen, S. 28.

1202 *Binz/Sorg/Mayer*, GmbH & Co. KG, § 16, Rn. 247.

1203 *Knobbe-Keuk*, StuW 1974, 1 (33 f.).

1204 *Söffing*, Besteuerung der Mitunternehmer, Rn. 600; *Söffing*, DStR 2003, 1105 (1107).

1205 *Schön*, DStR 1993, 185 (185).

1206 *Tiedtke/Hils*, DStZ 2004, 482 (484).

1207 *Menkel*, Sonderbetriebsvermögen, S. 15; *Sparrer*, Sonderbetriebsvermögen, S. 84.

1208 *Menkel*, Sonderbetriebsvermögen, S. 32 f.

1209 *Knobbe-Keuk*, StuW 1974, 1 (34); *Schön*, DStR 1993, 185 (188).

1210 *Lehmann*, Betriebsvermögen und Sonderbetriebsvermögen, S. 82 f.

1211 *Lehmann*, Betriebsvermögen und Sonderbetriebsvermögen, S. 82 f.

1212 *Lehmann*, Betriebsvermögen und Sonderbetriebsvermögen, S. 82 f.

I. Gesetzliche Grundlage für das Sonderbetriebsvermögen I

Es stellt sich mithin die Frage, ob eine gesetzliche Grundlage für das Sonderbetriebsvermögen I gefunden werden kann. Ein Teil der Vertreter des Sonderbetriebsvermögens sehen dessen Rechtfertigung in § 4 Abs. 1 EStG bzw. § 5 Abs. 1 EStG.[1213] Diese Auffassung sieht sich allerdings der Kritik ausgesetzt, dass §§ 4 Abs. 1, 5 Abs. 1 EStG lediglich Normen zur Einkünfteermittlung darstellen und keinesfalls konkrete Vermögenszuordnungen.[1214] Würde §§ 4 Abs. 1, 5 Abs. 1 EStG bereits die Grundlage für die Annahme von Sonderbetriebsvermögen normieren, hätte es, wie *Söffing* richtig darlegt, einer Normierung von Sonderbetriebsvergütungen in § 15 Abs. 1 Satz 1 Nr. 2 EStG nicht bedurft.[1215] Auch das Abstellen auf den Maßgeblichkeitsgrundsatz in § 5 Abs. 1 EStG führt nicht weiter. Das Handelsrecht kennt keine Sonderbetriebsvermögen.[1216]

Abzulehnen ist auch der Schluss der *Lehre vom Sonderbetrieb* auf die Führung eines eigenen Gewerbebetriebs durch den Gesellschafter neben dem Gewerbebetrieb der Personengesellschaft[1217] und einer daraus herleitbaren Sonderbetriebsvermögenseigenschaft als Grundlage der Tätigkeit.[1218] *Hallerbach* zufolge könne lediglich in der Annahme eines eigenen Gewerbebetriebs des Gesellschafters eine dogmatische Grundlage für das Sonderbetriebsvermögen gefunden werden.[1219] Dabei handele es sich nicht um *Sonder*betriebsvermögen, sondern aufgrund der Annahme eines eigenen Gewerbebetriebs des Gesellschafters um originäres Betriebsvermögen

---

1213 BFH, Urteil vom 03.05.1993 – GrS 3/92; *Binz/Sorg/Mayer*, GmbH & Co. KG, § 16, Rn. 247; Bitz in: *Littmann/Bitz/Pust*, EStG-Komm., § 15, Rn. 72; Kudert und Kahlenberg, Sonderbetriebsvermögen II und Abkommensschutz bei Dreieckssachverhalten in: *Lüdicke*, Festschrift Frotscher, S. 357; *Menkel*, Sonderbetriebsvermögen, S. 35; *Schulze zur Wiesche*, DStZ 2007, 602 (602).

1214 *Söffing*, DStR 2003, 1105 (1106); *Knobbe-Keuk*, Bilanz- und Unternehmenssteuerrecht, S. 440.

1215 *Söffing*, Besteuerung der Mitunternehmer, Rn. 596; *Söffing*, DStR 2003, 1105 (1106).

1216 *Fehrenbacher*, Steuerrecht, § 3, Rn. 18.; *Söffing*, Besteuerung der Mitunternehmer, Rn. 596; *Söffing*, DStR 2003, 1105 (1106); *Tiedtke/Hils*, DStZ 2004, 482 (483).

1217 Hallerbach fingiert einen eigenen Gewerbebetrieb des Gesellschafters auf Grundlage des § 15 Abs. 1 Satz 1 Nr. 2 EStG. I.E. wäre dies kein Rückschritt in Richtung Bilanzbündeltheorie, weil hier eine eigenständige Marktteilnahme fingiert werden müsste. Dessen bedürfe es nicht, wenn § 15 Abs. 1 Satz 1 Nr. 2 EStG bereits einen eigenständigen Gewerbebetrieb für den Gesellschafter fingiere. Einer derartigen Fiktion bedürfe es, weil die Einkünftetatbestände ihrerseits an eine konkrete eigenständige Tätigkeit des Steuerpflichtigen anknüpfen würden. *Hallerbach*, Personengesellschaft, S. 139 f.

1218 *Lehmann*, Betriebsvermögen und Sonderbetriebsvermögen, S. 84; *Söffing*, Besteuerung der Mitunternehmer, Rn. 543; *Sparrer*, Sonderbetriebsvermögen, S. 125; a.A. *Hallerbach*, Personengesellschaft, S. 165 f.; *Menkel*, Sonderbetriebsvermögen, S. 52 ff.

1219 *Hallerbach*, Personengesellschaft, S. 165.

des Gesellschafters.[1220] Der Annahme des Mitunternehmeranteils als eigenständiger Gewerbebetrieb mangelt es jedoch an einer von dem Gesellschaftsbetrieb unabhängigen Wirtschaftseinheit. Vielmehr bilden Gesellschafter und Gesellschaft *„eine Einheit in der Hand der Gesellschaft"*.[1221] Eine Eigenständigkeit des Mitunternehmers scheitert damit ebenso wie das Tätigwerden auf eigene Rechnung und eigenes Risiko und der Beteiligung am allgemeinen wirtschaftlichen Verkehr.[1222] Eine zivilrechtliche Anerkennung des *Beteiligungsbetriebs*[1223] muss damit ausscheiden. Um eine steuerrechtliche Fiktion eines Gewerbebetriebs in der Beteiligung des Mitunternehmers am Gewerbebetrieb der Mitunternehmerschaft annehmen zu können, bedürfte es einer konkreten Normierung im Gesetzeswortlaut. Mangelt es wie in § 15 Abs. 1 Satz 1 Nr. 2 EStG offensichtlich an einer solchen, muss eine Fiktion mangels hinreichender gesetzlicher Grundlage ausscheiden. Dafür spricht auch die fehlende Gewerbesteuerpflicht des einzelnen Gesellschafters, der in persona gerade kein Steuersubjekt, abstellend lediglich auf seine Beteiligung, darstellen kann. Einen Gewerbebetrieb betreibt ausschließlich die Mitunternehmerschaft.[1224]

Wird mittels zweistufiger additiver Gewinnermittlung der dem einzelnen Gesellschafter unmittelbar zuzurechnende gewerbliche Gewinn aus der Mitunternehmerschaft festgestellt und im Rahmen dessen auf zweiter Stufe eine Berücksichtigung des sonderbetrieblichen Bereichs vorgenommen, bedarf es einer bilanziellen Grundlage der Berücksichtigung dieses Sonderbetriebsvermögens.[1225] Dem entspricht auch *Schön*, wenn er unter Sonderbetriebsvermögen dasjenige Vermögen versteht, das der Gesellschafter einsetzt, um einen Rechtsanspruch auf seinen Gewinnanteil, sowie möglicher Sonderbetriebsvergütungen zu erlangen.[1226] Ohne bilanzielles Erfassen der Wirtschaftsgüter des Sonderbetriebsvermögens I würde der Trennung der Vermögenssphären der Personengesellschaft und des Gesellschafters nicht genügt werden. Das der Personengesellschaft überlassene Wirtschaftsgut würde im steuerlichen Privatvermögen des Gesellschafters verbleiben und nicht der Vermögenssphäre der Mitunternehmerschaft zugeordnet werden können, obwohl die Mitunternehmerschaft das Wirtschaftsgut im Rahmen ihrer Geschäftstätigkeit einsetzt.[1227] Um eine Trennung der Vermögenssphären des Mitunternehmers durchsetzen zu können, bedarf es mithin einer Berücksichtigungsmöglichkeit

---

1220 *Hallerbach*, Personengesellschaft, S. 165.

1221 *Haas*, DStR 1997, 1706 (1171).

1222 *Sparrer*, Sonderbetriebsvermögen, S. 126.

1223 Zur Begriffsdefinition: *Hallerbach*, Personengesellschaft, S. 165.

1224 *Jacobs*, Unternehmensbesteuerung und Rechtsform, S. 229.

1225 a.A. *Sparrer*, Sonderbetriebsvermögen, S. 102. I.E. könne aus dem Gedankengang nicht auf eine hinreichende Legitimation geschlossen werden, zumal erst feststehen müsse, was alles zu den steuerlichen Einkünften zähle und anschließend die Frage über die Gewinnermittlung gestellt werden könne. Es könne erst gebucht werden, wenn feststehe, was zu erfassen sei, und nicht aus der Buchung sei auf die steuerbaren Einkünfte zu schließen.

1226 *Schön*, DStR 1993, 185 (194).

1227 Vg. *Schneider*, Sonderbetriebsvermögen, S. 163.

der den Leistungsbeziehungen zwischen Gesellschaft und Gesellschafter zugrunde liegenden Wirtschaftsgüter im Rahmen der Sonderbetriebsvergütungen. Ist eine solche Berücksichtigung nicht ausdrücklich im Wortlaut des § 15 Abs. 1 Satz 1 Nr. 2 EStG zu finden, ergibt sich diese als folgerichtiger Schluss aus dem Sinne und Zweck der Regelung um eine systemgerechte Berücksichtigung der Vergütungen zu gewährleisten.

II. Gesetzliche Grundlage für das Sonderbetriebsvermögen II

Der Wortlaut des § 15 Abs. 1 Satz 1 Nr. 2 EStG erfasst grundsätzlich lediglich Sonderbetriebsvergütungen und damit in Zusammenhang stehende Wirtschaftsgüter.[1228] Das Sonderbetriebsvermögen II soll hingegen Wirtschaftsgüter erfassen, die der Stärkung der Stellung oder der Begründung[1229] der Stellung des Gesellschafters an der Gesellschaft dienen.[1230] Tatbestandlich wird damit der von § 15 Abs. 1 Satz 1 Nr. 2 EStG vorgegebene Rahmen überschritten.[1231] Ob das Einkommensteuerrecht eine gesetzlich normierte Grundlage für das Sonderbetriebsvermögen II bereit hält ist daher fraglich. Eine gesetzliche Grundlage kann weder in unmittelbar § 15 Abs. 1 Satz 1 Nr. 2 EStG noch in anderen zufälligen Nennungen des Sonderbetriebsvermögens im Gesetzestext entnommen werden. Zu beachten ist jedoch, dass für den Grundsatz der Tatbestandsmäßigkeit der Besteuerung eine wesentliche Festlegung der Besteuerungsmerkmale durch den Gesetzgeber genügt.[1232] Regelungen zu allen möglicherweise auftretenden Einzelfällen werden nicht gefordert. Vielmehr hat eine Konkretisierung durch die Rechtsprechung zu erfolgen.[1233] Die Annahme von Sonderbetriebsvermögen muss jedoch im Einzelfall vorhersehbar und nachvollziehbar sein.[1234] Die Grenze der zulässigen Rechtsfortbildung ist jedoch dort zu sehen, wo ein neuer, im Gesetz nicht angelegter Steuertatbestand, geschaffen wird.[1235] Der BFH entschied in seinem *Urteil vom 05.12.1979*[1236], dass sich eine Zuordnung zum Sonderbetriebsvermögen II nicht ausdrücklich aus dem Gesetz entnehmen ließe, jedoch aus dem *Sinn- und*

1228 BVerfG, Beschluss vom 15.07.1969 – 1 BvR 457/66; *Schneider*, Sonderbetriebsvermögen, S. 149.

1229 Vgl. zu den Zuordnungsmerkmalen des Sonderbetriebsvermögens: Seite 8 f.

1230 A.A. *Schneider*, Sonderbetriebsvermögen, S. 219, der dem Sonderbetriebsvermögen II lediglich die Wirtschaftsgüter zuordnen will, die der Erzielung von Sonderbetriebsvergütungen dienen. Damit wird der Anwendungsbereich auf den konkreten Wortlaut des § 15 Abs. 1 Satz 1 Nr. 2 EStG begrenzt. Die Möglichkeit der Bildung von gewillkürtem Sonderbetriebsvermögen wird ausgeschlossen. Damit wird die Auffassung Schneiders jedoch der Intention der steuerlichen Annäherung von Mit- und Einzelunternehmer nicht gerecht.

1231 Hennrichs in: *Tipke/Lang*, Steuerrecht, § 10, Rn. 137.

1232 *Sparrer*, Sonderbetriebsvermögen, S. 28.

1233 BVerfG, Beschluss vom 15.07.1969 – 1 BvR 457/66.

1234 *Sparrer*, Sonderbetriebsvermögen, S. 28.

1235 BVerfG, Urteil vom 15.07.1969 – 1 BvR 457/66; BVerfG, Beschluss vom 22.12.1992 – 1 BvR 1333/89; *Sparrer*, Sonderbetriebsvermögen, S. 28.

1236 BFH, Urteil vom 05.12.1979 – I R 184/76.

Zweckzusammenhang des § 15 Abs. 1 Satz 1 Nr. 2 und § 16 Abs. 1 Satz 1 Nr. 2 EStG.[1237] Das Einkommensteuergesetz enthalte bereits eine Regelung im Grundsätzlichen, im Gegensatz zu einer echten Gesetzeslücke, so dass eine Schlussfolgerung der Zuordnung eine Konkretisierung durch die Rechtsprechung, mithin eine Auslegung und keine Lückenausfüllung sei.[1238] *Woerner* befürwortet die Auslegung und stellt zu ihrer Begründung auf die modifizierte Gleichstellungstheorie von Einzel- und Mitunternehmer ab.[1239] S.E. folge dies aus der dem Zusammenhang des Einkommensteuergesetzes folgenden immanenten Gleichstellung von Mit- und Einzelunternehmer.[1240] Während der BFH in seinem Urteil eine Gesamtanalogie aus dem System und dem Sinnzusammenhang des Einkommensteuergesetzes zieht und damit eine Rechtsfortbildung begründet, stellt *Woerner* auf eine Lückenausfüllung im Wege der Rechtsanalogie ab.[1241] S.E. stelle der angeführte Sinnzusammenhang eine Ermächtigung des Richters dar, dass grundsätzlich Angeordnete, aber im Einzelnen Nichtausformulierte folgerichtig weiterzuentwickeln[1242] und begründet damit eine Analogie zulasten des Steuerpflichtigen.[1243] Um eine Analogie annehmen zu können müssen die Voraussetzungen, mithin

1237 Menkel zufolge handelt es sich dabei jedoch um eine Tautologie. Seiner Ansicht nach gehe die Rechtsprechung bereits von einem Vorliegen des Sonderbetriebsvermögens aus und begründe dies nicht erst. *Menkel*, Sonderbetriebsvermögen, S. 15 f.

1238 BFH, Urteil vom 05.12.1979 – I R 184/76.

1239 *Woerner*, DStZ 1980, 203 (204).

1240 *Woerner*, DStZ 1980, 203 (204).

1241 *Tiedtke/Hils*, DStZ 2004, 482 (485).

1242 *Tipke*, DStJG 5 1982, 23 (47).

1243 Inwieweit eine Analogie zulasten Steuerpflichtiger im Steuerrecht möglich ist, ist umstritten. U.a. Gersch und der BFH mit Urteil vom 20.10.1983 lehnen zu Recht ein grundsätzliches Analogieverbot im Steuerrecht ab. Der Schluss vom strafrechtlichen Analogieverbot aus Art. 103 Abs. 2 GG auf das Steuerrecht könne nicht gezogen werden. Allerdings sei eine Analogie zulasten des Steuerpflichtigen im Interesse der Rechtssicherheit nur unter größter Zurückhaltung vorzunehmen. *Klein*, AO-Komm., § 4, Rn. 37; BFH, Urteil vom 20.10.1983 – VI R 175/79. Gersch wendet die Unpraktikabilität eines Verbotes einer Analogie zu Lasten des Steuerpflichtigen ein, zumal bei jedem erheblichen Zweifel zu Gunsten des Steuerpflichtigen entschieden werden müsste. Erkenne eine Rechtsordnung die Analogie als mögliches Auslegungskriterium an, so stelle sie einen Bestandteil der rechtsstaatlichen Ordnung dar, außer die Verfassung normiere ausdrücklich ein Analogieverbot. Analogien schließen nach Englisch die Lücken der Regelungsdefizite des Steuerrechts. S.E. könne nur so eine konsistente, folgerichtige und widerspruchsfreie Rechts- und Regelungssicherheit erzielt werden. Englisch in: *Tipke/Lang*, Steuerrecht, § 5, Rn. 83. Dessen ungeachtet ist anzuerkennen, dass an ein Analogieverbot hohe Hürden zu stellen sind und es daher einzig im Strafrecht seinen Platz gefunden hat. Dass Eingriffe in Rechte einer hinreichenden Rechtfertigung bedürfen, wird nicht in Zweifel gezogen. Allerdings bedarf es im an Komplexität und Einzelregelungen wachsenden deutschen Steuerrecht einer Möglichkeit für die Rechtsprechung und Wissenschaft, unvollkommene Gesetze

eine planwidrige Regelungslücke und eine vergleichbare Interessenslage vorliegen. Stellt der BFH in seinem *Urteil vom 05.12.1979* einzig auf einen *Sinn- und Zweckzusammenhang* ab, kritisieren *Tiedtke/Hils,* dass weder die planwidrige Regelungslücke noch eine vergleichbare Interessenlage zweifelsfrei dargelegt werden könnten.[1244] *Menkel* wirft ein, dass eine Analogie nur aus unterschiedlichen Tatbeständen mit identischer Rechtsfolge ableitbar sei.[1245] Bei §§ 4 ff., 5 Abs. 1, 16 Abs. 1 Satz 1 Nr. 2 EStG handele es sich jedoch nicht nur um unterschiedliche Tatbestände, sondern auch um unterschiedlich angeordnete Rechtsfolgen.[1246] *Woerner* sieht die vergleichbare Interessenlage in dem Sinnzusammenhang des § 15 Abs. 1 Satz 1 Nr. 2 EStG, dessen Zweck die Gleichstellung von Mit- und Einzelunternehmer sei.[1247] Die Lücke müsse aus der unvollständigen Normierung des Sonderbetriebsvermögenskonzeptes folgen.[1248] Eine solche Gleichstellung war mit der Einfügung des § 15 Abs. 1 Satz 1 Nr. 2 EStG allerdings nicht intendiert.[1249] Aus dem Gesetzesmaterial zu § 15 Abs. 1 Satz 1 Nr. 2 EStG ergibt sich eindeutig die Vorstellung des Gesetzgebers, die Sonderbetriebsvergütungen der Gewerbesteuer zu unterwerfen.[1250] Das Interesse einer steuerlichen Gleichstellung eines Mit- mit einem Einzelunternehmer ist nicht erwähnt. Auch der Wortlaut der Norm findet seine Grenzen in den Sonderbetriebsvergütungen und begründet damit nur die Basis für die Annahme eines Sonderbetriebsvermögens I. Ein weitergehender Anwendungsbereich ist vom Wortlaut grundsätzlich nicht gedeckt.[1251]

Es verbleibt damit die Möglichkeit, das Sonderbetriebsvermögenskonzept aus einer Gesamtanalogie im Wege der Rechtsfortbildung wie es das *Urteil vom 05.12.1979*[1252] des BFH nahelegt, wenn es auf *eine Regelung im Grundsätzlichen* abstellt, herzuleiten. Dazu müssten eine den §§ 4 ff., 15 Abs. 1 Satz 1 Nr. 2, 16 Abs. 1 EStG immanente ratio legis einen verallgemeinerungsfähigen Schluss auf das Sonderbetriebsvermögen II

zu einem prinzipiell stimmigen Konzept zu vervollständigen, so dass auch eine Analogie zu Lasten des Steuerpflichtigen nicht von vornherein auszuschließen ist. Ist im Steuerrecht aufgrund seiner Komplexität und Unvollständigkeit selbst eine Rechtfertigung rückwirkender Gesetze möglich, muss erst Recht eine Analogie im Steuerrecht zu Lasten des Steuerpflichtigen möglich sein.

1244 *Tiedtke/Hils*, DStZ 2004, 482 (487).

1245 *Menkel*, Sonderbetriebsvermögen, S. 34.

1246 *Menkel*, Sonderbetriebsvermögen, S. 34 f.

1247 Woerner, Die Steuerrechtsprechung zwischen Gesetzeskonkretisierung, Gesetzesfortbildung und Gesetzeskorrektur, in: *Tipke*, DStJG 5 1982, 23 (47).

1248 Woerner, Die Steuerrechtsprechung zwischen Gesetzeskonkretisierung, Gesetzesfortbildung und Gesetzeskorrektur in: *Tipke*, DStJG 5 1982, 23 (47).

1249 Vgl. zum Hintergrund des § 15 Abs. 1 Satz 1 Nr. 2 EStG: Seite 217 ff.

1250 RStBl. 1935, 33, 42.

1251 *Tiedtke/Hils*, DStZ 2004, 482 (487).

1252 BFH, Urteil vom 05.12.1979 – I R 184/76.

zulassen.[1253] Einen verallgemeinerungsfähigen Schluss zieht *Schön*[1254] aus der Perspektive der steuerlichen Trennung von Gesellschaft und Gesellschafter. Eine Zuordnung von Wirtschaftsgütern zum Sonderbetriebsvermögen II sei vor dem Hintergrund der Annahme gerechtfertigt, dass der Gesellschafter die Wirtschaftsgüter im eigenen Interesse einsetze, um seinen Gewinnanteil oder die Sonderbetriebsvergütungen zu erhalten und auf diese Weise (fiktiv) gewerbliche Einkünfte erziele.[1255] Wirtschaftsgüter, die der Stellung des Gesellschafters dienen, seien regelmäßig solche Wirtschaftsgüter, die auch für die Begründung oder Erhöhung seines Rechtsanspruchs auf einen Gewinnanteil von Relevanz seien.[1256]

III. Stellungnahme zur Abschaffung des Sonderbetriebsvermögens II

Das Sonderbetriebsvermögen II ist eine richterrechtlich entwickelte Konstruktion, die vorwiegend einer zweckgerechten Lösung der einheitlichen Besteuerung von Einzelunternehmer- und Mitunternehmergewinn Rechnung tragen soll. Das Sonderbetriebsvermögen stellt einen unbestimmten Rechtsbegriff dar, der durch die Rechtsprechung gesetzeskonform auszulegen ist. Eine gesetzeskonforme Auslegung kann auch im Rahmen einer Gesamtanalogie im Wege der Rechtsfortbildung konkretisiert werden, wenn das Sonderbetriebsvermögen im Einkommensteuerrecht hinreichend Anklang gefunden hat. Einen derartigen Anklang im Gesetz kann gemeinsam mit dem BFH[1257] in dem *Sinn- und Zweckzusammenhang des § 15 Abs. 1 Satz 1 Nr. 2 und § 16 Abs. 1 Satz 1 Nr. 2 EStG* gesehen werden. Eine Erwähnung des Sonderbetriebsvermögens findet sich weiterhin u.a. in §§ 6 Abs. 5 und 50d Abs. 10 EStG. Diese Normen differenzieren zwar nicht zwischen Wirtschaftsgütern im Sonderbetriebsvermögen I und II. Sie stellen vielmehr schlicht auf dessen Existenz im Allgemeinen ab.[1258] Allerdings zeigen sie die Verankerung des Sonderbetriebsvermögenskonzepts im deutschen Ertragsteuerrecht. Ist dem Ertragsteuerrecht eine Annäherung der Besteuerung des Einzelunternehmers mit dem Mitunternehmer immanent, kann diese auch für die Rechtfertigung des Sonderbetriebsvermögens II herangezogen werden. Sind dem Sonderbetriebsvermögen II die Wirtschaftsgüter zuzuordnen, die der Stellung eines Gesellschafters an der Mitunternehmerschaft dienen, handelt es sich hierbei um Wirtschaftsgüter, die ein Einzelunternehmer seinem Betriebsvermögen zuzuordnen hätte, weil eine betriebliche Veranlassung der Nutzung des Wirtschaftsgutes zu unterstellen wäre. Die Gleichstellung der Besteuerung des Einzelunternehmers mit einem Einzelunternehmer ist damit auch für das Sonderbetriebsvermögen II zu berücksichtigen und rechtfertigt dessen

---

1253 Kruse, Gewinnanteil und Sondervergütungen der Gesellschafter von Personengesellschaften in: *Kruse*, Personengesellschaft im Steuerrecht, S. 57; *Sparrer*, Sonderbetriebsvermögen, S. 111; *Woerner*, DStZ 1980, 203 (204).
1254 *Schön*, DStR 1993, 185 (193).
1255 *Schön*, DStR 1993, 185 (193).
1256 *Schön*, DStR 1993, 185 (193).
1257 BFH, Urteil vom 05.12.1979 – I R 184/76.
1258 Vgl. *Schneider*, Sonderbetriebsvermögen, S. 141.

richterrechtliche Begründung. Eine Abschaffung des Sonderbetriebsvermögens II kann damit nicht auf eine mangelnde gesetzliche Grundlage gestützt werden. Eine solche ist aus dem Sinn- und Zweckzusammenhang des § 15 Abs. 1 Satz1 Nr. 2 und § 16 Abs. 1 Satz 1 Nr. 2 EStG abzuleiten.

Darüber hinaus wären im Rahmen einer Abschaffung des Sonderbetriebsvermögens insgesamt und damit auch im Rahmen einer Abschaffung des Sonderbetriebsvermögens II, finanzverfassungsrechtliche Grundsätze zu beachten. Die Steuerertragshoheit der Einkommensteuer steht dem Bund und den Ländern bzw. den Gemeinden gemeinschaftlich zu. Eine Aufteilung erfolgt nach Art. 106 Abs. 3 bis Abs. 5a GG, wobei für die Verteilung das örtliche Aufkommen als maßgeblich erachtet wird, Art. 107 Abs. 1 GG.[1259] Das Gewerbesteueraufkommen steht als Realsteuer ausschließlich den Gemeinden zu, Art. 106 Abs. 6 GG.[1260] Eine Abschaffung des sonderbetrieblichen Bereichs würde das Steuerertragsverteilungssystem aus dem Gleichgewicht bringen und den Gemeinden dringend benötigte Steuereinnahmen nehmen. Die auf Grundlage der Finanzverfassung ergangenen einfachgesetzlichen Verteilungsschlüssel der bestehenden Gemeinschaftsteuern müssten angepasst werden, um den Finanzbedarf der Gemeinden ausgleichen zu können. Es handelt sich hierbei um zustimmungspflichtige Gesetze, so dass es einer Zustimmung der Länder zur Gesetzesänderung im Bundesrat bedürfte. Wie *Prinz* richtig feststellt, müsste *„ein kluger Gesetzgeber"* ein solches umfassendes Reformprojekt mit Planspielen, diversen Expertenchecks sowie Verfassungs- und Missbrauchstesten begleiten".[1261] Änderungen des Ertragsteuerrechts, insbesondere solcher Normen, die gewerbliche Einkünfte betreffen, können nicht isoliert vollzogen werden. Sie sind vor dem Hintergrund der an das Ertragsteuerrecht anknüpfenden Gewerbesteuer zu korrigieren. In Anbetracht der notwendigerweise weitgehenden Verfassungsänderungen um die Verteilungsschlüssel des Steueraufkommens anzupassen, ist diese Lösung zwar durchaus möglich, jedoch wenig wahrscheinlich.

Naheliegender wäre eine Reform des Sonderbetriebsvermögens als solcher. Kern des Sonderbetriebsvermögens ist das Erfassen von Wirtschaftsgütern des Gesellschafters, die den Geschäftszweck der Personengesellschaft dienen oder fördern. Eine Zuordnung zum Sonderbetriebsvermögen I bzw. II hat keine Auswirkung auf die Rechtsfolge. Regelmäßig wird jedoch in einer Dienlichkeit einer Beteiligung zur Stellung des Gesellschafters an der Gesellschaft gleichzeitig zumindest eine Förderlichkeit des Geschäftszwecks der Personengesellschaft mit eingeschlossen sein.[1262] Würden vom Sonderbetriebsvermögen I nicht lediglich die Wirtschaftsgüter erfasst, die durch den Einsatz der Wirtschaftsgüter erfasst werden, die der Personengesellschaft durch den Gesellschafter zur Nutzung überlassen werden, sondern alle Wirtschaftsgüter, die der Geschäftstätigkeit dienlich oder förderlich sind, würde die Ausgestaltung des Sonderbetriebsvermögens II entbehrlich. Einer Herleitung des Sonderbetriebsvermögens II

1259 *Fehrenbacher*, Steuerrecht, § 1, Rn. 31.
1260 *Fehrenbacher*, Steuerrecht, § 1, Rn. 31.
1261 *Prinz*, FR 2010, 736 (744).
1262 *Schulze zur Wiesche*, FR 1999, 14 (16).

aus einer Gesamtanalogie im Wege der Rechtsfortbildung bedürfte es dann nicht, sondern eine gesetzliche Grundlage könnte dann unmittelbar als folgerichtiger Schluss aus dem Sinne und Zweck der Regelung des § 15 Abs. 1 Satz 1 Nr. 2 EStG um eine systemgerechte Berücksichtigung der Vergütungen zu gewährleisten, gezogen werden.

C. Einfügen einer nationalen Regelung zur Festlegung einer abkommensrechtlichen Auslegung

Eine Abkommensauslegung für sonstige Sonderbetriebseinnahmen könnte durch eine einfachgesetzliche, nationale Regelung, vergleichbar mit der Regelung des § 50d Abs. 10 EStG festgeschrieben werden. § 50d Abs. 10 EStG soll die abkommensrechtliche Anwendung des Unternehmensgewinnartikels für Sonderbetriebsvergütungen festlegen.[1263] Für sonstige Sonderbetriebseinnahmen könnte eine abkommensautonome Auslegung normiert werden oder, entsprechend der Regelung des § 50d Abs. 10 EStG, eine Qualifikation der Einkünfte im Sinne der Unternehmensgewinne des Art. 7 OECD MA. Eine einfachgesetzliche Festschreibung der Abkommensauslegung sieht sich jedoch als sog. treaty override[1264] verfassungsrechtlichen, grundrechtlichen und europarechtlichen Kritikpunkten ausgesetzt. Würde der Gesetzgeber eine Festlegung einer konkreten Abkommensauslegung für sonstige Sonderbetriebseinnahmen einfach gesetzlich verabschieden, würde er damit regelnd in das Abkommensrecht eingreifen.[1265] Fraglich ist daher, ob der Erlass einer einfach gesetzlichen Norm zur Abkommensauslegung für sonstige Sonderbetriebseinnahmen ein zielführendes Ergebnis zur Beseitigung divergierender Abkommensauslegung der Vertragsstaaten ist.

I. Verfassungswidrigkeit eines treaty overrides

Ein grundlegender Verfassungsverstoß eines treaty overrides wird sowohl in Eingriffen in das subjektive Grundrecht auf Einhaltung der verfassungsmäßigen Ordnung[1266], Art. 2 Abs. 1 i.V.m. 3 Abs. 1 und 20 Abs. 3 GG, einem Verstoß gegen das

---

1263 Vgl. Zum Anwendungsbereich des § 50d Abs. 10 EStG: Seite 101 ff.

1264 Welche Normen unter den Terminus „treaty override" inhaltlich gefasst werden, ist umstritten. Es ist von einem weiten Anwendungsbereich auszugehen, der nicht lediglich Regelungen zur Außerkraftsetzung des Abkommens umfasst, um damit Missbräuche oder Keinmalbesteuerung zu vermeiden. A.A. *Gebhardt*, Tax Treaty Override, S. 205 ff.; *Musil*, IStR 2014, 192 (193); Schwenke, DBA als Völkervertragsrecht und Treaty Override in: *Kaeser*, Festschrift Wassermeyer zum 75. Geburtstag, S. 23; Erfasst werden auch solche Normen, die regelnd in das Abkommen durch Festlegung einer bestimmten Abkommensauslegung eingreifen, um einseitig Steuersubstrat zu sichern. *Gosch*, IStR 2008, 413 (417); *Stemler*, Sonderbetriebsvergütungen, S. 157 f.

1265 Vgl. in Bezug auf die Regelungsanordnung des § 50d Abs. 10 EStG: BFH, Beschluss vom 11.12.2013 – I R 4/13; *Frotscher*, IStR 2009, 593 (597); Mössner in: *Mössner*, Steuerrecht, Rn. 2.456; *Wiesemann*, Doppelte Nicht- und Minderbesteuerung, S. 216.

1266 BFH, Beschluss vom 11.12.2013 – I R 4/13; BFH, Beschluss vom 10.01.2012 – I R 66/09; *Dorn*, BB 2013, 3038 (3040); Frotscher in: *Frotscher/Geurts*, EStG-Komm.,

Rechtsstaatsprinzip, Art. 20 Abs. 3 GG, der Bindung an Völkervertragsrecht sowie in einem Verstoßes gegen das Völkergewohnheitsrecht gesehen, Art. 20 Abs. 3 GG i.V.m. Art. 25 GG.[1267] Erneut[1268] in den Fokus der Betrachtung rückte die verfassungsrechtliche Vereinbarkeit eines treaty overrides durch die Entscheidungen *des BVerfG vom 14.10.2004*[1269], *26.10.2004*[1270] sowie vom *04.05.2011*[1271], in denen über die aus dem Rechtsstaatprinzip abzuleitende Verpflichtung aller staatlichen Organe

---

§ 50d, Rn. 239 f.; Gosch in: *Kirchhof*, EStG-Komm., § 50d, Rn. 44b; Loschelder in: *Schmidt*, EStG-Komm., § 50d, Rn. 60; a.A. BT-Drs. 16/11108, 23.

1267 Eine abkommensrechtliche Auslegung festschreibende einfach gesetzliche Norm für sonstige Sonderbetriebseinnahmen könnte auch einen grundrechtlichen Eingriff begründen. Für die vom Regelungsgehalt vergleichbare Regelung des § 50d Abs. 10 EStG stellt Frotscher fest, dass eine Sonderbelastung des Steuerpflichtigen verursacht werde, die in den Schutzbereich des Art. 14 GG eingreife. Ferner liege eine Ungleichbehandlung im Sinne des Art. 3 Abs. 1 GG vor, wenn für bestimmte Einkünfte eine Doppelbesteuerung, die ohne DBA bestünde, wieder hergestellt würde. *Frotscher*, IStR 2009, 593 (598). Frotscher verkennt jedoch, dass es an einem verfassungsrechtlich gewährten Recht auf Unterlassung von Doppelbesteuerung und damit an einem subjektiv öffentlichen Recht fehlt, in das eingegriffen werden könnte. Während Franz/Voulon schon keine vermögenswerte Rechtsposition durch das DBA verliehen sehen, in die eingegriffen werden kann, *Franz/Voulon*, BB 2011, 1111 (1118), erkennt Musil im schuldrechtlichen Vertrag eine geschützte Rechtsposition im Sinne des Art. 14 GG. *Musil*, IStR 2014, 192 (195). Allerdings folge daraus noch nicht, dass der aus dem Anspruch fließende Zufluss auch steuerfrei sein müsse. Ein Eingriff eine ein von Art. 14 GG gewährtes subjektives öffentliches Recht muss daher ausscheiden. Für einen Verstoß gegen den allgemeinen Gleichbehandlungsgrundsatz fehlt es an einer erforderlichen Vergleichsgruppe. Abstellend auf die gesetzgeberische Unterscheidung zwischen beschränkter und unbeschränkter Steuerpflicht ist von einer Sachgerechtigkeit der damit verbundenen unterschiedlichen Behandlung der entsprechenden Personengruppen im Hinblick auf Art. 3 Abs. 1 GG auszugehen, so dass die Vergleichsgruppe unbeschränkter und beschränkt Steuerpflichtiger zwar eine Ungleichbehandlung aufweisen kann, diese jedoch grundsätzlich gerechtfertigt ist. Vgl. *Stemler*, Sonderbetriebsvergütungen, S. 182. Auch eine Vergleichbarkeit von unterschiedlich beschränkt steuerpflichtigen Personen scheidet aus, zumal es der allgemeinen Wertentscheidung des Steuerrechts entspricht, keine durchgängige Gleichbehandlung aller beschränkt Steuerpflichtigen zu gewährleisten. Ein grundrechtlicher Verstoß liegt damit nicht vor. Verfassungsrechtlich bedenklich ist jedoch die angeordnete Rückwirkung in § 50d Abs. 10 EStG auf alle noch nicht bestandskräftigen Fälle in § 52 Abs. 59a Satz 10 EStG a.F., § 36 Abs. 5 Satz 2 GewStG. Vgl. Gosch in: *Kirchhof*, EStG-Komm., § 50d, Rn. 49; Kempermann in: *Schnittker/Wassermeyer/Richter*, Personengesellschaften, Rn. 2.74; Loschelder in: *Schmidt*, EStG-Komm., § 50d, Rn. 60.

1268 Vgl. Vogel, der als erster die verfassungsrechtlichen Bedenken eines treaty overrides in den Mittelpunkt der Diskussion stellte: u.a. in: *Vogel*, JZ 1997, 161 (161 ff.).

1269 BVerfG, Entscheidung vom 14.10.2004 – 2 BvR 1481/04.

1270 BVerfG, Beschluss vom 26.10.2004 – 2 BvR 955/00, 1038/01.

1271 BVerfG, Urteil vom 04.05.2011 – 2 BvR 2365/09, 740/10, 2333/08, 1152/10, 571/10.

zur Beachtung der Europäischen Menschenrechts-Konvention (EMRK) entschieden wurde. Die EMRK wurde entsprechend der Regelungen eines DBA kraft Zustimmung nach Art. 59 Abs. 2 GG in den Rang eines innerstaatlichen Bundesgesetzes überführt und steht damit normhierarchisch auf gleicher Ebene wie ein Doppelbesteuerungsabkommen.[1272] Überschreibt der Gesetzgeber einfachgesetzlich umgesetzte völkervertragsrechtliche Regelungen, so das BVerfG, verstoße er gegen den Grundsatz *pacta sunt servanda*[1273] und damit gegen das Rechtsstaatsprinzip,[1274] ebenso wie gegen die vorrangige Völkerrechtsfreundlichkeit des Grundgesetzes.[1275] Die Grundsätze dieser BVerfG-Urteile sind auf die Regelungen eines DBA als völkerrechtlicher Vertrag übertragbar. In den Urteilen des BVerfG zur Durchbrechungsmöglichkeit der EMRK durch einfaches Recht, nahm es e*ine Zulässigkeit der Durchbrechung eines völkerrechtlichen Vertrages an, wenn diese die einzige Möglichkeit darstelle, einen Verstoß gegen tragende Grundsätze der Verfassung abzuwenden.*[1276] Dass die Regelung eines DBA in Konflikt mit tragenden Verfassungsgrundsätzen gerät, ist, wie *Fehrenbacher/Traut* aufzeigen, grundsätzlich nicht ersichtlich.[1277]

Es ist an dieser Stelle jedoch zu differenzieren. Handelt es sich um einen treaty override, der eine doppelte Nichtbesteuerung vermeiden soll, handelt es sich um eine Missbrauchsvermeidungsvorschrift. Eine Missbrauchsvermeidungsvorschrift ist als Rechtfertigungsgrund einer Durchbrechung völkerrechtlicher Verträge

---

1272 Fehrenbacher/Traut, Völkerrechtliche Verträge und nationale „Treaty Overrides“ in: *Jochum/Fritzemeyer/Kau*, Festschrift Hailbronner, S. 579.

1273 Der Grundsatz: pacta sunt servanda ergibt sich sowohl aus Art. 26, 27 WÜRV, als auch aus Völkergewohnheitsrecht. *Frotscher*, Internationales Steuerrecht, Rn. 51; *Gebhardt*, Tax Treaty Override, S. 16; Aus einer Völkerrechtswidrigkeit folgt nach Art. 60 WÜRV eine Suspendierung oder Kündbarkeit des Abkommens. Eine Kündigung oder Supendierung ist grundsätzlich lediglich für schwerwiegende Verstöße in Betracht zu ziehen. Lehner in: *Vogel/Lehner*, DBA-Komm., Grundlagen des Abkommensrechts, Rn. 197. Die eigenmächtige einseitige Beeinflussung der Zuweisung von Steuersubstrat istdarunter zu fassen.

1274 BFH, Beschluss vom 10.01.2012 – I R 66/09; *Jankowiak*, Doppelte Nichtbesteuerung, S. 266; *Stemler*, Sonderbetriebsvergütungen, S. 166.

1275 Als Ausdruck der Völkerrechtsfreundlichkeit des Grundgesetzes ist ein Gesetz grundsätzlich so auszulegen, dass ein Konflikt mit völkerrechtlichen Verpflichtungen der Bundesrepublik nicht entsteht. Schwenke in: Steuerliche Zulässigkeit nationaler Treaty-overriding-Regelungen: *Baumhoff/Schönfeld/Müller-Gatermann*, DBA, S. 37; A.A. Musil zufolge führt das Gebot der Völkerrechtsfreundlichkeit lediglich zu einer völkerrechtsfreundlichen Auslegung. Diese ende dort, wo sich der Gesetzgeber bewusst und offen nicht völkerrechtsfreundlich verhalte. *Musil*, IStR 2014, 192 (194).

1276 BVerfG, Entscheidung vom 14.10.2004 – 2 BvR 1481/04.

1277 Fehrenbacher/Traut in: Völkerrechtliche Verträge und nationale „Treaty overrides“ *Jochum/Fritzemeyer/Kau*, Festschrift Hailbronner, S. 579.

anerkannt.[1278] Auch das BVerfG nahm im *Beschluss vom 15.12.2015*[1279] eine Verfassungsmäßigkeit des missbrauchsvermeidenden treaty overrides in § 50d Abs. 8 EStG [1280] an. Eine Verfassungswidrigkeit völkerrechtswidriger Gesetze lasse sich, nach Ansicht des BVerfGs, nicht durch Rückgriff auf den ungeschriebenen Grundsatz der Völkerrechtsfreundlichkeit des Grundgesetzes begründen.[1281] Dem Grundsatz der Völkerrechtsfreundlichkeit sei zwar Verfassungsrang zuzugestehen, er beinhalte jedoch keine verfassungsrechtliche Pflicht zur uneingeschränkten Befolgung aller völkerrechtlichen Normen.[1282] Der Grundsatz der Völkerrechtsfreundlichkeit verlange lediglich ein Anstreben des Einfügens Deutschlands in die Rechtsgemeinschaft friedlicher und freiheitlicher Staaten, nicht jedoch einen Verzicht auf die durch die Verfassung begründete Souveränität.[1283] Regelungen eines DBA würden ferner keine allgemeinen völkerrechtlichen Regelungen begründen, die nach Art. 25 Abs. 2 GG über dem einfachen Bundesgesetz stünden. Ein solcher Rang werde den Regelungen des DBA auch nicht über den völkerrechtlichen Grundsatz *pacta sunt servanda* verliehen.[1284] Ein DBA werde nach Art. 59 Abs. 2 Satz 1 GG durch Zustimmungsgesetz in einfaches Bundesrecht transformiert, so dass Völkervertragsrecht kein Rang über dem einfachen Gesetz eingeräumt werde.[1285] Darüber hinaus stellt das BVerfG fest, dass aus dem Rechtsstaatsprinzip ein (begrenzter) Vorrang des Völkervertragsrechts vor dem (einfachen) Gesetz oder eine Einschränkung des lex-posterior-Grundsatzes nicht abgeleitet werde.[1286] Spätere, dem in einfaches Bundesrecht transformierten Regelungen des DBA widersprechende Bundesgesetze könnten damit Regelungen völkerrechtlicher Verträge verdrängen. Diese Auffassung entspreche dem Demokratieprinzip nach Art. 20 Abs. 1, 2 GG, welches einem späteren Gesetzgeber innerhalb der vom Grundgesetz vorgegebenen Grenzen Rechtssetzungsakte früherer Gesetzgeber revidieren können müsse.[1287]

1278 *Gebhardt*, Tax Treaty Override, S. 55; *Heger*, SWI 2011, 95 (104); *Kessler/Eicke*, Tax Notes Int'l 2010, 41 (42); *Lehner*, IStR 2012, 389 (403); *Rust/Reimer*, IStR 2005, 843 (848).

1279 BVerfG, Beschluss vom 15.12.2015 – 2 BvL 1/12.

1280 § 50d Abs. 8 EStG macht eine Freistellung von Einkünften aus nichtselbständiger Tätigkeit in Deutschland vom Nachweis des Verzichts des ausländischen Staates auf sein Besteuerungsrecht abhängig (subject-to-tax-Klausel). Wagner in: *Blümich*, EStG/KStG/GewStG-Komm., § 50d EStG, Rn. 103, 126. Lfg., Stand: Nov. 2014.

1281 BVerfG, Beschluss vom 15.12.2015 – 2 BvL 1/12.

1282 BVerfG, Beschluss vom 15.12.2015 – 2 BvL 1/12.

1283 BVerfG, Beschluss vom 15.12.2015 – 2 BvL 1/12.

1284 BVerfG, Beschluss vom 15.12.2015 – 2 BvL 1/12.

1285 In den meisten Ländern nimmt das Völkervertragsrecht eine höhere Rangstellung als einfaches Recht ein (bspw. in Belgien, Frankreich, Griechenland, Luxemburg, den Niederlanden, Russland und Spanien). *Kessler/Eicke*, Tax Notes Int'l 2010, 41 (41).

1286 BVerfG, Beschluss vom 15.12.2015 – 2 BvL 1/12.

1287 BVerfG, Beschluss vom 15.12.2015 – 2 BvL 1/12; Schwenke, DBA als Völkervertragsrecht und Treaty Override, in: *Kaeser*, Festschrift Wassermeyer zum 75. Geburtstag, S. 28.

Normen die hingegen keinen Missbrauch vermeiden sollen, sondern einseitig Steuersubstrat zu Lasten des anderen Vertragsstaats sichern sollen, können nicht gerechtfertigt werden. Einem völkerrechtlichen Vertrag ist, wenn auch keine rechtliche Vorrangigkeit vor einfachem Bundesgesetz nach Art. 25 GG, eine faktische Vorrangigkeit zuzugestehen,[1288] die eine den völkervertragsrechtlichen Regelungen widersprechende gesetzliche Normierung verbietet. Sowohl die EMRK als die Doppelbesteuerungsabkommen müssen, wie *Fehrenbacher/Traut* richtig feststellen, in ihrer Wertigkeit erhalten bleiben.[1289] Das bleiben sie nicht, wenn der Gesetzgeber mittels einfachen Bundesgesetzes völkervertragsrechtliche Regelungen überschreiben kann. Ist es das grundlegende Ziel eines DBA das Steueraufkommen zwischen zwei Staaten anhand der wirtschaftlichen Verwurzelung der Einkünfte gerecht zu verteilen, widerspricht es diesem Ziel, wenn ein Vertragsstaat einseitig sich das Besteuerungsrecht entgegen der abkommensrechtlichen Zuweisung des Besteuerungsrechts sichert. Dem Grundsatz der Völkerrechtsfreundlichkeit des Grundgesetzes würde eine Regelung die einseitig Steuersubstrat sichert damit nicht ausreichend Rechnung tragen. Die Kündbarkeit oder Neuverhandlung eines Abkommens, ebenso wie der zwischenstaatliche Informationsaustausch reichen zur Sicherung des Demokratieprinzips aus.[1290] Im Gegensatz zu nichtsteuerlichen Abkommen sind DBA, wenn auch nach Ablauf einer Stillhaltezeit, innerhalb einer Legislaturperiode kündbar, Art. 31 OECD MA.[1291] Mit Ablauf der Stillhaltezeit sind DBA mit einer Kündigungsfrist von lediglich sechs Monaten zum Ende eines Kalenderjahres kündbar, außer es sind strengere Kündigungsfristen in einzelnen DBA vereinbart.[1292] Jede neue Regierung wird innerhalb ihrer Legislaturperiode die Möglichkeit haben, ein in der vorherigen Legislaturperiode abgeschlossenes DBA zu ändern.[1293] Das Demokratieprinzip ist damit nicht eingeschränkt. Das rechtstaatliche

1288 Gebhardt zieht einen ähnlichen Schluss aus der in § 2 AO niedergelegten Wertentscheidung, wonach „ im Zweifel zugunsten des DBA“ zu entscheiden sei. S.E. begründen weder Art. 59 Abs. 2 Satz 1 GG noch Art. 25 GG eine Rangstellung der Regelungen des DBA auf Ebene einfacher Gesetze, so dass im Umkehrschluss nicht abwegig sei, den DBA ebenfalls eine besondere Stellung in der deutschen Rechtsordnung beizumessen. *Gebhardt*, Tax Treaty Override, S. 29, 52.

1289 Fehrenbacher/Traut, Völkerrechtliche Verträge und nationale „Treaty Overrides“ in: *Jochum/Fritzemeyer/Kau*, Festschrift Hailbronner, S. 580.

1290 Vgl. Rust/Reimer, die eine praktische Konkordanz zwischen Rechtsstaatsprinzip und Demokratieprinzip für einen schonenden Ausgleich heranziehen. *Rust/Reimer*, IStR 2005, 843 (848).

1291 Vgl. zu der Kündigungsmöglichkeit eines DBA: Schwenke, DBA als Völkervertragsrecht und Treaty Override in: *Kaeser*, Festschrift Wassermeyer zum 75. Geburtstag, S. 25.

1292 *Rust/Reimer*, IStR 2005, 843 (848).

1293 Der Kündigungsmöglichkeit eines Abkommens wird der wirtschaftliche Nachteil eines fehlenden Abkommens vorgehalten. Außerdem könnten Folgeprobleme entstehen, wie dem Problem geeignete Lösungen in Neuverhandlungen zu finden. *Kessler/Eicke*, Tax Notes Int'l 2010, 41 (41).

Interesse an der Einhaltung völkerrechtlicher Verpflichtungen überwiegt hingegen.[1294] Bei einem treaty override, der einseitig Steuersubstrat sichern soll handelt es sich damit nicht um ein milderes und auch nicht um ein ebenso geeignetes Mittel um dem Demokratieprinzip gerecht zu werden. Ein verfassungsrechtlicher Verstoß läge damit in einer einfach gesetzlichen Norm vor, die eine abkommensrechtliche Auslegung sonstiger Sonderbetriebseinnahmen begründet. Eine solche Norm ist daher nicht geeignet eine einheitliche abkommensrechtliche Auslegung sonstiger Sonderbetriebseinnahmen zu gewährleisten.

II. Europarechtswidrigkeit eines treaty overrides

Darüber hinaus könnte ein treaty override, der einseitig Steuersubstrat sichern soll, auf EU-Ebene einen Eingriff in die grundfreiheitlich normierte Niederlassungs- bzw. Kapitalverkehrsfreiheit begründen.[1295] Der EuGH entschied jedoch gegenteilig mit *Urteilen vom 14.11.2006 und 06.12.2007.*[1296] Aus den Grundfreiheiten ergebe sich keine Erhebungspriorität, welcher Staat eine Doppelbesteuerung zu verhindern habe.[1297] Damit sei die Beseitigung einer nachteiligen Doppelbesteuerung Sache der Mitgliedstaaten.[1298] *Gebhardt* verweist jedoch darauf, dass DBA unveräußerlicher Teil der Planungsüberlegungen grenzüberschreitend tätiger Unternehmen sein und daher unmittelbar dem Ziel eines schrankenlosen Binnenmarktes durch Verteilung des Steuersubstrats Rechnung trügen.[1299] Europarechtlich beachtlich wird ein Verstoß, wenn die durch den treaty override geänderte Rechtslage ohne rechtfertigenden Grund eine grenzüberschreitende Konstellation weniger attraktiv gestaltet als einen Inlandssachverhalt.[1300] Führt eine, der Regelung des § 50d Abs. 10 EStG vergleichbare Regelung zur abkommensrechtlichen Qualifikation sonstiger Sonderbetriebseinnahmen, zu einer Umqualifizierung von sonstigen Sonderbetriebseinnahmen in Unternehmensgewinne, führt dies zu einer Zuweisung des Besteuerungsrechts über Art. 7 OECD MA zum Betriebsstättenstaat. Stimmt der andere Vertragsstaat in der Qualifikation der Einkünfte als Unternehmensgewinne überein, könnte der andere

1294 Vgl. *Rust/Reimer*, IStR 2005, 843 (848).

1295 a.A. Demnach sei keine Verletzung von Unionsrecht durch einen Treaty Override anzunehmen, zumal der EuGH nicht befugt sei zu überprüfen, ob ein Mitgliedstaat seine Verpflichtungen aus einem DBA verletzt hat. EuGH, Urteil vom 14.12.2000 – C-141/99; Oellerich in: *Schaumburg/Englisch*, Europäisches Steuerrecht, Rn. 8.197.

1296 EuGH, Urteil vom 14.11.2006 – C-513/04; EuGH, Urteil vom 06.12.2007 – C-298/05.

1297 Der EuGH entschied, dass ein Verstoß gegen die Unionstreuepflicht aus Art. 4 Abs. 3 EUV, grundsätzlich nicht angenommen werden könne, EuGH, Urteil vom 06.12.2007 – C-298/05.

1298 EuGH, Urteil vom 14.11.2006 – C-513/04; EuGH, Urteil vom 06.12.2007 – C-298/05; Vgl. auch: Schön, Doppelbesteuerung und EU-Recht, in: *Kaeser*, Festschrift Wassermeyer zum 75. Geburtstag, S. 8.

1299 *Gebhardt*, Tax Treaty Override, S. 78 f.

1300 *Musil*, IStR 2014, 192 (195).

Vertragsstaat die sonstigen Sonderbetriebseinnahmen freistellt. Diese Freistellung würde jedoch unter Berücksichtigung des Progressionsvorbehalts erfolgen, so dass es letztendlich bei einem Auslandssachverhalt zu einer Benachteiligung des Steuerpflichtigen käme. Geht der andere Vertragsstaat von einer Steueranrechnung aufgrund der Qualifikation der Einkünfte unter die besonderen Verteilungsnormen aus, würde das Steuerniveau der Einkünfte auf das (möglicherweise höhere) Niveau des anderen Vertragsstaats angehoben. Eine nichtgerechtfertigte Ungleichbehandlung eines inländischen und eines ausländischen Sachverhalts läge damit vor, so dass ein Eingriff die Niederlassungs- bzw. Kapitalverkehrsfreiheit vorläge.[1301] Die Festlegung einer abkommensautonomen Auslegung hingegen wäre europarechtlich unbedenklich.

III. Schlussfolgerung zur Festlegung einer abkommensrechtlichen Auslegung

Normen zur einseitigen Sicherung von Steuersubstrat zu Lasten des anderen Vertragsstaates stellen einen Systembruch dar, unabhängig davon, wie *Haase* richtig feststellt, ob es sich um punktuelle oder generalklauselartige Anpassungen im Interesse des Anwenderstaates handelt.[1302] *Schmidt* schlägt, trotz Kenntnis der Problematik des treaty overrides vor, eine nationale Lösung festzuschreiben.[1303] Unbeschadet des Verstoßes gegen Völkerrecht, handele es sich s.E. um eine speziellere Vorschrift zum DBA, welche den Vorrang des Abkommens durchbreche.[1304] *Haase* weist dies zu Recht zurück und besteht auf Stringenz des gewählten Besteuerungssystems.[1305] Die Regelungen eines DBA begründen einen eigenständigen in sich abgeschlossenen Regelungskreis. Unmittelbare Ausprägung dieser Eigenständigkeit ist u.a. die verwendete Abkommenssprache, einschließlich ihrer verwendeten Begriffe, die u.a. auch dann zu wahren ist, wenn eine Wortlautidentität mit nationalen Begriffen

---

1301 Der EuGH versagt es den Mitgliedstaaten hingegen sich gegenüber einem treaty override auf die Grundfreiheiten zu berufen. EuGH, Urteil vom 06.12.2007 – C-298/05; Allerdings verweist der EuGH Steuerpflichtige zur Konfliktlösung auf die eigenständigen Rechtsmittel nach nationalem und internationalen Recht (Verständigungsverfahren, Schiedsklausel). Schön sieht darin nicht den Ausschluss der Betroffenheit von europarechtlichen Grundfreiheiten, sondern eher den Umstand, dass der EuGH sich für Streitigkeiten zwischen den beteiligten Staaten nicht befugt sehe, das völkerrechtliche Abkommen zur Vermeidung der Doppelbesteuerung auszulegen. Schön, Doppelbesteuerung und EU-Recht, in: *Kaeser*, Festschrift Wassermeyer zum 75. Geburtstag, S. 12.

1302 *Haase*, IStR 2015, 313 (315).

1303 Schmidt in: *Grotherr*, Handbuch der internationalen Steuerplanung, S. 1807.

1304 Schmidt in: *Grotherr*, Handbuch der internationalen Steuerplanung, S. 1807.

1305 *Haase*, IStR 2015, 313 (315) S.E. müssten in der Folge auch systembedingte Besteuerungslücken hingenommen werden.

besteht.[1306] Ist bereits ein Rückgriff auf § 15 Abs. 1 Satz 1 Nr. 2 EStG über Art. 3 Abs. 2 OECD MA nicht möglich, kann nichts anderes für eine, mit § 50d Abs. 10 EStG vergleichbare einfachgesetzliche Regelung zur Festlegung einer Abkommensauslegung für sonstige Sonderbetriebseinnahmen gelten.[1307] Ferner kann ein treaty override zur Festlegung der abkommensrechtlichen Qualifikation einer sonstigen Sonderbetriebseinnahme aufgrund abkommenswidrigen Verhaltens ein Kündigungsgrund für das Abkommen begründen.[1308] Einen hinreichenden Lösungsansatz zur Erreichung einer einheitlichen Abkommensanwendung für sonstige Sonderbetriebseinnahmen kann ein treaty override damit nicht begründen.

D. Einführung einer einheitlichen Unternehmensbesteuerung

Eine rechtsform- und finanzierungsneutrale Unternehmensbesteuerung[1309] könnte Besteuerungsdivergenzen im grenzüberschreitenden Bereich der Personengesellschaftsbesteuerung durch Verhinderung objektiver Qualifikationskonflikte vermeiden.[1310] Die Forderung nach einer rechtsformneutralen Unternehmensbesteuerung ist nicht neu und wird auf verfassungsrechtliche Grundpfeiler gestützt.[1311] Sie hat regelmäßig in den unterschiedlichsten Ausprägungen Eingang in Koalitionsverträge gefunden.[1312] Bisher scheiterten jedoch die Umsetzungsbemühungen oder wurden lediglich als abgespeckter Kompromiss realisiert.[1313]

1306 *Schaumburg*, Internationales Steuerrecht, Rn. 16.58; *Wassermeyer*, IStR 2007, 413 (414).

1307 Vgl. zur Regelung des § 50d Abs. 10 EStG: *Korn*, IStR 2009, 641 (643 f.).

1308 Vgl. Fehrenbacher/Traut, Völkerrechtliche Verträge und nationale „Treaty Overrides“, in: *Jochum/Fritzemeyer/Kau*, Festschrift Hailbronner, S. 571.

1309 Eine rechtsformneutrale Besteuerung müsste im nationalen Ertragsteuerrecht umgesetzt werden. Diese Umsetzung könnte einerseits durch Eingliederung der Personengesellschaft in die Körperschaftsteuer erfolgen oder, wie Bippus vorschlägt, durch die Einführung eines Optionsrecht für Gesellschaften, welches eine Wahl der konkreten Besteuerung als transparentes oder intransparentes Gebilde ermöglichen würde. *Bippus*, DStR 1998, 749 (755 ff.). Eine Verhinderung von objektiven Qualifikatioskonflikten ließe sich jedoch nur erzielen, wenn Personengesellschaften konstant, einheitlich intransparent besteuert würden.

1310 Vgl. *Müller-Gatermann*, Ubg 2013, 510 (515 f.).

1311 So wird eine verfassungsrechtliche Rechtfertigung einer rechtsformneutralen Unternehmensbesteuerung auf die Ausprägung des Gebots gleichmäßiger Besteuerung nach der wirtschaftlichen Leistungsfähigkeit, Art. 3 Abs. 1 GG, die ökonomische Handlungsfreiheit, Art. 12, 14 und 2 Abs. 1 GG sowie die negative Vereinigungsfreiheit auf Art. 9 Abs. 1 GG gestützt. *Drüen*, GmbHR 2008, 393 (396 f.); Hennrichs in: *Tipke/Lang*, Steuerrecht, § 10, Rn. 4 § 13, Rn. 168 f.

1312 *Drüen*, GmbHR 2008, 393 (396).

1313 Hey/Seer in: *Tipke/Lang*, Steuerrecht, Vorwort zur 21. Auflage, S. VIII; van Randenborgh in: *Sudhoff*, Personengesellschaften, § 2, Rn. 2.

Die Einführung einer einheitlichen Unternehmensbesteuerung würde das bestehende Ertragsteuerrecht und die grundlegende Differenzierung zwischen Transparenz- und Trennungsprinzip suspendieren.[1314] Zivilrechtliche Austauschverträge zwischen Gesellschaft und Gesellschafter würden auch ertragsteuerrechtlich, vorausgesetzt sie sind angemessen, entsprechend ihres objektiven Charakters anerkannt. Verfassungsrechtlich bedenkliche, abkommensüberrollender Normen, wie § 50d Abs. 10 EStG bedürfte es nicht.[1315] Auch die abkommensrechtliche Einordnung von schuldrechtlichen Verträgen zwischen Gesellschaft und Gesellschaftern würden im Sinne des Spezialitätsgrundsatzes entsprechend ihres objektiven Charakters unter die besonderen Verteilungsnormen fallen. Auf die Einschlägigkeit eines Betriebsstättenvorbehalts käme es im Regelfall nicht an, weil in der Regel eine Betriebsstätte nicht vorläge. Die Zuweisung des Besteuerungsrechts würde sich daher nach den Regelungen der besonderen Verteilungsartikel richten. Würde eine einheitliche Unternehmensbesteuerung sowohl für Kapitalgesellschaften als auch für Personengesellschaften unter dem Gesichtspunkt des Trennungsprinzips geschaffen, wäre eine abkommensrechtliche Qualifikation der entsprechenden Einkünfte von beiden Vertragsstaaten einheitlich vorzunehmen.

Problematisch ist jedoch, dass nicht lediglich die Ertragsteuern, sondern insbesondere im Zusammenhang stehende Steuern grundlegend reformiert werden müssten.[1316] Von diesem Gesichtspunkt aus ist es nicht überraschend, dass eine Umsetzung bisher gescheitert ist. Hat sich ein Gesetzgeber für ein System der Ertragsbesteuerung und darauf aufbauende Steuern entschieden, bedarf ein fundamentaler Systemwechsel einer hinreichenden Rechtfertigung. Die negative Auswirkung einer Doppelbesteuerung von Sonderbetriebseinnahmen im internationalen Rechtsverkehr allein[1317] kann kein ausreichendes Kriterium für einen

---

1314 Hennrichs in: *Tipke/Lang*, Steuerrecht, § 10, Rn. 8.

1315 *Müller-Gatermann*, Ubg 2013, 510 (516).

1316 Reiß zufolge bedarf es zur Vermeidung von Ungleichbehandlungen in erster Linie der Abschaffung der Gewerbesteuer und deren Ersetzung durch eine kommunale Einkommenbesteuerung. *Reiß*, DStR 1999, 2011 (2018); ebenso: *Prinz*, FR 2010, 736.

1317 Weitere Argumente, die vorgebracht werden: *Drüen*, GmbHR 2008, 393 (399). Gegen eine rechtsformneutrale Unternehmensbesteuerung könnte sprechen, dass die Grundlagen der Finanzverfassung die Wurzeln des Dualismus aus Transparenz- und Trennungsprinzip begründen könnten, zumal die Finanzverfassung für die Verteilung des Steueraufkommens an die Einkommensteuer und die Körperschaftsteuer anknüpft, Art. 106 Abs. 3 GG. Allerdings gibt die Finanzverfassung kein konkretes Besteuerungskonzept explizit vor. Drüen besteht darauf, dass, wenn Art. 106 Abs. 3 GG explizit die Einkommen- und Körperschaftsteuer benenne und das Aufkommen entsprechend zuweise, eine einheitliche Unternehmensbesteuerung die finanzverfassungsrechtlichen Vorgaben leer laufen lassen würde; es sei denn, es fände eine entsprechende Anpassung der Finanzverfassung durch Grundgesetzänderung statt. Müller-Gatermann führt dafür die unterschiedlichen Verlustverrechnungsmöglichkeiten ebenso wie die unterschiedlichen Begünstigungen im Rahmen der Vererbung von Betriebsvermögen einer Personengesellschaft gegenüber der Vererbung von Anteilen an einer Kapitalgesellschaft an, was s.E.

kompletten Systemwechsel begründen. Eine rechtsformneutrale Besteuerung erscheint bis dato kein gangbarer Weg zu sein.

§ 4: Normvorschlag für deutsche DBA zur Erfassung von Sonderbetriebseinnahmen

Eine einheitliche Abkommensanwendung für sonstige Sonderbetriebseinnahmen ließe sich durch eine konkrete Norm in der deutschen DBA-Verhandlungsgrundlage erreichen. Eine Regelung zur einheitlichen abkommensrechtlichen Behandlung von sonstigen Sonderbetriebseinnahmen ist aufgrund der weltweit eingeschränkten Verbreitung im OECD MA fehlplatziert.[1318] Die Berücksichtigung jeglicher nationaler ertragsteuerlicher Besonderheiten der Mitgliedstaaten würde die Möglichkeiten des OECD MA übersteigen und seinem Anspruch als Verhandlungsgrundlage nicht gerecht werden. In einer rein deutschen Verhandlungsgrundlage für künftige deutsche DBA oder DBA-Überarbeitungen wäre eine Regelung hingegen richtig platziert. Die deutsche Finanzverwaltung ist der Forderung nach einer deutschen Verhandlungsgrundlage nachgekommen und veröffentlichte am 17.04.2013 eine deutsche Verhandlungsgrundlage im Bereich der Steuern vom Einkommen und Vermögen.[1319] *Lüdicke* zufolge bedeutet die Ausarbeitung keine wesentliche Änderung in der deutschen Abkommenspolitik.[1320] Sie dient jedoch dazu, eine Stringenz und Planbarkeit künftiger Entscheidungen zu ermöglichen.

Interessanterweise enthält die deutsche Verhandlungsgrundlage keine Sonderregelung zur Personengesellschaftsbesteuerung. Das ist deshalb überraschend, weil sich Deutschland sogar im OECD MK einen entsprechenden Vorbehalt zur Aufnahmemöglichkeit von Sonderregelungen für die Personengesellschaftsbesteuerung hat sichern lassen[1321] und in einer Vielzahl neuerer Abkommen bereits eine unternehmerische Sondernorm[1322] zumindest zur Erfassung von Sonderbetriebsvergütungen implementiert hat.[1323] Das BMF weicht damit keinesfalls von seinem Standpunkt der abkommensrechtlichen Einordnung von Sonderbetriebseinnahmen ab. Vielmehr wird wohl die Gefahr gesehen, den Vertragspartner mit einer entsprechenden Regelung abzuschrecken und die Verhandlungsführung zu gefährden.

M.E. ist die Aufnahme einer Regelung zum sonderbetrieblichen Bereich in der Verhandlungsgrundlage zwingende Voraussetzung, um der ertragsteuerlichen

---

gegen den Grundsatz der gleichmäßigen Besteuerung, fließend aus Art. 3 Abs. 1 GG, verstoßen würde. *Müller-Gatermann*, Ubg 2013, 510 (516).

1318 Wassermeyer/Kaeser in: *Wassermeyer*, DBA-Komm., Art. 4 MA, Rn. 118, 122. Lfg., Stand: März 2013.

1319 BMF vom 17.04.2013 IV B 2 – S 1301/10/10022-32.

1320 *Lüdicke*, IStR-Beihefter 2013, 26 (26 f.).

1321 Vgl. Art. 4 Nr. 32 MK, Wassermeyer/Kaeser in: *Wassermeyer*, DBA-Komm., Art. 4 MA, Rn. 118, 122. Lfg., Stand: März 2013.

1322 Vgl. zu DBAs mit unternehmerischer Sondernorm: Seite 138 ff.

1323 Vgl. *Lüdicke*, IStR-Beihefter 2013, 26 (43 f.).

Besonderheit auch abkommensrechtlich dergestalt gerecht zu werden, dass objektive Qualifikationskonflikte vermieden werden.

A. Anforderungen an die Norm

Um eine entsprechende Regelung passend in ein Abkommen ein pflegen zu können, muss ein inhaltlicher Lösungsansatz gefunden und systematische Anforderungen normiert werden.

I. Formelle Anforderungen

Eine Festschreibung der abkommensrechtlichen Qualifikation von sonstigen Sonderbetriebseinnahmen lässt sich nur durch eine konkrete Aufnahme in den Abkommenstext deutscher DBA realisieren.[1324] *Haase* verlangt zu Recht eine Regelung von materiellem Recht dort, wo sie hingehöre, nämlich bei Regelungen zu Anwendungs- und Auslegungsfragen, Definitionen und grenzüberschreitender materiell rechtlicher Regelungen konkret in das Abkommensrecht und nicht im nationalen Recht.[1325] Ohne Umsetzung der zu erarbeitende Norm in die konkreten von Deutschland abgeschlossenen DBA kann eine einheitliche Anwendung damit nicht sichergestellt werden. Formell ist die Norm daher in deutsche DBA aufzunehmen.

II. Materielle Anforderungen

Die OECD schafft mit dem MA und dessen Kommentar eine einheitliche Verhandlungsgrundlage für alle Staaten. Ein Abweichen von vorgeschlagenen Regelungen zur Berücksichtigung länderspezifischer Besonderheiten innerhalb tatsächlich durch die Staaten ausgehandelter DBA liegt in der Souveränität der Staaten, ihre Ertragsteuerrechtskonzepte zu wahren. Eine inhaltliche Ergänzung eines Abkommens zur Berücksichtigung national ertragsteuerlicher Besonderheiten wie dem sonderbetrieblichen Bereich sollte sich daher an dem Zweck des Abkommens orientieren und die grundlegenden Prinzipien berücksichtigen. Insbesondere das Ziel der Vermeidung der Doppelbesteuerung sollte stringent im Rahmen der Lösungsvorschläge verfolgt werden.

1. Grundlegende zu beachtende Prinzipien und Abkommensstrukturen

Als grundlegend zu beachtende Prinzipien in der Ausgestaltung einer neuen Klausel zur abkommensrechtlichen Qualifikation von Sonderbetriebseinnahmen sind die Struktur und der Abkommensaufbau zu beachten. Während ein allgemeiner, vor die Klammer gezogener Teil in den Art. 1 bis 5 OECD MA allgemeine Anforderungen und Begriffsbestimmungen des Abkommens enthält, die für das gesamte Abkommen gelten, sind in Art. 6 bis 22 OECD MA die Verteilungsnormen geregelt, welche

1324 Vgl. entsprechenden Vorschlag zu Sonderbetriebsvergütungen: *Franz/Voulon*, BB 2011, 1111 (1119).

1325 *Haase*, IStR 2015, 313 (316).

die Steueransprüche der Vertragsstaaten verteilt, wenn diese unter die Tatbestandsmerkmale der Verteilungsartikel fallen. In Art. 23A und Art. 23B OECD MA finden sich anschließend die Methodenartikel, die die Methode der konkreten Vermeidung der Doppelbesteuerung regeln. An welcher Stelle eine Einordnung der Klausel zur einheitlichen Besteuerung des sonderbetrieblichen Bereichs aufbausystematisch treffend ist, hängt davon ab, ob eine allgemeine Ansässigkeit fingiert werden soll, allgemeine Begriffsbestimmungen konkretisiert werden oder der Anwendungsbereich eines Verteilungsartikels oder eines Methodenartikels erweitert werden soll.

2. *Festlegung einer persönlichen Abkommensberechtigung*

Würde eine persönliche Abkommensberechtigung durch eine Ansässigkeitsfiktion der Personengesellschaften geschaffen, könnten ggf. damit auch objektive Qualifikationskonflikte vermieden werden. Die Normierung der persönlichen Abkommensberechtigung dient grundsätzlich der Vermeidung von subjektiven Qualifikationskonflikten und führt lediglich zu einem Zugeständnis, abkommensrechtlichen Schutz in Anspruch nehmen zu können, der mittels Einkünftezurechnung zu den Gesellschaftern und Anerkennung der Personengesellschaft bereits hinreichend Schutz erfahren haben sollte.[1326] Zumindest das nationale Ertragsteuerrecht hat sich auf eine divergierende Subjektqualifikation eingestellt und lässt Zurechnungen und Abzüge auch bei unterschiedlicher Einordnung durch die Vertragsstaaten beim Gesellschafter zu.[1327] Aus einer Abkommensberechtigung einer Personengesellschaft kann keine Übernahme einer Besteuerungskonzeption erfolgen, so dass es trotz Vermeidung eines subjektiven Qualifikationskonfliktes bei einem objektiven Qualifikationskonflikt insbesondere im sonderbetrieblichen Bereich verbliebe.[1328]

3. *Einfügen einer abkommensrechtlichen Konkretisierung der Auslegung*

Soll eine Begriffsauslegung festgeschrieben werden, so muss sie sich systematisch in das Abkommen einfügen. In Betracht käme insoweit eine Aufnahme einer konkreten Auslegungsregelung, eine Fixierung als allgemeine Begriffsbestimmung, eine Festlegung im Rahmen eines bestehenden, besonderen Verteilungsartikels oder die Schaffung einer neuen eigenständigen Norm.

1326 Vgl. zu Sondernormen im Abkommen, die die persönliche Ansässigkeit regeln: Seite 138 ff.

1327 Wird in einem Abkommen eine persönliche Abkommensberechtigung normiert, obwohl die Personengesellschaft kein Steuersubjekt ist, so soll der Personengesellschaft die Möglichkeit eröffnet werden, die Erstattung inländischer Quellensteuer verlangen zu können, auch wenn diese zu Lasten des Gesellschafters einbehalten wurde. *Schaumburg*, Internationales Steuerrecht, Rn. 16.178.

1328 Vgl. *Frotscher*, Internationales Steuerrecht, Rn. 573; Weggenmann, Personengesellschaften im Abkommensrecht u. abkommensrechtl. Fiktionswirkung, in: *Kaeser*, Festschrift Wassermeyer zum 75. Geburtstag, S. 83.

Teilweise enthalten Abkommen eigene Auslegungsregelungen, um eine einheitliche Auslegung durch die Vertragsstaaten zu ermöglichen und bei dennoch divergierender Abkommensanwendung eine Lösung zumindest über ein Verständigungsverfahren zu erreichen, vgl. Art. 1 Abs. 6 DBA-USA.[1329] Zur Lösung einer divergierenden Begriffsbestimmung ließe sich eine eigenständige Auslegungsregelung fixieren:

„Das Abkommen ist nicht so auszulegen, dass Einkünfte aus dem Sonderbetriebsvermögen eines Gesellschafters einer Personengesellschaft zum einheitlichen Unternehmensgewinn zugerechnet werden können."

4. *Einfügen einer abkommensrechtlichen Definition unter Heranziehung des sonderbetrieblichen Bereichs*

Innerhalb der allgemeinen Begriffsbestimmungen könnte im Zusammenspiel aus Art. 3 Abs. 1 lit. c) und lit. h) OECD MA, der für den Ausdruck der Unternehmenstätigkeit auf die Ausübung einer Geschäftstätigkeit abstellt, die auch die Einkünfte aus freiberuflicher oder sonstiger selbstständiger Tätigkeit erfasst, ein einschränkender Anwendungsbereich für Sonderbetriebseinnahmen gefasst werden. Eine Einschränkung der Geschäftstätigkeit ließe sich durch Ausschluss des sonderbetrieblichen Bereichs aus der Geschäftsstätigkeit in einem Buchstaben i) formulieren:

„schließt der Ausdruck der Geschäftstätigkeit Einkünfte aus Wirtschaftsgütern des Sonderbetriebsvermögens nicht ein."

Während eine Normierung innerhalb der allgemeinen Begriffsbestimmungen eine Auslegung für das gesamte Abkommen bindend feststellen würde, würde eine Normierung innerhalb der Verteilungsartikel bereits einen konkreten Charakter der Einkünfte festlegen. Innerhalb der Verteilungsartikel ließe sich eine Normierung in den Unternehmensgewinnen, Art. 7 OECD MA oder in den besonderen Verteilungsnormen vornehmen. Art. 7 OECD MA geht von dem Grundsatz der Besteuerung einer Geschäftstätigkeit aus, unter welchen die Einkünfte aus einer gewerblich tätigen Personengesellschaft in der Regel gefasst werden können, es sei denn die Einkünfte werden im Sinne des Spezialitätsgrundsatzes tatbestandlich von den besonderen Verteilungsnormen erfasst. Eine abkommensautonome Auslegung ließe sich durch eine Ergänzung des Spezialitätsgrundsatzes in einem zweiten Satz festschreiben:

„[1]Gehören zu den Gewinnen Einkünfte, die in anderen Artikeln dieses Abkommens behandelt werden, so werden die Bestimmungen jener Artikel durch die Bestimmungen dieses Artikels nicht berührt.

[2]Dies umschließt auch die Einkünfte, die aus dem Sonderbetriebsvermögen eines Gesellschafters einer Personengesellschaft zufließen."

1329 Art. 1 Abs. 6 DBA-USA: „Das Abkommen ist nicht so auszulegen, dass (...)".

Eine einheitliche Abkommensanwendung ließe sich auch dadurch erreichen, dass ein entsprechend konkretisierender Passus in die Definition der besonderen Verteilungsartikel aufgenommen wird. So ließe sich bspw. in Art. 10 Abs. 3 OECD MA ergänzend hinzufügen:

> *„[1](...) sowie aus sonstigen Gesellschaftsanteilen stammende Einkünfte, die nach dem Rechts des Staates, in dem die ausschüttende Gesellschaft ansässig ist, den Einkünften aus Aktien gleichgestellt werden. [2]Dies gilt auch für in Satz 1 benannte Beteiligungen, die dem Sonderbetriebsvermögen eines Gesellschafters einer Personengesellschaft zuzuordnen sind.“*

5. *Lösung in der Qualifikationsverkettung*

Eine Bindungswirkung der Rechtssicht des Quellenstaates mit Wirkung für den Ansässigkeitsstaat besteht unstreitig immer dann, wenn der einschlägige Verteilungsartikel zur Bestimmung des Einkommensobjekts auf das Recht des Quellenstaates verweist oder wenn ein Verteilungsartikel eine abschließende Definition enthält.[1330] Mangels entsprechender Regelungen für Sonderbetriebseinnahmen, käme eine konkrete Normierung der abkommensrechtlichen Qualifikation in Betracht.

Haase schlägt vor, eine Durchsetzung der Besteuerung von sonstigen Sonderbetriebseinnahmen als Unternehmensgewinne mittels einer *Festlegung einer anwenderstaatsorientierten Auslegung* umzusetzen.[1331] Jeder Vertragsstaat würde das Abkommen auf diese Weise ausnahmslos aus seiner Perspektive heraus auslegen und anwenden.[1332] Eine Implementierung einer anwenderstaatorientierten Auslegung muss jedoch zwangsläufig Doppelbesteuerungen begünstigen. Die bloße Implementierung dieser Auslegungsform führt daher zu keiner Vermeidung von Qualifikationskonflikten. Vor allem würde sie gegenüber der derzeitigen Auslegung der Abkommen keinerlei Vorteil bringen, weil jeder Vertragsstaat, solange er nicht an eine Auslegung des anderen Vertragsstaates gebunden wäre, eine Auslegung nach seinem Verständnis vornehmen könnte.

Eine Qualifikationsverkettung könnte mittels Bindung an die abkommensrechtliche Qualifikation der Einkünfte des Staates erfolgen, in dem die Personengesellschaft den Ort ihrer tatsächlichen Geschäftsleitung hat und damit eine einheitliche Auslegung durch beide Vertragsstaaten ermöglichen. Der Ort der tatsächlichen Geschäftsleitung der Personengesellschaft wird regelmäßig der Quellenstaat sein.

> *„Die Bestimmung der abkommensrechtlichen Qualifikation der Einkünfte, die ein Gesellschafter aus einer Personengesellschaft oder aus im Sonderbetriebsvermögen befindlichen Wirtschaftsgütern erzielt, ist nach dem Recht des Staates zu bestimmen, in dem die Personengesellschaft den Ort ihrer tatsächlichen Geschäftsleitung hat.“*

1330 *Stemler*, Sonderbetriebsvergütungen, S. 210; Eimermann, Qualifikationsverkettung, in: *Kaeser*, Festschrift Wassermeyer zum 75. Geburtstag, S. 69.

1331 Vgl. *Haase*, IStR 2015, 313 (315).

1332 Vgl. *Haase*, IStR 2015, 313 (315).

Strukturell wäre die Norm in die besonderen Verteilungsartikel einzubetten. Stellen die Unternehmensgewinne in Art. 7 OECD MA die grundsätzliche Einstiegsnorm dar, um Einkünfte abkommensrechtlich einzuordnen, bietet es sich an eine Qualifikationsverkettung dort zu platzieren. Vom Aufbau der Norm her, wäre eine Normierung dem Spezialitätsgrundsatz nachfolgend vorzunehmen, um deutlich zu machen, dass es sich abweichend von der grundlegenden Systematik um eine ausnahmsweise für den konkreten Fall der Personengesellschaftsbesteuerung zu beachtende Regelung handelt.

B. Rechtfertigung des Vorschlages

Der konkrete Normenvorschlag ist nicht nur einer divergierenden Auslegung durch die Vertragsstaaten geschuldet, sondern auch der Uneinigkeit innerhalb der Rechtsprechung, Finanzverwaltung und Literatur zur abkommensrechtlichen Behandlung von Sonderbetriebseinnahmen. Grundsätzlich hätte sich mittels Anerkennung einer abkommensautonomen Auslegung und übereinstimmenden Anwendung der Kriterien der Chancen-Risiko-Analyse des Art. 7 Abs. 2 OECD MA bereits eine einheitliche Qualifikation der Einkünfte erzielen lassen. Die Erweiterung oder Einschränkung von abkommensrechtlichen Definitionen bezogen auf das Erfassen oder den Ausschluss des sonderbetrieblichen Bereichs wäre daher lediglich eine Konkretisierung der abkommensautonomen Auslegung, die als solche bereits im Abkommen grundlegend fixiert ist. Sie nochmals im Abkommenstext konkret für den sonderbetrieblichen Bereich aufzunehmen, führt lediglich zu einer unnötigen Erweiterung des Abkommenstexts und würde einen Präzedenzfall für die Implementierung nationaler ertragsteuerlicher Besonderheiten schaffen.

Die Festschreibung einer Bindung an die abkommensrechtliche Qualifikation des Staates, in dem sich die tatsächliche Geschäftsleitung der Personengesellschaft befindet, würde hingegen insgesamt zu einer effizienten und gerechten Lösung für beide Vertragsstaaten führen, weil kein Vertragsstaat benachteiligt würde, sondern beide im jeweiligen Outboundfall ihre abkommensrechtliche Einordnung der Sonderbetriebseinnahmen durchsetzen könnten. Im Gegensatz zu den unternehmerischen Sondernormen würden nicht die Staaten begünstigt, die ein dem deutschen entsprechendes Mitunternehmerkonzept in ihrer Ertragsteuerordnung vorsehen. Die Formulierung könnte nicht nur zu einer sachgerechten Aufteilung des Besteuerungsrechts für Sonderbetriebsvergütungen[1333] und sonstige Sonderbetriebseinnahmen führen, wenn durch ein Abstellen auf die ertragsteuerliche Behandlung im Betriebsstättenstaat die gesamte Besonderheit des Mitunternehmerkonzepts erfasst würde. Auch wird gleichfalls für Einkünfte aus gewerblich geprägten und infizierten Personengesellschaften, § 15 Abs. 3 Nr. 1 und Nr. 2 EStG ein objektiver

1333 Auch Gebhardt plädiert für eine Qualifikationsverkettung zur Lösung von Qualifikationskonflikten im Rahmen von Sonderbetriebsvergütungen. *Gebhardt*, IStR 2011, 58 (60).

Qualifikationskonflikt vermieden. Nicht unterschlagen werden darf jedoch, dass durch eine Bindung an die rechtliche Einordnung des Betriebsstättenstaats der Ansässigkeitsstaat des Gesellschafters in erhöhtem Umfang ausländisches Recht in den Besteuerungsvorgang mit einbeziehen müsste.[1334] Dem jeweiligen Ansässigkeitsstaat des Gesellschafters, wenn dieser nicht mit dem Betriebsstättenstaat übereinstimmt, drohen aus der Qualifikationsverkettung und der daraus resultierenden Bindungswirkung an die Rechtsauffassung des Betriebsstättenstaats erhebliche Souveränitätsverluste, bei dem es zu einer Minderung des Steueraufkommens kommen kann. Allerdings ist das Risiko dieser drohenden Einschränkungen gleichmäßig auf die Vertragsstaaten aufgeteilt. Ob sich die Vertragsstaaten auf eine entsprechende Regelung einlassen, hängt von der eigenen Vorteilhaftigkeit der Regelung für den konkreten Vertragsstaat bzw. möglicher Zugeständnissen Deutschlands im Gegenzug ab.

1334 *Jankowiak*, Doppelte Nichtbesteuerung, S. 147.

Vierter Teil: Folgerungen

Das Rechtsinstitut des sonderbetrieblichen Bereichs ist eine tief in das Ertragsteuerrecht eingebettete nationale Besonderheit der Mitunternehmerschaftsbesteuerung, die sich seit ihrer Einführung 1934 als ein grundlegendes Prinzip der deutschen Personengesellschaftsbesteuerung heraus kristallisiert hat. Ihre ertragsteuerlich gesonderte Stellung und eingeschränkte internationale Verbreitung prädestiniert sie jedoch zur Herbeiführung von objektiven Qualifikationskonflikten. Der in dieser Arbeit untersuchte Aspekt der abkommensrechtlichen Qualifikation sonstiger Sonderbetriebseinnahmen ist zu Unrecht bisher stiefmütterlich behandelt worden. Neue Zuordnungsmaßstäbe von Wirtschaftsgütern zur Betriebsstätte im Sinne des Betriebsstättenvorbehalts in Art. 7 Abs. 2 OECD MA und dessen Umsetzung in nationales Recht erfordern eine Anpassung der in der Rechtsprechung entwickelten funktionalen Zuordnung. Dass die neuen Zuordnungskriterien zu einheitlichen Zuordnungsergebnissen führen, ist keine zwangsläufige Folge, sondern hängt von einer einheitlichen Gewichtung der Kriterien ab. Der Forderung nach einer einheitlichen abkommensrechtlichen Qualifikation von sonstigen Sonderbetriebseinnahmen, die aus Beteiligungen im notwendigen Sonderbetriebsvermögen II fließen, ist damit durch die bisherigen Regelungen nicht Rechnung getragen worden.

§ 1: Schlussbetrachtung

Der herausgearbeitete Lösungsvorschlag einer einheitlichen abkommensrechtlichen Qualifikation von sonstigen Sonderbetriebseinnahmen basiert auf einer Analyse der bisherigen ertragsteuerlichen Behandlung von Beteiligungen im Sonderbetriebsvermögen und einer Kategorisierung der Zuordnungskriterien. Die Zuordnung einer Beteiligung zum notwendigen Sonderbetriebsvermögen II auf nationaler Ebene wurde in Hinblick auf eine Dienlichkeit einer Beteiligung für die Stellung des Gesellschafters an der Personengesellschaft konkretisiert. Eine Dienlichkeit ist sowohl in einer Mehrung von Initiativrechten des Mitunternehmers,[1335] als auch in der Herbeiführung der Voraussetzungen der Mitunternehmerstellung mittels der Beteiligung an der Kapitalgesellschaft zu sehen.[1336] Zusammenfassend lässt sich eine Dienlichkeit einer Beteiligung für die Stellung des Gesellschafters annehmen, wenn diese die Stellung stärkt oder begründet. Liegt hingegen eine wirtschaftliche Verflechtung der Geschäftsbereiche der Mitunternehmerschaft und der Kapitalgesellschaft vor, ist abweichend von der Beurteilung der Rechtsprechung keine Zuordnung der Beteiligung zum notwendigen Sonderbetriebsvermögen II vorzunehmen, sondern eine Zuordnung zum notwendigen Sonderbetriebsvermögen I. Es liegt in

1335 Vgl. zu den Anforderungen an die Dienlichkeit einer Beteiligung: Seite 14 ff.
1336 Vgl. zu der Begründung einer Stellung des Mitunternehmers: Seite 67 ff.

dieser Konstellation eine Dienlichkeit der beteiligten Kapitalgesellschaft für den Geschäftsbetrieb der Mitunternehmerschaft vor und damit die Voraussetzung des notwendigen Sonderbetriebsvermögens I.[1337]

Es wurde gezeigt, dass eine Übertragung der ertragsteuerlichen Zuordnungskriterien des Sonderbetriebsvermögens auf eine tatsächliche Zugehörigkeit der Beteiligung im Sinne des Betriebsstättenvorbehalts im Abkommensrecht nicht ohne Weiteres möglich ist. Es handelt sich um zwei Begriffe zweier unterschiedlicher Rechtskreise, die eigenständig auszulegen und anzuwenden sind. Nach bisheriger Konkretisierung der tatsächlichen Zugehörigkeit durch die Rechtsprechung durch eine funktionale Zugehörigkeit kommt es in den Fällen einer Zuordnung einer Beteiligung zum notwendigen Sonderbetriebsvermögen II aber auch in den Fällen der Zuordnung der Beteiligung zum notwendigen Sonderbetriebsvermögen I regelmäßig zu einer Zuordnung der Beteiligung zur Betriebsstätte im Sinne des Betriebsstättenvorbehalts. Derartige Überschneidungen der Zuordnungsergebnisse beruhen auf einer fiskal-politisch orientierten Interpretation der Zuordnungsanforderungen, die aus der Auslegungsmöglichkeit unbestimmter abkommensrechtlicher Begriffe durch nationale Indizien folgt. Diese Überschneidungen der Zuordnungsergebnisse auf nationaler und abkommensrechtlicher Ebene werden abnehmen, je mehr DBA eine Umsetzung des AOA im Sinne des Art. 7 Abs. 2 OECD MA enthalten. Die AOA wurde geschaffen um eine Gewinnabgrenzung zwischen Stammhaus und Betriebsstätte im Abkommensrecht zu fixieren. Aufgrund des ausdrücklichen Verweises im OECD MK sind die gefundenen Kriterien jedoch ebenfalls auf eine Zuordnung von Wirtschaftsgütern im Rahmen des Betriebsstättenvorbehalts anzuwenden. Eine Chancen-Risiko-Analyse im Sinne der AOA für eine Zuordnung von Wirtschaftsgütern zur Betriebsstätte bzw. zum Stammhaus, führt regelmäßig zu einer Zuordnung der im Sonderbetriebsvermögen befindlichen Beteiligung zum Gesellschafter. Es wird nicht die Funktionalität des Wirtschaftsgutes für die Betriebsstätte -wie bei der bisherigen funktionalen Zuordnung der Rechtsprechung- betrachtet, sondern in erster Linie Nutzungs- und Verwaltungsrechte, die aus der Beteiligung resultieren.[1338] Mit Umsetzung der AOA in weiteren deutschen DBA, wird zwangsläufig die funktionale Zuordnung der Rechtsprechung entbehrlich. Auch die Schaffung der Umsetzung der AOA in nationales Recht in § 1 Abs. 5 AStG i.V.m. § 7 BsGaV ändert daran nichts. Der normierte, erheblich weitere Maßstab für eine Zuordnung von Wirtschaftsgütern zu einer Betriebsstätte oder zum Gesellschafter würde zwar grundsätzlich eine Zuordnung zur Betriebsstätte ermöglichen, allerdings sieht sich die Umsetzung in nationales Recht aufgrund der Anordnung eines von den Regelungen des Art. 7 Abs. 2 OECD MA abweichenden Zuordnungsmaßstabs selbst erheblichen verfassungsrechtlichen Bedenken ausgesetzt. Die nach derzeitigem Zuordnungsmaßstab bestehende Gefahr objektiver Qualifikationskonflikte im Bereich

1337 Vgl. für die Zuordnung einer Beteiligung an einer wirtschaftlich verflochtenen Kapitalgesellschaft zum notwendigen Sonderbetriebsvermögen I: Seite 34 ff.

1338 Vgl. zu den Zuordnungskriterien der AOA in Art. 7 Abs. 2 OECD MA: Seite 128 ff.

der sonstigen Sonderbetriebseinnahmen besteht damit weiter fort. Eine Vermeidung objektiver Qualifikationskonflikte lässt sich ferner nicht mittels der bereits vorhandenen unternehmerischen Sondernormen lösen, weil sie vom Anwendungsbereich her sonstige Sonderbetriebseinnahmen nicht erfassen. Damit fehlt es bisweilen an einer Lösung für eine abkommensrechtlich einheitliche Qualifikation von sonstigen Sonderbetriebseinnahmen, die eine doppelte Besteuerung bzw. eine Minderbesteuerung vermeiden könnte.

§ 2: Fazit

Zur Vermeidung einer doppelten Besteuerung bzw. einer Minderbesteuerung von sonstigen Sonderbetriebseinnahmen ist eine eigenständige Regelung in die deutsche Verhandlungsgrundlage für den Abschluss künftiger Abkommen aufzunehmen. Eine Vermeidung objektiver Qualifikationskonflikte durch eine nationale Änderung des sonderbetrieblichen Bereichs würde zu weitläufige Folge- und Ausgleichskorrekturen im nationalen Steuerrechtssystem nach sich ziehen, die das bisher bestehende gesamte Unternehmensteuerrecht einschließlich dessen Verwurzelung in der Finanzverfassung, dass auf eine Trennung von Personen- und Kapitalgesellschaften ausgelegt ist, durcheinander bringen würde. Eine Lösung auf europarechtlicher Ebene scheitert bis dato an der mangelnden Lösungskompetenz der EU und ist aufgrund einer zur Lösung erforderlichen Übertragung von Souveränitätsrechten durch die Mitgliedstaaten auf die EU auch wenig wahrscheinlich. Ein Lösungsansatz zur Vermeidung objektiver Qualifikationskonflikte hat damit unter Berücksichtigung des bestehenden Systems des sonderbetrieblichen Bereichs zu erfolgen. Anknüpfend an das bestehende System der Mitunternehmerschaftsbesteuerung ergäbe sich für grenzüberschreitend tätige Mitunternehmerschaften eine stringente Lösung zur Vermeidung abkommensrechtlicher objektiver Qualifikationskonflikte durch eine einheitliche Einordnung der sonstigen Sonderbetriebseinnahmen im Abkommensrecht. Eine sachgerechte Verteilung des Steuersubstrats zwischen den Vertragsstaaten lässt sich mit einer Qualifikationsverkettung erreichen, wenn der Ansässigkeitsstaat des Gesellschafters an die Rechtsauffassung des Staates, in dem sich die tatsächliche Geschäftsleitung der Personengesellschaft befindet, gebunden wird. Auf diese Weise wird keine abkommensrechtliche einheitliche Qualifikation im Abkommen bindend festgelegt, sondern jeder Vertragsstaat kann sein Besteuerungskonzept durchsetzen, wenn er der Vertragsstaat ist, in dem sich die tatsächliche Geschäftsleitung der Mitunternehmerschaft befindet. Neben einer einheitlichen abkommensrechtlichen Einordnung von sonstigen Sonderbetriebseinnahmen werden damit auch Sonderbetriebsvergütungen sowie gewerblich geprägte oder infizierte Personengesellschaften einer einheitlichen abkommensrechtlichen Qualifikation zugeführt. Neue und exotisch anmutende einfach gesetzliche Vorschriften zur Einengung der Grenzen der Steuergestaltung, wie treaty overrides, bedürfte es damit nicht mehr.

Literaturverzeichnis

Bächle, Ekkehard/Rupp, Thomas/Ott, Johann-Paul/Knies, Jörg-Thomas, Internationales Steuerrecht, 3. Auflage, Stuttgart, 2014, (**zitiert als**: *Bächle/Rupp/Ott/Knies*, Internationales Steuerrecht).

Bachmann, Carmen, Die internationale Betriebsaufspaltung, Frankfurt am Main, 2004, (**zitiert als**: *Bachmann*, Betriebsaufspaltung).

Bahns, Jochen/Keuthen, Markus, Behandlung hybrider Gesellschaften im Entlastungsverfahren nach § 50d EStG – Reichweite des Art. 1 Abs. 7 DBA-USA, IStR 2010, 750.

Barten, Jürgen/Kaminski, Heinrich, Die Einheitsbewertung des Betriebsvermögens bei der atypischen GmbH & Still, GmbHR 1983, 127.

Baumbach, Adolf/Hopt, Klaus, Handelsgesetzbuch – Kommentar: mit GmbH & Co., Handelsklauseln, Bank- und Börsenrecht, Transportrecht, 36. Auflage, München, 2014, (**zitiert als**: Bearbeiter in: *Baumbach/Hopt*, HGB-Komm.).

Becker, Jan, Die atypisch stille Gesellschaft als Outbound-Finanzierungsalternative: Recht – Steuern – Gestaltungshinweise, Düsseldorf, 2005, (**zitiert als**: *Becker*, Die atypisch stille Gesellschaft).

Behrenz, Frank, Deutsches Besteuerungsrecht an Einnahmen aus dem Sonderbetriebsvermögen II einer Kommanditgesellschaft spanischen Rechts – Verfassungswidriger Treaty Override?, IStR 2014, 773.

Bielinis, Andrius, Die Besteuerung der KGaA, Berlin/Münster, 2013, (**zitiert als**: *Bielinis*, KGaA).

Bielinis, Andrius, Vorschläge zur Reform der KGaA-Besteuerung, DStR 2014, 769.

Binger, Jürgen, Einkommen- und Gewerbesteuer bei der atypisch stillen Gesellschaft, DB 1988, 414.

Binz, Mark/Sorg, Martin/Mayer, Gerd, Die GmbH & Co. KG: im Gesellschafts- und Steuerrecht, 11. Auflage, München, 2010, (**zitiert als**: Bearbeiter in: *Binz/Sorg/Mayer*, GmbH & Co. KG).

Bippus, Birgit Elsa, Personengesellschaften und Strukturänderungen: kompatible Organisationsprinzipien im deutschen, englischen und französischen Privat- und Steuerrecht als Gestaltungsgrundlagen der privatautonomen Strukturänderung von Personengesellschaften über die Grenze, Konstanz, 1998, (**zitiert als**: *Bippus*, Personengesellschaften und Strukturänderungen).

Bippus, Birgit Elsa, Raus aus der Mitunternehmerschaft, rein in die Körperschaftsteuer – Überlegungen zur steuerrechtlichen Konzeption der Personengesellschaften, DStR 1998, 749.

Birle, Jürgen Paul, Beck'sches Steuer- und Bilanzrechtslexikon, München, Edition: 1/16, (**zitiert als**: Bearbeiter in: *Birle,* Steuer- und Bilanzrechtslexikon).

Blaurock, Uwe, Die GmbH & Still im Steuerrecht, BB 1992, 1969.

Blumenwitz, Dieter, Die Auslegung völkerrechtlicher Verträge, in: Doppelbesteuerungsabkommen und nationales Recht, München, 1995, Seite 5–18.

Blümich, Walter, EStG, KStG, GewStG, Einkommensteuergesetz, Körperschaftsteuergesetz, Gewerbesteuergesetz Loseblatt-Kommentar, Berlin/Frankfurt am Main, 2016, (**zitiert als**: Bearbeiter in: *Blümich,* EStG/KStG/GewStG-Komm.).

Boller, Tino/Eilinghoff, Karolina/Schmidt, Sebastian, § 50d Abs. 10 EStG i. d. F. des JStG 2009 – ein zahnloser Tiger?, IStR 2009, 109.

Bresgen, Ariane, Qualifikationskonflikte bei Personengesellschaften im Internationalen Steuerrecht, Frankfurt am Main, 2016, (**zitiert als**: *Bresgen,* Qualifikationskonflikte).

Breuninger, Gottfried/München/Prinz, Ulrich, DStR-Fachliteratur-Auswertung: Besteuerung von Personengesellschaften, DStR 1995, 927.

Brunsbach, Stefan/ Endres, Dieter/Lüdicke, Jürgen/Schnitger, Arne, Deutsche Abkommenspolitik: Trends und Entwicklungen 2011/2012, IFSt-Schrift 2012, (**zitiert als**: Bearbeiter in: *Brunsbach/Endres/Lüdicke/Schnitger,* IFSt-Schrift 2012).

Bron, Jan, Atypisch stille Beteiligung an einer Kapitalgesellschaft und Entstrickungsbesteuerung, IStR 2016, 26.

Burmester, Gabriele, Ausgewählte international steuerrechtliche Probleme der stillen Gesellschaft, in: Unternehmensstrukturen und Rechtsformen im internationalen Steuerrecht : aktuelle Schwerpunkte in der Diskussion: Standortwettbewerb, Doppelansässigkeit, Personengesellschaft, stille Gesellschaft, Köln, 1996, Seite 122–150.

Calliess, Christian/Ruffert, Matthias, EUV, AEUV-Kommentar: das Verfassungsrecht der Europäischen Union mit Europäischer Grundrechtecharta, 4. Auflage, München, 2011, (**zitiert als**: Bearbeiter in: *Calliess/Ruffert,* EUV, AEUV-Komm.).

Christoffel, Hans Günter/Dankmeyer, Udo, Das Steuerbereinigungsgesetz 1986 – Die gesetzliche Verankerung der sog. Geprägegrundsätze, DB 1986, 347.

Costede, Jürgen, Steuerrechtsfragen der GmbH & Still, StuW 1983, 308.

Dauses, Manfred, Handbuch des EU-Wirtschaftsrechts, München, Stand: Feb. 2016, (**zitiert als**: Bearbeiter in: *Dauses,* EU-Wirtschaftsrecht).

Debatin, Helmut, Doppelbesteuerungsabkommen und innerstaatliches Recht, Beihefter zu DStR 23 1992, 1.

Debatin, Helmut, Zur Behandlung von Beteiligungen an Personengesellschaften unter den Doppelbesteuerungsabkommen im Lichte der neueren Rechtsprechung des Bundesfinanzhofs, BB 1992, 1181.

Debatin, Helmut/Endres, Dieter/Maas, Roland, Das neue Doppelbesteuerungsabkommen USA-Bundesrepublik Deutschland: The new US-German double tax treaty, 1. Auflage, München, 1990, (**zitiert als**: Bearbeiter in: *Debatin/Endres/Maas,* DBA USA-Komm.).

Dehmer, Hans, Die Betriebsaufspaltung – Steuerrecht, Umwandlung und Bilanzierung, 3. Auflage, München, 2015, (**zitiert als**: *Dehmer,* Betriebsaufspaltung).

Delarber, Christian, Steuerliche Einflüsse auf die grenzüberschreitende Betriebsstättenbesteuerung: eine konzeptionelle Analyse und Fortentwicklungsansätze, Berlin, 2015, (**zitiert als**: *Delarber,* Betriebsstättenbesteuerung).

Ditz, Xaver/Liebchen, Daniel, Zur Anwendung des Betriebsstättenvorbehalts im Ansässigkeitsstaat – Der BFH rückt mit Urteil vom 24. 8. 2011 die Verhältnisse wieder gerade, IStR 2012, 449.

Ditz, Xaver, Umsetzung des „Authorized OECD Approach" in deutsches Recht, in: Vermeidung der Doppelbesteuerung und ihre Grenzen, Köln, 2013, Seite 109–140.

Ditz, Xaver/Luckhaupt, Hagen, Betriebsstättengewinnaufteilungsverordnung – Neues Gewinnermittlungsrecht für Betriebsstätten, ISR 2015, 1.

Dölker, Angelika, Die Besteuerung von Personengesellschaften im internationalen Steuerrecht, Köln, 2012, (**zitiert als**: *Dölker,* Personengesellschaft im internationalen Steuerrecht).

Döllerer, Goerg, Die atypisch stille Gesellschaft – gelöste und ungelöste Probleme, DStR 1985, 295.

Dorn, Katrin, Sondervergütungen im Abkommensrecht: Führt der „neue" § 50d Abs. 10 EStG endlich ans gewünschte Ziel?, BB 2013, 3038.

Drüen, Klaus-Dieter, Rechtsformneutralität der Unternehmensbesteuerung als verfassungsrechtlicher Imperativ?, GmbHR 2008, 393.

Drüen, Klaus-Dieter/Heek, Stephanie van, Die Kommanditgesellschaft auf Aktien zwischen Trennungs- und Transparenzprinzip – Eine steuersystematische Bestandsaufnahme, DStR 2012, 541.

Ebenroth, Carsten Thomas/Boujong, Karlheinz/Joost, Detlev/Strohn, Lutz, Handelsgesetzbuch-Kommentar, 3. Auflage, München, 2013, (**zitiert als**: Bearbeiter in: *Ebenroth/Boujong/Joost/Strohn,* HGB-Komm.).

Ehlermann, Christian/Petersen, Sven, Abkommensrechtliche versus nationale Zuordnung von Beteiligungen – Besonderheiten bei ertragsteuerlicher Organschaft?, IStR 2011, 747.

Eilers, Stephan/Dann, Holger, Sonderbetriebsvermögen bei grenzüberschreitenden Transaktionen, SteuK 2010, 245.

Eimermann, Dieter, Qualifikationsverkettung, in: Doppelbesteuerung, Festgabe, Zum 75. Geburtstag von Franz Wassermeyer, 75 Beiträge zum Recht der DBA, München, 2015, Seite 69–72.

Elfring, Claus, „Deadlock" bei paritätischen Equity Joint Venture, NZG 2012, 895.

Endres, Dieter/Jacob, Friedhelm/Gohr, Marion/Klein, Martin, DBA Deutschland/USA Doppelbesteuerungsabkommen, 1. Auflage, München, 2009, (**zitiert als**: Bearbeiter in: *Endres/Jacobs/Gohr/Klein*, DBA-USA Komm).

Endres, Dieter/Wolff, Ulrich, Musterfälle zum revidierten deutsch-amerikanischen Doppelbesteuerungsabkommen, IStR 2006, 721.

Fehrenbacher, Oliver, Steuern und Finanzplanung im Konzern, Baden-Baden, 2000, (**zitiert als**: *Fehrenbacher*, Steuern und Finanzplanung im Konzern).

Fehrenbacher, Oliver, Registerpublizität und Haftung im Zivilrecht, Baden-Baden, 2004, (**zitiert als**: *Fehrenbacher*, Registerpublizität und Haftung).

Fehrenbacher, Oliver, Steuerrecht, 5. Auflage, Baden-Baden, 2014, (**zitiert als**: *Fehrenbacher*, Steuerrecht).

Fehrenbacher, Oliver/Tavakoli, Anusch, Besteuerung der GmbH & Co.KG, 2. Auflage, 2014, (**zitiert als**: *Fehrenbacher/Tavakoli*, GmbH & Co. KG).

Fehrenbacher, Oliver/Traut Nicolas, Völkerrechtliche Verträge und nationale „Treaty overrides", in: Grenzüberschreitendes Recht – Crossing Frontiers: Festschrift für Kay Hailbronner, Heidelberg/Hamburg, 2013, Seite 569–584.

Fischer, Peter, „Faktisches", „Verdecktes" und die subjektive Zurechnung von Einkünften – Zum Urteil des BFH vom 16.12.1997 – VIII R 32/90, FR 1998, 659, FR 1998, 813.

Fleischer, Holger/Goette, Wulf, Münchener Kommentar zum Gesetz betreffend die Gesellschaften mit beschränkter Haftung: GmbHG, 2. Auflage, München, 2016, (**zitiert als**: Bearbeiter in: *Fleischer/Goette*, GmbHG- MüKo.).

Flick, Hans/Wassermeyer, Franz/Baumhoff, Hubertus/Schönfeld, Jens, Außensteuerrecht Kommentar, Köln, Stand: April 2016, (**zitiert als**: Bearbeiter in: *Flick/Wassermeyer/Baumhoff/Schönfeld*, AStG-Komm.).

Flick, Hans/Wassermeyer, Franz/Kempermann, Michael, Doppelbesteuerungsabkommen Deutschland-Schweiz, Köln, Stand: Mai 2016, (**zitiert als**: Bearbeiter in: *Flick/Wassermeyer*, DBA-Komm. Deutschland-Schweiz).

Franz, Einiko/Voulon, Marc, Abkommensrechtliche Behandlung von Sondervergütungen – Status Quo und Perspektiven, BB 2011, 1111.

Froitzheim, Aurelia, Steuerliche Selbständigkeitsfiktion der Betriebsstätte und deren Auswirkung auf die Gewinnabgrenzung, Köln, 2015, (**zitiert als**: *Froitzheim*, Selbständigkeitsfiktion der Betriebsstätte).

Frotscher, Gerrit, Treaty Override und § 50d Abs. 10 EStG, IStR 2009, 593.

Frotscher, Gerrit, Internationales Steuerrecht, 4. Auflage, München, 2015, (**zitiert als**: *Frotscher*, Internationales Steuerrecht).

Frotscher, Gerrit/Geurts, Matthias, Kommentar zum Einkommensteuergesetz, Freiburg, Stand: Feb. 2016, (**zitiert als**: Bearbeiter in: *Frotscher/Greuts*, EStG-Komm.).

Frotscher, Gerrit/Maas, Ernst, Kommentar zum Körperschaft-, Gewerbe- und Umwandlungssteuergesetz, Freiburg, Stand: Sep. 2015, (**zitiert als**: Bearbeiter in: *Frotscher/Maas*, KStG, GewStG, UmwStG-Komm.).

Gebhardt, Ronald, § 50d Abs. 9 Satz 1 Nr. 1 EStG in der europa- und verfassungsrechtlichen Kritik, IStR 2011, 58.

Gebhardt, Ronald, Deutsches Tax Treaty Overriding – Steuersystematische und ökonomische Implikationen, Wiesbaden, 2013, (**zitiert als**: *Gebhardt*, Tax Treaty Override).

Gebhardt, Ronald, Zur Anwendung von § 50d Abs. 10 EStG im Hinblick auf aktives und passives Sonderbetriebsvermögen (II), IStR 2015, 8.

Geberth, Georg, Qualifikationskonflikte, in: Doppelbesteuerung, Festgabe, Zum 75. Geburtstag von Franz Wassermeyer, 75 Beiträge zum Recht der DBA, München, 2015, Seite 65–68.

Geuenich, Marcus, Qualifikationskonflikte im OECD-Musterabkommen und deutschen Doppelbesteuerungsabkommen am Beispiel einer atypisch stillen Gesellschaft., Berlin, 2005, (**zitiert als**: *Geuenich*, Qualifikationskonflikte).

Goebel, Sören/Boller, Tino/Ungemach, Markus, Die Zuordnung von Beteiligungen zum Betriebsvermögen im nationalen und internationalen Kontext, IStR 2008, 643.

Gosch, Dietmar, Über das Treaty Overriding Bestandsaufnahme – Verfassungsrecht – Europarecht, IStR 2008, 413.

Gosch, Dietmar, Über die Nichtanwendung höchstrichterlicher Rechtsprechung, in: Steuerrecht im Rechtsstaat: Festschrift fur Wolfgang Spindler zum 65. Geburtstag, Köln, 2011, Seite 379–428.

Gosch, Dietmar, Körperschaftsteuergesetz: Kommentar, 3. Auflage, München, 2015, (**zitiert als**: Bearbeiter in: *Gosch*, KStG-Komm.).

Gosch, Dietmar/Grotherr, Siegfried/Kroppen, Heinz-Klaus, DBA-Kommentar, Herne/Berlin, 2015, (**zitiert als**: Bearbeiter in: *Gosch/Grotherr/Kroppen*, DBA-Komm.).

Greif, Martin, Steuergestaltung bei international tätigen Personengesellschaften, in: Unternehmensstrukturen und Rechtsformen im internationalen Steuerrecht: aktuelle Schwerpunkte in der Diskussion: Standortwettbewerb, Doppelansässigkeit, Personengesellschaft, stille Gesellschaft, Köln, 1996, Seite 89–121.

Grotherr, Siegfried, Handbuch der internationalen Steuerplanung, 4. Auflage, Herne, 2015, (**zitiert als**: Bearbeiter in: *Grotherr*, Handbuch der internationalen Steuerplanung).

Grotherr, Siegfried/Herfort, Claus/Strunk, Günter, Internationales Steuerrecht, 3. Auflage Achim, 2010, (**zitiert als**: Bearbeiter in: *Grotherr/Herfort/Struck*, Internationales Steuerrecht).

Gschwandtner, Karsten, Unternehmensgewinne von Personengesellschaften im Abkommensrecht im Spannungsfeld zwischen Art. 7 OECD-MA und § 15 EStG, Frankfurt am Main, 2007, (**zitiert als**: *Gschwandtner*, Unternehmensgewinne).

Gschwendtner, Hubertus, Die atypisch stille Gesellschaft als beschränkt rechtsfähiges Steuerrechtssubjekt im Einkommensteuerrecht – Zugleich eine Besprechung des BFH-Urteils vom 26. November 1996 VIII R 42/91, DStZ 1998, 335.

Gummert, Hans/Abel, Malte, Münchener Anwaltshandbuch Personengesellschaftsrecht, 2. Auflage, München, 2015, (**zitiert als**: Bearbeiter in: *Gummert/Abel*, Handbuch PersonengesellschaftsR).

Gündisch, Stephan, Analoge Abkommensanwendung zur Überwindung von Qualifikationskonflikten, IStR 2005, 829.

Günkel, Manfred/Kussel, Ulrich, Betriebsaufspaltung mit ausländischer Besitzgesellschaft, FR 1980, 553.

Günkel, Manfred/Lieber, Bettina, Atypisch stille Gesellschaft als grenzüberschreitendes Gestaltungsinstrument, IWB Fach 10, Internationale Gruppe 2, 1383.

Haas, Franz Josef, Ist die Bilanzbündeltheorie tatsächlich überholt?, DStR 1997, 1706.

Haase, Florian, Forderungen an die künftige Steuerpolitik im deutschen internationalen Steuerrecht, IStR 2015, 313.

Haase, Florian/Brändel, Katrin, Überlegungen zur Theorie der betriebsstättenlosen Einkünfte, StuW 2011, 49.

Häck, Nils, Abkommensrechtliche Zuordnung von Beteiligungen zur Betriebsstätten nach BFH, OECD und Finanzverwaltung, ISR 2015, 113.

Hageböke, Jens, Zur Anwendung des DBA-Schachtelprivilegs bei der KGaA – Zugleich Anmerkungen zum Beitrag von Kramer, IStR 2009, 57 (in diesem Heft), IStR 2010, 59.

Hagemann, Tobias/Kahlenberg, Christian, Zur Besteuerung grenzüberschreitender Sonderbetriebserträge in Outbound-Konstellationen, IStR 2015, 54.

Hagemann, Tobias/Kahlenberg, Christian, § 50d Abs. 10 EStG als Steuer(last)gestaltungsnorm?, IStR 2015, 734.

Hagemann, Tobias/Kahlenberg, Christian/Kudert, Stephan, Sonderbetriebseinnahmen im Abkommensrecht – und wie der Wind sich dreht!, Ubg 2014, 80.

Hallerbach, Dorothee, Die Personengesellschaft im Einkommensteuerrecht: zivilrechtliche Einordnung und einkommensteuerrechtliche Folgen, München, 1999, (**zitiert als**: *Hallerbach*, Personengesellschaften).

Hansen, Arne, Die Zuordnung von Wirtschaftsgütern zu Betriebstätten im Recht der Doppelbesteuerungsabkommen: ein funktionaler Ansatz unter Berücksichtigung der Fiktion der uneingeschränkten Selbständigkeit der Betriebstätte, Frankfurt am Main, 2015, (**zitiert als**: *Hansen*, Zuordnung von Wirtschaftsgütern).

Hansen, Christian, Einkünfte aus Personengesellschaftsbeteiligungen im Recht der Doppelbesteuerungsabkommen, Baden-Baden, 2009, (**zitiert als**: *Hansen*, Personengesellschaft im DBA).

Haun, Jürgen/Kahle, Holger/Goebel, Sören/Reiser, Hagen, Außensteuerrecht: Kommentar zum AStG sowie zu den Entstrickungs- und Verstrickungsvorschriften des EStG, KStG und UmwStG, Stuttgart, Stand: März 2016, (**zitiert als**: Bearbeiter in: *Haun/Kahle/Goebel/Reiser*, AStG-Komm.).

Haverkamp, Lars Hendrik, Betriebsaufspaltung über die Grenze – Ein Steuersparmodell?, IStR 2008, 165.

Heeg, Volker, Die UG (haftungsbeschränkt) & Co.KG als (weiteres) hybrides Rechtsgebilde im deutschen Gesellschaftsrecht, DB 2009, 719.

Heger, Karin, Das Verhältnis von Abkommensrecht und nationalem Steuerrecht, SWI 2011, 95.

Hemmelrath, Alexander/Kepper, Philipp, Die Bedeutung des „Authorized OECD Approach" (AOA) für die deutsche Abkommenspraxis, IStR 2013, 37.

Hennrichs, Joachim, Die UG (haftungsbeschränkt) – Reichweite des Sacheinlageverbots und gesetzliche Rücklage, NZG 2009, 1161.

Hennrichs, Joachim/Kleindiek, Detlef/Watrin, Christoph, Münchener Kommentar zum Bilanzrecht, 1. Auflage, München, 2013, (**zitiert als**: Bearbeiter in: *Hennrichs/Kleindiek/Watrin*, BilR-MüKo.).

Henssler, Martin/Strohn, Lutz, Gesellschaftsrecht, 3. Auflage, München, 2016, (**zitiert als**: Bearbeiter in: *Henssler/Strohn*, Gesellschaftsrecht).

Herrmann, Carl/Heuer, Gerhard/Raupach, Arndt, Einkommensteuer- und Körperschaftsteuergesetz: Kommentar, Köln, Stand: Mai 2016, (**zitiert als**: Bearbeiter in: *Herrmann/Heuer/Raupach*, EStG, KStG-Komm.).

Hesselmann, Malte/Tillmann, Bert/Mueller-Thuns, Thomas, Handbuch der GmbH & Co. KG, 21. Auflage, Köln, 2016, (**zitiert als**: Bearbeiter in: *Hesselmann/Tillmann/Mueller-Thuns*, GmbH & Co.KG).

Hey, Johanna/Bauersfeld, Heide, Die Besteuerung der Personen(handels)gesellschaften in den Mitgliedstaaten der Europäischen Union, der Schweiz und den USA, IStR 2005, 649.

Hils, Michael, Neuregelung internationaler Sondervergütungen nach § 50d Abs. 10 EStG, DStR 2009, 888.

Hölters, Wolfgang, Aktiengesetz: Kommentar, 2. Auflage, München, 2014, (**zitiert als**: Bearbeiter in: *Hölters*, AktG-Komm.).

Hruschka, Franz, Sondervergütungen und der AOA i. d. F. des AHiRlUmsG – Das Verhältnis von § 1 AStG zu § 50d Absatz 10 EStG, IStR 2013, 830.

Hruschka, Franz, Das neue BMF-Schreiben zur Anwendung von DBA auf Personengesellschaften, IStR 2014, 785.

Hruschka, Franz, Die Zuordnung von Beteiligungen zu Betriebsstätten von Personengesellschaften, IStR 2016, 437.

Huschke, Christian/Hartwig, Sybille, Das geplante Jahressteuergesetz 2009: Auswirkungen auf Vermietungseinkünfte beschränkt steuerpflichtiger Kapitalgesellschaften, IStR 2008, 745.

Jacobs, Otto, Internationale Unternehmensbesteuerung: Deutsche Investitionen im Ausland. Ausländische Investitionen im Inland, 8. Auflage, München, 2016, (**zitiert als**: *Jacobs*, Internationale Unternehmensbesteuerung).

Jacobs, Otto, Unternehmensbesteuerung und Rechtsform: Handbuch zur Besteuerung deutscher Unternehmen, 5. Auflage, München, 2015, (**zitiert als**: *Jacobs*, Unternehmensbesteuerung und Rechtsform).

Jakob, Wolfgang, Einkommensteuer, 4. Auflage, München, 2008, (**zitiert als**: *Jakob*, Einkommensteuer).

Jankowiak, Ingo, Doppelte Nichtbesteuerung im internationalen Steuerrecht, Baden-Baden, 2009, (**zitiert als**: *Jankowiak*, Doppelte Nichtbesteuerung).

Jarzynska, Paula/Klipstein, Ivonne, Die Besteuerungsfolgen der grenzüberschreitenden Betriebsaufspaltung im Lichte der Doppelbesteuerungsabkommen, StB 2009, 239.

Jauernig, Othmar, Bürgerliches Gesetzbuch Kommentar, 16. Auflage, München, 2015, (**zitiert als**: Bearbeiter in: *Jauernig*, BGB-Komm.).

Jones, John Avery, Qualification Conflicts: The Meaning of Application in Article 3 (2) of the OECD Model, in: Festschrift für Karl Beusch zum 68. Geburtstag am 31. Oktober 1993, Berlin/New York, 1993, Seite 43–62.

Kaeser, Christian, Betriebsstättenvorbehalte und AOA: Der Begriff der „tatsächlichen Zugehörigkeit“ nach dem OECD-MK 2010, ISR 2012, 63.

Kahle, Holger/Mödinger, Jörg, Die Neufassung des Art. 7 OECD-MA im Rahmen der Aktualisierung des OECD-MA 2010, IStR 2010, 757.

Kahlenberg, Christian/Hagemann, Tobias, Ausgewählte Fragestellungen um die Zuordnung von Sonderbetriebsvermögen im Abkommensrecht, BB 2014, 215.

Kaeser/Christian, Verfassungs- und Gemeinschaftsrechtliche Probleme der Umsetzung des „Authorized OECD Approaches“ (AOA) ins deutsche Recht, in: Besteuerung internationaler Unternehmen: Festschrift für Dieter Endres zum 60. Geburtstag, München, 2016, Seite 179–187.

Kellersmann, Dietrich/Treisch, Corinna/Lampert, Steffen/Heinemann, Daniela, Europäische Unternehmensbesteuerung II: Harmonisierung der direkten Unternehmensbesteuerung, 2. Auflage, Wiesbaden, 2013, (**zitiert als**: *Kellersmann/Treisch/Lampert/Heinemann*, Europäische Unternehmensbesteuerung II).

Kessler, Wolfgang/Eicke, Rolf, German Treaty Overrides: Contractual Duties Meet Fiscal Interests, Tax Notes Int’l 2010, 41.

Kessler, Wolfgang/Huck, Friederike, Der (zwangsweise) Weg in den Betriebsstättenkonzern am Beispiel der Hinausverschmelzung von Holdinggesellschaften, IStR 2006, 433.

Kessler, Wolfgang/Kröner, Michael/Köhler, Stefan, Konzernsteuerrecht: National – International, 3. Auflage, München, 2015, (**zitiert als**: *Kessler/Kröner/Köhler*, Konzernsteuerrecht).

Kessler, Wolfgang/Sinz, Andreas/Achilles-Pujol, Charlotte, DBA-Kommentar Deutschland/ Frankreich, Herne, 2007, (**zitiert als**: Bearbeiter in: *Kessler/Sinz/Achilles-Pujil*, DBA-Komm.).

Kirchhof, Paul, Einkommensteuergesetz-Kommentar, 15. Auflage, Köln, 2016, (**zitiert als**: Bearbeiter in: *Kirchhof*, EStG-Komm.).

Klebau, Bodo, Einzelprobleme bei der Auslegung von Doppelbesteuerungsabkommen, RIW 1985, 125.

Klein, Franz, Abgabenordnung-Kommentar: einschließlich Steuerstrafrecht, 12. Auflage, München, 2014, (**zitiert als**: Bearbeiter in: *Klein*, AO-Komm.).

Kleineidam, Hans-Jochen, Die abkommensrechtliche Behandlung von Erträgen aus Beteiligungen im ausländischen Betriebsstättenvermögen oder: Ist der Betriebsstättenvorbehalt gerechtfertigt?, IStR 2004, 1.

Kluge, Volker, Das Internationale Steuerrecht: Gemeinschaftsrecht, Außensteuerrecht, Abkommensrecht, 4. Auflage, München, 2000, (**zitiert als**: *Kluge*, Internationales Steuerrecht).

Kluge, Volker, Betriebsstättenvorbehalte und Methodenartikel, in: Auslegungsfragen zu DBA-Regelungen über Unternehmensgewinne, in: Körperschaftsteuer, Internationales Steuerrecht, Doppelbesteuerung, Festschrift für Franz Wassermeyer zum 65. Geburtstag, München, 2005, Seite 663–680.

Knobbe-Keuk, Brigitte, Besteuerung des Gewinns der Personengesellschaft, StuW 1974, 1.

Knobbe-Keuk, Brigitte, Gleichstellung des Mitunternehmers mit dem Einzelunternehmer? § 15 Abs. 1 Satz 1 Nr. 2 EStG und mittelbar Beteiligte, DB 1990, 905.

Knobbe-Keuk, Brigitte, Bilanz- und Unternehmenssteuerrecht, 9 Auflage, Köln, 1993, (**zitiert als**: *Knobbe-Keuk*, Bilanz- und Unternehmenssteuerrecht).

Koch, Jens/Hüffer, Uwe, Aktiengesetz, 12. Auflage, München, 2016, **zitiert als**: Bearbeiter in: *Koch/Hüffer*, AktG-Komm).

Kock, Stephan/Vater, Nicole/Mraz, Andreas, Die Zulässigkeit einer UG (haftungsbeschränkt) & Co. KG auch bei Gewinnausschluss zu Lasten der Komplementärin, BB 2009, 848.

Koenig, Ulrich, Abgabenordnung: Kommentar, 3. Auflage, München, 2014, (**zitiert als**: Bearbeiter in: *Koenig*, AO-Komm).

Kollruss, Thomas, Steueroptimale Gewinnrepatriierung unter der verschärften Anti-Treaty-Shopping-Regelung des § 50d Abs. 3 EStG i. d. F. JStG 2007 unter Berücksichtigung der Zinsschranke, IStR 2007, 870.

Korff, Matthias, Abkommensrechtliche Besteuerungskonflikte beim Einsatz von Betriebsstätten in der internationalen Steuerplanung, Baden-Baden, 2011, (**zitiert als**: *Korff*, Besteuerungskonflikte).

Korn, Christian, Grenzen des Einflusses innerstaatlichen Rechts auf die Anwendung von Doppelbesteuerungsabkommen – Erläutert am Beispiel von § 50d Abs. 10 EStG, IStR 2009, 641.

Kosch, Florian, Der OECD-Betriebsstättenbericht 2008 im Vergleich zum deutschen Recht, IStR 2010, 42.

Krabbe, Helmut, Abkommensrechtliche Behandlung von Sondervergütungen – Eine Replik, FR 2001, 129.

Kraft, Gerhard, Außensteuergesetz Kommentar, 1. Auflage, München, 2009, (**zitiert als**: Bearbeiter in: *Kraft*, AStG-Komm.).

Kraft, Gerhard/Dombrowski, Martin, Die praktische Umsetzung des „Authorized OECD Approach" vor dem Hintergrund der Betriebsstättengewinnaufteilungsverordnung, FR 2014, 1105.

Kramer, Jörg-Dietrich, Das Internationale Schachtelprivileg der KGaA – zugleich Anmerkung zum Urteil des Hessischen FG vom 23.6.2009 – 12 K 3439/01, IStR 2010, 57.

Kramer, Jörg-Dietrich, Grenzüberschreitende Sondervergütungen und beschränkte Steuerpflicht, IStR 2014, 21.

Kratzsch, Alexander, Zur Abfärbetheorie durch Beteiligungseinkünfte bei vermögensverwaltenden Personengesellschaften, INF 2005, 378.

Krauß, Sebastian, Gruppenbesteuerung nach dem Richtlinienvorschlag zur CCCTB, Lohmar, 2012, (**zitiert als**: *Krauß*, Gruppenbesteuerung).

Kroppen, Heinz-Klaus/Rasch, Stephan/Rehfeld, Lars, Unternehmerische Tätigkeit im OECD-Musterabkommen: Kommentierung der Artikel 5 – 7 – 9 OECD-MA, Herne, 2015, (**zitiert als**: Bearbeiter in: *Kroppen/Rasch/Rehfeld*, Unternehmerische Tätigkeit).

Kruse, Heinrich Wilhelm, Die Grundprobleme der Personengesellschaft im Steuerrecht – Zur Behandlung von Sondervergütungen, Sonderbetriebsvermögen, Steuervergünstigungen und Abschreibungsgesellschaften mit einem rechtsvergleichenden Teil, 1. Auflage, Köln, 1979, (**zitiert als**: *Kruse*, Personengesellschaft im Steuerrecht).

Kudert, Stephan/Kahlenberg, Christian, Die Neufassung des § 50d Abs. 10 EStG Die Besteuerung grenzüberschreitender Mitunternehmerschaften geht in die nächste Runde, IStR 2013, 801.

Kudert, Stephan/Kahlenberg, Christian, Abkommensschutz bei Sonderbetriebserträgen aus Sonderbetriebsvermögen II – Dreiecksverhältnisse, PIStB 2013, 94.

Kudert, Stephan/Kahlenberg, Christian, Sonderbetriebsvermögen II und Abkommensschutz bei Dreieckssachverhalten, in: Das Steuerrecht der Unternehmen: Festschrift für Gerrit Frotscher zum 70. Geburtstag, Freiburg, 2013, Seite 347–364.

Kudert, Stephan/Kahlenberg, Christian, § 50d Absatz 10 EStG als „Entstrickungsauslöser"?, IStR 2015, 918.

Kußmaul, Heinz/Delarber, Christian/Müller, Florian, Betriebsstättengewinnaufteilungsverordnung-Entwurf – Ein allgemeiner Überblick, IStR 2014, 466.

Lademann, Fritz, Kommentar zum Einkommensteuergesetz, Stuttgart, Stand: März 2016, (**zitiert als**: Bearbeiter in: *Lademann,* EStG-Komm.).

Lademann, Fritz/Kaligin, Thomas, Außensteuergesetz: mit Betriebsstättengewinnaufteilungsverordnung Handkommentar, 2. Auflage, Stuttgart, 2015, (**zitiert als**: Bearbeiter in: *Lademann/Kaligin,* AStG-Komm.).

Lang, Michael, Hybride Finanzierungen im internationalen Steuerrecht: Rechtsgrundlagen der Doppelbesteuerungsabkommen zur Beurteilung von Mischformen zwischen Eigen- und Fremdkapital, Wien, 1991, (**zitiert als**: *Lang,* Hybride Finanzierungen im internationalen Steuerrecht).

Lang, Michael, Einführung in das Recht der Doppelbesteuerungsabkommen, 2. Auflage, Wien, 2002, (**zitiert als**: *Lang,* Einführung in DBA).

Langholz, Hans-Georg/Vahle, Peter, Handels- und steuerrechtliche Behandlung des Abfindungsguthabens des ausscheidenden atypisch stillen Gesellschafters für einen Geschäfts- oder Firmenwert, DStR 2000, 763.

Läufer, Benedikt Christoph, Aktivitätsklauseln in deutschen Doppelbesteuerungsabkommen: Rechtsfragen und steuerrechtliche Bedeutung, 2014, (**zitiert als**: *Läufer,* Aktivitätsklauseln in deutschen DBA).

Lehmann, Matthias, Betriebsvermögen und Sonderbetriebsvermögen: ein Beitrag zur konzept-orientierten Anwendung des Erfolgsteuerrechts auf Personengesellschaften, Wiesbaden, 1988, (**zitiert als**: *Lehmann,* Betriebsvermögen und Sonderbetriebsvermögen).

Lehner, Moris, DBA-Politik der Bundesregierung, FR 2011, 1087.

Lehner, Moris, Treaty Override im Anwendungsbereich des § 50d EStG, IStR 2012, 389.

Lehner, Moris, Abkommensauslegung zwischen Autonomie und Bindung an das innerstaatliche Recht, in: Doppelbesteuerung, Festgabe, Zum 75. Geburtstag von Franz Wassermeyer, 75 Beiträge zum Recht der DBA, München, 2015, Seite 15–22.

Liebchen, Daniel, Beteiligungen an ausländischen Personengesellschaften: Steuerliche Gewinnermittlung und Einkunftsabgrenzung, Berlin, 2008, (**zitiert als**: *Liebchen,* Personengesellschaften).

Littmann, Eberhard/Bitz, Horst/Pust, Hartmut, Das Einkommensteuerrecht: Kommentar zum Einkommensteuergesetz, Stuttgart, Stand: Juni 2015, (**zitiert als**: Bearbeiter in: *Littmann/Bitz/Pust,* EStG-Komm.).

Löwenstein, Ulrich/Looks, Christian/Heinsen, Oliver, Betriebsstättenbesteuerung: Inboundinvestitionen, Outboundinvestitionen, Steuergestaltungen, Branchenbesonderheiten, 2. Auflage, München, 2011, (**zitiert als**: Bearbeiter in: *Löwenstein/Looks/Heisen,* Betriebsstättenbesteuerung).

Lübbehüsen, Thomas/Kahle, Holger, Brennpunkte der Besteuerung von Betriebsstätten, Herne, 2016, (**zitiert als**: *Lübbehüsen/Kahle,* Betriebsstätten).

Lüdicke, Jochen/Sistermann, Christian, Unternehmensteuerrecht: Gründung, Finanzierung, Umstrukturierung, Übertragung, Liquidation, München, 2008, (**zitiert als**: *Lüdicke/Sistermann,* Unternehmensteuerrecht).

Lüdicke, Jürgen, Personengesellschaften im Internationalen Steuerrecht, in: Die Personengesellschaft im Steuerrecht: Gedächtnissymposion für Brigitte Knobbe-Keuk, Köln, 2011, Seite 95–138.

Lüdicke, Jürgen, Anmerkungen zur deutschen Verhandlungsgrundlage für Doppelbesteuerungsabkommen, IStR-Beihefter 2013, 26.

Mayer, Franz/Heidfeld, Christian, Europarechtliche Aspekte einer Finanztransaktionsteuer, EuZW 2011, 373.

Mellinghoff, Rudolf, Heranziehung von OECD-Musterabkommen und –Musterkommentar in: Doppelbesteuerung, Festgabe, Zum 75. Geburtstag von Franz Wassermeyer, 75 Beiträge zum Recht der DBA, München, 2015, Seite 35–48.

Menkel, Andreas, Sonderbetriebsvermögen bei der Überlassung von Wirtschaftsgütern, Aachen, 2007, (**zitiert als**: *Menkel,* Sonderbetriebsvermögen).

Meretzki, Ayk, Weshalb der neue § 50d Abs. 10 EStG sein Ziel verfehlt und neue Probleme schafft Mitunternehmer-Betriebsstätten, floating income und weitere Streitfragen, IStR 2009, 217.

Meretzki, Ayk, Zur Anwendung des Methodenartikels: Die Frage nach der Perspektive und dem maßgeblichen Recht, IStR 2011, 213.

Michalski, Lutz, Treuepflichten persönlich haftender Gesellschafter (OHG, KG), NZG 1998, 460.

Michalski, Lutz, Kommentar zum Gesetz betreffend die Gesellschaften mit beschränkter Haftung, 2. Auflage, München, 2010, (**zitiert als**: Bearbeiter in: *Michalski,* GmbH-Komm.).

Micker, Lars, Aktuelle Praxisfragen der Betriebsaufspaltung, DStR 2012, 589.

Mössner, Jörg Manfred, Steuerrecht international tätiger Unternehmen: Handbuch der Besteuerung von Auslandsaktivitäten inländischer Unternehmen und von Inlandsaktivitäten ausländischer Unternehmen, 4. Auflage, Köln, 2012 (**zitiert als**: Bearbeiter in: *Mössner,* Steuerrecht).

Müller, Rolf, Die atypisch ausgestaltete stille Gesellschaft im Abkommensrecht, IStR 1996, 266.

Müller, Thomas/Stöcker, Ernst-Erhard/Lieber, Bettina, Die Organschaft: Körperschaftsteuerrecht, Gewerbesteuerrecht, Umsatzsteuerrecht, Grunderwerbsteuerrecht, 9. Auflage, Herne, 2013, (**zitiert als**: Bearbeiter in: *Müller/Stöcker/Lieber,* Die Organschaft).

Müller-Gatermann, Gert, Entwicklungen und Akteure in der Steuerpolitik, Ubg 2013, 510.

Müller-Gatermann, Gert, Unternehmensgewinne nach Art. 7 und 14 des deutsch-türkischen DBA, IStR 2015, 387.

Musil, Andreas, Treaty Override als Dauerproblem des Internationalen Steuerrechts, IStR 2014, 192.

Niehren, Christoph, Perspektiven der körperschaftsteuerlichen Organschaft: Fortentwicklung zu einer Gruppenbesteuerung vor europarechtlichem Hintergrund, Berlin, 2011, (**zitiert als**: *Niehren,* Organschaft).

Nientimp, Axel/Schwarz, Christian/Stein, Stefan, Einkünfteermittlung nach dem AOA – Plädoyer für eine einheitliche Anwendung des Fremdvergleichsgrundsatzes, IStR 2016, 487.

Nowotny, Clemens, Betriebstättengewinnermittlung: Die Zuordnung von Wirtschaftsgütern im Recht der Doppelbesteuerungsabkommen, Wien, 2004, (**zitiert als**: *Nowotny,* Betriebsstättengewinnermittlung).

Oetker, Hartmut, Kommentar zum Handelsgesetzbuch, 4. Auflage, München, 2015, (**zitiert als**: Bearbeiter in: *Oetker,* HGB-Komm.).

Pelka, Jürgen/Niemann, Walter/Beckmann, Klaus, Beck'sches Steuerberater-Handbuch 2013/2014, 14. Auflage, Bonn, 2013, (**zitiert als**: Bearbeiter in: *Pelke/Niemann/Beckmann,* Steuerberater Handbuch).

Piltz, Detlev Jürgen, Die Personengesellschaft im internationalen Steuerrecht der Bundesrepublik Deutschland, Heidelberg, 1981, (**zitiert als**: *Piltz,* Die Personengesellschaft im internationalen Steuerrecht).

Piltz, Detlev Jürgen, Veräußerung von Sonderbetriebsvermögen unter den Doppelbesteuerungsabkommen (OECD-Musterabkommen und DBA-Schweiz), IStR 1996, 457.

Piltz, Detelv Jürgen, Grenzüberschreitende Sondervergütungen, in: Körperschaftsteuer, Internationales Steuerrecht, Doppelbesteuerung, Festschrift für Franz Wassermeyer zum 65. Geburtstag, München, 2005, Seite 747–756.

Pohl, Carsten, Abkommensrechtliche Sondervergütungsregelungen im Lichte aktueller Rechtsprechung – Personengeselllschaften im internationalen Steuerrecht, IWB 2012, 120.

Post, Manfried/Hoffmann, Günther, Die stille Beteiligung am Unternehmen der Kapitalgesellschaft, 2. Auflage, München, 1984, (**zitiert als**: *Post/Hoffmann,* Die stille Gesellschaft).

Preißer, Michael/Rönn, Matthias von, Die KG und die GmbH & Co. KG: Recht, Besteuerung, Gestaltungspraxis, 3. Auflage, Stuttgart, 2013, (**zitiert als**: *Preißer/Rönn,* Die KG und die GmbH & Co. KG).

Prinz, Ulrich, Besteuerung der Personengesellschaften – unpraktikabel und realitätsfremd? 4 Thesen zu Bestandsaufnahme und Neujustierung der deutschen Personengesellschaftsbesteuerung, FR 2010, 736.

Prinz, Ulrich, Besteuerungsgrundsätze für hybride internationale Mitunternehmerschaften, FR 2012, 381.

Prinz, Ulrich/Hoffmann, Wolf-Dieter, Beck'sches Handbuch der Personengesellschaften: Gesellschaftsrecht, Steuerrecht, 4. Auflage, München, 2014, (**zitiert als**: Bearbeiter in: Pr*inz/Hoffmann*, Personengesellschaften).

Prinz, Ulrich/Witt, Sven-Christian, Steuerliche Organschaft, Köln, 2015, (**zitiert als**: Bearbeiter in: *Prinz/Witt*, Organschaft).

Pusill-Wachtsmuth, Kirsten, Der Typenvergleich zur Einordnung ausländischer Gesellschaften in das deutsche System der Einkommensbesteuerung: zudem konkrete Einordnung der Gesellschaftsformen der Staaten Ungarn, Polen und Slowenien, Frankfurt am Main, 2003, (**zitiert als**: *Pusill/Wachtsmuth,* Typenvergleich).

Reiß, Wolfram, Subject-to-tax-Klauseln nach den DBABemerkungen zum BMF-Schreiben vom 20.6.2013, DStR 1999, 2011.

Reimer, Ekkehart, Spezialitätsgrundsatz, in: Doppelbesteuerung, Festgabe, Zum 75. Geburtstag von Franz Wassermeyer, 75 Beiträge zum Recht der DBA, München, 2015, Seite 29–34.

Riemenschneider, Sven, Abkommensberechtigung von Personengesellschaften und abkommensrechtliche Behandlung der Einkünfte aus Beteiligungen inländischer Gesellschafter an ausländischen Personengesellschaften, Frankfurt am Main/New York, 1995, (**zitiert als**: *Riemenschneider,* Abkommensberechtigung von Personengesellschaften).

Rödder, Thomas/Herlinghaus, Andreas/Neumann, Ralf, Körperschaftsteuergesetz: Kommentar, 1. Auflage, Köln, 2015, (**zitiert als**: Bearbeiter in: *Rödder/Herlinghaus/Neumann*, KStG-Komm.).

Rogall, Matthias/Schwan, Tobias, Sonderbetriebsvermögen und Sondervergütungen im Inbound-Fall und bei Inbound-Akquisitionen, DStR 2015, 2633.

Römermann, Volker, Münchener Anwaltshandbuch GmbH-Recht, 3. Auflage München, 2014, (**zitiert als**: Bearbeiter in: *Römermann*, Handbuch GmbHR).

Roth, Andreas, Zurechnung von Wirtschaftsgütern bei Betriebsstätten und Personengesellschaften, in: Zurechnung von Wirtschaftsgütern im internationalen Steuerrecht, Köln, 2000, Seite 87–128.

Ruban, Reinhild, Die atypisch stille Gesellschaft im Ertragsteuerrecht – Tendenzen in der neueren Rechtsprechung des Bundesfinanzhofs, DStZ 1995, 637.

Ruf, Martin, Die Betriebsaufspaltung über die Grenze, IStR 2006, 232.

Rust, Alexander/Reimer, Ekkehart, Treaty Override im deutschen Internationalen Steuerrecht, IStR 2005, 843.

Salzmann, Stephan, Keine Rechtsprechungsbrechung durch § 50d Abs. 10 EStG – das BFH-Urteil vom 8.9.2010 – I R 74/09 Personengesellschaften im Abkommensrecht, IWB 2010, 902.

Schäfer, Karl/Strobl, Elisabeth, Berücksichtigung von Auslandsverlusten bei atypisch stiller Gesellschaft, IStR 1993, 206.

Schauhoff, Stephan/Idler, Jesco, Änderung der BFH-Rechtsprechung zur Besteuerung von Werbeverträgen mit beschränkt Steuerpflichtigen, IStR 2008, 341.

Schaumburg, Harald, Internationales Steuerrecht: Außensteuerrecht – Doppelbesteuerungsrecht, 3. Auflage Köln, 2011, (**zitiert als**: *Schaumburg,* Internationales Steuerrecht).

Schaumburg, Harald/Englisch, Joachim, Europäisches Steuerrecht, 1. Auflage Köln, 2015, (**zitiert als**: *Schaumburg/Englisch,* Europäisches Steuerrecht).

Scheffler, Wolfram/Krebs, Claudia, Richtlinienvorschlag zur CCCTB: Bestimmung der Steuerbemessungsgrundlage im Vergleich mit der Steuerbilanz nach EStG, Beihefter zu DStR 17 2011, 13.

Schick, Axel, Die Besteuerung der Personengesellschafter nach dem DBA-Spanien-Einkünftezurechnung nach Abkommensrecht, IWB 2011, 93.

Schießl, Harald, Die Betriebsaufspaltung über die Grenze, StW 2006, 43.

Schlütter, Egon, Handelsrechtliche und steuerrechtliche Behandlung der Gewinnanteile der Komplemetäre einer Kommanditgesellschaft auf Aktien, StuW 1978, 295.

Schmidt, Christian, Die atypisch stille Gesellschaft im deutschen Internationalen Steuerrecht – Wie begründet ist die herrschende Meinung, IStR 1996, 213.

Schmidt,Christian, Steuerliche Probleme bei grenzüberscheitenden Investitionen in osteuropäischen gewerblichen Personengesellschaften, in: Steuerplanung zwischen Abkommens- und nationalem Außensteuerrecht, Bd. 14 Köln, 1998, Seite 40–82.

Schmidt, Christian, Zinsen einer inländischen Personengesellschaft an ihre ausländischen Gesellschafter im Abkommensrecht – Anmerkung zum BFH-Urteil vom 17.10.2007, I R 5/06, in diesem Heft S. 300, IStR 2008, 290.

Schmidt, Christian, Sondervergütungen im AbkommensrechtDer neue § 50d Abs. 10 EStG: Ein neuer Versuch – Ein neuer Irrtum?, DStR 2013, 1704.

Schmidt, Karsten, Gesellschaftsrecht, 4. Auflage Köln, 2002, (**zitiert als**: *Schmidt*, Gesellschaftsrecht).

Schmidt, Karsten, Münchener Kommentar zum Handelsgesetzbuch, 3. Auflage, München, 2012, (**zitiert als**: Bearbeiter in: *Schmidt*, HGB-MüKo.).

Schmidt, Ludwig, Einkommensteuergesetz: Kommentar, 35. Auflage, München, 2016, (**zitiert als**: Bearbeiter in: *Schmidt*, EStG-Komm.).

Schmitt-Homann, Fabian, Das BMF-Schreiben vom 16. 4. 2010 zur Anwendung der DBA auf PersonengesellschaftenKritische Anmerkungen zum Aufsatz von Hruschka in DStR 2010,1357, DStR 2010, 2545.

Schneider, Christoph, Doppelbesteuerungsrechtliche Qualifikationskonflikte im Kontext einer deutschen Betriebsaufspaltung mit französischem Gesellschafter, Baden-Baden, 2013, (**zitiert als**: *Schneider*, Qualifikationskonflikte).

Schneider, Norbert, Sonderbetriebsvermögen – Rechtsgrundlage und Umfang, Köln, 2000, (**zitiert als**: *Schneider*, Sonderbetriebsvermögen).

Schnieder, Ernst-August, Die atypisch stille Gesellschaft im Recht der deutschen DBA, IStR 1999, 392.

Schnitger, Arne, Änderungen des § 1 AStG und Umsetzung des AOA durch das JStG 2013, IStR 2012, 633.

Schnitger, Arne/Fehrenbacher, Oliver, Körperschaftsteuer Kommentar, Wiesbaden, 2012, (**zitiert als**: Bearbeiter in: *Schnitger/Fehrenbacher*, KStG-Komm.).

Schnitger, Arne/Fischer, Frank, Einkünfteermittlung bei ausländischen grundstücksverwaltenden Kapitalgesellschaften und Gemeinschaftsrecht, DB 2007, 598.

Schnittker, Helder, Anwendung von DBA auf Personengesellschaften, in: Doppelbesteuerungsabkommen – Nationale und internationale Entwicklungen, Köln, 2012, Seite 43–80.

Schnittker, Helder/Wassermeyer, Franz/Richter, Stefan, Personengesellschaften im Internationalen Steuerrecht, 2. Auflage, Köln, 2015, (**zitiert als**: Bearbeiter in: *Schnittker/Wassermeyer/Richter*, Personengesellschaften).

Scholz, Franz, Kommentar zum GmbH-Gesetz, 11. Auflage, Köln, 2012, (**zitiert als**: Bearbeiter in: *Scholz*, GmbHG-Komm.).

Schön, Wolfgang, Zum Stande der Lehre vom Sonderbetriebsvermögen, DStR 1993, 185.

Schön, Wolfgang, Doppelbesteuerung und EU-Recht, in: Doppelbesteuerung, Festgabe, Zum 75. Geburtstag von Franz Wassermeyer, 75 Beiträge zum Recht der DBA, München, 2015, Seite 7–14.

Schönfeld, Jens, Der neue Artikel 1 DBA-USA – Hinzurechnungsbesteuerung und abkommensrechtliche Behandlung von Einkünften steuerlich transparenter Rechtsträger, IStR 2007, 274.

Schönfeld, Jens/Ditz, Xaver, Doppelbesteuerungsabkommen, Köln, 2013, (**zitiert als**: Bearbeiter in: *Schöfeld/Ditz,* DBA-Komm.).

Schönfeld, Jens, Abkommenszweck und Verhinderung einer Minder- und Nichtsbesteuerung, in: Doppelbesteuerung, Festgabe, Zum 75. Geburtstag von Franz Wassermeyer, 75 Beiträge zum Recht der DBA, München, 2015, Seite 97–106.

Schoor, Hans/Natschke, Thomas, Die GmbH und Still im Steuerrecht, 4. Auflage, Berlin, 2005, (**zitiert als**: *Schoor/Natschke,* Die GmbH und Still im Steuerrecht).

Schreiber, Alexander, Die Unternehmergesellschaft als Rechtsformvariante im Gefüge des GmbH-Rechts, DZWIR 2009, 492.

Schuhmann, Helmut, Sonderbetriebsvermögen im Einkommensteuerrecht: mit einer Einführung in grundlegende Fragen des Betriebsvermögens, Bielefeld, 1998, (**zitiert als**: *Schuhmann,*Sonderbetriebsvermögen).

Schulze zur Wiesche, Dieter, Sonderbetriebsvermögen II einer Mitunternehmerschaft, FR 1999, 14.

Schulze zur Wiesche, Dieter, Beteiligungen als Sonderbetriebsvermögen II, DStZ 2007, 602.

Schulze zur Wiesche, Dieter, Anteile an einer Betriebs-GmbH und an der Komplementär-GmbH als wesentliche Betriebsgrundlage des Sonderbetriebsvermögen, GmbHR 2008, 238.

Schulze zur Wiesche, Dieter, Grenzüberschreitende Betriebsaufspaltung, BB 2013, 2463.

Schulze zur Wiesche, Dieter, Die GmbH & Still: Eine alternative Gesellschaftsform, 6. Auflage, München, 2013, (**zitiert als**: *Schulze zur Wiesche,* Die GmbH und Still).

Schulz-Trieglaff, Kai, Erträge aus dem Sonderbetriebsvermögen II als Betriebsstätteneinkünfte, Ansässigkeitsfiktion und die Maßnahme 6 des BEPS-Aktionsplans 2013, IStR 2015, 155.

Schulz-Trieglaff, Kai, Steuerfreie Dividenden und Betriebsstättenvorbehalt, IStR 2015, 717.

Schwenke, Michael, Steuerliche Zulässigkeit nationaler Treaty-overriding-Regelungen, in: Doppelbesteuerungsabkommen – Nationale und internationale Entwicklungen, Köln, 2012, Seite 23–42.

Schwenke, Michael, DBA als Völkerverragsrecht und Treaty Override, in: Doppelbesteuerung, Festgabe, Zum 75. Geburtstag von Franz Wassermeyer, 75 Beiträge zum Recht der DBA, München, 2015, Seite 23–28.

Siegers, Dirk, Betriebsstättenvorbehalte und funktionale Zuordnng von Wirtschaftsgütern, in: Doppelbesteuerung, Festgabe, Zum 75. Geburtstag von Franz Wassermeyer, 75 Beiträge zum Recht der DBA, München, 2015, Seite 319–324.

Söffing, Günter, Zur Rechtfertigung von Sonderbetriebsvermögen II, DStR 2003, 1105.

Söffing, Günter, Überlegungen zum Sonderbetriebsvermögen II, BB 2003, 616.

Söffing, Günter, Besteuerung der Mitunternehmer, 5. Auflage, Herne, 2005, (**zitiert als**: *Söffing,* Besteuerung der Mitunternehmer).

Söffing, Günter/Söffing, Matthias/Micker, Lars, Die Betriebsaufspaltung: Formen, Voraussetzungen, Rechtsfolgen, 6. Auflage, Herne, 2016, (**zitiert als**: *Söffing/Micker,* Betriebsaufspaltung).

Sparrer, Claudia, Sonderbetriebsvermögen: über die Legitimation zur Definition, Berlin/Münster, 2007, (**zitiert als**: *Sparrer,* Sonderbetriebsvermögen).

Spengel, Christoph/Oestreicher, Andreas, Gemeinsame (konsolidierte) Körperschaftsteuerbemessungsgrundlage in der EU und Umsetzungsfragen, DStR 2009, 773.

Stemler, Patrick, Die Behandlung von Sondervergütungen bei Personengesellschaften nach dem Recht der Doppelbesteuerungsabkommen, Frankfurt am Main, 2013, (**zitiert als**: *Stemler,* Sonderbetriebsvergütungen).

Stenzel, Igor, Die Pflicht zur Bildung einer gesetzlichen Rücklage bei der UG (haftungsbeschränkt) und die Folgen für die Wirksamkeit des Gesellschaftsvertrags einer UG (haftungsbeschränkt) & Co. KG, NZG 2009, 168.

Streinz, Rudolf, EUV, AEUV Kommentar – Vertrag über die Europäische Union und Vertrag über die Arbeitsweise der Europäischen Union, 2. Auflage, München, 2012, (**zitiert als**: Bearbeiter in: *Streinz,* EUV, AEUV-Komm.).

Strunk, Günther/Kaminski, Bert, Aktuelle Entwicklungen bei der Besteuerung von ausländischen Betriebsstätten und Personengesellschaften in Abkommensfällen, IStR 2003, 181.

Suchanek, Markus/Herbst, Christian, Auslegungsfragen zum DBA-USA: Die Zuordnung von Beteiligungen zum Betriebsstättenvermögen, IStR 2007, 620.

Sudhoff, Heinrich, Personengesellschaften, 8. Auflage, München, 2005, (**zitiert als**: Bearbeiter in: *Sudhoff,* Personengesellschaften).

Sudhoff, Heinrich, GmbH & Co. KG, 7. Auflage, München, 2015 (**zitiert als**: Bearbeiter in: *Sudhoff,* GmbH & Co. KG).

Tiedtke, Klaus/Hils, Frank, Das Sonderbetriebsvermögen nach dem Steuerentlastungsgesetz 1999/2000/2002, DStZ 2004, 482.

Tipke, Klaus/Lang, Joachim, Steuerrecht, 22. Auflage, Köln, 2015, (**zitiert als**: Bearbeiter in: *Tipke/Lang,* Steuerrecht).

Traub, Mathias, Einkommensteuerhoheit für die Europäische Union?, Baden-Baden, 2005, (**zitiert als**: *Traub,* Einkommensteuerhoheit der EU).

Veil, Rüdiger, Die Unternehmergesellschaft nach dem Regierungsentwurf des MoMiGRegelungsmodell und Praxistauglichkeit, GmbHR 2007, 1080.

Vogel, Klaus, Wortbruch im Verfassungsrecht – Mit einer Bemerkung zum Verhältnis zwischen Bundesverfassungsgericht und demokratischem Gesetzgeber, JZ 1997, 161.

Vogel, Klaus/Lehner, Moris, Doppelbesteuerungsabkommen-Kommentar, 6. Auflage, München, 2015, (**zitiert als**: Bearbeiter in: *Vogel/Lehner,* DBA-Komm).

Vögele, Alexander/Borstell, Thomas/Engler, Gerhard, Verrechnungspreise: Betriebswirtschaft, Steuerrecht, 4. Auflage, München, 2015, (**zitiert als**: Bearbeiter in: *Vögele/Borstell/Engler,* Verrechnungspreise).

Walter, Wolfgang/Stümper, Franz-Peter, Steuerliche Qualifizierung der einbringungsgeborenen Anteile eines Kommanditisten an der Kommanditisten-GmbH, GmbHR 2006, 1187.

Wassermeyer, Franz, Merkwürdigkeiten bei der Auslegung von DBA durch die Finanzverwaltung, IStR 1995, 49.

Wassermeyer, Franz, Auslegung völkerrechtlicher Verträge – Haltung des BFH, in: Die Auslegung völkerrechtlicher Verträge, in: Doppelbesteuerungsabkommen und nationales Recht, München, 1995, Seite 19–28.

Wassermeyer, Franz, Die Anwendung der Doppelbesteuerungsabkommen auf Personengesellschaften, IStR 2007, 413.

Wassermeyer, Franz, Sonderbetriebsvergütungen und Sonderbetriebsvermögen im Abkommensrecht, in: Steuerrecht – Verfassungsrecht – Europarecht: Festschrift für Hans Georg Ruppe, Wien, 2007, Seite 681–694.

Wassermeyer, Franz, Über Unternehmensgewinne im Sinne des Art. 7 OECD-MA, IStR 2010, 37.

Wassermeyer, Franz, Die abkommensrechtliche Behandlung von Einkünften einer in einem Vertragsstaat ansässigen Personengesellschaft, IStR 2011, 85.

Wassermeyer, Franz, Die abkommensrechtliche Aufteilung von Unternehmensgewinnen zwischen den beteiligten Vertragsstaaten, IStR 2012, 277.

Wassermeyer, Franz, Doppelbesteuerung: DBA-Kommentar, München, Stand: Mai 2016, (**zitiert als**: Bearbeiter in: *Wassermeyer,* DBA-Komm.).

Wassermeyer, Franz/Baumhoff, Hubertus, Verrechnungspreise international verbundener Unternehmen, Köln, 2014, (**zitiert als**: Bearbeiter in: *Wassermeyer/Baumhoff,* Verrechnungspreise).

Weber, Jörg-Andreas, Die Unternehmergesellschaft (haftungsbeschränkt), BB 2009, 842.

Weggenmann, Hans Robert/Rödl, Christian, Sonderregelungen für Personengesellschaften in deutschen Doppelbesteuerungsabkommen, in: Festschrift für Wolfram Reiß zum 65. Geburtstag, Köln, 2008, Seite 697–720.

Weggenmann, Hans Robert, Die Empfehlungen der OECD an den Ansässigkeitsstaat zur Lösung von Einordnungskonflikten in Bezug auf Sondervergütungen, IStR 2002, 614.

Weggenmann, Hans Robert, Personengesellschaften im Lichte der Doppelbesteuerungsabkommen, Berlin, 2005, (**zitiert als**: *Weggenmann,* Personengesellschaften).

Weggenmann, Hans Robert, Personengesellschaften im Abkommensrecht und abkommensrechtliche Fiktionswirkung (BFH I R 67/12), in: Doppelbesteuerung, Festgabe, Zum 75. Geburtstag von Franz Wassermeyer, 75 Beiträge zum Recht der DBA, München, 2015, Seite 77–86.

Wernsmann, Rainer/Zirkl, Cornelia, Die Regelungskompetenz der EU für eine Finanztransaktionssteuer, EuZW 2014, 167.

Wiesemann, Astrid, Entstehung und Vermeidung systembedingter doppelter Nicht- und Minderbesteuerung in Outbound-Konstellationen, Baden-Baden, 2014, (**zitiert als**: *Wiesemann*, Doppelte Nicht- und Minderbesteuerung).

Wigger, Berthold, Zur Einführung einer EU-Steuer: mehr Kontra als Pro, in: Sonderregelungen für Personengesellschaften in deutschen Doppelbesteuerungsabkommen, in: Festschrift für Wolfram Reiß zum 65. Geburtstag, Köln, 2008, Seite 513–528.

Winkeljohann, Norbert/Förschle, Gerhart/Deubert, Michael, Sonderbilanzen: Von der Gründungsbilanz bis zur Liquidationsbilanz, 5. Auflage, München, 2016, (**zitiert als**: Bearbeiter in: *Winkeljohann/Förschle/Deubert*, Sonderbilanzen).

Winkeljohann, Norbert/Halfar, Bernd, Gewerbesteuerliche Vorzüge der GmbH & atypisch Still?, DB 1994, 2471.

Winnefeld, Robert, Bilanz-Handbuch: Handels- und Steuerbilanz, Rechtsformspezifisches Bilanzrecht, Bilanzielle Sonderfragen, Sonderbilanzen, IAS/IFRS/US-GAAP, 5. Auflage, München, 2015, (**zitiert als**: Bearbeiter in: *Winnefeld*, Bilanz-Handbuch).

Woerner, Lothar, Die Besteuerung der Mitunternehmer – Bestandsaufnahme und Perspektiven, DStZ 1980, 203.

Woerner, Lothar, Die Steuerrechtsprechung zwischen Gesetzeskonkretisierung, Gesetzesfortbildung und Gesetzeskorrektur, in: Grenzen der Rechtsfortbildung durch Rechtsprechung und Verwaltungsvorschriften im Steuerrecht, DStJG 5 1982, 23.

Wolff, Ulrich, Auslegungsfragen zu DBA-Regelungen über Unternehmensgewinne, in: Körperschaftsteuer, Internationales Steuerrecht, Doppelbesteuerung, Festschrift für Franz Wassermeyer zum 65. Geburtstag, München, 2005, Seite 647–662.

Zuber, Barbara/Ditsch, Stefan, Gewinnabgrenzung bei Personengesellschaften im Intboundfall- Irrungen und Wirrungen im Dickicht nationaler und abkommensrechtlicher Vorschriften, in: Besteuerung internationaler Unternehmen: Festschrift für Dieter Endres zum 60. Geburtstag, München, 2016, Seite 493–453.

Forum Unternehmens-, Steuer- und Bilanzrecht
Deutsche, europäische und internationale Rechtsfragen

Herausgegeben von Oliver Fehrenbacher / Michael Stöber

Band 1 Patrick Hoor: Verdeckte Gewinnausschüttung und freigebige Zuwendung einer GmbH. 2016.

Band 2 Stephan Kappes: Ertragsteuerliche Behandlung von Sanierungsgewinnen. 2016.

Band 3 Franziska Stahmann: Sonstige Sonderbetriebseinnahmen im Abkommensrecht. Kapitalgesellschaftsbeteiligungen im notwendigen Sonderbetriebsvermögen II. 2017.

www.peterlang.com

www.ingramcontent.com/pod-product-compliance
Ingram Content Group UK Ltd.
Pitfield, Milton Keynes, MK11 3LW, UK
UKHW021841290926
8980IPUK00005B/573

9 783631 723944